# 法藏知津

## 九 編

杜潔祥 主編

### 第 36 冊

《四分律刪繁補闕行事鈔》集釋
（第二冊）

王 建 光 著

花木蘭文化事業有限公司

國家圖書館出版品預行編目資料

《四分律刪繁補闕行事鈔》集釋（第二冊）／王建光 著 -- 初
版 -- 新北市：花木蘭文化事業有限公司，2023〔民 112〕
目 4+280 面；19×26 公分
（法藏知津九編 第 36 冊）
ISBN 978-626-344-507-9（精裝）
1.CST：四分律 2.CST：律宗 3.CST：注釋
011.08                                            112010540

ISBN-978-626-344-507-9

9 786263 445079

法藏知津九編
第三六冊                                    ISBN：978-626-344-507-9

《四分律刪繁補闕行事鈔》集釋（第二冊）

編　　者　王建光
主　　編　杜潔祥
副總編輯　楊嘉樂
編輯主任　許郁翎
編　　輯　張雅淋、潘玟靜　美術編輯　陳逸婷
出　　版　花木蘭文化事業有限公司
發 行 人　高小娟
聯絡地址　235 新北市中和區中安街七二號十三樓
　　　　　電話：02-2923-1455／傳真：02-2923-1452
網　　址　http://www.huamulan.tw 信箱 service@huamulans.com
印　　刷　普羅文化出版廣告事業
初　　版　2023 年 9 月
定　　價　九編 52 冊（精裝）新台幣 120,000 元

# 《四分律刪繁補闕行事鈔》集釋
## （第二冊）

王建光　著

# 目次

# 四分律刪繁補闕行事鈔　卷上

## 【卷旨】

　　搜玄：「今別列十二篇者，約『眾行』所分也。列在卷前者，是前則舒張一十二篇在上卷之前，（三四三頁上）開卷則覽一十二篇名首。隨機要於何事，隨檢依而行之，此約僧眾所行，名『眾行』也。第三牒篇解釋中，分四：初，有四篇，明能秉之僧；二、羯磨一篇，明所秉之法；三、結界一篇，明所託之處；四、僧網下六篇，明所為之事。前二：初，標戒宗，以辨僧體；二、下之三篇，約集是非，以明僧用。前二：初明來意；二、牒篇解釋。初來意者，問：『此篇何故居初者？』答：『佛法創興，戒最先說，三學相因，以戒為本。斷惑次第，戒捉、定縛、慧煞。五分法身，戒分居首，今撰事鈔，統收三行，以戒為宗。又羯磨疏云：眾行元綱，勿高於戒，戒能生萬行也。又為比丘所依。又，行至涅槃，皆由戒足，准其行事，以戒為宗。故下引多論，明在初也：一、戒是佛法平地，萬善由之生長；二、一切佛弟子皆依戒住，若無戒者，則無所依；三、趣涅槃之初門，若無此戒，無由得入涅洹城也。鈔下文云：並出道者之本依、成果者之宗極，故標於鈔表。』問：『初科。此文標戒宗以辨僧鉢，今何以但論戒耶？』答：『唯標戒者，令僧尼等寄心有在，知自身心，懷佩聖法，即辨體也。直而言之，以戒為宗，領納心相，為其體也。』」（三四三頁下）簡正卷五：「今當第二正宗，文中分三：初，上卷一十二篇名『眾行』；二、中卷四篇名『自行』；三、下卷十四篇名『共行』。今當第一。文中又分三別：初，標攝上卷之通題；二、標列所撰之篇目；三、牒篇釋三文。今初通號者。言『四分』至『卷上』，都十二字。若望中、下二卷，此即卻是『別題』。今且據總，收上卷一十二篇文，名『通題』也。又釋上之十一字，三卷共用，即名為『通』；但上、中、下三字不同，名為『別』也。（二五五頁上）所云四分，乃離中之別科。律者，五部之總名。總別雙彰，故云四分。刪者，削也。

繁者，多也。芟夷紊亂，勒截骿柯，去濫傳真，義豐言行。補者，益也。闕者，少也。博採真實，棍拾義珠，還發韜光，瀉裨未足。行者，現行，事謂事相。椓略樞要，故彰抄名。卷者，卷舒為義。從前向後曰舒，從後向前為卷。此據槁墨為言，上對下、中立號，故總題云四分。（云云）。次，標列篇目。言『標宗』至『附』者，謂題此卷十二篇中，事法是眾，所攝隨機，要於何事，依而行之。此行僧眾所行，故彰『眾行』。三、牒篇釋中。文分為四：初有四篇，明能秉僧；二、羯磨一篇，明所秉法；三、結界一篇，明秉法處；僧綱下六篇，明所為事。四段，就初，又分為二：初有一篇，標戒為宗，以辨僧體；次下三篇，約集是非，以明僧用。今當初文。云『標宗』等者。先來意者，謂佛法翔興，戒最先說，三學相因，以戒為本。斷惑次第：戒捉、定縛、慧殺。五分法身，戒亦居首。今撰事鈔，統收三行，以戒為宗。是故此篇，最居其首。」（二五五頁下）資持記上一下：「上卷首題，委如前釋。今總分對，略為四別：初，約能所。上三字律題是所宗，下七字鈔題是能宗。又律題中，『四分』屬能集，『律』是所集。鈔題中，『刪』、『補』、『行』三字是能，『繁』、『闕』、『事』三字為所。又，『鈔』字是能，『行』『事』屬所。二、約通別。律題為通，貫諸部故；鈔題為別，局今文故。又，『四分』為別，五中一故；『律』字是通，諸宗同稱故。『刪』等六字為別，無所濫故；『鈔』字為通，容相涉故。三、約人分。律是佛制，四分即部主集，鈔即祖師撰。四、約華、梵。上三字翻梵成華，下並華語。梵云『折埵理質埵理』，此翻『分四』。從此方俗，迴易其語，辨律華、梵。如釋相中，極知繁碎，講學剖文，不得不爾。忘筌之士，更繁何患，執指之徒，無言亦著。豈不然乎！列篇中：標宗勸學，文局上卷，義該一部；下十一篇，正明『眾行』。然成辦僧事，必假四緣，人法事處，闕一不可。今此諸篇，依之而列。第二、三、四，即能秉之人，第五即所秉之法，第六即秉法之處。已下六篇，即所被之事，事復有三：七及八、九，即有情事；十與十二即非情事；安居一篇即二合事。（人依處故。若約篇中，分房受日，並非情耳。）」（一七八頁下）扶桑記引資行釋「貫諸部故」：「濟抄云：祖師所撰三大部、義鈔、尼鈔等，並標四分律，故云諸部。爰知非謂通餘師所述也。」（三八頁上）【案】此十二篇可分為四部分：第一，即從一至四，共四篇，明能秉僧。第二，即通辨羯磨篇，明所秉法。第三，結界篇明秉法處。第四，僧綱篇及以下，明所為事。【案】底本卷題之後有「南山律要一」及從一至十二篇名目錄，今刪去。

# 卷上之一

唐京兆崇義寺沙門釋道宣撰述

**標宗顯德**〔一〕**篇第一**初出宗體，後引文成德〔二〕。

夫律海沖深，津通萬象〔三〕。雖包含無外，而不宿死屍〔四〕；騰岳波云，而潮不過限〔五〕。

故凡厠預玄門者，克須清禁，無容於非〔六〕；沐心道水者，慕存出要，無染於世〔七〕。故能德益於時，跡超塵網〔八〕，良由非法無以光其儀，非道無以顯其德〔九〕。

而澆末淺識、庸見之流〔一〇〕，雖名參緇服，學非經遠〔一一〕，行不依律，何善之有〔一二〕？情既疏野，寧究真要〔一三〕？封懷守株，志絕通望〔一四〕；局之心首，而言無詣〔一五〕。意雖論道，不異於俗，與世同流，事乖真趣〔一六〕。研習積年，猶迷闇託，況談世論，孰能體之〔一七〕？是以容致濫委〔一八〕，以亂法司〔一九〕；肆意縱奪〔二〇〕，專行暴剋〔二一〕。尚非俗節所許〔二二〕，何有道儀得存？致令新學困於磐石〔二三〕，律要絕於羈靮〔二四〕。於時正法玄綱，寧不覆墜耶〔二五〕！

故知興替在人也。深崇護法者〔二六〕，復何患佛日不再曜〔二七〕，法輪〔二八〕不再轉乎！

【篇旨】

資持卷上一下：「一部之文，兼該三藏，文體正意，唯歸戒律。故當標出正宗，顯彰勝德，使夫學者，投心有所，功不虛費。故以此篇，冠于卷首。」（一七八頁下）

鈔批卷二：「將釋此篇，大分為二：初標宗，次引文成德。就初，又為二：初至『法輪不再轉乎』已來，明出家之人，於眾、別二行，有依、不依，招其損益，勸捨損從益，

－235－

以令教行;第二,從『今略指宗(【案】『宗』鈔作『法』。)體行相』已下,正明宗體。就初,復二:從初至『興替在人也』已來,明不依眾、別二教,於法有滅失之損;二、從『深崇護法者』已下,明依二教,有建修之益。就初又二:初明淨眾,教不容非,約喻以顯,勸釋等義;(二五七頁上)二、從『容致濫委,以亂法司』已下,明非法眾主,御於眾行,正明有滅失之損。就初文中,分四:第一,法喻雙舉,以明眾不容非,不宿不越。(『不宿』即眾行,『不越』即別行。此中偏舉此二行者,良由眾、別二行,攝一切行盡故。)第二,從『故凡廁預』下,勸成上不宿、不越之義。言尠須清禁,無容於非,勸上不宿之義。『沐心道水』等乃至『無染於世』等,勸成上不過越限之義。所以若染於世,即違聖戒限故。第三,『良由非法無以光其儀』已下,釋上不宿不過所以,令不越、不宿,為欲光道顯德故。第四,『而澆末淺識』已下,轉釋第二勸意。『何意苦勸云無容於非,無染於世耶?』釋云:『為澆末淺識庸見者多,雖形服參緇侶,而行不依律,若不苦勸,便容非染世,故須勸之也。』(四文中,此初文也。此文中【案】『此文中』三字疑剩。)」(二五七頁下)鈔批卷五:「欲明夫所撰集(三三一頁上),要先識其宗旨。非宗無以顯德,非德無以立宗。要須識其宗德,故須前來也。又復戒法、戒體,能生成諸行,諸行所依,故先出宗本,然後顯諸行相,故下釋法。文云:乃可秉聖法在懷,習聖行居體,故得名為隨法之行。」(三三一頁下)

## 【校釋】

〔一〕**標宗顯德** 資持卷上一下:「『標』即訓指,『宗』即是戒。問:『下列四種,何者是宗?』答:『若就別論,唯法為宗。下云宗體,或云法體,宗法互舉,(一七八頁下)別指何疑!若約通論,四並是宗,良由戒法總餘三故。』言顯德者,廣引教相,贊述戒功,令知本受,專勤守護。即下科云,順戒則三寶住持辨比丘事,至文可見。自昔章記,並以標宗科為僧體,甚失文意,如後攻之。今明此篇,指示學宗,激勵持奉,通貫諸篇,總發三行。是以尼鈔題云『勸學』,準彼驗此,方見聖心。」(一七九頁上)搜玄:「濟云:標,舉也,謂總舉一部鈔之所尊。宗者,主也。豈云:戒者,是諸行之主。故下文云:發趣萬行,戒為宗主。崇義,尊義。繁而不敘,因明其宗,古今多別。第一師,『止作』為宗:二部戒本是止持,揵度已下是作持。由止故,自行成;由作故,眾法就。第二師,『受隨』為宗:受是總發,隨是別脩,由總發故,萬行從生。第三師,立『止惡』為宗:凡欲脩善,必須離惡,惡既離已,脩善方成。第四,首、願二人,『教行』為宗:夫教不孤起,必有所詮之行,行不自顯,籍教以明。第五師,立『因果』為宗:謂二部戒本及以揵度,止作二行,總是其因;

大小持戒揵度已去，即是其果。第六，雲律師，言制在一代人、時、處、事。『人』謂須提那，『時』謂五年已去，『處』謂毗舍離，『事』謂婬、盜等。前後不同，一戒一經，合有六百餘段別釋，不可論宗，此德不立宗也。第七，相州所立，『戒學』為宗。疏云：今以宗求，其唯戒學。第八，素律師，立『戒行』為宗。今南山所立，以戒為宗，故立此篇標於鈔。鈔表律文，四科建首，以戒本為初。二十法聚之中，戒居其第一，初顯是眾行之本。（三四四頁上）既知其本，宗義即成。又羯磨云：戒是定惠初基、眾行元本。本既不立，餘何可憑？又釋戒體，初云：准知已身，得戒成不，然後持犯，方可脩離。故約『受』明宗，起『行』明離也。言顯德者，花嚴云：既標其宗，則須顯德，非宗無以顯德，非德無以立宗。德者，從果彰名，謂功曰德。以能持戒，萬德從生，若非此宗，無以顯斯德也。德者，得也。明佛三僧祇劫所脩萬行，以持戒故，功圓果滿，萬德斯脩，由持戒得。今比丘等，是佛弟子，若能持戒，現世名譽，當招勝果，亦名為德。篇者，戒疏云：字從『竹』作，乃是簡名。」（三四四頁下）鈔批卷五：「標是表幟（音『熾』。）之處也。宗是尊也，亦云主也，亦云總也。今取其意『總』義。濟云：標者，舉也，謂總標舉一鈔之所尊也。謂此鈔用何以為主，即欲舉其所尊也。有云：明此法、體、行、相，此四是諸行之總宗故。下文云『此之四條，並出道之本依，成果者之宗極，故標於鈔表，令寄心有在』也。然今此鈔，用此四種為宗。若古來諸師，立宗旨者不少，敘教意多家，統而言之，不過有九。束其九師立宗，以為頌曰：止作受隨止惡宗，教行因果制一代，第七止善八戒行，第九三輪為宗宗。如斯九宗之義，廣上第一卷中。大段第七，戒法星羅，詮宗各異門已辨竟。言『顯德』者，既標其宗，則須顯德。德者，從果彰名。謂酬功曰德，以能持戒，萬善從生，若非此宗，無以顯斯德也。德雖無量，不過二種：一謂斷德，（三三一頁下）二謂智德，以修道故，惑盡解滿。有此二德，由惑盡故，是其斷德；由解滿故，是智德也。此約羅漢能證斯法也。夫德者，得也。明佛三大阿僧祇劫修諸萬行，以持戒故，功圓果滿，萬德具備，此屬佛德也。佛由持戒故德之，非唯諸佛自然而有此德。然菩薩、聲聞，亦有隨分之德。明今比丘是佛弟子，若能持戒，現世名譽，當招勝果，亦名為德。又解：為物所稱曰德。又，如下引諸大小乘經論，將來證成，顯戒功德，明其勝用，盡是德義也。」（三三二頁上）簡正卷五：「標者，舉也，總舉一部鈔文所尊。宗者，主也。戒是諸行之主，故下文云『發趣萬行，戒為宗主』。（二五五頁下）因明諸師，立宗不同：

一、願師以『止作』為宗，相違之失；二、暉師。（云云）。顯德者，既標具宗，即須題德，非德無以立宗。德謂從果彰名，以能持戒，萬德從主。若非此宗，無以顯斯德也。篇者，戒疏云：字從『竹』作，乃是簡名。自漢已前，本無其帋，例用竹木兼之紈素，而用圖錄。後漢蔡倫造帋，用易簡素，古書簡冊，可有一章，以熟韋編（『早連』反。）之，號為一篇。故宣尼讀書，韋編三絕。第者，居也，如王侯之宅曰第，此篇居初，故云第一。」（二五六頁上）

〔二〕**初出宗體，後引文成德** 鈔批卷五：「私云：此注者，正釋篇之題目，兼生起下文之意也。立明：指下文中『戒相多途，非唯一軼』。略舉樞要，不過法、體、行、相四種（三三二頁上）。總而言之，並名宗體也。」（三三二頁下）鈔批卷五：「謂下先引小乘經論，次引大乘經論，嘆戒之功能，故曰引文成德也。就此序中，且分為三意：初，從『律海沖深』下至『非道無以顯其德』來是序，冠下文，謂順教則三寶住持辨比丘事文意；二、從『而澆末淺識』下至『寧不覆墜耶』來，明是序下文違戒便覆滅正法、翻種苦業文意；三、從『故知興替在人』下，謂通結上兩意也。」（三三二頁下）簡正卷五：「謂廣明法、體、行、相之義，正顯其宗。言後引文成德者，謂廣引化、制二文，證成戒德，乃至顯德也。（從此開秤，不及繁列。）」（二五六頁上）

〔三〕**夫律海沖深，津通萬象** 簡正卷五：「法喻雙舉，盡貫三科，即法喻合也。『夫』字，一是發語之端，二乃下蘊深旨。律者，法也，詮量輕重，犯不犯法。海者，喻也，利潤無比，如世間海。旁通無際曰沖，豎難究底曰深。津潤通達，物類俱沿，其數既多，故云萬象。萬者，一數之極。故華嚴十定品云：四大海水，悉能潛闊四天下中山林萬象，而令春生夏長，吐花法（原注：『法』疑『結』。）實，而不失時。律海具爾。橫遍諸界為沖，豎等虛空曰深，（二五六頁上）有解脫味謂之津，遍十方界謂元（原注：『元』疑『之』。）通。能令五分法身，初生次長，吐五乘之果，皆不失時。問：『既言津通萬象，即是包含無外，莫應宿死屍否？』鈔答云：『雖包含無外，而不宿死屍，謂世海雖復寬廣，無所不容，然不宿死屍於內。今之律海亦爾，雖然至廣至深，而不容於犯重戒者，故云不宿死屍。故律序云：譬如有死屍，大海不容受，為疾風所飄，棄之於岸上。譬如有死屍者，此釋自行絕也；大海不容受者，釋眾法絕也；為疾風所飄者，作法除棄也；棄之於岸上者，穢不在淨也。其次合云：諸作惡行者，猶如彼死屍。此兩句合前初句。又云，眾所不容受，合前偈文下之三句。後云以是當持戒，此句勸持。』」（二五六頁下）搜玄：「輔篇云：法喻雙舉，

盡貫三科，即法喻合三也。『夫律』二字，如前廣辨。此言『律』者，法也。
謂詮量輕重，犯不犯法。利國無方，故喻如海。且世海傍通無際曰（【案】「曰」
疑「日」。）冲，竪難究底曰深。津潤通達，物類俱霑，其數既多，故曰萬像。
萬者，且舉一數之極，故花嚴十定品云：四大海水，悉能潛潤四天下中山林萬
象，而今春生夏長，吐花結實，而不失時。律海亦爾。橫遍法界故謂之冲，竪
等虛空謂之深。有解脫味謂之津，遍十法界謂之通。能令五分法身初生次長，
吐五乘之花，結五乘之果，皆不失時。問：『五乘善道，由戒故潤，理不在疑，
如三惡道，何能潤也？』答：『因破戒故，則墮三途，後有出期，而得果證，
如蓮花色尼緣也。又舉喻況，如人有病，與之吐藥，雖暫加困，後必得差。雖
暫墮三塗，後終得果故。』」（三四五頁上）鈔批卷五：「應師云：冲，是虛也。
深者，潚也、淵也。言律海者，大毘尼藏能詮之教，名之為律，即此教門，略
言則八萬四千，廣說則無邊無極，故喻之於海也。又如律中，佛告且連海有八
奇者，束為頌曰：眾流皆投不失潮，五河失本無增減，同一醎味及死尸，珍奇
大寶形居處。釋曰：第一，一切眾流皆投於海者，謂如我弟子漸次學戒，皆歸
我法中。二、海水常不失潮法者，謂如我弟子，住我戒中，乃至於死，終不毀
犯。三、令五大河皆投於海而失本名者，謂於我法中，四姓出家皆稱釋子。
四、此五大河及以天雨盡歸於海無有增減者（三三二頁下），謂於我法中，捨
家學道，入無餘涅槃界，無餘涅槃界無有增減。五、同一醎味者，謂於我法
中，同一解脫味。六、不受死屍，設有風飄岸上者，謂如我法中，不受犯重死
屍。七、海水多出珍貴異寶，陸地所無者，謂於我法中，亦出珍寶，所謂三十
七道品，謂三四（【案】即四念處、四正勤、四如意足。）、二五（【案】即五
根、五力。）、單七（【案】即七覺分。）、隻八（【案】即八正道。）也。八、
大形眾生之所居處，身長百由旬，乃至七百由旬者，謂於我法中，亦受大形，
謂四果四向也。涅槃經亦同此說，此名海義也。宣云：海為眾流所歸，戒為眾
善所集，故喻海也。體同法界，故曰冲深。又云：清潔離染，性不容穢，有同
於海，故曰律海等也。又云：大海弘廣，包控眾流，戒善周通，德收眾行，故
曰律海冲深也。津通萬象者，此明律海津潤無涯，威難與大，喻之於海，此解
津者，取津潤之義。今又取津濟明義，亦好。如論語云：子路問津。鄭玄注
云：津者，濟度之處也。濟云：其津既是濟度之處者，將喻此戒亦是濟度眾
生，至成佛道，皆從戒中過度而得通達至於彼岸，故曰津通也。言萬像者，如
海納百川，眾流包含萬物。律海亦爾，能集生定慧萬善功德，又包受三乘賢

聖，（三三三頁上）備在其中。由萬善因戒而生，即名萬善為萬象也。」（三三三頁下）資持卷上一下：「沖，亦訓『深』，漸漸深入，莫窮底故。通萬象者，天地萬物，皆蒙潤故。」（一七九頁上）

〔四〕**雖包含無外，而不宿死屍**　資持卷上一下：「『雖』下二句，明容而不雜。……『包含』等者，百川所歸故。『不宿屍』者，性清潔故。」（一七九頁上）搜玄：「慈和問云：『既言津通萬象，即是包含無外，（三四五頁上）亦應宿死屍耶？』鈔答云雖至屍者，答也。發正云：世海雖復包含無外，而不宿死屍。律海亦爾。雖復至廣至深，而不容其犯重禁者，故云不宿死屍也。故律序云：譬如有死屍，大海不容受，為疾風所飄，棄之於岸上。釋云：初句自行絕，次句眾法絕，次句作法除棄，次句穢不在淨。次合偈云：諸作惡行者，由如彼死屍，眾所不容受，以是當持戒。上兩句合初句，第三句合下三句，第四句勸持。』」（三四五頁下）鈔批卷五：「濟云：海包萬川之水，無水而不含，故曰無外也。喻律教之中，若有眾生欲來受三歸者亦聽，欲受五戒、八、十、具戒者，並悉包取，故曰包含。無物而不受，故曰無外。明此海雖包納百川眾流，不限多少，兼有大身眾生之所居止。復具八味，無物而不受，故曰包含無外。然終不宿死屍。設有，則為猛風吹之於岸上。今律海亦爾。雖復恩流萬品，終不宿犯重死屍。設有，則羯磨擯出。故律序云：譬如有死屍，大海不容受。為疾風所飄，棄之於岸上。諸作惡行者，猶如彼等。」（三三三頁上）

〔五〕**騰岳波云，而潮不過限**　鈔批卷五：「騰岳波雲而潮不過限者，馬奔走曰騰，高峯極峻曰岳。明大海之水，波浪洄復騰涌，猶如山岳之高。謂波濤上湧，疋於山岳，故言騰岳也。波雲者，謂潮波上拂雲霄也。濟云：潮波猶如雲也。波似雲之聳蓋，故曰波雲也。云律海中，將四棄滅擯僧殘之罰，其法嚴峻，喻若騰岳波雲也。若是逸提、吉羅，此治則輕，如海中小波浪也。雖夷、殘等騰翥可畏，而不得過分治罸、罵打、楚毒之苦，故曰也。言而潮不過限者，明大海雖復波浪高騰，然潮終不失時節，故曰不過限。欲明上之騰岳波雲，波雲喻如七法治人，羯磨威力，德用高大，雖然羯磨威勢，同彼海潮。若有犯重僧尼，不得非分治打、杖罸，但得白四擯出，置於眾外。復有三舉、四擯、五篇、七聚，自有科治之。今若杖打，即名過限。又解：潮不過限者，依教不犯戒者，名為依限。若造惡，違是戒，名過限。故律自解，潮不過限者，如我弟子住我法中，乃至於死終不犯戒。故涅槃第三十云：海有八不思議。第四潮不過限者，如經中制諸比丘，不得受畜八不淨之物。若我弟子，有能受持、讀誦、書

寫、解說、分別是涅槃典者，寧失身命，終不犯之，是名潮不過限也。」（三三四頁上）

〔六〕凡廁預玄門者，克須清禁，無容於非　資持卷上一下：「上句標人，凡謂非一。廁預者，對下沐心，即指身口。佛法深妙，有信得入，故曰玄門。『克』下，示所學。克，猶必也。清禁即戒法。戒防七業，故不容非。」（一七九頁中）搜玄：「辨當云：此明三德也。故者，躡上起下之詞。謂上津通萬象，不宿死屍，（三四六頁上）而潮不過限。故凡廁玄門者，或須清禁也。凡，諸也。廁，居也。預，在也。玄，妙也。戒為諸行之所歸，故喻於門者，則牒在玄門之人也。下句勸持。剋剪緣非，清禁身口。清身，身無惡作；禁口，口無惡說。身口既淨，無容更得過非生焉。」（三四六頁下）鈔批卷五：「立云：廁者，雜也、間也。玄謂妙也。謂是玄妙定慧之門。故老子云『玄之又玄』。今佛法用無漏定慧名為玄門。又言：玄，天之貌，言黑色也。遠望於天，蒼蒼深遠，難測也。此句明身居三寶位也。」（三三四頁上）簡正卷五：「故者，躡上起下之詞。謂上津通萬象，不宿死屍，而潮不過限故。前玄門戒，須清禁也。凡，請也。廁，居也。預，在也。玄，妙也。戒為諸行之所歸故，喻於門也。『者』之一字，牒在玄門之人也。下句勸持，剋剪緣非請。（二五七頁上）禁身，不造三邪之惡事；禁口，不作四過之惡法。身口既淨，無容更得過非生焉。」（二五七頁下）【案】「故凡」下分三：初，「故凡」下；二、「而澆」下；三、「故知」下。

〔七〕沐心道水者，慕存出要，無染於世　鈔批卷五：「洗身曰浴，洗手曰盥，洗足曰濯，洗頭曰沐。沐即洗濯之義，謂洗心頭入佛道也。（三三四頁上）明今僧尼曠劫已來，被色聲等六塵所染。今若入道，先須洗除此垢心也。此句已下，明心所趣向者。欲擬反原，志存出離之道也。『上何故著沐心之言？』『既洗頭曰沐，明今以道水洗沐心頭，故曰沐心道水也。』言慕存出要，無染於世者，明既出家入道僧尼，能持淨戒，須越出人天二乘之縛，名為出要。不樂人天之樂，故曰無染於世。此句明心志崇道也。」（三三四頁上）資持卷上一下：「初句標人。正道清澄，洗沐塵垢，故喻如水。『慕』下，明所修。『慕』即志念。『出要』即指定慧。定靜慧明，不隨塵欲，故無染世。上約三學，事理業惑，相對以明。乃知出家之士，義無偏學，專事昧道，未異凡流，樂道忘事，何由修證。上是對明三學。」（一七九頁中）簡正卷五：「『沐心』等者，謂由戒淨三昧現前，故云沐心道水。洗身曰浴，洗手曰盥，洗足曰洗，洗（原

—241—

注：插入『洗』字。）頭曰沐。身最居上，謂之頭心。既主之尊喻如頭，故云沐心。水能滌垢，由戒淨故，無生智起，妄垢皆除，喻智如水也。『者』之一字，牒上沐心道水之人也。心能離念，則能出要，自然不染六塵之境也。」（二五七頁上）

〔八〕**故能德益於時，跡超塵網**　資持卷上一下：「『故』下，合示兩利。初二句，正示德。益時者，外用無非住持，生善成利他也。超塵網者，寡欲絕累，成自利也。」（一七九頁中）搜玄：「明現世益。花嚴云：淨持禁戒，嘉聲外逸，能生物善，秉法被時，千載不墜。此時（原注：『時』疑『明』。）上身口益，智所照處為跡。以無生智起，普照萬境，五欲不能拘，六塵不能染，此跡自然超出也。此句明上心益。」（三四七頁上）鈔批卷二：「此則結上二句。謂淨心尅持禁戒，希出離道人者，道（原注：插入『道』字。）德內充，嘉聲外聞，能生物善，匠導眾生，加以速出六塵五欲之愛網，故曰德益於時跡超塵網也。」（二五八頁上）鈔批卷五：「故能德益於時者，此明既能不染世樂，淨持禁戒，心希出離，道德內充，嘉聲外逸，能生物善，匠導眾生，秉法被時，千載不墜，故曰德益於時也。此句結前身居三寶位也。言跡超塵網者，跡是行跡，超是出也，塵是五塵，網是愛網，亦是俗網也。謂上既德益於世，故行跡能超出六塵五欲之愛網也。此句結上志存道也。」（三三四頁下）簡正卷五：「明現世之益也。淨持禁戒，嘉聲外逸，能生物善，秉法被時，千載不墜也，此明身口之益。跡超塵網者，智所照處名為跡，以無生智起，普照萬境，五欲不能拘，六塵不能染，此跡自然超越。此明心益。」（二五七頁下）

〔九〕**良由非法無以光其儀，非道無以顯其德**　資持卷上一下：「『良』下，推其所以。上二句，顯利他之功，本由淨戒。下二句，明自利之德，實因定慧。法即是戒，道即定慧。」（一七九頁中）搜玄：「善由戒法，清禁身口，四儀自然冰潔。非此戒法，不能光益，住時千載之儀，非無生智。道不能顯其跡超塵網之德，故知此德由戒淨生也。」（三四七頁上）鈔批卷二：「此則釋上不宿屍、（二五八頁上）不過限二句所以。謂若不依律法修四威儀者，其外儀則不可觀也。何得生物善，內心無道，由何顯其外德，故曰非法非道，無以光顯其儀德。引上辨得，此下辨失。」（二五八頁下）鈔批卷五：「立云：其依教法修行，四儀庠序可觀，光顯外朗。能生物善者，良由律法光顯使之然也，此句合前廁預玄門身居三寶位句也。非道無以顯其德者，謂有道在懷，方稱有德。內若無道，何德可明？要居道內心、外德光顯。故曰也。此句合上沐心道水之句也。」

（三三四頁下）簡正卷五：「謂善由戒法，清禁身口四儀，自然承（原注：『承』一作『永』。）潔，非此戒不敢先住持千歲之義。非道無以顯其德者，非無生智道，不能顯跡超豈（原注：豈其塵。）網之德，故知此德由戒淨而生已。」（二五七頁下）【案】此處「法」即是指戒。道，即定、慧之學。

〔一〇〕**而澆末淺識、庸見之流**　鈔科卷上一：「『而』下，敘不學以彰非。初明愚教。」（五頁下）資持卷上一下：「『澆末』是時。淺識者，無所解故。庸見者，同塵俗故。」（一七九頁下）搜玄：「靈山云：澆，薄。末，下也，謂是薄下淺識之徒。膚（【案】『膚』疑『庸』。下同。）者，人釋不同，鈔亦不定。或膚或膚（【案】次『或膚』疑剩。），輔篇取膚。膚，常也。靈山、發正取膚。玉篇訓皮上為膚、膚裏為皮。經云：膚色死潔，既是淺見之流。」（三四七頁上）鈔批卷五：「此上辨得，『今此』已下辨失。而澆末淺識等者。此下明滅法之人，雖以受得佛戒，而無護法之心，令法疾滅。澆者，薄也。謂末代澆薄之流也。言膚見者，淺也、近也。淺近薄皮名皮膚也（音夫），亦有本作庸（音容）。爾雅云：常也，謂常愚短者，心不節慎，口無法言，惡人為友，名之曰庸。」（三三五頁上）簡正卷五：「淺識之徒膚者，諸記中有兩解：一云作膚字呼，『唐』下安『肉』（『甫無』反。）。皮上曰膚，膚內為皮。二解云作**庸**字呼，（『餘封』反，音『容』也。）但訓常，（二五七頁下）即**庸**常之見。今觀文意。上既言淺識，即是見解不深之人，不合更作皮膚字解。文似重也。」（二五八頁上）【案】「而澆」下分二：初，「而澆」下；二、「是以」下。

〔一一〕**雖名參緇服，學非經遠**　資持卷上一下：「『雖』下，示庸淺之相。先且分定。初二句明學寡，（一七九頁下）……名參者，無實德故。緇服即黑色衣。」（一七九頁下）搜玄：「上兩句，學非……緇，黑色之衣。謂上淺識之人，雖名字參雜緇衣中，習不積年，名學非經遠。」（三四七頁下）鈔批卷五：「參，由同也，雜也。緇者，黑也。言學非經遠者，經文涉遠，積年集學，名為經遠。如上懈怠淺識之人，不能經遠長時尋師而學問也。」（三三五頁上）簡正卷五：「謂黑色之衣，名緇服也。雖名字參雜，在緇裳之中，而不委教文中事也。學非輕（【案】『輕』疑『經』。）違（原注：『違』鈔作『遠』。）者。學謂習學。非，由不也。經，歷也。綿，遠也。所學之事，不積功夫，但心一期而已。既非廣見，何精明此。上二句，明學不專志也。」（二五八頁上）

〔一二〕**行不依律，何善之有**　資持卷上一下：「次二句，明行薄。……不依律者，違聖教。」（一七九頁下）搜玄：「下兩句，行非……行者，靈山：然戒律為萬善

因基，既於戒律，學行俱闕，善從何生，故云何善之有。」（三四七頁下）簡正卷五：「此之二句，明所行之行非也。謂戒是萬行之基，三乘因種，今所行既不依律，即萬善從何而有，故云何善之有也。」（二五八頁上）

〔一三〕**情既疏野，寧究真要** 資持卷上一下：「次二句明情疏。……故疏野者，無所拘故。『真要』與下，真趣並指前三學。」（一七九頁下）鈔批卷五：「情既疏野等者，立云：不親佛法曰疏，心在理外曰野。野是遊野，謂情常蕩逸，無係曰野。野是逸義也。明佛三輪化物，律教當憶念輪，謂情常係念於法故。律云：常爾一心，念除諸蓋。今既此之心，故曰情之疏野。言寧究真要者：寧，由安也、焉也，謂其不親法律人，則不進定慧，安知出離之道？即此出離之道，名為真要也。」（三三五頁上）搜玄：「既學不深，行不依律。心情於教則疏，於行則野，不能精究律藏之真要。覆牒上文。靈山引溫室經耆□自傷云：雖得也，為人疏野。義法師解云：心遊理外曰疏，形落俗中為野。心遊理外，覆上『學非經遠』；形落俗中，覆上『行不依律』。」（三四七頁下）鈔批卷二：「不親佛法曰疏，心在理外曰野。野是逸義也。謂情常蕩逸，無係念於法，故曰疏野。言寧究真要者，寧，由安也、焉也，謂其不親法律人，則不進生定慧，安知出離之道？出離之道，名為真要。」（二五八頁下？）

〔一四〕**封懷守株，志絕通望** 資持卷上一下：「復次二句，明志塞。……封，猶閉也。守株，喻其愚也。……志，即是心。絕通望者，無所見也。」（一七九頁下）搜玄：「合云：身無學解，如樹無枝，喻如株杌。既不究真要，乃封閉情懷。束身而坐，合守株也。更不求學解者，絕通其行解得益之望，如待兔釋耕也。」（三四七頁下）鈔批卷五：「濟云：謂閉執愚心也。慈云：如有人雖受淨戒，身參道服，而情還順本俗之業，不能防護身口，情貪五欲，謂封著於欲情，故曰封懷也。又解，封懷者，雖復持戒，但貪人天世樂，執著戒取，無希出離，（三三五頁上）名曰封懷也。……言志絕通望者，慈云：受得戒竟，雖復斷婬、殺、妄等，謂究竟而志求，更不求聖果，故言絕通望也。謂不知戒是無上菩提因，不知依教修行、進生三昧、發智斷惑，無心希出離之益，故曰志絕通望也。」（三三五頁下）簡正卷五：「封者，執也，閉也。懷，即情懷也。守株是喻。……上既舉喻，法合云何，鈔自解云（二五八頁上）走（【案】『走』疑『志』。）絕通望，謂情意之中，於教疏於行野，更不求趣，修行道果，通達大望，如待兔釋耕不殊。但爭利名，進道無日也。玄云：身無學解，如樹無枝，喻同枝（原注：『枝』疑『株』。）杌無異。恐違文旨。」（二五八頁下）

〔一五〕局之心首，而言無詣　簡正卷五：「局，執也。所執之事，皆是師心，曰局之
　　　心首。所出之言，言不關典，無其實錄，故云而言無詣。詣，實也。」（二五
　　　八頁下）資持卷上一下：「謂無稽實局塞也。之，猶於也。首即頭也。此句躡
　　　上生下。」（一七九頁下）搜玄：「靈山云：詣，至也。局，執也。所執局事，
　　　皆是師心，日（【案】『日』疑『曰』。）局之心首。凡所出言，皆無聖教可至
　　　向也。」（三四七頁下）鈔批卷五：「局之心首等者，慈云：受得此戒，謂為果
　　　滿。更不求學其餘定慧，永不知此戒是定慧之基。既不知所趣，故曰局也。而
　　　言無詣者，謂出言無有至趣，亦曰出言無至向也。爾疋云：詣，由進也。造奏
　　　詣進，此是一義也。」（三三五頁下）

〔一六〕意雖論道，不異於俗，與世同流，事乖真趣　資持卷上一下：「四句明混同流
　　　俗。事即所說之事。」（一七九頁下）搜玄：「情意，雖論三乘之道，不異於俗。
　　　俗則在朝爭名、在市爭利，今名利心說法故。（三四七頁下）不異於俗同流者，
　　　凡所出制，約與鄙俗，同其條流，枷禁杖罰，非法僧制，則乖如來法律之真趣
　　　也。佛意，謂斷惑出纏，今行枷禁，苦惱心形，與（原注：『與』字更勘。）
　　　其大慈真趣，故是乖也。」（三四八頁上）鈔批卷五：「意雖論道，不異於俗
　　　者，慈云：如有檀越請齋，或轉經行道，而作生善緣迹。如以道接，而不那（原
　　　注：『那』疑『邪』。）情規財利，口平（【案】『平』疑『評』。）章錢，或稱
　　　量某家布施厚薄等。既論財利，何異於俗？俗則在朝爭名，入市求利是也。又
　　　解：受得此戒在身，說此戒善功德，狀似論道，而但求其名聞利養，都不忻求
　　　出離生死，何異於俗？俗以求此名利故。又云：比丘貪婬嗜酒，與估販賣，何
　　　異俗人？故曰不異於俗也。與世同流，事乖真趣者。趣，由至，到也。欲明順
　　　於俗心營事、乖逆真趣，（三三五頁下）原其出家，本應逆俗，今既與俗同流，
　　　乖本所趣之望也。」（三三六頁上）簡正卷五：「情意之中，雖論量三乘之道，
　　　而所行不異於俗。俗則軟染五塵，利名所繫，今具如是，豈得異耶？與世同
　　　流，事乖真趣者：上句反釋上文不異於俗之道，理則與俗，同於流類；下句結
　　　歸，則與真詮意趣，有於乘別。故曰事乖真趣也。玄記將非法僧制釋上句，與
　　　七九之諸有乖釋下句者，似涉能詮眾行也。」（二五八頁下）

〔一七〕研習積年，猶迷闇託，況談世論，孰能體之　資持卷上一下：「『研』下，舉積
　　　學比況。闇託，謂不達前事，冥然為之。體即解也。」（一七九頁下）搜玄：
　　　「如上淺識之人，若能精研習學，積於歲年，猶迷事相。如闇中托物，或著不
　　　著，況情踈野，常談世間言論。如是之人流，誰能體得律行教也！」（三四八

頁上）鈔批卷五：「研習積年猶迷暗托者，謂習學積年，猶尚於事、於法恒疑不了，如暗中托物或著（【案】『著』後疑脫『不著』二字。），故曰也。況談世論孰能體之者，上句明學者尚自不知，今此下明不學者，舉學以況不學。謂學者尚暗於緣，不學故忘（原注：『忘』疑『亡』。）言也。孰，由誰也。謂談世論之徒，誰復能體斯戒法也。」（三三六頁上）簡正卷五：「上二句舉學，下二句況不學。研習積季，猶迷闇托（原注：『托』鈔作『託』。）者，舉學窮者習學也。積於歲季，長時用心於教文中也。猶迷闇托者，不明之貌也。只如諸古德依四分宗中，研窮習學，經歷多時，至於著述疏章，猶迷教旨，錯悞引用，處斷重輕不少，全無托附。下句云，況談世論，熟能體之，況前來不學之人，（二五八頁下）終日談於世間言論，孰能體會之宗！助（【案】『助』前疑脫『孰』字。）語之詞。諸家記中云：如上淺識之人，設使精研習學於歲季，猶迷事相，如闇中托物，或著不著，況談疏野庸常之言談，爭能體之？此解非也。」（二五九頁上）

〔一八〕**是以容致濫委** 資持卷上一下：「初明濫教。所行違制，妄謂依律，故云濫委。」（一七九頁下）簡正卷五：「客（【案】『客』疑『容』。次同。），至也。致，舉也。謂若客受致舉上來庸常之人濫委，付以為僧首者。」（二五九頁上）鈔批卷五：「謂不可將佛法委付此談世俗之人。」（三三六頁上）搜玄：「容，受也。致，舉也。」（三四八頁上）【案】彰過分四，如下資持所示。

〔一九〕**以亂法司** 資持卷上一下：「『法司』即律宗。律實不然，愚者謂是，故為彼亂。即世學者，說律訓人、自貿楱衣，言遵王制；夜粥晏齋，謂是隨方；非時噉飯，妄言未必長惡；貪飲藥酒，便言有病療治。不學愚僧，傳為口實，誣聖亂法，豈復過是？來者有識，慎勿隨邪。」（一七九頁下）鈔批卷二：「謂容受此非法無德之人，濫安法主之處，則濫亂佛法，故曰亂法司也。」（第二五九頁上）鈔批卷五：「司者，至欲明容受此非法無德之人，濫安法主之處也。又解云：如今曹司名為曹主、寺主也。……若以戒法委此人者，即是濫亂佛法，故曰以亂法司也。」（三三六頁上）簡正卷五：「法司者，即伽藍寺宇之異名也。如俗九司，今借號以為法司。若令此人為方之主，寺院之中，混亂無其軌範也。玄云：司者，主也；主者，聚也。三藏之人，聚在一處，令此淺見之人主持，則有亂也。此解似有繁研。」（二五九頁上）搜玄：「若容受致，舉上來膚見，濫委付以為眾首，則亂法司。司，主也，聚也。謂修三法行人，聚在一處，以此淺識之人，主當則令亂也。」（三四八頁上）

〔二〇〕**肆意縱奪** 資持卷上一下：「『肆』下，次明專任。肆，恣也，順己情者。非制而制曰縱。違我意者，是制便斷名奪。事既非法，人有不從，即以威武，抑而挫之。所謂持戒比丘反遭治擯，乃至羅漢亦被打罵，即其事也。」（一七九頁下）搜玄：「肆者，當陽云放也。縱情同者為惡，奪情違者之善。謂故縱情懷，任非而作。」（三四八頁上）鈔批卷五：「肆，由放也、陳也、信也、習也。今取『放』義。如市中店肆，陳列貨物，任人撰擇，此是肆義也。字書云：肆者，所陳貨鬻於市也。亦云：講肆者，謂法師說義，恣人撰擇。亦名肆義，亦取放義。如上濫法司之人，不依法教，放縱身口，陳唱醜辭。師心觀於徒眾，有其愛憎，憎則犯輕而斷重，愛則犯重而斷輕，此名縱奪。於愛是縱，於憎名奪。私云：（三三六頁上）於情愛者有罪而不論，於情憎者吹毛而覓過也。慈云：縱奪者，明上法主之人，放縱情懷，而於同情則縱其作惡，於異情者則奪其所有功能也。」（三三六頁上）簡正卷五：「縱情取捨而異與奪，於己親有罪亦怒（原注：『怒』疑『恕』。）為縱。於己疏者，無過加罰曰奪。儒書云：不教而殺曰暴。又論語云：尅代（原注：『代』疑『伐』。）怨欲不行，焉可謂人矣。即專行暴事，欲勝於人也。」（二五九頁上）

〔二一〕**專行暴尅** 資持卷上一下：「暴謂兇惡，尅即侵害。」（一七九頁下）搜玄：「書云：不教而煞謂之暴。論語云：尅伐怨欲不行焉，可謂人矣。尅，好勝人也。專行暴事，欲勝於人。」（三四八頁上）鈔批卷五：「謂於所嗔之人境上，非理加罰也。專者，應師云：專，由自是也。專，由一也、任也。論語云：尅伐怨欲不行焉，可謂為仁矣。馬融曰：尅，好勝人也。伐者，自伐其功也。怨，忌、小怨也。欲者，貪欲也。」（三三六頁下）

〔二二〕**尚非俗節所許** 資持卷上一下：「『尚非』下，三、舉況。『俗節』即世禮，禮以節人故也。孔子云：非禮勿視，非禮勿聽，非禮勿言，非禮勿動。曲禮曰：傲不可長，欲不可縱。是則儒典動必合禮，不容縱傲，安有出世道人反成肆恣。故云也。」（一七九頁下）搜玄：「富陽云：舉俗以斥非。書云：罪疑惟輕，功疑惟重。尚書云：不以親而不誅，誅其有過；不以疏而不賞，賞彼有功。俗節既然，上之暴尅，何得許也？道儀得存者，道則無生智道，四等為懷；儀則三千威儀，利物為本。身心既行，縱奪暴尅，道之與儀，何可安附而得存也！」（三四八頁上）鈔批卷五：「謂俗人尚云不以親而不誅，誅其有過，不以疏而不賞，賞彼有功，豈得任意縱奪？又解：俗中高士尚不呵叱杖捶，能行仁恕，況乃出俗僧徒而反行之？」（三三六頁下）簡正卷五：「舉俗也。書云：罪宜惟

輕，功宜唯重。又尚書云：不以親而不賞，賞彼有功。俗節既然，上之暴尅，何得許也？何有道儀得存者，此句況道也。道則無生智等道；四為懷儀，則三千威儀利物，為本身心。（二五九上）既行縱奪尅暴，儀之與道，何得存焉？」（二五九頁下）

〔二三〕**致令新學困於磐石**　資持卷上一下：「『致令』下，四、彰損。上句明塞學路，次句明滅法律。下二句傷歎。磐謂大石。（一七九頁下）周易困卦云：困于石，據于蒺藜。（注云：石之為物，堅而不納者也。）喻上庸流，濫為師首，妄行非法，則使來蒙解行不進，如困于石。若復不學，恥墮無知，如據蒺藜。此謂進退不可之象。」（一八〇頁上）搜玄：「此句人虧正學，（三四八頁上）明所損境也。慈云：困，弊也。盤石，大石也；周易有其困卦。深云：進則踐於蒺藜，退則困於盤石，陰陽閉塞不通，困也。謂上縱肆之人，新學遇之，則進退俱失，如於困卦。輔篇、發正云：謂坎下兌上六友。（【案】『友』疑『爻』。）辭云『困于石』。石不受物也，亦是止遏不通之義。非法眾主，疾其後生，令正教不得施行，故云困於盤石也。」（三四八頁下）鈔批卷五：「槃石者，謂大石也。明此非法眾主，及摩訶羅，畜養門徒，常令酤酒置肉，不教法用，至年長大，欲往遊方聽學，遮不與去。有二意故：一、恐學問勝己，我便墮負；二、恐彼識達教相，見我等過，知我是非。既不許出，如大石壓草，不得出頭也。又，和上解云：如國家諸王卿相，名為盤石之任，為取相繼嗣、永固不移之義。義如盤石，故名盤石之任。喻此僧中無知眾主、法主，亦名盤石之任，以處斷縱奪，不依聖教。而後生新學，弊斯法（三三六頁下）主，故云困於盤石也。深云：易中有困卦。解云：進踐於蒺藜，退又困於盤石，陰陽閉塞不通，名困卦也。如今官人先異尅為惡，被人糺吉（原注：『吉』疑『詰』。）進被罪刑，退失官爵。今之法主，若縱奪任情，後若命終，退失道果，及失人天勝報，退入三途，猶如困卦也。」（三三七頁上）簡正卷五：「進則踐於蒺梨，退則困於盤石。令他學解不通，五分法身，豈更生長？亦是閉塞之貌，故云困於盤石也。」（二五九頁下）

〔二四〕**律要絕於羈靮**　鈔批卷五：「在身名羈，在口名靮，只是馬羈靮勒也。欲明新學之人，不識教相，不依戒律，放縱身口，造種種過，狀如馬無羈靮，故言絕也。今此直詺戒律為羈靮也。故經云：佛所立禁戒，如猿著鏁，亦如利轡勒。即其義也。」（三三七頁上）簡正卷五：「此句明斷法也。在身曰羈。羈，絆也。在口曰靮〔音『秘』。今從革者，『皮必』（【案】『乃』疑『反』。），是專束也。〕

今二持持行，是律之要。止持如羈，結束比丘身口七支，不至作犯之境；作持如靷，收束比丘三行，不至止犯之境。今非法眾生，不與施行此律要二持，豈非斷絕也。」（二五九頁下）

〔二五〕**於時正法玄綱，寧不覆墜耶** 鈔批卷二：「諸戒為玄綱，亦名定慧曰玄綱。謂今既不依教行，無人能續，故云玄綱覆墜也。」（二五九頁下）鈔批卷五：「立云：無漏慧為玄綱，戒是玄紉，因戒發定，用定發慧。今既毀戒，定慧不生，故云覆墜也。又解：只諸戒為玄綱也。又言，寧不覆墜者，如經云：我諸弟子，展轉行之，則是如來法身常在而不滅也。今既不依教行，絕於展轉，無人能續，故云玄綱覆墜也。」（三三七頁上）簡正卷五：「於非法眾主，抑遏之時。如來正法，玄妙綱宗，寧不煩覆墜失故。」（二五九頁下）搜玄：「於時者，於非法眾主，令後學正教不行之時。寧，何也。玄妙之鋼。當於此時，何不覆墜也。」（三四八頁下）

〔二六〕**深崇護法** 鈔批卷五：「濟云：若能為眾生不專行暴尅，所有門徒後生，令其出外學問，（三三七頁上）不與作盤石之礙，意欲令其學問紹隆佛種，即是深崇護法也。」（三三七頁下）

〔二七〕**復何患佛日不再曜** 資持卷上一下：「『復』下，顯益佛智朗然，故喻如日。法能摧展業惑，故喻如輪。苟得其人，則三寶重興，反前覆墜，故云『再』也。」（一八〇頁上）鈔批卷五：「立云：如上沐心道水、迹超塵網之人，既能依教修行，即是法輪更轉，何慨佛日不再曜乎！即如經云：當知此則是汝大師，若我在世，無異此也。則是法輪再轉於閻浮，道光重映於千歲者矣。」（三三七頁下）簡正卷五：「深心崇重，守護教法，復何患也？今准書中，患字，訓憂也。借此『何患』二字，向下句結之。（二五九頁下）應云：何患佛日不再耀，何患法輪不再轉？謂佛智如日，昔時已耀，今僧尼護戒，使定慧發生，豈非再耀？八支聖道，具轂、輻、網三，名真法輪。佛在之日已轉，今僧尼戒淨，起智斷惑，豈非再轉？若是深崇護法之人，何憂佛日及與法輪不再轉耀？」（二五九頁上）

〔二八〕**法輪** 搜玄：「諸佛之法，三十七品，輻、網具足，（三四八頁下）喻如其輪。佛在已轉此輪，今僧尼等，戒淨有智惠，便得第一道，此輪豈非再轉耶！又，如來成道，度人廣大，比丘今日戒淨秉法，度人亦得廣大，即再轉也。」（三四九頁上）大毗婆沙論卷一八二：「問：『何故名法輪？』答：『此輪是法所成，法為自性，故名法輪。如世間輪金等所成，金等為性，名金等輪。此亦

如是。……有說此輪能治非法輪，故名法輪。非法輪者，謂布刺拏等六師所轉八邪支輪。』問：『何故名輪？輪是何義？』答：『動轉不住義是輪義，捨此趣彼義是輪義，能伏怨敵義是輪義。由斯等義，故名為輪。』」（九一一頁中）

今略指宗體行相〔一〕，令後進者興建有託〔二〕。

夫戒者以隨器為功，行者以領納為趣〔三〕。而能善淨身心、稱緣而受者〔四〕，方克相應之道〔五〕。若情無遠趣、差之毫微者，則徒染法流〔六〕。將何以為道之淨器？為世良田，義復安在〔七〕？是以凡欲清身行徒、遠希圓果者〔八〕，無宜妄造〔九〕。必須專志攝慮〔一〇〕，令契入無滯〔一一〕。故經云〔一二〕：雖無形色，而可護持。斯文明矣。

何者？但戒相多途，非唯一軼〔一三〕；心有分限，取之不同〔一四〕。若任境彰名，乃有無量〔一五〕。且據樞要，略標四種〔一六〕：一者戒法，二者戒體，三者戒行，四者戒相。

言戒法者，語法而談，不局凡聖〔一七〕。直明此法，必能軌成出離之道〔一八〕。要令受者，信知有此〔一九〕。雖復凡聖，通有此法〔二〇〕。今所受者，就已成而言，名為聖法〔二一〕。但令反彼生死、仰廁僧徒〔二二〕，建志要期、高棲累外〔二三〕者，必豫長養此心〔二四〕，使隨人成就〔二五〕。乃可秉聖法在懷，習聖行居體〔二六〕，故得名為隨法之行〔二七〕也。

二明戒體〔二八〕者，若依通論，明其所發之業體〔二九〕。今就正顯，直陳能領之心相〔三〇〕。謂法界塵沙二諦等法〔三一〕，以己要期，施造方便〔三二〕，善淨心器〔三三〕，必不為惡，測思明慧〔三四〕，冥會前法〔三五〕。以此要期之心，與彼妙法相應〔三六〕，於彼法上有緣起之義〔三七〕，領納在心，名為戒體〔三八〕。

三言戒行〔三九〕者，既受得此戒，秉之在心〔四〇〕，必須廣修方便〔四一〕，撿察身口威儀之行〔四二〕，克志專崇、高慕前聖〔四三〕；持心後起，義順於前，名為戒行〔四四〕。故經云：雖非觸對，善修方便，可得清淨〔四五〕。文成驗矣。

四明戒相〔四六〕者，威儀行成，隨所施造，動則稱法，美德光顯，故名戒相〔四七〕。

【校釋】

〔一〕今略指宗體行相　資持卷上一下：「望下釋相，故云略指。宗即是法，證題不疑。」（一八〇頁上）鈔批卷五：「此正生起下四種是其宗體也。」（三三七頁

下）搜玄：「謂約能詮教下，所詮之戒，以為宗也。夫出家五眾，就其行教，以戒為宗。故戒本疏云：律中列戒為行，正宗欲釋宗義。宗是主尊等義，法、躰、行、相，顯宗家之受隨。非受隨無以顯戒，故下別舉法、躰、行、相以顯之；非戒無以收於受隨，故法、體、行、相之前，皆標『戒』字。故知，戒者為行事之正宗。若於受前，名為戒法；領納在心，名之為戒體；依體起行，名為戒行；行成德彰名，為戒相。今於立宗之首故，略指宗體行相也。」（三四九頁上）簡正卷五：「謂約能詮教下，所詮之戒，以之為宗。夫出家五眾，就其行教，以戒為宗，故戒疏云：律列戒為行事正宗。欲知宗義，宗是主義、尊義。法、體、行、相，顯宗家之受隨，非受隨無以顯戒，故下別舉法、體、行、相以顯之；非戒無以收於受隨，故法、體、行、相之前，皆標『戒』字。故知戒是行事之正宗。若於受前，名為戒法；領納在心，名戒體；依體起用，名戒行；行成外彰，名戒相。今於立宗之故，略指宗體行相也。」（二六〇頁上）【案】「宗」，底本為「學」，據大正藏本、鈔批、資持改為「宗」。「今略」下分二：初，「今略」下；二、「夫戒」下。

〔二〕**令後進者興建有託**　資持卷上一下：「『令』下，示意。興謂發心，建即立行。識體進行，成因感果，故云有託。如後結文。」（一八〇頁上）搜玄：「謂後學僧尼知戒為行事正宗，驗往日自受戒時，實若納法成體，受後依體起行，脩持離犯，美德外彰，即堪建立佛法。興，謂興隆三寶；建，謂建立法幢。（三四九頁上）要須有戒以為宗根，萬行依生，名為有託。」（三四九頁下）簡正卷五：「問：『指此四種，所為於何？』鈔答云：『令後進者，興建有託，謂令後來依四分律修進之人，知戒為行事之宗，聽於往日，自受戒時，實納得法否。若定納法，即有體順，體即有行，可修可離。既離二犯，修二持，美德外彰，即秉法住持，有於託附。若也反之，則全無託也。』」（二六〇頁上）

〔三〕**夫戒者以隨器為功，行者以領納為趣**　資持卷上一下：「初文為二，先示法體。上句明戒法有濟物之能，下句明戒體為立行之本。器即是機。大小、凡聖、道俗七部，上中下心，皆獲得故。趣謂歸趣，體能生行，行還護體。以行望體，體為所歸。」（一八〇頁上）鈔批卷五：「立云：身是戒器。故婆沙云以功德所依名為器也。器有大小，故戒亦有大小，故言戒者為隨器也。如五戒即人器，十戒即天器，二百五十戒是聲聞器，十重四十八輕戒即菩薩器。又解：以受時有上、中、下品之心，亦隨發得三品之戒，故名隨器也。慈云：此戒隨眾生器量所期，如器盛物，不擇香臭，欲求人之福及勝果等，皆隨所期，感尅戒品，

故名隨器也。濟云：戒者，隨眾生根器大小、所受多少，隨得戒亦不同。如俗人器小，則受五、八戒等，器若大，則受具戒，故曰隨器為功也。行者以領納為趣者，謂能受戒人，（三三七頁下）即領納所受之法也。如白四羯磨，一念之頃，領納妙法居懷也。」（三〇八頁上）搜玄：「問：『諸家立宗，未聞單以戒為者，今據何文，將戒為宗耶？』答：『鈔於篇題之下，自科出宗躰，則知於此明宗。文云：夫戒者，隨器為功，領納為趣，即受者之心，趣向於戒，宗趣義成，故知以戒為鈔宗也。又顯德中云『發趣萬行，戒為宗主』，又釋相『戒有大用』中云『夫三寶所以隆安，九道所以師訓，諸行之歸憑、賢聖之依止者，必宗於戒』，主宗之義，故得稱焉。戒者，牒舉宗也。以，由也。隨器者，慈、濟、豐並云：隨前人根器，上、中、下不等。上品根器，容受如來、菩薩之戒；中品根器，容受聲聞、緣覺之戒；下品根器，容受人、天之戒。如水入器，隨其大小、方圓、淺深。戒亦如是，隨上、中、下三器差別。故多論云：隨心上、中、下，得三品律儀。為功者，德也。謂戒無三品之別，隨器受之不同，器有上、中、下殊，戒德自然優劣，故曰隨器為功也。（三四九頁下）行者，牒能受行人。以者，用也。想像在懷，名為領納，願謂領解。納，謂受也。謂能受之人，用領納心，趣向於戒，而能善身淨身，善心淨心。善身者，胡跪合掌，口陳乞詞即表。不合掌、不乞戒，為不善身。淨身者，身無遮難。善心者，緣法界境，擔斷惡修善也。淨心者，專志攝慮，要期護持。此是正因。稱緣而受者，人僧界法成就，衣鉢具足，此增上緣。一緣不具，即非稱緣。方，則也。剋，獲也。因緣雅合，則獲相應。上來所列，並是相應：戒與器相應，領納與戒相應；心善身善，與戒相應；身淨心淨，與戒相應；衣鉢人界，與教相應。當此之時，則獲淨戒也。」（三四九頁上）簡正卷五：「『夫戒者』三个字，且舉宗明不受之法。以，由用也。隨，逐也。器者，根器也。功者，功所能也。但隨逐受人根器上、中、下別，似水入器，隨器方圓淺深，戒亦如是。故多論云：隨以上、中、下，得三品律儀。玄云：上品根器，容受如來菩薩戒；中品根器，容受聲聞緣覺戒；下品根器，容受人天之戒。此解稍疎也。行者似願納為趣者：『行者』二字，舉起能領納之人也。似者，用也。想像在懷曰領，得法在身曰納，心向於戒曰趣也。」（二六〇頁下）

〔四〕**而能善淨身心、稱緣而受者** 資持卷上一下：「『而』下，次，明得失。初明得者，準受戒中，必具五緣，方發戒品：一、能受有五，（一、是人道，二、諸根具，三、身器淨，四、出家相具，五、得少分法；）二、所對有六，（一、

界，二、僧，三、數滿，四、盡集，五、白四法，六、資緣具；）三、發心乞
戒；四、心境相當；五、事成究竟。今以善淨一句，對收一、三；稱緣一句，
即收第二。」（一八〇頁上）鈔批卷五：「謂身無遮難是淨身，誓斷惡緣境，起
心慕求出要，有上品之心，是名淨心也。言稱緣而受者，謂師僧清淨衣鉢，具
足羯磨成就，總在緣。復能淨其身器，有其求之心，名曰因。將此自因，投其
前後，因緣具故，理應發戒。以其因不乖緣，故曰稱緣而受也。」（三三八頁
上）簡正卷五：「跪禮陳詞乞法是善身；緣於法界境上，遍斷惡修善是善心。
無輕遮重難是淨身，專志攝慮是淨心。故云善淨身心也。稱緣而受者，人僧界
法成就，衣鉢具全，稱於此增上之緣，方納具戒故也。」（二六〇頁下）

〔五〕**方克相應之道**　資持卷上一下：「『方克』一句，即收第四、五。克，猶遂也。」
　　（一八〇頁上）鈔批卷五：「既淨心器，稱緣而受。以內因外緣，兩種相應，
而發此戒，則與無作戒善相應。即此相應之道，是其無作戒體也。尅者，能
也。又一解，詳下文。云將何以為道之淨器，即名此所發之戒體，能與聖道相
應，故名相應之道。謂既稱緣而受，則與無作相應，後得成於佛道也。（二解
俱好。）」（三三八頁上）簡正卷五：「方，則也。尅，獲也。因緣契合，則獲
相應，即：戒與器相應；領納與戒相應；善身善心，與戒相應；衣鉢人界，與
教相應。當此之時，即應得戒。」（二六〇頁下）扶桑記：「隨器得戒體也。」
　　（三九頁下）

〔六〕**若情無遠趣、差之毫微者，則徒染法流**　資持卷上一下：「『若』下，次，明
失。初三句，明緣乖不得，即反五緣，不待全差。少乖即失，故云毫微。徒，
虛也。」（一八〇頁上）搜玄：「有三意：初兩句，總顯情乖事差；次兩句，徒
受非器；三、『為世』下，非世福田情，是受者心情不能生，領納戒之趣向也。
無遠者，遍法界境，悉是戒境，於此境上，不作斷惡修善之心，求菩提涅槃之
趣。又只擬受，復無持心，無此遠趣，故不得戒。問：『為從初受至羯磨終，
無其遠趣，即不得戒，為哉時耶？』鈔云：『羌（【案】『羌』疑『差』。）之毫
微，即不得戒。』毫者，毛中最細。微者，塵中極小。但如微塵之差，如毫毛
之昫息，即不得戒。又，釋遮難，（三五〇頁上）人僧界法，差毫微者，即不
得戒。靈山云：毫微者，語其細也。得內心小，尚不得戒，況乖違之大也。徒
染者，輔篇云：徒，空也。受既不得，趣道莫因，空在法流，故非道器。道是
三乘菩提，以戒能盛功德万行，故喻如器。婆沙云：功德所依為器、為世等
者，謂身心不佩戒德，則不堪為世良田。故下文云：所以為世良田者，寔由於

戒，今即無戒，為田之義安在乎。」（三五〇頁下）鈔批卷五：「謂無持戒斷惑
之心，不知此戒法能至寂滅無上之果，無心希求，名無遠趣也。言差之毫微
者，謂顯因緣不具也。因緣小差，即非得戒之限。又因緣雖具，白四之時，心
緣餘善，不緣三世境作斷惡之心，一念有差則非得戒（原注：插入『戒』字。）
限，謂差之毫微失（原注：插入『失』字。）之千里也。則徒染法流等者，謂
受者無心，（三三八頁上）空加作法無益，故曰徒染法流。」（三三八頁下）簡
正卷五：「情是受納之心趣向也。遠者，遍法界境，悉是戒境。於是境上，不
作斷惡，修善之心，求菩提涅槃之趣，又只擬有受無持。（二六〇頁下）既無
此遠遠（【案】後「遠」字疑剩。）趣向之心，即不得戒。問：『為從初登壇之
時，乃至白四羯磨之時，情中無遠趣，便不納戒，為復幾時？』鈔答云：『差
之毫微也。』毫是毛中最細，微是塵中最小，但使受戒之人差之，如毫毛之昀
息，便不得戒。或有釋云：受人身有遮難，結界不如法，秉羯磨落非如毫微
許，即受不得。〔怨（原注：『怨』疑『恐』。）不及初解。〕徒染法流等者，
空也。染者，習也。法，三行之法。流者，類也。空染習在三法行人之流類
也。」（二六一頁上）

〔七〕**將何以為道之淨器，為世良田，義復安在**　資持卷上一下：「『將』下，彰無戒
之過，上一句失自利，下二句失利他。」（一八〇頁上）鈔批卷五：「戒者，萬
善所依而生，定慧藉之而起，用能盛貯，取喻於器名。戒能盛萬善之功德，故
稱道器。故經云『若無此戒，諸善功德，皆不得生』，即其義也。為世良田，
義復安在者，謂剃染為相，持戒為性，性相兩具，堪為福田。今既受戒不獲，
福田之義安在。安，由寧也。故智論云：為世良田者，實由戒體故也。佛藏經
云：若不能除我倒，不得受一杯之水、一納之衣。五分亦云：不為解脫出家
者，不得受於僧次。意可知也。」（三三八頁下）簡正卷五：「謂無漏淨道所
依，須假其器。有戒則三乘菩提、無漏之道為所依，若無戒，即不依也。故婆
沙云：功德所依，名器也。為世良田等者，謂身須珮戒德，方堪為世良田。今
既戒體本無，即為田之義，安得存在。」（二六一頁上）

〔八〕**是以凡欲清身行徒、遠希圓果者**　資持卷上一下：「初二句，指所誥人。清身，
謂志樂建修。圓果，即心期極證。」（一八〇頁上）搜玄：「折中云：謂凡欲入
三寶數者，要具戒清淨，名曰清身，方得入三行人之徒侶。遠悕等者，輔篇
云：要必須求三德，涅槃圓常之果，是所祈也。不宜妄起散心，妄造〔『草盜』
也反（【案】『也反』疑倒。）。〕諸境，如微塵之許，如毫昀之頃，即不得戒。

結上兩句，亦是遮詮。」（三五○頁下）鈔批卷五：「徒是今時徒眾也。此眾執
戒律而行，故曰行徒。今欲受戒入茲徒侶，誓願護持，寧死不犯，故曰清身。
意明肅此身入行門之徒眾，身雖處此行徒，心何所為？謂悕（【案】『悕』疑
『希』。）於佛道涅槃之果，故曰清身行徒遠悕圓果也。」（三三八頁下）簡正
卷五：「夫欲入淨身三行之人徒侶，遠遠悕求三德涅槃圓常之果者，抄文牒勸
云：無宜妄造，謂須專心，不宜妄造取前事也。」（二六一頁上）

〔九〕**無宜妄造** 資持卷上一下：「『無下』一句，誡輕易。」（一八○頁上）鈔批卷
五：「明受戒者，遠求菩提。若但希人天之樂，名妄造。若希二乘，亦是妄造。
造，由趣也，詣也，適也。」（三三八頁下）

〔一○〕**必須專志攝慮** 資持卷上一下：「『必』下，教用意。專志者，有所詣也。攝慮
者，無異想也。」（一八○頁上）搜玄：「『必須』下，表示勸令契入，念念不
息，領納戒心，名專志。無毫微之散心，稱為攝慮。」（三五○頁下）鈔批卷
五：「應師云：專者，自是也，亦任也，亦云一也。慮者，念也、思也，謂以
其一心，注想於戒善也。」（三三八頁下）簡正卷五：「念念相續，領納戒心，
名為專志。無其間斷攀緣，故云攝慮。」（二六一頁上）

〔一一〕**令契入無滯** 資持卷上一下：「契，謂心會前法。入，即納法歸心。滯，礙也。」
（一八○頁中）搜玄：「求戒善心，契會於戒法。戒法納入於求戒心中，名為
契入。由上專志攝慮，無其簡隔，戒法納心，則無滯也。又釋：或非塵大色，
非緣慮心，而無有礙，名契入無滯。」（三五○頁下）鈔批卷五：「慈云：專志
修行，（三三八頁下）擬契入圓寂涅槃、無相真理，虛通無有滯礙之處也。私
云：只是志心，緣其戒善功德，令與我心相應，直爾契會，直爾趣入，直爾發
得，使中間更無滯礙也。又解：只名無作戒體為無滯也。以成實宗中，將非色
非心為體，故名無滯。若薩婆多宗，戒是其色，即有滯礙也。故經云：雖無形
色者，即涅槃經明其無作戒體也。今引此經，證成上無滯之義。據此文意，前
解無滯義，用後釋為當。」（三三九頁上）簡正卷五：「心既契會於法，法亦隨
心，名為契入。由前專志攝慮，無其間隔，戒法納心，豈有於滯。或有解云：
（二六一頁上）戒非塵大色，又非緣慮心，既非色非心無有礙，故云契入無
滯。」（二六一頁下）

〔一二〕**經云** 資持卷上一下：「涅槃十八卷。彼云：云何念戒？菩薩思惟，有戒不
破、不漏，不壞、不雜。〔不破即四重，不壞即餘戒，不漏、不雜即重輕方便。
此依北遠（【案】指隋代慧遠，公元五二三年至五九二年）疏〕。雖無形色而可

護持（非色），雖非觸對善修方便，可得具足（非心）。諸佛菩薩之所讚歎，是大方等大涅槃。因此證重心領納，有戒何疑？」（一八〇頁中）鈔批卷二：「即涅槃經明無作戒體。今引此經，證成上無滯之義。據此，明後釋為當。」（二六〇頁上）簡正卷五：「涅槃第六云：無作非色非心，是無形，而能遍在色心中，十二入中法入攝，六識之中意識得，故可護持證誠。上文有戒可得，故云斯文明矣。」（二六一頁下）【案】涅槃經卷六、卷一六、卷一八等多處有此說法。

〔一三〕**但戒相多途，非唯一軼**　資持卷上一下：「軼（『徒結』反，又音『逸』。），車相交過，喻其多貌。……上二句，據法明廣。五、八、十、具，四位不同。或約業者，七支種類也；或從制者，重輕篇聚也。」（一八〇頁中）搜玄：「即成論有七善律儀，且有漏木叉，即：五戒相、八戒相、十戒相、二百五十、五百，乃八萬四千。今就內眾以明：二百、五百、八萬，是多途也。軼者，（『田結』反。）謂迹義也。萬車同轍，是一義也。今戒不然，有多種也。又復隨受心之所取差別，故云：心有分限，取之不同；或上中下等，三品之心，取不同也。」（三五一頁上）鈔批卷五：「『軼』有兩音：一音『逸』，字統云：過也；一音『姪』（『田結』反。），謂車轍，即當此用。言多途者，約境相明，境通情非情，亘周法界，故曰多途。亦云止作二持犯也，亦云遮戒、性戒，亦云五八十具，亦云上中下品等，故曰多途也。非唯一軼者，如車足踐地為路，則千車同於一軼，以車大小一種故也。車若大小，後車被前車拗破，若無大小，故得千里同軼。戒相不爾，乃至多途，不同於車軼也。」（三三九頁上）【案】此處戒相意為戒之相狀、總相，即具體的戒條，如五、八、十、具、七支、僧二百五十戒、尼三百三十八戒等，乃至八萬四千之相狀，故云戒相多途。此「戒相」與下文律宗四科所言之「戒相」含義不同。

〔一四〕**心有分限，取之不同**　資持卷上一下：「約心明廣，即上四位各有三品。」（一八〇頁中）鈔批卷五：「謂有上、中、下品之心，亦隨取得上、中、下品戒也。亦云：隨欲取五、八、十、具，隨受何戒即得也。亦云三乘之人，（三三九頁上）隨受得不同也。」（三三九頁下）

〔一五〕**若任境彰名，乃有無量**　資持卷上一下：「『若下』二句，就境明廣。」（一八〇頁中）搜玄：「情境，上至如來，下至螻蟻。非情者，大如須彌，小至極微。（三五一頁上）其數非一，故言無量。向此境上，取說成難。任，從也。若從境彰其戒名，故不可說，即顯今不就此三界說也。」（三五一頁下）鈔批卷五：

「謂約法界情非情等，皆是所發戒之境。若從如此等境彰於戒數之名者，而戒則有無窮之稱也。」（三三九頁下）簡正卷五：「任，從也。境即所緣。情、非情二種境者，上至如來，下至螻蟻。」（二六一頁下）

〔一六〕**且據樞要，略標四種**　資持卷上一下：「『且』下，示要。……情及非情不可數，故示要。中樞即門樞，亦取要義。欲達四科，先須略示。聖人制教名法，納法成業名體，依體起護名行，為行有儀名相。有云：未受名法，受已名體。今謂不然，法之為義，貫徹始終，安有受已，不得名法。須知下三，從初得號，是故一一皆得稱戒，或可並以『法』字貫之，方顯體及行相非餘泛善。問：『所以唯四，不多少者？』答：『攝修始終無缺剩故，隨成一行，四義整足，言有次第，行不前後。』問：『法之與體，同異云何？』答：『業疏云：體者，戒法所依之本，是則法為能依，體是所依，不可云同。又云：戒體者，所謂納聖法於心胸，即法是所納之戒體，據此不可云異。應知，言法未必是體，言體其必是法。不即不離，非同非異。』問：『行相何異？』答：『三業分之。』」（一八〇頁中）搜玄：「樞要者，謂上多種戒相，四種取釋俱盡。又，上心有分限，取雖不同，四種顯之，理無不盡。上雖任境彰名，乃有無量，以此四法釋之，理亦俱盡，故言樞要。樞，謂戶樞，門之要義，即門臼也。即顯門之廣大，開合自在，要假於樞。戒則無形，而廓周空際，欲令受者，識驗自身，往曰受戒得不，受後隨行如非。舉此四種，足使知之，如彼戶樞。此四是戒宗之要，若無此四，不可得知自身初受戒之有無，受後隨行持之相也。列數可知。牒釋分四：謂法、體、行、相。前二是受，後兩是隨也。前三：初舉法令信；二、『雖』下，雖通凡聖，獨立聖名；三、『但令』下，正明軌成出離相狀。」（三五一頁下）鈔批卷五：「今舉四法亦為要者，喻之於樞，故云且據樞要，略標四種也。」（三三九頁下）簡正卷五：「寶云：門扇兩頭之也。故雜犍度云：戶樞不轉，以皮裹之。（二六一頁下）若依玄記，是門臼也。臼是門之要，故雖廣大，樞能管轄，開閉目（原注：『目』字疑剩。）自在。戒亦如然，盡虛空、遍法界，雖廣多，但以四種收之無（原注：『無』下疑脫『不』字。）盡矣。將一『法』字，收一切法，乃至將一『相』字，收一切相等。前二是受，後二為隨。受（原注：『受』下疑脫『隨』字。）雖殊，莫先四種也。」（二六二頁上）

〔一七〕**言戒法者，語法而談，不局凡聖**　搜玄：「但談於法不局，在於凡夫聖人也。問：『所言法者，莫不是法界、塵沙二諦等法耶？』答：『南山戒壇經云：法即

戒也。羯磨疏云：體者，正是戒法所依本也。故知此法即是戒也。若法界二諦等法，（三五一頁下）乃是戒境，非戒法也。三乘聖人，要佩戒印，不局在凡。佛為五洋（【案】『洋』疑『滓』。）眾生制於禁戒，不局在聖。但云：如來大慈心中，流出此法。凡聖受者通有，故不局也。』（三五二頁上）鈔批卷五：「此謂若凡若聖，通有此之戒法也。如聖人亦受此戒，即是查婆摩羅，十四出家、十六證阿羅漢，年滿二十，羯磨受戒。此是聖人，亦有斯事，故曰不局於聖也。言凡者，即今一切比丘白四羯磨受者是也。」（三三九頁下）

〔一八〕直明此法，必能軌成出離之道　資持卷上一下：「『直』下，正明法。雖兩通不能委辨，但從聖論，故云直也。必，定也。軌成者，示法義也。出離道者，聖所證也。釋相科為聖道本基，即同此意。」（一八〇頁中）搜玄：「『直明』等者，簡要說也。此之戒法，約受戒緣集中，八法調理、九法往來。就釋相，初戒法一門，七段分拆，文義廣博，不可具舒。今此直明戒法功用，必能軌成出離道也。軌，謂軌生物解。出，謂出離二障。成，謂成三菩提。謂此戒法，必定能軌則行人善心。出離二障，成三菩提。下文云：高栖累外。又戒經云：戒淨有智惠，便得第一道，即用也。」（三五二頁上）鈔批卷五：「謂我今更不論其不局凡聖所由，且明其戒法之義，故言直明此法也。言必能軌成出離之道者，謂此戒法，可軌可則，能出離生死，成無漏道也。」（三三九頁下）簡正卷五：「直明此法者，要約而說，故曰直明。……能軌成出離之道者，軌生物解，謂成三菩提。出，謂出於三界；離，謂離於二部。故經云：戒淨有智慧，便得第一道。」（二六二頁上）

〔一九〕要令受者，信知有此　資持卷上一下：「『要』下，出從聖所以。然此但示法之功力，文不明指何者是法，意令學者得而得之。」（一八〇頁下）鈔批卷五：「謂能受戒人，須信知有此聖法住在身，乘之得出離生死。謂不局凡聖，皆受得此戒在身，只喚此戒著身，名為聖法。要須信知有此戒法也。」（三三九頁下）簡正卷五：「謂要令受者發深信心，知有茲玄妙之戒法，能出離三有，證五分法身之理也。」（二六二頁上）

〔二〇〕雖復凡聖，通有此法　簡正卷五：「應先問云：『既言凡聖道（原注：『道』疑『通』。）有，若在凡夫身中，（二六二頁上）名為何法？為約已成立名，為約未成立名？』可引抄答云：『雖復凡聖，通有此法等。（云云。）』『雖』字，縱奪之詞也。謂凡聖二類，皆有此法如前。又云：不局凡聖，今所受者，就已成而言，名為聖法。如查婆摩等，三乘聖人，受得此法，便證聖果等，偏彰聖法

之名也。或有別解，恐非文意，不取。」（二六二頁下）

〔二一〕**今所受者，就已成而言，名為聖法**　資持卷上一下：「『今』下，正示。已成者，初果已上，所修三學名聖道，故今雖在凡，亦名聖法，因中果號也。」（一八○頁下）鈔批卷五：「慈云：（三三九頁下）約羯磨竟，發得此法名為已成，為聖道基，能成聖故，名為聖法。亦可已成者，明此戒法能取於聖，就尅果邊，名為已成。已成聖故，方名聖法，謂佛、菩薩、聲聞，乘此戒法，得至菩提，故名聖法。今凡受者，雖未得聖，從因望果，呼為聖法。又解：聖人乘（【案】『乘』疑『秉』。）此戒法得至聖果，故知今所受者，即是聖法。就成聖者為言，故云就已成而言也。深亦云：雖復凡聖，通有此法者，結上文也。就已成而言者，明今凡僧受者，因緣具足受得戒者，故言就已成而言也。」（三四○頁上）

〔二二〕**但令反彼生死、仰廁僧徒**　資持卷上一下：「初明立志。上二句明慕近事，背俗向道，得事解脫，在凡因故。」（一八○頁下）搜玄：「問：『常聞生死為此，涅槃為彼，此何言返彼生死？』答：『心躰離念，本無生死，但由對境纏附，（三五二頁上）生死過興。今善淨身心於彼境上，作斷惡意，故返往日生死過心，云返彼也。靈山云：真心本有，妄從真生，以本望末，名為彼也。』作（【案】『作』疑『仰』。），羨也。廁，次也。」（三五二頁下）鈔批卷二：「『教令發心，即能求心也，即緣境立心也。此恒沙善法者，因緣未具時，不可得說，但信有此法，為因所起。（二六○頁下）起竟，此法在身，能軌生出離之道。此則第二教令發心也。」（二六一頁下）鈔批卷五：「明昔在生死順流長往，今發心遠離，廁在僧位，故曰仰廁。向上曰仰。前言返彼生死，是垂下也。今則仰廁者，是向上之義也。」（三四○頁上）簡正卷五：「問：『常聞生死為此，涅槃為彼，今何故云反彼生死？』答：『心體離念，本無生死，但由對境纏附，生死過典（【案】『典』疑『興』。）。今善淨身心，於彼境上，作斷惡修善之意，反於往星（原注：『星』疑『日，生』。）死過心，故云彼也。』仰廁僧徒者，仰，羨者。廁，次也。僧，謂徒侶。」（二六二頁下）【案】涅槃為彼，生死為此。

〔二三〕**建志要期、高棲累外**　資持卷上一下：「明希遠果。斷惑證理，即理解脫，是聖果故。累即三界結使，外謂二種涅槃。又可：上約身儀異世，下據心行清昇。」（一八○頁下）搜玄：「興心脩善，即建志也。誓受佛戒，自度度他，即是要期。栖心也，輔篇云：超三界之上，曰高栖；出三障之表，名累外。」（三

五二頁下）鈔批卷五：「只名返彼生死，超離煩惱，名為建志要期也。累是生死罪累。既有斷惡修善、返生死之心，此心乃高昇三界之表，栖息於塵累之外，故曰高栖等也。又解：今發心受戒，志出三界高謝四流，名為高栖累外也。」（三四〇頁上）簡正卷五：「建志要期者：典（【案】『典』疑『興』。）心修善，即是建志。誓受佛戒，自度度他，即要期也。高栖累外者：超三界之上，故曰高栖；出二障之表，名為累外。」（二六二頁下）

〔二四〕**必豫長養此心**　資持卷上一下：「『必』下，勸令早學。言必預者，不得臨時故。此心者，即上近、遠二心。」（一八〇頁下）搜玄：「辨常云：則須師為早爾，令發廣大心，濟度眾生，至無上道，不得臨時名為豫長養也。」（三五二頁下）鈔批卷五：「立云：若發此如上建志之心者，要須預前長養此心也。復發上品之心，（三四〇頁上）擬三聚淨戒。若至臨時，師僧擬教，相尚自虛，何能教於前人發此心也！」（三四〇頁下）簡正卷五：「師須早訓，示其發心，不待臨時，故云預長養也。」（二六二頁上）

〔二五〕**隨人成就**　資持卷上一下：「隨人者，任機優劣。」（一八〇頁下）搜玄：「慈云：隨前人所期何乘之戒，三品之心，皆須尅獲而成就也。」（三五二頁下）鈔批卷五：「謂隨十人、百人同時受戒，隨有長養、返彼生死、起上品之心者，受得其戒，則名成就。若無此心，則不成就。皆謂隨有長養此心者，不限人之多少，故云隨人成就。慈云：隨有求四果，或期緣覺、菩薩等，隨人心之所期，即得尅獲，故言隨人成就也。」（三四〇頁下）簡正卷五：「隨能受人要期上品之心，即納得上品之戒，必定成就也。玄云：據行人隨求何乘之戒而尅獲也。此釋稍疎。」（二六二頁下）【案】謂隨十人、百人同時受戒，隨有長養反彼生死起上品之心者，才受得戒法，則名成就。若無此心，則不成就。

〔二六〕**乃可秉聖法在懷，習聖行居體**　資持卷上一下：「『乃』下，示相應。初句納法為體，次句依體起行。行必兼相，四種備焉。」（一八〇頁下）搜玄：「輔篇云：堪可被緣也。」（三五二頁下）鈔批卷二：「謂上二段，令信有塵沙二諦善法，為所緣境。又，教令立心，此二因既具已，乃堪可秉聖法也。此中未即已，秉聖法居體，乃可堪加聖法，習聖行耳故。」（二六一頁上）鈔批卷五：「既秉羯磨聖法，發得戒竟，即須依法修行，名為聖行，故曰習聖行居體也。」（三四〇頁下）簡正卷五：「乃可栖（原注：『栖』鈔作『秉』。）聖法在懷者，納體也。習聖行居體者，起行也。……外難云：『此科鈔文，但為明戒法。既云柄（原注：『柄』疑『秉』。下同。）法在懷是體，習行居體是行，莫不雜亂否？』

答：『此懸說向後受時之事，令人信知此法，方可納體起行，未便柄之及起用等，亦是因中說果也。』」（二六三頁上）

〔二七〕**隨法之行** 資持卷上一下：「『故』下，結名。以依體起持，名隨行故。」（一八○頁下）鈔批卷二：「隨受得此聖法在身，起動施為，皆須護持，名為隨法之行。」（二六一頁上）搜玄：「隨要期戒法之心，而起其行，名隨法行。問：『此中明戒法，而言秉聖法在懷，即是戒躰；習聖行居躰，即從躰起行，即是戒行。豈非雜亂耶？』解云：『上令信此戒法，必能軌成出離之道，意欲返彼生死，乃高栖累外。此心長養成就，乃可堪加聖法，未即己秉身。若有戒趣聖可期，所脩習行，皆名聖行，比行墮戒法而有，名墮法之行也。』輔篇問：『此標宗中，戒法等四，與隨相中四法何別？』答：『大同小異。此云：直明此法，必能軌成出離之道，彼云：即此躰通出離之道。二、體者，此明能領之心，（三五二頁下）不論所發業體。三、行者，受已護持，上下大同。四、相，此約總說。威儀論下，約二百五十戒別明，約持犯說。』」（三五三頁上）

〔二八〕**戒體** 資持卷上一下：「納法成業名體，依體起護名行，為行有儀名相。有云：未受名法，受已名體。今謂不然，法之為義，貫徹始終，安有受已，不得名法？須知。下三，從初得號，是故一一皆得稱戒，或可並以『法』字貫之，方顯體及行、相，非餘泛善。問：『所以唯四，不多少者？』答：『攝修始終，無缺剩故。隨成一行，四義整足，言有次第，行不前後。』問：『法之與體，同異云何？』答：『業疏云：體者，戒法所依之本。是則法為能依，體是所依，不可云同；又云：戒體者，所謂納聖法於心胸，即法是所納之戒體，據此不可云異。應知：言法未必是體，言體其必是法。不即不離，非同非異。』」（一八○頁中）

〔二九〕**若依通論，明其所發之業體** 資持卷上一下：「『通論』即宗論，非別解故。如成實、婆沙、雜心、俱舍等。『所發』即無作。」（一八○頁下）鈔批卷五：「慈云：通論者，通律之論也，如成實等。明所受發其業體者，約作、無作以辦名業體，以發身口之業故。論云：作者，身動、身方便。無作者，身動滅已，與餘識俱，名為無作。故知作與無作，就業以明。故戒疏云：或就業辨，即作、無作也。立云：今此通指諸論，如多論明作、無作，用色為業體；如成論，作戒以為色業體，無作以非色非心為業體。此等論文，皆是明其所發之業體，故曰也。（三四○頁下）若如此廣辨，對今未明。今且直明能領之心，謂對第三羯磨竟時，發得無作業體。此業體之義，是所發也。今未暇論，且明能領之

心，呼為戒體也。」（三四一頁上）

〔三〇〕**今就正顯，直陳能領之心相**　搜玄：「今就正領法心，顯其戒體，能領心相是戒體也。心相者，謂塵沙真俗二諦等法。於彼法上，作斷惡脩善，誓成佛心。此法與心，正是心家所期。所取之相，當受之時，心中不領此相，即知無戒非其躰也。問：『此何不約所發無作辨體，而就能領心相明體耶？』答：『就戒定宗，明行事體，要有所得，方則能辨故。受者，有心領得此法，以法在心，即知有得，故就能領心相，以辨體也。若論所發，無作由從此生，約其發不冥，然從何辨堪行事？故不論也。故下文云：知自身心，懷佩聖法，即能紹隆佛種，興建法幢，是斯意。」（三五三頁上）鈔批卷五：「顯，由明也。明通論中，但辨所發之業體，但明其所，則不辨能。今此直就能領心邊，以為戒體也。言心者，即是求戒之心，因此心發無作體，只名此心為體也。言相者，要假此心，方能緣於外相。其相是何？即法界塵沙二諦等相。以心緣此相，故言心相也。約此義邊，並為戒體，故曰直陳能領之心相。」（三四一頁上）簡正卷五：「上來論文所發之業體，但正顯能受之人納體之心，陳斯相狀也。問：『此何不據業體以說，但陳能領之心耶？』答：『就戒定於宗，明行事體，要有所得，方可典達（原注：『典達』疑『興建』。）住持，故約行人領納之心，乃知有戒。若但明業體，業體從何而生？須先有領納心，方有其體。准下文云：知身身（【案】次『身』疑剩。）心懷佩聖法等，即斯意也。』」（二六三頁上）資持卷上一下：「相，謂心之相狀。」（一八〇頁下）

〔三一〕**謂法界塵沙二諦等法**　資持卷上一下：「法界者，十界依正也。塵沙者，喻其多也。二諦者，佛所立教也。此謂約境顯戒，故云等法。」（一八〇頁下）鈔批卷五：「即謂行者心中能領得法也。二諦，即是空、有也。空即真諦，有即俗諦。何故用二諦為戒境？且明真諦滅理涅槃，如謗聖教言非佛說，滅理涅槃言非畢竟寂滅，皆獲重罪。今反成福，並入戒門。言俗諦者，謂反彼生死，斷一切惡，離殺盜等，此皆俗諦。盡是戒境，故曰二諦。」（三四一頁上）扶桑記：「二諦等法，等取滅理涅槃、佛說聖教，文字卷軸、形像塔廟、地水火風空識等法。法界：法謂一切諸法也；界者，清涼云是分義，一一差別有分齊故。」（四〇頁下）

〔三二〕**以己要期，施造方便**　資持卷上一下：「『以己』下，正明心相。初句，立誓盡一形壽。次句，通包禮敬、陳詞身口二業。」（一八〇頁下）搜玄：「華嚴云：斷惡脩善，（三五三頁上）求戒之心，名曰要期。壇場禮乞，即是施造方便。」

（三五三頁下）鈔批卷五：「要期斷惡修善，寧死不犯也。施造者，即壇場胡跪，合掌禮拜，求哀乞受，皆是施造方便也。」（三四一頁上）

〔三三〕**善淨心器**　資持卷上一下：「『善』下，明屏絕妄念。」（一八〇頁下）簡正卷五：「善心淨心，善身淨身，即是身器也。」（二六三頁下）【案】心能攝受萬法，其性如器，故曰心器。淨心器，即屏絕妄念，以納戒法。

〔三四〕**測思明慧**　資持卷上一下：「『測』下，明心法相應。測思者，成業之本，得戒之因。三品心中，隨發何等？明慧者，反照心境，如理稱教，而非倒想，妄緣前境。或以四字別解者，測謂發心，思即緣境，明謂有記，慧即檢察。」（一八〇頁下）簡正卷五：「惻謂惻度，思謂思量，明慧即善慧也。謂惻度、思量塵沙二諦境上，本來無惡，良由有情心有惡念。今既思惟性空，惡從何起？良由妄起。當此之時，知境無惡，妄念無生。如是思惟，發生明慧，境既無惡，惡心不生也。」（二六三頁下）鈔批卷五：「廣疋云：惻者，悲也。說文云：惻，由痛也。思者，謂思惟也。（三四一頁上）欲明受戒之時，悲念一切眾生，不起殺、盜諸惡相加也。謂我及一切眾生，久流生死，造諸罪業，今痛昔迷，故云惻思也。言明慧者，謂要假明慧，方能傷痛三有眾生，若是愚痴，何能有此心也！又，勝云：言明慧者，為須了此戒法是眾善根本，能成大果。知有勝用故，起增上心。受得此戒，修定習慧，擬會正道，上報佛恩，下化群有，名為明慧，要須了了。知佛戒有如此功益，了知分明，故曰明慧。」（三四一頁下）

〔三五〕**冥會前法**　資持卷上一下：「上明用心，下明合法。由上起心，必須遍緣塵沙等境，法從境制，量亦普周；心隨法生，法廣心遍。心法相應，函蓋相稱，故云冥會。冥，暗會合也。法猶在境，以心對望，故云前法。下云彼法，義亦同然。」（一八〇頁下）鈔批卷五：「如此發心，方能與無作之體相應，故曰冥會前法也。又云：冥會前法者，冥，由暗也，謂既能慈惻明慧，立志如此，必冥然暗與白四聖法相應。相應是何？謂闇與理會，故曰相應也。言前法者，指前門戒法文為前法也，亦可懸指教中羯磨之法也。」（三四一頁下）簡正卷五：「塵沙二諦境上，本來無惡，良由有情心有惡念。今既思惟性空，惡從何起？良由妄起，當此之時，知境無惡，妄念無生。如是思惟，發生明慧，境既無惡，惡心不生，當此之時，冥然與會也。」（二六三頁下）

〔三六〕**以此要期之心，與彼妙法相應**　資持卷上一下：「『以此』下，明納體。初二句，躡上冥會。」（一八一頁上）搜玄：「以此要期者，牒上斷惡求戒善心，是

要期心。與彼妙法者，牒上塵沙二諦等法，謂體無善惡，心能法（原注：補入『法』字。）彼無善惡體，能法善心，隔凡成聖，名為妙法。如前冥會，故曰相應。此一段文，牒前語也。」（三五三頁下）鈔批卷五：「請要發此持戒之心，乃與法界塵沙等境妙法相應也。」（三四一頁下）簡正卷五：「牒上斷惡心也。以，用也。由此要期斷惡，求戒之心，是要期之心。與彼妙法相應者，牒上塵沙二諦等法。謂體無善惡，心能發彼無善惡體，能發善心，隔凡成聖，名為妙法。如前契會，故曰相應。」（二六三頁下）

〔三七〕於彼法上有緣起之義　資持卷上一下：「『於』下，明法隨心起。法是無情，由心緣故，還即隨心。故三羯磨時，初動於境，次集於空，後入於心。法依心故，名為法體。」（一八一頁上）搜玄：「富陽、豐云：明此戒是依他起性，因緣生法。且如羯磨，受者祈心立誓等，是因緣。僧界羯磨等，是增上緣。二緣和合，至第三羯磨，引發生起，名緣起。」（三五三頁下）鈔批卷二：「上持戒心，與塵沙境妙法相應，因緣相扣，三羯磨竟，（二六一頁上）於彼二種法上，假緣引發，生起此戒，名曰緣起。」（二六一頁下）鈔批卷五：「由緣故起，故曰緣起。或名緣成，謂緣會故成，故名曰緣成也。立云：受者有心，衣鉢具足，師僧清淨。羯磨成就者，則第三羯磨竟，一剎那頃，於塵沙法界、情非情境法上，領得此無作之體，名為緣起之義也。（三四一頁下）勝又解：明此戒是因緣生法，然求戒心誓等是因，師僧衣鉢羯磨等是增上緣。二種相扣，因緣和契，至三羯磨竟，於彼二種法上，假緣引發，生起此戒，名曰緣起義也。又解云：於彼法上者，看此文意，指前法界塵沙二諦等法，名為彼也。謂於此一切境上，發得戒體。第三羯磨竟時，舉得一切戒法，起注身心中，名為緣起。謂由緣師僧衣鉢羯磨，自求心等之因緣，故有法起。即於一切境上，有戒善功德而生，名此為起，故曰緣起之義也。」（三四二頁上）簡正卷五：「謂此戒是依他起性，因緣生法，只如羯磨受者，祈心立誓等是因緣，人僧界法、衣鉢等是增上緣。二緣和合，至白四竟，方得發生，名為緣起。」（二六三頁下）

〔三八〕領納在心，名為戒體　資持卷上一下：「『領』下，示體所在。若據當分，體是非心，不顯所依，體與心異。今言在心，乃取圓意，即指藏識為所依處。此之二句，正示無作。昔人反云此是作體，安有心中但領作耶！問：『若是無作，即是所發，何以前文指如通論？』答：『此中但言領納在心，不明所納是色、非色，故指如彼。釋相廣明。』問：『前云正顯能領心相，豈非作戒？』答：『此謂以作顯無作耳。』問：『何不直示無作而明心相者？』答：『能領之心發

體，正要獨茲曲示，餘並無文。若乃考得法之元由，決所受之成否，苟迷此旨，餘復何言！或無記妄緣，或泛爾餘善，一生罔象，畢世遲疑，無戒滿洲，聖言有旨，故茲提示義不徒然。』（一八一頁上）搜玄：「輔篇：將受戒人能領納心相，名戒體也，不是弁體狀業體也。問：『今此戒體，與前戒法，如何取別？』答：『先信此戒法，乃立志要期，高栖累外，此心成就。三羯磨竟，攝彼前心所發善法，納在身心，名為戒體。故羯磨疏云：法者，是所納之體也。』」（三五三頁下）鈔批卷五：「將受戒人能領戒之心為戒體。問：『此戒體門與前戒法何別？』解云：『若論戒法者，不由受與不受，任運有此法體，能成出離之道。若論體者，緣身口發得此法，在身名體。故羯磨疏云：戒體者，納受聖法於心胸，即法是所納之戒體。詳此文意，望能領邊為體，所領者為法。』」（三四二頁上）簡正卷五：「將受戒人，能領納心相狀為戒體，不是業。」（二六三頁下）

〔三九〕**戒行**　資持卷上一下：「依體起護名行。」（一八〇頁下）鈔批卷五：「謂依戒修行，名為戒行。上既明戒法、戒體，並受中之事。今即辨隨行之中，廣能策進心行也。上既受體在身，今則廣修方便，隨戒而行，義順於前，故曰戒行。」（三四二頁上）

〔四〇〕**既受得此戒，秉之在心**　鈔批卷五：「秉，由執也。謂執之在心。（三四二頁上）此字上作『禾』頭，下是古『手』字也，謂以手執禾，名之為秉。」（三四二頁下）

〔四一〕**必須廣修方便**　資持卷上一下：「『必』下，示行相。方便有二，即教、行也。教謂律藏，必依師學；行謂對治，唯在己修。由本興心，稟教期行，以為受體。今還如體，而學而修。」（一八一頁上）鈔批卷二：「深云：廣修四正勤也。謂未生之善，方便令生，已生之善令增長；未生之惡令不起，已生之惡令滅也。」（二六一頁下）鈔批卷五：「謂不犯一切戒者，皆由有方便作護持之心，故能對境不染也。故下文云：若光嚴淨識，托對五塵，欲染不生，由前方便故也。深云：廣修四正勤。何者為四？一、未生之善，方便令生；二、已生之善，令運運增長；三、未生之惡，令不起；四、已生之惡，令滅，即懺洗之法是也。」（三四二頁下）簡正卷五：「正明起行也。（二六三頁下）修，習也。方便即不淨、慈悲、少欲等觀行也。」（二六四頁上）

〔四二〕**撿察身口威儀之行**　資持卷上一下：「文明檢察，似偏約行。然離過對治，非學不立。廣修之語，理必兼含。檢察即心，心即行體。準疏具三：能憶、能持、

能防。一心三用，無非順受，方成隨行，此謂能察身口。威儀即所察。此二句，須明成就二持，遠離兩犯。而云身口，且據麤非，約準今宗，義通三業。上云檢察，正示修行，下云慕聖，明其標志。」（一八一頁上）搜玄：「脩不淨、慈悲、少欲等觀，是廣脩方便。防護七支，名撿寮（原注：『寮』疑『察』。）身口也。威儀之行，謂身口麤相既撿，微細難持須行，故云威儀行也。」（三五四頁上）鈔批卷五：「撿察身口等者，即防身口七非，此名戒也。言威儀之行者，此明上撿察身口，能防名戒，其相是麤。今則於微細威儀，行住坐臥四儀可觀，故曰威儀之行也。」（三四二頁下）簡正卷五：「身口七支麤相，既撿察四儀之行亦然也。」（二六四頁上）

〔四三〕**克志專崇，高慕前聖** 資持卷上一下：「克，猶定也。崇，重也。前聖，通目三乘已成道者。」（一八一頁上）鈔批卷五：「尅，由能也。明諸佛、羅漢等，並持此戒，能得出離生死；因茲戒德，降魔成道。我亦効之，故曰高慕前聖也。」（三四二頁下）簡正卷五：「望上而學也。謂前聖之人，與我同為凡夫，彼能修行，成於聖道。我曹亦爾。何不為之因發正心，專修正業等。儒書亦云見賢思齊。意亦同此。」（二六四頁上）

〔四四〕**持心後起，義順於前，名為戒行** 資持卷上一下：「『持』下，結示名義。持心即行，後起順前，示隨行義。」（一八一頁上）搜玄：「持是受後防護之心，故云後起。今此持心，正順初受，斷惡脩善，故曰義順於前也。」（三五四頁上）鈔批卷五：「此明前要心受時，誓持不犯。今已受後，能順前期，不違本心，故曰義順於前也。」（三四二頁下）

〔四五〕**雖非觸對，善修方便，可得清淨** 搜玄：「涅槃第六，證也。雖非觸對者，謂戒非色，不可觸對，不同眼根所對之色；戒復非心，不可觸對，不同色等能領之心。善脩方便，起對治行，今（【案】『今』疑『令』。）此戒體可得清淨，故名戒行。」（三五四頁上）鈔批卷五：「有云涅槃經也。明無作戒體，雖非色非心，若修方便而護持者，身得清淨。由非色心故，故云非可觸對。」（三四二頁下）【案】北本涅槃卷一八，七一三頁。

〔四六〕**戒相** 搜玄：「輔篇云：對治既成，行相無犯，勤便稱法，美德外彰，色相潔清，堪生物信，故名戒相。慈和云：『行相何別耶？』答：『行據內心，相據外狀，故分二也。』」（三五四頁上）資持卷上一下：「為行有儀，名相。」（一八〇頁中）鈔批卷五：「立云：若直明，則二百五十戒是也。（三四二頁下）若更廣論，即一切情非情、萬境是戒相也。（恐此解非。今文明，戒相約義精別。）」

（三四三頁上）簡正卷五：「科文但作一段，似有欠少，今准前三段，皆有牒標也。」（二六四頁上）

〔四七〕威儀行成，隨所施造，動則稱法，美德光顯，故名戒相　資持卷上一下：「問：『釋相篇中，以戒本為相，與此異者？』答：『此約行明，彼就法辨。然則行必循法，法必軌行，文云動則稱法，豈不明乎。』」（一八一頁中）簡正卷五：「謂牒舉上文，威儀戒行，已成就故。動則稱法，美德光顯者，舉動施為，稱於軌則，美德外彰，相狀清潔，生於物善，故云戒相。問：『行與相何別？』答：『行據內心，相約外狀，故分二也。』問：『此中，法、體、行、相，與中矣（【案】『矣』疑『卷』。）隨相篇（二六四頁上）法、體、行、相，若為取別？』答：『此戒法，即據軌成出離之道；彼約體，通出離之道。此戒體，直陳能領之心；彼說所發之業體。戒行，上下並同之。若論戒相，引約威儀，無顯之相。彼據二百五十，具期闕二持、兩犯之相狀。』」（二六四頁下）鈔批卷五：「有云：如不捉寶、不觸女人、不與女宿、不非時食，此皆名動則稱法，隨行住四儀中，皆稱法也。由此稱法故，美德外彰，色相清潔，堪生物信，故美德光顯，名此為戒相也。」（三四三頁上）

此之四條〔一〕，並出道者之本依〔二〕、成果者之宗極〔三〕，故標於鈔表，令寄心有在〔四〕。知自身心，懷佩聖法〔五〕，下為六道福田，上則三乘因種〔六〕。自餘紹隆佛種、興建法幢〔七〕，功德不可思議，豈唯言論能盡〔八〕？直引聖說成證〔九〕，令持法高士，詳而鏡諸〔一〇〕。

【校釋】

〔一〕此之四條　搜玄：「謂此四法，前二是受，後兩是隨。如是受、隨，皆宗於戒，為納戒故成受，為護戒故名隨。若但有受無隨，戒亦不發。若但有隨無受，（三五四頁上）無戒可隨，故以戒為行。正宗受隨相資，為其興建所託，以此四法，為並也。」（三五四頁下）

〔二〕並出道者之本依　資持卷上一下：「上三句結歎，出道本依，對下成果，即約修因以論本，依即基址義。」（一八一頁中）搜玄：「謂戒能引出三乘之道，即詺戒為本。以此四法，為道所依也。經云：戒淨有智慧，便得第一道。上明因也。」（三五四頁下）簡正卷五：「四種為並也，謂此戒能引生三乘之道，即詺為戒本。以此四法，為道所依，成果之宗極也。諸佛如來，得菩提涅槃，成無漏果，皆宗於戒其極處。故經云：如過去諸佛，現在諸世尊，皆共尊敬戒也。」（二六四頁下）鈔批卷五：「謂三乘之道，皆依此四條為根本，而得出生

死也。」（三四三頁上）

〔三〕**成果者之宗極** 資持卷上一下：「法身由成故，轉為果德故，眾聖敬護故，即如戒本。三世諸佛，皆共尊敬，聖賢稱譽等。」（一八一頁中）搜玄：「諸佛如來，得菩提涅槃，智斷二果。名果者，由宗於戒，能成此果，果因行成。行假四法而立，故詺四法為成果之極處。經云：如過去諸佛、現在諸世尊，皆共尊敬戒，故以戒宗。」（三五四頁下）鈔批卷五：「謂依此四條為宗，能成於四果及佛果也。如如（【案】『如』疑剩。）五戒用人為果極，十善用天為果極。今此四條，是聲聞中為果極也。謂一切果極之基，皆因於戒。以尸羅既淨，能集生三昧，發智斷惑，終獲道益，故曰出道之本依、成果者之宗極也。」（三四三頁上）

〔四〕**故標於鈔表，令寄心有在** 搜玄：「受隨四法，列在三十篇初，云鈔表也。欲令後代僧尼，寄心在戒。」（三五四頁下）鈔批卷五：「表，由外也。明此四法標在鈔首之初，故曰也。言今寄心有在者，謂令後人寄心四條之中。」（三四三頁上）簡正卷五：「問：『標於鈔表有何意也？』下文答云『令寄心有在』。寄，託也。」（二六四頁下）

〔五〕**知自身心，懷佩聖法** 搜玄：「若初受時，有心領納，依體行護，即知自身帶佩戒印，即知自懷其聖戒，故云懷佩聖法也。」（三五四頁下）鈔批卷五：「必堪為六道福田等也。」（三四三頁下）簡正卷五：「僧尼之人，心託於戒，知戒是有。在我身中，懷珮戒印，故云懷佩聖法也。」（二六四頁下）【案】「聖」，底本為「而」，據大正藏本、鈔批、簡正及文義改。

〔六〕**下為六道福田，上則三乘因種** 資持卷上一下：「『下』下，明自他益。」（一八一頁中）搜玄：「下能為此福田，上則為佛及聲聞、緣覺之因。因持戒故，得三乘果；由有戒故，則能發起萬行，為其種也。」（三五四頁下）簡正卷五：「謂既佩戒印，方有為田之義。所言六道者，智論云，三善：天、人、修羅，三惡：地獄、餓鬼、畜生也。問：『今或云五趣者何？』答：『攝卻修羅一趣也。寶云：准俱舍論，修羅本是師子種，攝歸畜趣。若依瑜伽云：是質多羅天苗裔，天趣攝也。（二六四頁下）又唯伽經（【案】『唯』疑『准』。原注：『伽』下一有『陀』字。）云：修羅居住七金山間，合是鬼趣攝。諸教解說不定，隨依一種攝之，但成五也。上則三乘因種者，佛、緣覺、聲聞三也。」（二六五頁上）

〔七〕**自餘紹隆佛種、興建法幢** 資持卷上一下：「『自餘』下，明住持益。」（一八

一頁中）搜玄：「六道福田，三乘因種已外，故曰自餘。毗尼住世，佛法則住，故曰紹隆佛種。道品等法，積聚如幢，非戒不立，故云興建法幢。」（三五四頁下）簡正卷五：「除三乘六道之外，曰餘也。紹嗣興隆佛之種子，如三十七品之例，皆因戒生，如種生互不別。興建法幢，即住持佛法，高顯如幢。」（二六五頁上）

〔八〕**功德不可思議，豈唯言論能盡** 資持卷上一下：「『功德』下，結示無窮。」（一八一頁中）搜玄：「如是眾德，言亦難窮，故云豈惟言論能盡。」（三五四頁下）鈔批卷五：「六道福田三寶因種等，既有多許功德，非心思口議得盡也。豈惟言論能盡者，明心思既不及，言說亦難窮。此都結上文也。」（三四三頁上）簡正卷五：「功德不可思議者，功勤德能，非心所思，非言所議也。豈唯言論能盡者，豈，可也。可將世之言語論量，說此功勤德能而盡矣。」（二六五頁上）

〔九〕**直引聖說成證** 資持卷上一下：「『直引者，更無自說，使生信故。……聖說者，下引大小經律論，或是佛說、或餘人說，無非聖故。又可，雖通餘人，還述佛意，是則聖說，唯在如來。」（一八一頁中）搜玄：「但取經律讚戒之文，不錄起盡之語，名直引聖說。此說誠實，證戒為諸行之根、出家之要，意令持法高士，詳審明見諸教，皆以戒為其本也。」（三五五頁上）鈔批卷五：「立云：結前并生後也。（三四三頁上）言直引聖說，是結上也。誠證，是生後文，引大小乘經論也。意謂不然，但是都生起文也。」（三四三下）

〔一〇〕**令持法高士，詳而鏡諸** 資持卷上一下：「『令』下，稱美後學，使堅持故或可。……詳，審也。諸，之也。」（一八一頁中）搜玄：「高士者，靈山云：謂能持戒，則是高士。下經（【案】即龍樹菩薩為禪陀迦王說法要偈。引文略有不同。）文云：雖有色族（原注：『族』疑『強』。）及多聞，若無戒智猶禽獸，雖處卑下少聞見，能淨持戒名勝士。又此『士』字，即會意字也。上為十、下為一，一則數之始，十則數之終，謂始終如一，故曰士也。……今法亦爾，初受為始，隨行為終，故云持等也。」（三五五頁上）鈔批卷五：「立謂：有始有終曰士，從一至十數終也。一則為始，十則是終，下作一，故曰士也。榮云：夫靡不有始，鮮尅必有終，有始有終者，其唯聖人乎！鄭玄云：別是非、知義理，謂之為士。」（三四三頁下）簡正卷五：「持戒之人，名為持法也。高者，清高也。士者，約字釋，十下安一，即會意字也。一是數之始，十是小數之終，始終如一，號之為士。論語亦云：有始有卒，其唯聖人乎！今法具然，初受日

始,隨行為終,受隨如一,故云高士。詳而鏡諸者,詳察鏡明,謂不一也。竟令對境,詳察洞明,一一作斷惡修善之意故。」(二六五頁上)

就中分二:初明順戒,則三寶住持,辦比丘事〔一〕;二明違戒,便覆滅正法,翻種苦業〔二〕。但諸經論,歎戒文多〔三〕,隨部具舒,相亦難盡〔四〕。今通括一化所說正文〔五〕,且引數條,餘便存略〔六〕。

【校釋】

〔一〕初明順戒,則三寶住持,辦比丘事 資持卷上一下:「初科,前約違順開章,比丘事者,通於眾別。」(一八一頁中)鈔批卷五:「立明:比丘之事,取辦大難。若依教修行,受持禁戒,能自行化他,識知法相,名之為辦。若毀禁戒,廣造非法,不閑法相,不足僧數,名為不辦比丘事也。」(三四三頁下)搜玄:「豈云:遠以四沙門果,近以羯磨說戒等,為比丘事。折中,問云:『覆滅正法,如何為顯德耶?』答:『謂返損以顯德也。只緣戒有深功,違之則失。」(三五五頁上)簡正卷五:「明順戒等者,遠約四沙門果,名為辨(【案】『辨』疑『辦』。下同。)比丘事。近約說、恣、受懺等,為比丘事。如此辨事,皆先戒淨也。」(二六五頁下)

〔二〕便覆滅正法,翻種苦業 資持卷上一下:「戒為脫苦因,受反增故。『種』字,去呼。苦業即惡因也。」(一八一頁中)鈔批卷五:「立明:既違聖教,任持義絕,使佛法陵遲,良為無人弘之,故曰覆滅也。當受戒時,專擬斷惡修善,望離生死,向若不受,無戒可犯。今受而不持,死墮地獄,豈非翻種苦業也。」(三四三頁上)簡正卷五:「苦業即三途惡報,皆由不持戒故所致。問:『順戒能辦事,即顯戒家勝德。既違戒招於苦業,何名顯德?』答:『只為有戒在身,違體犯非,有戒可破,便招惡果;若無戒體,持犯不成,亦是顯戒之德。』」(二六五頁下)

〔三〕但諸經論,歎戒文多 資持卷上一下:「『但』下,敘廣標略。言經論者,律在其中。」(一八一頁中)簡正卷五:「謂欲引三藏教文顯戒之德。謂大小二乘經論,贊述戒處極多。」(二六五頁下)

〔四〕隨部具舒,相亦難盡 簡正卷五:「謂若隨他經論部袟,凡有贊戒處,便引來鈔中者,相亦難盡。相謂狀,至於三兩卷文列亦不足。」(二六五頁下)

〔五〕今通括一化所說正文 資持卷上一下:「『一化』者,始於成道,終至唱滅,中間教法,無不引之。故言一化,亦名一期。」(一八一頁中)搜玄:「謂佛初成道,乃至涅槃,為一化也。慈和,問:『何故不言律者?』解云:『為律亦得名

經。又下文，隨部具舒，相亦難盡，亦是律也。」（三五五頁上）鈔批卷五：
「簡其偽經，則不引來，故曰正文也。」（三四三頁下）簡正卷五：「謂始從成
道，終手（原注：『手』疑『乎』。）鶴林，為一化也。所說八萬法藏攝略而說，
不過經律論三，名為正文也。」（二六五頁下）

〔六〕且引數條，餘便存略　簡正卷五：「謂諸經論中，贊戒之文不少，今約略引用，
不具書之。如大小乘經中，略引三五本教，二論之中，亦略引三五本教，諸不
一一具引之，故云存略。問：『下亦引諸律文，顯成戒德，此何不說但云經論
耶？』答：『律即屬經所攝，因不在疑。』」（二六五頁下）

初中分二，前約化教，後就制門〔一〕。

初又分四：

一、就小乘經者。如般泥洹經〔二〕明：佛垂滅度，世間無師，阿難
啟請。佛言：比丘，若能奉戒者，是汝大師，若我在世，無異此也。遺
教等經，並同斯示〔三〕。然發趣萬行，戒為宗主〔四〕，故經云：若欲生天
等，必須護戒足〔五〕。又如大地，能生成萬物〔六〕。故經云：若無淨戒，
諸善功德不生；又云：依因此戒，得有定慧〔七〕。又經云：戒者，行根
住持〔八〕。即喻如地，能生成住持〔九〕也。

二、小乘論。如成實〔一〇〕云：道品樓觀，以戒為柱〔一一〕；禪定心
城，以戒為郭〔一二〕；入善人眾，要佩戒印〔一三〕。是故，特須尊重於戒。
解脫道論戒品〔一四〕中具多讚美，文繁不出。須者看之，戒則不羸〔一五〕。
毗婆沙〔一六〕云：具戒足者，戒言尸羅，亦言行也，亦云守信，亦名為
器〔一七〕。尸羅言冷，無破戒熱，及三惡道熱故〔一八〕；亦名善夢，持者
常得善夢故〔一九〕；亦名為習，由善習戒法故〔二〇〕；亦名為定，若住戒
者，心易得定故〔二一〕；亦名為池，群聖所浴故〔二二〕；亦名纓絡，老少
中年服常好故〔二三〕；亦名如鏡，由戒淨故，無我像現故〔二四〕；又名威
勢，如來在世有威力者，是尸羅之力故〔二五〕。餘如驅龍事〔二六〕，五百
羅漢不能逐之。有一羅漢，但以護戒力故，便即驅出，以輕重等持也。
又戒名為頭，能見苦諦諸色，乃至知色陰等法故〔二七〕。能善護故，言守
信也〔二八〕；能至涅槃城故，言行也〔二九〕；功德所依，名器也〔三〇〕。尊
者瞿沙說曰〔三一〕：不破義是尸羅義。如人不破足，能有所至〔三二〕；行
者不破尸羅故，能至涅槃。

三、大乘經者。華嚴云：具足、受持威儀教法，行六和敬〔三三〕，善

御大眾，心無憂悔，去、來、今佛所說正法不違其教〔三四〕，能令三寶不斷，法得久住。大集〔三五〕云：十方世界菩薩，請佛為五濁眾生制於禁戒，如餘佛土，為法久住故。佛後許之，便制禁戒。薩遮尼犍云：若不持戒，乃至不得疥癩野干身〔三六〕，何況當得功德之身！月燈三昧云：雖有色族及多聞，若無戒智猶禽獸，雖處卑下少聞見，能淨持戒名勝士〔三七〕。涅槃〔三八〕云：欲見佛性，證大涅槃，必須深心修持淨戒；若持是經而毀淨戒，是魔眷屬，非我弟子〔三九〕；我亦不聽受持是經。華嚴偈言〔四〇〕：戒是無上菩提本，應當具足持淨戒。若能堅持於禁戒，則是如來所讚歎。故重引之，令誦心首〔四一〕。

四、大乘論者。智論〔四二〕云：若求大利，當堅持戒〔四三〕。一切諸德之根，出家之要〔四四〕，如惜重寶，如護身命，以是戒為一切善法住處〔四五〕。又如無足欲行，無翅欲飛，無船欲度，是不可得；若無戒者，欲得好果，亦不可得。若棄此戒，雖山居苦行、飲水服氣、著草衣披袈裟等，受諸苦行，空無所得〔四六〕。人雖貧賤，而能持戒〔四七〕，香聞十方，名聲遠布，天人敬愛，所願皆得〔四八〕；持戒之人壽終之時，風刀解身，筋脈斷絕，心不怖畏〔四九〕。地持云：三十二相〔五〇〕，無差別因，皆持戒所得。若不持戒，尚不得下賤人身，況復大人相報〔五一〕！十住毗婆沙中，有讚戒、戒報二品〔五二〕，廣列深利，具如彼說。

第二，就制教中，分兩。

先明律本者。

僧祇中〔五三〕云：欲得五事利益，當受持此律。何等五也？一、建立佛法；二、令正法久住；三、不欲有疑悔請問他人〔五四〕；四、僧尼犯罪者為作依怙；五、欲遊化諸方而無有閡，是為篤信善男子五利〔五五〕。四分：持律人得五功德〔五六〕：一者，戒品牢固〔五七〕；二、善勝諸怨〔五八〕；三、於眾中決斷無畏〔五九〕；四、有疑悔者能開解〔六〇〕；五、善持毗尼，令正法久住〔六一〕。又得十利〔六二〕，如「攝取於僧」等。十誦〔六三〕云：佛法幾時住世？佛答言：隨清淨比丘說戒法不壞，名法住世；乃至三世佛亦爾〔六四〕。

二、依律論中〔六五〕。

明了論解云〔六六〕：本音「毗那耶」，此略言「毗尼」也。有五義：一、能生種種勝利，謂引生世、出世善〔六七〕。二、能教身口二業清淨及

正直〔六八〕。三、能滅罪障〔六九〕。四、能引勝義，在家者引令出家，乃至引到梵住、聖住、無餘涅槃〔七〇〕。五、勝人所行事，謂最勝人是佛，次獨覺及聲聞，是勝人等皆行其中〔七一〕；若凡夫行者，亦是勝人，方能行此事〔七二〕。薩婆多云：毗尼有四義，餘經所無〔七三〕：一、戒是佛法平地，萬善由之生長；二、一切佛弟子皆依戒住，一切眾生由戒而有〔七四〕；三、趣涅槃之初門；四、是佛法纓絡〔七五〕，能莊嚴佛法。具斯四義，功強於彼〔七六〕。善見云，佛語阿難：我滅度後，有五種法令法久住〔七七〕：一、毗尼者是汝大師；二、下至五人持律在世〔七八〕；三、若有中國十人、邊地五人，如法受戒；四、乃至有二十人如法出罪〔七九〕；五、以律師持律故，佛法住世五千年〔八〇〕。五百問云：佛垂泥曰，阿難悲泣〔八一〕。佛問：何以悲泣？乃至佛言〔八二〕：我不滅度，半月一來；又言：佛有二身，肉身雖去，法身在世。若敬法者、念法者，便敬佛、念佛；若持五戒，即見法身〔八三〕；若護法者，便為護佛〔八四〕。如飲水殺蟲之喻。又如「半月說戒，即見我也〔八五〕。」

薩婆多又云〔八六〕：何故律在初集〔八七〕？以勝故、秘故〔八八〕。如諸契經，不擇時、處、人說，而得名經〔八九〕。律則不爾，唯佛自說〔九〇〕，要在僧中，故勝也。又如，分別功德論〔九一〕云：由勝、密故，非俗人所行，故不令見。大莊嚴論云：愚劣不堪，護持此戒〔九二〕也。

【校釋】

〔一〕前約化教，後就制門　搜玄：「化教，是大小乘經論。制門，是律論也。兩段不同，今則是初。」（三五五頁下）簡正卷五：「前約化教者，經論二文，讚戒德也。後就制文者，謂是律本及依律論等，顯戒之德也。」（二六六頁上）

〔二〕般泥洹經　資持卷上一下：「般泥洹經，東晉法顯所翻本。彼因魔王請佛涅槃，佛即許之，阿難悲惱，三請世尊住壽一劫。佛說偈云：我所說諸法，即是汝等師。又云：汝等勤精進，如我在無異。今取經意，文有少異。」（一八一頁中）

〔三〕遺教等經，並同斯示　簡正卷五：「遺教法律經，更等取諸經文，並同此前來指示也。」（二六六頁上）資持卷上一下：「論釋云：示現波羅提木叉是修行大師，故示現人法住持相似故。『等』者，如諸經，佛臨滅時，阿難請問（一八一頁中）四事。第二問云：『佛滅度後以誰為師？』佛言：『以戒為師。』（初問，依何而住，令依四念處住。三問，經首安何語，令安如是我聞等。四問，

治惡性比丘，令默擯治之。）」（一八一頁下）

〔四〕**發趣萬行，戒為宗主**　資持卷上一下：「發趣者：發謂起行，趣謂所期。萬行，舉其大數。宗是尊義。主義，萬行之中，戒為尊主。所以然者，有多義故：一、由資始故，二、有期誓故，三、有本體故，四、攝境遍故，五、止作統故。餘行無此，故為卑為賓耳。」（一八一頁下）搜玄：「有二意：初，約教立理；二、『故經』下，引證。花嚴云：戒為眾善之基，萬行從生，宗居在首。」（三五五頁下）鈔批卷五：「明戒是眾行之初基，萬行從戒而生，居宗在首，故曰宗主。」（三四四頁上）

〔五〕**若欲生天等，必須護戒足**　資持卷上一下：「古記云即善生經。然與戒本序，語意相涉。上句總彼兩句，故云等也。戒以足喻，頗符發趣之義，然從權意，且指人天。須知所趣，實通五乘。」（一八一頁下）鈔批卷五：「淨三藏云：據梵本，合言『戒跡』，（三四三頁下）不是『戒足』，梵言『波荷』，引翻為『足』。若言『波荷陀』，此翻為『跡』。梵本既言『波荷陀』，明知是『迹』也。謂戒者，前佛學此戒法，而得聖果，後人尋此前跡而學之，亦得道果，故曰迹也。濟云：觀此解釋，亦有道理，不得一向撥他三藏。然千里之馬，時有一蹶，人誰無失？從長處而用，他既能辛苦數萬里，往彼取得經論來此，教化眾生，豈頓不少信耶！」（三四四頁上）

〔六〕**又如大地，能生成萬物**　資持卷上一下：「地有二義：一、能生，二、能持。」（一八一頁下）簡正卷五：「謂世間大地，能生長萬物，及成就結實，今此戒地亦爾。能生三十七道品，成就五分法身。」（二六六頁上）

〔七〕**依因此戒，得有定慧**　簡正卷五：「依因此戒得有定慧者，謂尸羅清淨，三昧現前，則定慧成就。」（二六六頁下）資持卷上一下：「兩引遺教，止得初義。上云諸善通漏、無漏，及動、不動。下云定慧，須約聖道，唯在無漏，及不動耳。」（一八一頁下）搜玄：「前兩度引，並是遺教經。上釋地能生，下釋地能成，因其尸羅清淨，能令三昧現前，則定慧成就也。疏云：此約根條，定慧不及，自不能起，必因戒也。」（三五六頁上）

〔八〕**戒者，行根住持**　搜玄：「善生經：能住持萬行，故得根名。彼經云：戒是菩提道。初根本地，名為戒。如是戒者，亦名初地、平地、等地、慈地、悲地、佛迹。一忉（【案】『忉』疑『切』。）功德根本，亦曰福田。以是因緣，智者應當受持不毀。」（三五六頁上）簡正卷五：「行根者，住持萬行，喻如根也。彼經云：戒是菩薩道。初根本地，名為戒。如是戒者，亦名初地、平等地、慈

地、悲地、佛跡等。廣而（原注：『而』字疑剩。）如彼說。」（二六六頁下）
資持卷上一下：「引律文，雙示二義，即本律說戒揵度中文。而言經者，名通
三藏，皆佛語故。（舊云善生經者，檢彼無文。）」（一八一頁下）

〔九〕**喻如地，能生成住持**　鈔批卷五：「戒者，行根住持，即喻如地者。撿善生經
云：戒是菩提道。初根本地，名之為戒。如是戒者，亦名初地、亦名平地、亦
名等地、亦名慈地、亦名悲地、亦名佛迹，名一切功德根本，亦名福田。以是
因緣，智者應當受持，而不毀於戒也。」（三四四頁上）簡正卷五：「是（【案】
『是』前疑脫『生』字。）生長義，『成』是成就義。住持是久住，任持義也。」
（二六六頁下）資持卷上一下：「『即』下，喻合。經云行根，即能生故。上三
約喻，則初師、二足、三地。合法者，初，是軌物；二、即攝行；三、能生功
德。」（一八一頁下）

〔一〇〕**成實**　搜玄：「案僧叡作成實論序云：佛滅度後八百九十年，罽賓小乘學者所
宗鳩摩羅陀上足弟子訶梨跋摩之所造也。二十卷，秦什譯，文理雙標，以教為
成，以理為實。此論小兼大故，分通大乘。」（三五六頁上）【案】見成實論卷
一四，三五一頁。此有五喻，鈔引三喻。

〔一一〕**道品樓觀，以戒為柱**　鈔批卷五：「賓云：三十七道品相扶持成道，喻之樓觀，
將戒為此樓之柱也。」（三四四頁上）資持卷上一下：「成實三喻：柱喻依持、
郭喻防禦、印喻為人所信。初，言道品，即是慧學。次第增深，隨有所見，故
如樓觀，即三十七品：四念處，（一、身不淨；二、受是苦；三、心無常；四、
法無我。破四顛倒，即是念處。）四正勤，（一、已生惡令斷；二、未生惡不
生；三、未生善令生；四、已生善令增長。於正道中勤行故也。）四如意足，
（一、欲；二、精進；三、心；四、思惟。所願皆得，故名如意。）五根，（一、
信；二、精進；三、念；四、定；五、慧。並取能生，故名為根。）五力，（即
上五根，望能壞有漏不善，故名力。）七覺分，（一、擇法；二、精進；三、
喜；四、除；五、捨；六、定；七、念。無學實覺七事能到，故名覺分。）八
正道，（一、見；二、思惟；三、語；四、業；五、命；六、精進；七、念；
八、定。八並離邪為正，能通涅槃名道。）」（一八一頁下）

〔一二〕**禪定心城，以戒為郭**　資持卷上一下：「郭喻防禦……二、禪定者，顯是定學。
定以防心，抑制妄動，故喻如城，即同遺教喻堤塘也。謂四禪、四空，定及餘
無漏諸禪三昧戒。」（一八一頁下）簡正卷五：「禪定屬內心，故喻如城。戒為
身口，屬於相故，喻如廓也。」（二六七頁上）鈔批卷五：「度生死河，戒為橋

梁。」（三四四頁上）

〔一三〕入善人眾，要佩戒印　資持卷上一下：「『印』喻為人所信。（一八一頁下）……三、入眾者，即屬戒學。謂羯磨說戒，二種僧中，具戒清淨方可預。」（一八二頁上）搜玄：「入善人眾，立云：三乘賢聖，名為善人眾也。印，信也。若佩戒印信，知此人必入涅槃城也。」（三五六頁下）鈔批卷五：「八直正田，戒為彊畔。如田無畔，水則不住。如是，若無淨戒，則定水不住也。立云：入善人眾者，三乘賢聖，名為善人眾也。」（三四四頁上）簡正卷五：「善人即三乘賢聖。賢聖不一，名之為眾。印，信也。（二六七頁上）若欲入此善人眾中，要須帶佩戒之印信。」（三六七頁下）

〔一四〕解脫道論戒品　簡正卷五：「彼論第一有戒品，種種讚美，恐廣引文成繁，須者如彼。則令人持心，勇勵不羸。羸是毀破之義也。」（二六七頁下）【案】優波底沙造，梁僧伽婆羅譯，十二卷。第一卷中有因緣品和分別戒品，因緣品開篇即有「戒定智慧，無上解脫，隨覺此法，有稱瞿曇。」第二卷頭陀品中也有諸多說戒之文，三九九頁下。

〔一五〕戒則不羸　鈔批卷五：「明彼論中嘆戒文多。若見彼文，則勇勵，常忻護持，故戒不羸也。」（三四四頁下）

〔一六〕毗婆沙　搜玄：「豈云：舊婆沙六十卷，北京（原注：『京』疑『涼』。）佛陀什譯。然彼論中，五百羅漢釋其戒義不同，今引第二十五卷文略標之。釋文二：初，先解標中四義；二、『尊有』下，重解尸羅義。前文四：一、釋尸羅；二、『能善』下，釋守信義；三、『至涅槃』下，釋行義；四、『功德』下，釋器義。」（三五七頁上）鈔批卷五：「毗婆沙者，此翻為『逐分別』，謂逐律文後解釋分別也，亦翻為廣解釋也。只是羅漢作論解釋經律事，同此方章疏也。」（三四四頁上）【案】阿毗曇毗婆沙論卷二四，一七七頁中。

〔一七〕戒言尸羅，亦言行也，亦云守信，亦名為器　資持卷上一下：「『尸羅』，梵言，此翻為『戒』。今以梵語，猶含多義，故反釋之。」（一八二頁上）鈔批卷五：「戒言尸羅，亦言行也者。婆沙第三十四卷云：言尸羅曰行者，如人有足能行至餘方，如是行人有尸羅足者，能行至善道，及至涅槃也。亦云守信者，彼論解云：言尸羅曰守信者，此是世俗言說之法。若人善護尸羅者，言是人名守信；不能善護尸羅者，是人不守信也。是故，世俗言說尸羅為守信。立云：本受誓持，今隨行中能持，不違本心，故曰守信也。言亦名為器者，彼論解云：以是一切功德所依之處，故曰器也。」（三四三頁下）

〔一八〕**尸羅言冷，無破戒熱，及三惡道熱故** 搜玄：「折中云：具含因果，第二十五釋前無破戒熱。破戒，能令身心熱；持戒，則令身心冷。第三十四，釋及三惡道熱。彼云：破戒者，三惡道中熱，持者天人中冷（音『靈』），謂冷然清涼之貌。已下皆是三十四釋尸羅度文也。」（三五七頁上）鈔批卷五：「尸羅言冷，無破戒熱，及三惡道熱者，彼論第二十五卷云：云何尸羅義？答：冷義是尸羅義。所以者何？破戒能令身心熱惱，持戒則令身心冷。第二十四卷又解云：破戒者，三惡道中熱。持戒者，人天中冷。（三四四頁下）應師云：（音『靈』），謂是悟解之意也。亦云冷然清淨之貌也。礪云：音『靈』，謂戒法清涼，無鬱蒸之惱，故曰冷也。三惡道者，地獄、餓鬼、畜生也。」（三四五頁上）簡正卷五：「重牒起前標中『尸羅』二字也。此中九義：一冷、二夢、三習、四定、五池、六瓔珞、七鏡、八威勢、九頭義。九段之文，都是一科也。尸羅言冷（音『靈』。），謂冷然、清涼之貌也。若言冷，即對熱立號。無破戒熱者，具含因果中能燒熱心。持戒則身心清冷，及三惡道熱者，果也。持戒則得人天之報，冷然清涼也。」（二六七頁下）

〔一九〕**亦名善夢，持者常得善夢故** 鈔批卷五：「彼論解云：尸羅言夢。持戒者，身心不熱，常得善夢故。立云：持戒之人，諸天衛護，常得好夢也。」（三四四頁上）簡正卷五：「謂持戒則諸天衛護，常得善夢，夢見佛菩薩、羅漢聖人，共相言論也。」（二六七頁下）

〔二〇〕**亦名為習，由善習戒法故** 搜玄：「能習戒法，納在心中，故名習也。」（三五七頁上）鈔批卷五：「彼論解云：尸羅言習，持戒者善習戒法故。」（三四五頁上）

〔二一〕**亦名為定，若住戒者，心易得定故** 鈔批卷五：「彼論解云：尸羅言定，若依戒住，心易定故。立云：言尸羅既淨，三昧現前。」（三四五頁上）簡正卷五：「持戒不喧噪、妄思、覺故，心常注一境之性也。」（二六七頁下）

〔二二〕**亦名為池，群聖所浴故** 搜玄：「論云：尸羅言池。故佛說偈：法泉戒水池，清淨無瑕穢，聖浴身不濕，必到於彼岸。」（三五七頁下）鈔批卷五：「彼論解云：尸羅言池。如佛說偈：法眾戒水池，清淨無瑕穢，聖浴身不濕，必到於彼岸。」（三四五頁上）簡正卷五：「謂世間池，能與世人洗浴，滌身上垢。今戒池即三乘聖人所欲（原注：『欲』疑『浴』。），故云群聖所浴也。彼論引佛說偈云：法泉戒水池，（二六七頁下）清淨無瑕穢，聖浴身不濕，必到於彼岸。外難曰：『聖人無煩惱，何故要於戒耶？』答：『雖無煩惱，而心恒遊履於戒

也。故經云：布以七淨華，浴此無垢人。』」（二六七頁上）

〔二三〕**亦名纓絡，老少中年服常好故**　鈔批卷五：「彼論解云：尸羅如瓔珞。有瓔珞
嚴身，有少時好，中年、老年則不好；有中年好，老年則不好；有老時好，少
年、中年則不好。戒瓔珞嚴者，三時常好。立云：世人用香華、瓔珞而嚴身，
出家僧尼用戒為瓔珞。故大集經云：佛言菩薩，有四種瓔珞莊嚴：一、戒瓔珞
莊嚴；二、三昧瓔珞莊嚴；三、智慧瓔珞莊嚴；四、陀羅尼瓔珞莊嚴。故菩薩
戒經云：戒如明日月，亦如瓔珞珠，微塵菩薩眾，由是成正覺。即其義也。」
（三四五頁上）簡正卷五：「如世間瓔珞，三種人若服飾之，並皆如法。今此
戒瓔珞亦爾，賢聖服之皆好。聖人為老，凡夫為少，七方便為中也。」（二六
八頁上）

〔二四〕**由戒淨故，無我像現故**　搜玄：「論云：尸羅如鏡。鏡若明淨，像於中現，戒
若清淨，即現定慧。定則空寂，慧則無生。空寂無生，誰云有我？是無我像。
此無我像，戒鏡淨故，即能現之。故戒經云：戒淨有智慧也。」（三五七頁下）
簡正卷五：「世間鏡若明淨，能鑒向象分別止，今戒鏡亦爾。彼論云：戒鏡若
明淨，無我之像，於中顯現，謂尸羅清淨三昧現前。又云：戒淨有智慧，便得
第一道。定則空寂，慧則無生。空寂無生誰云有，亦象於戒鏡中現也。」（二
六八頁上）

〔二五〕**名威勢，如來在世有威力者，是尸羅之力故**　搜玄：「此文有二：初，舉佛勝
人；二、『餘』下，舉弟子亦名勝人。論云：尸羅者，是增上義。佛於三千大
千世界有大勢者，皆尸羅力。」（三五七頁下）簡正卷五：「謂尸羅有大威德
勢，佛在日，凡是有者（原注：『者』字未詳。）威力，皆是尸羅之力也。」
（二六八頁上）

〔二六〕**餘如驅龍事**　鈔批卷五：「雜寶藏經及論共明云：佛滅度後七百年，罽賓國有
一惡龍王，名阿利耶，受性暴惡，故作災害，惱國人民，悉皆患之。去其住處
不遠，有僧伽藍，時有五百羅漢，皆共集會，入於禪定，各盡神力，駈遣此
龍，令出國界。其龍有大威德，雖五百羅漢，神通動地，駈遣此龍，不能使
動。時有一羅漢，名祇夜多，最後而至。時諸羅漢，具以此事，向祇夜【案】
『夜』後疑脫『多』字。）說。時祇夜多不入禪定，直三彈指語言：『賢善，
遠比（【案】『比』疑『此』。）處去。龍聞彈指聲，即便遠去。時諸羅漢語夜
多言：『汝以何禪定力，令此龍去？我與仁者，俱得漏盡。我盡神力，不能令
動，尊者何以三彈指，令其出去，遠入大海耶？』夜多答言：『我以彈指力者，

直以我從凡夫已來，謹慎於戒，護突吉羅，猶如四重無異。我以戒力故，令此龍去，是故尸羅名為威勢等也。』」（三四五頁下）【案】雜寶藏經卷七，四八三頁中。元魏西域三藏吉迦夜、曇曜譯。

〔二七〕**戒名為頭，能見苦諦諸色，乃至知色陰等法故**　搜玄：「戒名為頭者，福云：新婆沙中亦云：是尸羅義，此有法喻雙舉。今鈔文中，隱喻顯法明也。今先出喻，次乃法合。喻云：如人有頭，則能見色聞聲，臭香嘗味，覺觸知法。喻竟，法亦如是。行人有尸羅頭者，能見苦、集等四真諦色，聞未曾有聲及名句文等義，臭覺意花香，嘗出離無事寂靜三菩提味，覺禪定解脫等觸。鈔但有初見苦諦諸色，及未覺知色陰等法，等取受、想、行、識、十二入、十八界及五停心觀，總相念、別相念等法。中間諸義，略而不論，故云『乃至』。」（三五八頁上）

〔二八〕**能善護故，言守信也**　資持卷上一下：「以違本受，則為無信。」（一八二頁中）簡正卷五：「彼論云：若人能守護戒，故名守信也。謂佛語守護淨戒，此句重牒釋前標中守信也。」（二六八頁下）

〔二九〕**能至涅槃城故，言行也**　搜玄：「論云：如人有足，行至餘方，若有戒足，行至涅槃也。」（三五八頁上）資持卷上一下：「三行、四器，二並從喻。覆釋中。瞿沙師資傳云：五十二餘師之數善能說法，彼以別義釋上尸羅，故論取之。」（一八二頁中）

〔三〇〕**功德所依，名器也**　搜玄：「論云：一切功德所依之處，故名器也。」（三五八頁上）簡正卷五：「萬善功德，皆依於戒。乙（【案】『乙』疑『此』。）所依住處，名為器也。此亦重牒，解前標中器字也。」（二六八頁下）

〔三一〕**尊者瞿沙**　搜玄：「瞿沙，名也。彼論五百師外有尊者也，所解最長，其五百人師之。案：薩婆多師資傳，從迦葉至達摩多羅，有十二人。其瞿沙尊者，（三五八頁上）即其一也。傳云：大師名瞿沙菩提，博綜強識，善能約言，以感眾心。時一集會，有五百餘人，使人各賦一器，然後說法。眾會感悟，涕淚交流，以器承淚，聚在一處。有一王子，兩目生盲，尊者瞿沙立誠誓言：『若我必當成無上道，利益盲冥無慧眼者，今以此淚，洗此人眼，眼即當開。』既以淚洗，兩目乃明，於是四輩咸重也。」（三五八頁下）鈔批卷五：「彼論云：尊者瞿沙說曰：『不破義是尸羅義，如人不破戒（原注：『戒』字疑衍。）足，能有所至。如是行者，不破尸羅故，能至涅槃也。』言瞿沙者，是人名也。論中大引此人之言。」（三四六頁上）

〔三二〕行者不破尸羅故，能至涅槃　資持卷上一下：「『行』下，合法。即同戒本護戒
足也，通前共為十義。」（一八二頁中）

〔三三〕具足、受持威儀教法，行六和敬　搜玄：「崿云：晉佛陀跋陀譯，舊經五十卷。
此有二意：初，引三種僧寶，顯僧是持戒之人；二、『去來』下，辨僧不違法，
得久住。經第八釋尸羅度中，有三『復次』。『初復次』云：教化眾生，發菩提
心，令佛寶不斷；開示堪（原注：『堪』疑『甚』。）深諸妙法藏，令法寶不斷；
具足三受，持威儀教法，令僧寶不斷。『第二復次』云：讚歎一切大願，令佛
寶不斷；分別解說十二因緣，令法寶不斷；行六和敬，令僧寶不斷。『第三復
次』云：下佛種子於眾生田，生正覺芽，令佛寶不斷；護持法藏，不惜身命，
令法寶不斷；善御大眾，心無憂悔，令僧寶不斷。疏解云：佛寶，初，起求佛
願；（三五八頁下）二、讚起行，令其脩集；三、化成行種。次法，三者：初，
是其教法；二、是理法；三、是行法。次僧：初，僧行方便；二、行成不乖；
三、德孰攝他。今抄各取僧寶文者，謂上二寶不墜，皆由於僧，若僧有威儀，
行六和敬，秉御大眾，僧能持戒，則戒法興隆，佛寶自然不滅，故偏取僧也。
六和之義，不（【案】「不」疑「下」。）文當辨顯。上並是三世諸佛所說正法
也。」（三五九頁上）鈔批卷五：「案華嚴經明法品說，彼有『三番』明義，今
試敘云：謂約三種三寶，故有『三番』也。初云：能令眾生發菩提心，令佛法
不斷；開示演說十二部經甚深法藏，令法寶不斷；受持一切威儀教法，令僧寶
不斷。『第二番』云：讚嘆大願，（謂菩薩所發願，）令佛寶不斷；分別顯示十
二緣起，令法寶不斷；修六和敬，令僧寶不斷。『第三番』云：下佛種子於眾
生田，生正覺芽，令佛寶不斷；護持法藏，不惜身命，令法寶不斷；善御大眾，
心無憂悔，令僧寶不斷。此三番中，各有階降。先就佛寶，彰其階降。初番，
能令發菩提心，（三四六頁上）趣求佛果。第二番中，贊大願者，贊起行願，
令其修習。第三番中，下佛種子，於眾生田，作成行種。次就法寶，彰階降者。
初番，演說十二部經，是其教法。第二番中，顯示緣起是其理法。第三番中，
護持法藏，是其行法。後就僧寶，彰其階降者。初番，受持威儀法者，僧行方
便。第二番中，修六和敬者，行成不乖。第三番中，善御大眾德熟攝他故也。」
（三四六頁下）資持卷上一下：「大乘經華嚴有多譯，今引晉譯六十卷者，即
第八明法品文，文有四段。彼云：菩薩摩訶薩教化眾生發菩提心，是故能令佛
寶不斷；開示甚深諸妙法藏，是故能令法寶不斷；具足受持威儀教法，是故能
令僧寶不斷。（此初段也。）復次，悉能讚歎一切大願，是故能令佛寶不斷；

分別解說十二緣起，是故能令法寶不斷；行六和敬，是故能令僧寶不斷。（即第二段。）復次下，佛種子於眾生田生正覺芽，是故能令佛寶不斷；不惜身命，護持正法，是故能令法寶不斷；善御大眾，心不憂悔，是故能令僧寶不斷。（即第三段。）今鈔上五句，並摘僧寶中文。初二句明別行，次句即眾行，後二句明攝眾。行必依法，故無憂悔。『去、來』已下，即第四段總結中文。三世佛法奉順無違，則護三寶故。」（一八二頁中）

〔三四〕**不違其教** 搜玄：「僧能具足受持威儀，六和秉御，不違此教，則三寶不斷，法得久住也。」（三五九頁上）

〔三五〕**大集** 鈔批卷五：「大集經十九卷後有護法品云：說此經時，爾時，有十方世界，諸大菩薩從他方來集，論道說道義。爾時，十方世界菩薩白佛言：『諸佛如來，為如是等五滓眾生，制於禁戒，唯願如來為法久住，復制禁戒。所謂身戒、口戒、意戒，不得受畜一切惡物等。如餘佛土，所制淨戒。』佛言：『止止。佛自知時，因緣未出，如來則不預制禁戒也。』說此經時，佛成道已第十二年中也。今有鈔本，作『王』字者，多相傳解云：如善國王，皆立嚴制，不許造罪等。此並人語，謂本作『王』字者，甚錯。其來久矣。即十門中云：抄寫錯漏，相承傳濫。斯言明矣。」（三四六頁上）資持卷上一下：「大集引彼十九護法品文。初引菩薩請詞。五滓，『阻史』反，濁也。言五濁者：一、劫濁，（劫濁無別體，但四濁聚於此時。悲華云：從減劫人壽二萬歲時為劫濁，三。）二見濁，（五利使。）三、煩惱濁，（五鈍使。）四、眾生濁，（亦無別體，攬前利鈍果報，立此假名。）五、命濁，（連持色心，摧年促壽。）如餘土者，引他為例，以申請意。佛言：『止止。佛自知時，因緣未出，則不預制。由不即制，故云後許。』」（一八二頁中）【案】大集經，二〇二頁下。

〔三六〕**不得疥癩野干身** 鈔批卷五：「薩遮尼犍子經云：有薩遮尼犍子，與八十千方尼犍子，遊行諸國，教化眾生。次第至鬱闍延城。爾時，國主名曰嚴熾，其王敬重，迎之受學。其人廣為王說種種法門，次為王說沙門瞿曇名稱功德、相好利益等事。王問：『如此法身，從何而得？』尼犍答言：『以戒為本，持戒為始。若不持戒，乃至不得疥癩、野干身，何況當得功德之身！大王當知，以戒淨故，不斷法種僧種；以戒淨故，功德無量。』王聞是已，發菩提心。」（三四七頁上）【案】大薩遮尼乾子所說經卷九，大正藏第九冊，三五九頁上。

〔三七〕**雖有色族及多聞，若無戒智猶禽獸，雖處卑下少聞見，能淨持戒名勝士** 搜玄：「曇云：十一卷，或十二，後齊那連提那舍譯。又有一卷十紙，宋朝先公

譯。立云：雖有端正顏色族姓等。經云：譬如死屍著金瓔珞，多聞破戒，亦復如是。謂持戒者勝士也。」（三五九頁下）資持卷上一下：「月燈經中偈文，彼經不出，未詳所以。上半偈，明俗貴道賤。色謂儀貌，族即貴姓，多聞謂足學，無戒即無智。畜無此二，故舉比之。下半，明俗輕道重，反上二句。卑謂形陋，下即賤姓。人中尊貴，故名勝士。以色族是世俗妄法，戒智乃出世真道，故非比倫。」（一八二頁中）鈔批卷五：「雖有色族多聞者，立云：色是顏色端正，亦是色勢。族是高門大姓。多聞即是明解世俗經書，乃至經論。而不能持戒，取喻可知。禽獸者，飛曰禽、走曰獸。雖廣解聖教名曰多聞，若不能依教而行，如鸚鵡啅鴝脚。是以經云：譬如死人著金瓔珞，多聞破戒受他供養，亦復如是。故重引之。」（三四七頁上）【案】宋求那跋摩譯龍樹菩薩為禪陀迦王說法要偈：「雖有色族及多聞，若無戒智猶禽獸，雖處醜賤少聞見，能修戒智名勝士。」（七四六頁上）

〔三八〕涅槃　簡正卷五：「『涅槃云』等者，謂一切眾生，皆有佛性，被煩惑蓋覆不顯。今若欲見此性，先除煩惱。欲除煩惱，且須持戒。煩惑盡處，自然見也。若見此惱，即名證大涅槃也。」（二七〇頁上）資持卷上一下：「涅槃經有南、北二本，此引北本第十七梵行品文。今但括意，文少不等。初二句，舉因果索機。『必』下，示修證之法。『若』下，出其違行。『我亦』下，遮其受經。所以然者，經明：眾生佛性如雜血乳，停搆煎煖乃出醍醐。佛性亦爾。為煩惱雜，三學修治，漸至佛果。欲斷煩惱，先須止業。止業之要，豈過戒律？今時濫染大乘，便言：『不拘不檢，無持無犯，何善何罪！』師徒傳妄，作惡無窮。又云：『持戒人天果報，請詳佛語，宜息邪情。況華嚴圓頓上乘，涅槃終窮極唱！金言猛勵，可不信乎？」（一八二頁下）

〔三九〕若持是經而毀淨戒，是魔眷屬，非我弟子　簡正卷五：「若持是經而毀淨戒者，謂毀破此戒。下句云是魔眷屬，非佛子也。佛亦不許受持此經，以違佛空，持無益故。」（二七〇頁上）

〔四〇〕華嚴偈言　簡正卷五：「『此中所引，明戒是菩薩根本，勸以持之，佛歎當來之益也。以戒淨故，當得菩提也。」（二七〇頁下）資持卷上一下：「華嚴偈，上句示功，無上菩提者，以果彰因也；次句勸修。下半偈明聖所歎，以順教故。」（一八二頁下）搜玄：「前顯三種僧寶，能令三寶不斷，法得久住，現在住持益。今引此偈，明戒是菩提之本。勸持，佛歎當來益也。以戒淨故，當得菩提。」（三五九頁下）【案】佛馱跋陀羅譯華嚴經卷六，四三三頁中。

〔四一〕**故重引之，令誦心首** 鈔批卷五：「上已先明持破者，受報不同，其言要妙。今又再出，故云重引；累囑慇懃，故曰令誦心首。」（三四七頁上）簡正卷五：「重引之者，以今望前後三次。僧寶之文，是重引也。令誦心首者，勸常記持，故云誦也。心是主身之尊，最為上首，勸令記憶，常在於心，故云心首也。」（二七〇頁下）

〔四二〕**智論** 資持卷上一下：「智論釋般若經，具云大智度論。今引第（一八二頁下）十四，文為五段。初二句，舉果總勸大利，如上二經；『一切』下，二、敘功勸。『諸德根及』下，善法處同前大地喻也；出家要者，同前華嚴文也；『如』下，舉世二物喻令護惜。『又』下，三、約無戒損失勸。上舉三喻，『若』下法合，好果語通五乘，對前大利須指佛果。『若棄』下，四、舉無益苦行勸，文列諸外道法。袈裟語通或即外道服，或可外道僭著袈裟。如販賣戒，外道與跋難陀袈裟相易為戒緣起，或可通名不受佛戒之人不專外道。『人雖』下，五、約現報勸：初明生前報，上二句標持人。」（一八三頁上）【案】智論卷一三，一五三頁下。

〔四三〕**若求大利，當堅持戒** 簡正卷五：「佛果菩提名大利。求此果者，先持淨戒也，此標初義。」（二七〇頁下）

〔四四〕**一切諸德之根，出家之要** 簡正卷五：「一切諸德之根者，此標第二義。出家之要，第三義也。」（二七〇頁下）

〔四五〕**如惜重寶，如護身命，以是戒為一切善法住處** 簡正卷五：「釋第二『根』義也。謂世寶人皆愛惜，今護戒亦爾。如護身命者，一切有情，皆惜壽命，今令護戒准此。以戒是一切善法住處者，不善皆依戒住，是其根義也。又如無足欲行乃至空無所得已來，釋前第三要義。無足不可，故知以足為要。」（二七〇頁下）

〔四六〕**若棄此戒，雖山居苦行、飲水服氣、著草衣披袈裟等，受諸苦行，空無所得** 鈔批卷五：「出要正路，唯八聖道，攝一切行，無行不盡。八正道中，有正戒、正定、正慧。今此之人，雖復得定，此定非依佛戒而發，名為邪定、名有漏慧，不能剋證正果，故曰空無所得。」（三四七頁下）簡正卷五：「若棄此戒等者，棄謂棄捨也。（二七〇頁下）雖山居苦行，由如外道，自餓之徒，但名邪行，空無所獲故。」（二七一頁上）

〔四七〕**人雖貧賤，而能持戒** 搜玄：「佛果菩提，名為大利。依寶活命，故須惜也。護命，身則長壽，是『根』義也。無足欲行，返顯要義。」（三六〇頁上）

〔四八〕香聞十方，名聲遠布，天人敬愛，所願皆得　簡正卷五：「謂人天三乘，隨心所願，剋獲有此利也。」（二七一頁上）資持卷上一下：「即戒本中名譽樂香，喻美德外揚，為他所聞。所願一句，即利養樂。此謂戒德所感非求而得之。」（一八三頁上）

〔四九〕持戒之人壽終之時，風刀解身，筋脈斷絕，心不怖畏　搜玄：「准雜毗曇心，問：『云何大能解支節耶？』答：『謂火大解時，火大增遍，燒筋節。筋節解已，不久命終。水大解者，先令筋爛。風大解者，令筋碎壞。支節解已，不過日夜命終。地大不利，故不能解。心不畏者，論云：或見好相，或自知持戒清淨，心不怖畏也。由持戒故，得此不怖之利。」（三六〇頁上）資持卷上一下：「『持戒』下，次明臨終報。準俱舍中，人命終時，『三大』次解。『火大』解時，令心躁悶，翻睛吐沫；『水大』解時，形體洪腫，筋脈爛壞；（此相必受惡報。）『風大』解時，瞥爾命終，不知不覺。『地大』堅重，不能解也。（生時，由此『三大』支節連持。此三既散，支節即死，故云解也。）今取最後，故舉『風大』。能解支節，故喻如刀。（或云風輕利故，或云楚痛如刀傷故。）心不怖者，淨業熏習，正念現前，毀戒惡露，懷憂心怖。」（一八三頁上）鈔批卷五：「撿智論云：持戒之人，壽終之時，刀風解身，筋脉斷絕，自知持戒清淨，心不怖畏。如說偈言：『大惡病中，戒為良藥；大怖畏中，戒為守護；死闇冥中，戒為明燈；於惡道中，戒為橋梁；死海水中，戒為大船。』言風刀解身者，經云：臨終之時，色黑者，定墮地獄；色青者，墮畜生；色黃，墮餓鬼。若色如常赤白，生於人中；倍如常赤白、端正者，得生天上。此是風刀之相也。」（三四七頁下）簡正卷五：「俱舍云：人身有百處異，支節名『末摩』，此云死節。欲死之時，『三大』解身：『火大』解時，火燒筋節，令心躁悶，不久命終；『水大』解時，先令筋爛，不久命終；『風大』解時，令筋碎壞，不覺不知。問：『地大何不解身？』答：『俱舍云：以象外三灾，外有水、火、風，內還水。火、風既外，無地界灾故。內無地界患，此准人間有。若天中死時，但有五衰：一、衣染垢汗；二、頭上華萎；三、腋下汗出；四、嗅氣入身；五、不樂本座。此五若現必死。今持戒之人，臨終之時，風刀解身，縱令筋脉斷絕，心無怖畏。論中解曰：或見好相，自知持戒清淨，故無怖心。由是持戒，得斯利也。』」（二七一頁上）

〔五〇〕三十二相　鈔批卷五：「濟云：其三十二之因有通因、有別因。如報恩經明無見頂相，即以無憍慢為因，乃至手網縵即以其事為因，皆名別因也。若持戒即

三十二相之通因也。言三十二相者：一、足平如匳底相；二、足下有輻輪；三、手纖長；四、足跟長；五、其身直；六、網縵指；七、手足耎相；八、節踝傭相；（三四七頁下）九、身毛上靡相；十、鹿王腨相；十一、其身圓滿相；十二、手過膝；十三、頂有肉髻；十四、有馬陰藏；十五、皮膚細耎；十六、身毛右旋；十七、身有金色，常以明曜；十八、一切處滿；十九、柔耎聲；二十、缺骨充滿；二十、一師子上身；二十二、臂肘纖；二十三、四十齒，白淨齊密；二十四、四牙相；二十五、師子頰；二十六、味中上味；二十七、廣長舌；二十八、好梵音聲；二十九、目睫紺青；三十、兩腋下滿；三十一、眼眴如牛王；三十二、有白毫相。是為三十二相。如此之相，皆是持戒所得。故云三十二相無差別因，皆以持戒所得也。（此出名義集中。）」（三四八頁上）【案】地持卷一〇，九五五頁下。

〔五一〕**若不持戒，尚不得下賤人身，況復大人相報**　資持卷上一下：「上三句，推果本因。『若』下，舉劣況勝。以不持戒，必墜三塗，所以不得人中賤報。」（一八三頁中）

〔五二〕**十住毗婆沙中，有讚戒、戒報二品**　鈔批卷五：「十住婆沙有讚戒、戒報二品，廣列深利，具如彼說者。彼論第十四卷，有此二品。初明讚戒品云：略讚尸羅少分。尸羅者，最是梵行之本，尸羅即是功德寶積，又是功德住處，亦如大地萬物依止。尸羅度人，能過生死，猶如牢船能度大海；尸羅能滅煩惱患，猶如良藥能消眾病。又尸羅能度人，出諸惡道，如度深水得好橋梁。如是種種，讚尸羅功能。並一例義，文繁不錄。次有戒報品，明菩薩能淨尸羅，得離垢地，（謂第二地，）常作轉輪聖王，（三四八頁上）十善化人，七寶自然。文中廣明七寶之相嚴麗等事，功益之力。文廣不錄也。」（三四八頁下）【案】十住毗婆沙，又名十住論，龍樹造，後秦鳩摩羅什譯，系對華嚴經十地品經文詮釋而成，十七卷。讚戒第七、戒報品第八，見本論第十七卷。

〔五三〕**僧祇中**　搜玄：「建立三行既彰，秉法住持也。」（三六〇頁下）資持卷上一下：「僧祇五意，初二，即住法。『建立』即現在，『久住』通未來；三、五是自益；四是益他。」（一八三頁下）【案】僧祇卷一，二二七頁上。

〔五四〕**不欲有疑悔請問他人**　鈔批卷五：「明既秉持戒，識達聖教，不假問他也。」（三四八頁下）簡正卷五：「玄云：既秉持、識達聖教，不假問他。或有釋云謂『自不有疑悔，設有不決，便咨問他』，此不及前。」（二七一頁下）搜玄：「花嚴云：既秉持戒，識達聖教，不假問他也。」（三六〇頁下）

〔五五〕**遊化諸方而無有閡，是為篤信善男子五利** 鈔批卷五：「立云：十方佛法，理同無別。若也不識聖教，至處多怖；若順教而行，遊方使無怯懦。濟云：若明閑法律，一切僧事皆解，出路逢他人，諸羯磨、誦戒、作法事，皆解為作，情則無礙也。若答不解，心則懷恐，故曰也。」（三四八頁下）

〔五六〕**持律人得五功德** 資持卷上一下：「四分中，初引持戒五德，上三屬自，第四即他。又，一、三是生善，二、四即滅惡。」（一八三頁下）搜玄：「勵（【案】『勵』疑『礪』。）云：雖有五句，約義為三：初一，自行；次三，匡眾之行；二行若成，便能秉法，彼（原注：『彼』疑『被』。）時千載不墜。是故，末後興建正法行。釋云：念智捨等，令戒清淨，不為緣壞，故曰牢固。二、破戒之人，與持者相違，義同於怨，內心清淨，超勝於彼。三、既無瑕釁，處眾斷量，理無懼憚。四、曉了持犯，能決人疑滯，故善能開解。五、若不持戒，法不久住。」（三六一頁上）【案】四分卷五九，一〇〇四頁下。

〔五七〕**戒品牢固** 簡正卷五：「謂念、智、捨三，令戒清淨，不被緣壞，故曰牢固也。」（二七二頁上）

〔五八〕**善勝諸怨** 資持卷上一下：「即四魔怨：五陰、煩惱、死及天也。」（一八三頁下）鈔批卷五：「破戒之人，與持者相違，義同於怨。內心清淨，超勝於彼，故曰善勝諸怨。」（三四八頁下）簡正卷五：「玄云：持與破，二義相違。如怨，今內心清淨，趣於彼也。」（二七二頁上）

〔五九〕**於眾中決斷無畏** 鈔批卷五：「既無瑕釁，處眾斷理，情無懼憚，故曰決斷無畏。」（三四八頁下）簡正卷五：「既瑕釁處眾斷量，理無懼憚也。」（二七二頁上）

〔六〇〕**有疑悔者能開解** 鈔批卷五：「曉了持犯，能決人疑滯，故曰善能開解。」（三四八頁下）

〔六一〕**善持毘尼，令正法久住** 鈔批卷五：「若不持戒，法不久住。」（三四八頁下）簡正卷五：「任持戒律，令法不贊（【案】『贊』疑『壞』。），名為久住。」（二七二頁上）

〔六二〕**十利** 資持卷上一下：「『又』下，引制戒十利。如來隨結一戒，皆云有十種利，今舉初利。二、令僧歡喜；三、令僧安樂。（戒疏云此三明戒生眾功德。）四、未信令信；五、已信令增長；六、難調者令調順；七、慚愧者得安樂；八、斷現在有漏；九、斷未來有漏。（此六生別人德。上二生善，下四滅惡。）十、令正法久住。（此一興建正法行。）」（一八三頁下）【案】四分卷

二二，七一四頁上。

〔六三〕**十誦**　搜玄：「律四十七，問云：『過去佛法，幾時住世？』佛言：『隨淨比丘
說戒法不壞，名法住世也。現在、未來佛，亦作是說，故云三世亦爾。』」（三
六一頁上）資持卷上一下：「十誦彼明波離別申三問：初問過去佛法，次問未
來，三問今佛，並問幾時住世。佛一一別答如文。但今總示，故云『乃至』
等。」（一八三頁下）【案】十誦卷四八，三四六頁下。

〔六四〕**三世佛亦爾**　鈔批卷五：「過、現、未來，名為三世也。」（三四九頁上）簡正
卷五：「彼律三十七，問云：『過去佛法，幾時住世？』佛答云：『隨清淨比丘
說戒法、不壞名法，住世也。現在、未來佛，亦作是說，故云三世亦爾也。』」
（二七二頁上）

〔六五〕**依律論中**　簡正卷五：「問：『前已引小乘論了，何故此又明之？』答：『前是
一味小乘執計之論，此中是依律本：或宗於四分，如善見等是；或解釋十誦，
如多論等是；或釋二十部中律，即明了解正量部等。總屬制教。（二七二頁上），
攝與前殊也。」（二七二頁下）

〔六六〕**明了論解云**　搜玄：「了疏云，引生有二：一能引生四萬二千功德正法；二能
引生不悔之心，乃至解脫。智論云：若得人天果，為世善；若得三乘果，為出
世善。」（三六一頁上）【案】此五義言持戒功德，始從在家引至五種住處，明
達三乘次第。即從天住（欲界六天）、梵住（色無色天）、聖住（三乘學人）至
無餘涅槃（三乘究竟）。

〔六七〕**能生種種勝利，謂引生世、出世善**　鈔批卷五：「了疏云：第一，能將引生種
種勝利，是毗尼義，謂能引生世善。於中有兩：一能引生四萬二千功德正法；
二引生不悔之心，由不悔故，心喜得定，乃至解脫。立云：迦持戒，近招人天
果報，是生世善；遠趣菩提，是出世善。又解：若有為有漏是世善，無為無漏
是出世善。又如智論云：若下品持戒生人，中品持戒生天，此是世善。上品持
戒成聲聞，乃至佛道，是出世善。」（三四九頁上）【案】「勝利」即殊勝的功
德和利益。

〔六八〕**能教身口二業清淨及正直**　搜玄：「疏解云：能遮身口，不令起惡，即是能教
義。不為惑濁、業濁所染，故名身口清淨。不為見濁所染，故名正直。清淨故
向善道，正直故向涅槃。」（三六一頁上）資持卷上一下：「言清淨者，離染濁
故；言正直者，離邪諸故。」（一八三頁下）鈔批卷五：「真諦疏云：第二，能
教身語，清淨正直，是毗尼義。由此法遮身口，不令起惡，名之為教。不為煩

惱、濁業濁（【案】『濁』疑剩。）之所汙，故名身口清淨。不為見濁之所染，故名為正直。私云：五見名見濁，以清淨故向善道，以正直故得涅槃也。謂持戒之人身離三過，口離四過，即是正直也。」（三四九頁上）

〔六九〕**能滅罪障**　鈔批卷五：「了疏云：第三能滅罪障，是毗尼義。於中復兩：一、滅方便，二、正滅罪。正滅者，謂得擇滅涅槃，由戒能遮諸罪障，故名滅方便；由障不生，故得罪滅。此兩俱得，稱為毗尼。」（三四九頁下）

〔七〇〕**能引勝義，在家者引令出家，乃至引到梵住、聖住、無餘涅槃**　鈔批卷五：「能引勝，是毗尼義。能引在家人令得出家，引未離欲令得梵住，從梵住得聖住，從聖住得有餘涅槃，從有餘入無餘，後轉勝故，名為引勝也。言『乃至引到梵住』者，立云：梵住即四無量心，聖住即是三解脫也。其住總有八種。頌曰：境界依止與威儀，未捨梵住及天人，第七聖住八佛住，如是次第應當知。撿維摩疏云：佛在毗耶離，或言在，或言居，或言住，義實一也。然住有八種：一、境界住，謂十六大國，是所遊之界也。二、依止住，謂一切僧伽藍是佛依止故也。三、威儀住，謂行住坐臥也。四、未捨壽住，謂未涅槃前，住無漏五蘊故，即五分法身也。五、梵住，謂四無量心，多住大悲故。六、天住，謂八禪多住第四禪故。七、聖住，謂住三三昧，亦云三解脫門，即三三摩地也，入空滅見也，入無願滅憂也，入無相滅無明也，佛多住空定，心惑盡故也。八、佛住，無生無滅在實相法中故。賓云：第八，佛住者（三四九頁下），如來住首楞嚴等無量三昧、十力、四無所畏、十八不共法、一切智慧，乃至如是等種種諸佛功德，是佛住處，佛於中住。此八住中，若約三身而論：初四是化身住，次三是報身住，後一是法身住；就能所而明者：初二是能住，後一是所住。諸經中，多舉八中『境界住』及『依止住』，為化在家、出家二種人也。謂：『境界住』為化在家人，『依止住』為化出家人也。今文所舉者，欲明戒能引人，至如此諸住，及有餘涅槃、無餘涅槃者，謂是無餘依也。煩惱障盡，苦依身在，是有餘依；苦依身盡，無餘依也。」（三五〇頁上）

〔七一〕**勝人所行事，謂最勝人是佛，次獨覺及聲聞，是勝人等皆行其中**　搜玄：「了疏云：最勝人是佛等。」（三六一頁下）資持卷上一下：「約三乘第論其勝。」（一八三頁下）鈔批卷五：「勝人所行是毗尼義，佛是最勝，故云也。次獨覺及聲聞，是此等勝人所行事故。」（三五〇頁上）簡正卷五：「勝謂殊勝，人是佛，次獨覺、聲聞，皆行其中者，即戒也。若凡夫解行者，亦號勝入。」（二七三頁上）

〔七二〕若凡夫行者，亦是勝人，方能行此事　資持卷上一下：「『若』下，明凡夫中

勝。自非負識高達之士，不肖下流，豈能奉律耶？文中，其中此事，皆指毘

尼。」（一八三頁下）鈔批卷五：「凡夫中亦是勝者，方能行事故。（已上了疏）。

問：『獨覺出無佛世，如何有此毘尼？』答：『緣覺有兩：一、麟角辟支，出無

佛世。獨一無侶，喻如麟角。此人自悟，觀樹生滅，得證真理，故曰也。二、

部行辟支，謂多群類共行也。體是聲聞之人，以不值佛，故成辟支。如須陀洹

第七生已盡，令證羅漢，由第七生盡，值世無佛法，不蒙他人化導，任運生

盡，名曰辟支。據其遠因，亦是聞佛法，故證得初果。（三五〇頁上）望今成

不由他教，故號辟支。言『部行』者，『行』字（平去二音。）談之，以多人

同修一行，則今感報一時，故曰部行（去聲）。或時多人，共行此法，今得此

果，故曰部行（平聲）。此人與聲聞相似，但聲聞人假佛聲教而語，故曰聲聞。

此人悟時，不假聲教，故曰獨覺。據其遠因，非不假教。賓云：獨覺出無佛世，

自然得五不作。戒亦名木叉，不假佛世也。』問：『獨覺出無佛世，形如何？』

答：『婆沙四十六釋初果云：初果若滿七生，無佛出世，彼法爾成佛弟子相，

乃得極果。如五百仙人在伊師迦山中修道，本是聲聞，出無佛世，獲為現佛弟

子相，彼皆學之，證獨覺果。無學，不受外道相故。若五分律化地部宗，俗人

亦得羅漢也。」（三五〇頁下）

〔七三〕毘尼有四義，餘經所無　資持卷上一下：「三藏對論，以彰律勝。」（一八三頁

下）【案】薩婆多毘尼毘婆沙，九卷，失譯者，今附秦錄。引文見卷六，五四

五頁中。

〔七四〕一切佛弟子皆依戒住，一切眾生由戒而有　資持卷上一下：「一切佛弟子者，

通該七眾。一切眾生，且指三善道。」（一八三頁下）簡正卷五：「人天等之

果，皆由持戒而有故，此但約善道為『一切』也。故記云：破戒入三惡趣，亦

由戒而有者，屬違戒科中攝也。」（二七三頁上）搜玄：「豈云：人天勝報，由

持戒生，三塗劣報，由破戒得，故一切由戒有也。若准破戒者，合在下違戒法

滅中明，故知非約破戒為一切也。准涅槃第十明佛說偈，布施一切，唯可讚歎

中，純陀難佛，其義云何？佛答純陀：『一切者，少分一切。』故知，則是約

三善道，為一切也。此約少分耳。具斯四義，功強餘經。（三六一頁下）花嚴

云：指定、慧也。」（三六二頁上）

〔七五〕纓絡　資持卷上一下：「纓絡即喻住持。」（一八三頁下）

〔七六〕功強於彼　簡正卷五：「指經、論二文。為彼經是定，慧是論，即定慧無此功

能故除。」（二七三頁上）鈔批卷五：「毗尼既住持佛法，功強於定慧二藏，指上餘經為彼也。」（三五〇頁下）

〔七七〕佛語阿難：我滅度後，有五種法令法久住　資持卷上一下：「善見五法，言相交涉。初，遵稟教法；二、淨僧成眾；三、傳受不絕；四、行業清淨；五、住持久永。所以唯據五人者，能辦受戒等眾法故。所以約五千年者，論問：『千年已，佛法為都滅耶？』答：『不都滅。於千年中，得三達智，（通達三世；）復千年中，得愛盡羅漢，無三達智；復千年中，得阿那含；復千年中，得斯陀含；（一八三頁下）復千年中，得須陀洹。學法，五千歲得道；後五千年，學而不得道；萬歲後，經書文字滅盡，但現剃頭有袈裟而已。』（一八四頁上）【案】善見卷一六，七八六頁上。

〔七八〕下至五人持律在世　鈔批卷五：「此約住持僧說五人。下引大集經云：若一寺、一村、一林，五法師住，鳴槌集四方僧，是名眾僧如法住大功德海。若無量僧破戒，但令五人清淨如法，護持佛法等。已上文證五人是住持僧數，（三五〇頁下）若減五者，不名如法。」（三五一頁上）

〔七九〕乃至有二十人如法出罪　鈔批卷五：「初從一人懺悔，迄至二十除罪，故言『乃至』。」（三五一頁下）

〔八〇〕佛法住世五千年　簡正卷五：「彼論第十八：有二『五千年』。初五千季：前一千季，得三達智；次一千季，得第四果，無三達也；次一千季，得第三果，無第四果；次一千季，得第二果，無第三；次一千季，得初果無二果。（此是前五千年。）（二七三頁上）後五千年，學不得道果。萬歲經盡滅沒，但剃髮、染衣耳。若准佛法住世，得果是前五千季；若論但有佛法，住世無果證，是後五千季。今抄所引列，是後五千也。五百等者，據理合云：佛若在世，以佛為師等，今闕此言，故言『乃至』也。若持五戒，即見法身者。持戒即戒淨因，戒生定慧，即得知見，故持五戒，即見法身。」（二七三頁下）

〔八一〕佛垂泥曰，阿難悲泣　資持卷上一下：「五百問初敘阿難懷憂。」（一八四頁上）【案】五百問引文分三，如資持所示。「泥曰」即涅槃。

〔八二〕乃至佛言　資持卷上一下：「乃至者，略阿難答云『世間無師』。『佛言』下，答有三段，並指戒即是佛。所以然者，佛有生、法二身。法身復二：一、理法身，即所證理顯；二、事法身，即五分德圓生身。有生滅此二法身，即是常住。故馬鳴釋『於我滅後珍敬木叉』，云示現不盡滅法，身常住世間作究竟度故。是知佛本無身，全是積劫，修成功德之聚，還以己德開示群生，故名為戒。當

知此戒即是如來，故云若我在世無異此也。苟迷此旨，佛語何通？後學至此，宜切注意！初示親臨，法實不來，高座演說，有同來故。」（一八四頁上）

〔八三〕**若持五戒，即見法身**　搜玄：「持戒即戒淨，因戒生定、生慧，即得解脫、解脫知見，故待五戒，則見法身。」（三六二頁上）鈔批卷五：「謂但能持五戒，即見法身，況具戒耶！立云：五分法身中，戒為其初，今但持五即見，見法身也。」（三五一頁下）

〔八四〕**若護法者，便為護佛**　搜玄：「『若護法』下，法喻雙明也。謂離法無佛，離水無虫。若護法者，即是護佛，護水者，即是護虫。飲水即是煞虫，損戒則是損佛。如飲水煞虫喻者，證上持戒見法身也，謂『鼻奈耶』。僧祇、十誦，諸教雖別，二比丘緣，大意是同。（三六二頁上）今依十誦引釋。爾時，世尊在舍衛國，時有二比丘，夏竟從憍薩羅國來，欲問訊世尊。路旱無水，唯見一井，有虫。其一比丘，欲見佛故，遂飲虫水。其一比丘，忍渴而死，不飲虫水。其不飲者，命終生三十三天，天身具足，頭戴百寶冠，先下到佛所。禮佛足已，佛為說法，得法眼淨；為受三歸五戒已，便還天宮。時飲虫水者，後到佛所，佛知故問，具陳上事，佛因呵責。世尊即脫鬱多羅僧，示黃金色身：『汝癡人，用見我肉身何為，不如持戒者，先見我法身。』」（三六二頁下）【案】五分卷二六，一七三頁中。僧祇卷一八也有此事。

〔八五〕**半月說戒，即見我也**　資持卷上一下：「『又如』下，三、明面對。良以一聞淨戒，體用高深，即是如來不漏果德，故云見也。」（一八四頁上）

〔八六〕**薩婆多又云**　搜玄：「前引多論，辨其功強。此又引之，約明初集秘故，簡其時處，明其勝義。」（三六二頁下）簡正卷五：「初據結集時說，石室內五百羅漢異口同音，皆云先集毗尼。毗尼是佛法根本故。」（二七三頁下）

〔八七〕**何故律在初集**　資持卷上一下：「初句引問，與彼頗異。彼云：契經、阿毘曇，不以佛在初，獨律誦以佛在初。（謂廣律戒本，並初標『世尊在某處』等。經中先云『如是我聞』，故有是問。）今云初集，未詳聖意。」（一八四頁上）

〔八八〕**勝故、秘故**　資持卷上一下：「『勝』謂高超餘藏，『祕』謂不使他聞。」（一八四頁上）

〔八九〕**不擇時、處、人說，而得名經**　資持卷上一下：「上三句，明餘藏非勝祕。不擇時處人者，彼云：契經中，諸弟子說法，有時釋提桓因說，佛言如是，有時化佛說。」（一八四頁上）簡正卷五：「反釋上秘義也。不必須半月說故，不擇時；不要在法界故，不擇處；菩薩、聲聞、天仙等說，但佛印可，便名為經，

故不擇人。律則不爾者，反上文也。」（二七三頁下）

〔九〇〕**唯佛自說**　資持卷上一下：「『律』下，彰律祕勝。唯佛說者，反上擇人也。彼云：一切佛說，故在僧中者。反上擇時、處也。彼云：若屋中有事，不得即結，必當出外，（即擇處也。）若白衣邊有事，必在眾結，（此明不對二眾，即擇時也。）『故勝』下，合有『祕』字。（舊記妄解，不免委曲。）」（一八四頁上）

〔九一〕**分別功德論**　資持卷上一下：「功德論雙證勝祕。密即祕也。彼云：毘尼猶王者，祕藏非外官所司，故曰內藏。此戒律藏者亦爾。非沙彌、清信士女所可聞見，故曰律藏。今但取意，以三句括之。」（一八四頁中）簡正卷五：「彼云：二部僧尼，說二百五十戒。事非外官、俗人所行，非沙彌、士女聞見也。」（二七三頁下）搜玄：「前引多論，辨其功強。此又引之，約明初集祕故，簡其時處，明其勝義。分別功德論，豈云四卷或五卷，失譯。彼第一卷明二部僧尼，說二百五十、五百戒事，引法防非。祕密故，非外官俗人所行，亦非沙彌壬（原注：『壬』字更勘。【案】『壬』分別功德論作『士』。）女聞見也。」（三六二頁下）【案】或稱為分別功德經，失譯名，附後漢錄，五卷，釋增一阿含經序品中偈，及念佛等十種一法，次釋弟子品。引文見卷一，三二頁上。

〔九二〕**愚劣不堪，護持此戒**　搜玄：「此是大乘論，合在前明，今與此中，文勢相開，故相從而引。愚劣者，靈山云：三乘聖人，有智故勝，皆敬重戒，得三菩提；下愚之輩，癡復志劣，輕於戒法，（三六二頁下）墮於三塗也。上來明順戒，則三寶住持竟。」（三六三頁上）資持卷上一下：「莊嚴論單證祕義。彼是偈文：若有智慧者，能堅持禁戒，愚劣不堪任，護持如是戒。（此明白衣根鈍，力所不堪，故不令聞。）」（一八四頁中）簡正卷五：「轉釋上文，不今俗人見聞之義。謂愚癡劣薄，不堪守護，持於此戒也。玄云：三乘聖人有智故，（二七三頁下）勝敬重戒，得三菩薩；下愚之輩，癡而又劣輕戒故，墮三惡道也。若准大莊嚴論，是大乘論，合在前化教中明。今但約文勢於從，故在此引。古來不體，妄非鈔文。」（二七四頁上）鈔批卷五：「戒經云：有智勤護戒，便得第一道，愚聚不持，墮三惡道。」（三五一頁下）

二明違戒法滅者，還約二教雜明〔一〕。

十誦云〔二〕：像法時，有五滅法〔三〕：一、比丘小得心已，便謂已聖〔四〕；二、白衣生天，出家人入地獄〔五〕；三、有人捨世間業，而出家破戒〔六〕；四、破戒人多人佐助〔七〕；五、乃至羅漢亦被打罵〔八〕。又有五

種怖畏〔九〕：一、自不修身戒、心慧，復度他人，令不修身戒等法〔一〇〕；二、畜沙彌；三、與他依止；四、與淨人、沙彌共住，不知三相〔一一〕，謂掘地、斷草、漑水〔一二〕；五、雖誦律藏，前後雜亂。四分中，五種疾滅正法：一、有比丘不諦受誦律〔一三〕，喜忘文句，復教他人，文既不具，其義有闕；二、為僧中勝人上座、一國所宗，而多不持戒〔一四〕，但修不善，後生倣習，放捨戒行；三、有比丘持法、持律、持摩夷〔一五〕，而不教道俗，即便命終，令法斷滅；四、有比丘難可教授，不受善言，餘善比丘捨置；五、互相罵詈，互求長短，疾滅正法。

十誦〔一六〕：諸比丘廢學毗尼，便讀誦脩多羅、阿毘曇，世尊種種訶責，乃至由「有毗尼，佛法住世」等，多有上座長老比丘學律。雜含云〔一七〕：若長老上座、中年少年，初不樂戒、不重戒〔一八〕；見餘樂戒者，不隨時讚美〔一九〕。我不讚歎〔二〇〕。何以故？恐餘人同其見，長夜〔二一〕受苦故。

中含云，犯戒有五衰〔二二〕：一、求財不遂，設得衰耗，眾不敬愛，惡名流布，死入地獄。涅槃中：由諸比丘不持戒故，畜八不淨財，言是佛聽〔二三〕。如何此人舌不卷縮〔二四〕？廣如彼說〔二五〕。摩耶經云〔二六〕：樂好衣服，縱逸嬉戲〔二七〕；奴為比丘，婢為比丘尼〔二八〕；不樂不淨觀〔二九〕；毀謗毗尼〔三〇〕；袈裟變白，不受染色〔三一〕；貪用三寶物〔三二〕等；是法滅相。

智論云〔三三〕：破戒之人〔三四〕，人所不敬，其處如塚〔三五〕；又失諸功德，譬如枯樹〔三六〕；惡心可畏，譬如羅剎〔三七〕；人所不近，如大病人〔三八〕；難可共住，譬如毒蛇〔三九〕。雖復剃頭染衣，次第捉籌，實非比丘〔四〇〕。若著法衣、缽盂〔四一〕，則是熱鐵葉、洋銅器；凡所食噉，吞熱鐵丸，飲洋銅汁，則是地獄之人。又常懷怖懼我為佛賊、常畏死至〔四二〕。如是種種破戒之相，不可稱說，行者應當一心持戒。問曰：「有人言，罪、不罪不可得〔四三〕，名為戒者，何耶？」答曰：「非謂邪見䮫心〔四四〕，言無罪也。若深入諸法相，行空三昧，慧眼觀故，言罪不可得〔四五〕。若肉眼所見，與牛羊無異〔四六〕也。」今誦大乘語者，自力既弱，不堪此戒，自恥穢行，多不承習〔四七〕。有引此據，不解本文，故曲疏出〔四八〕。廣如第十五卷中〔四九〕。

四分，破戒五過〔五〇〕：一、自害〔五一〕，為智者所訶，惡名流布，臨

終生悔恨，死墮惡道〔五二〕。

　　十誦：有十法，正法疾滅〔五三〕：有比丘〔五四〕，無欲〔五五〕、鈍根，雖誦句義，不能正受；又不解了〔五六〕；不能令受者有恭敬威儀〔五七〕；乃至〔五八〕；不樂阿練若法〔五九〕。又，不隨法教〔六○〕；不敬上座，無威儀者〔六一〕；令後生不受學毘尼〔六二〕；致令放逸失諸善法〔六三〕；好作文頌，莊嚴章句，樂世法故，正法疾滅，甚可怖畏〔六四〕。

【校釋】

〔一〕還約二教雜明　資持卷上一下：「還約者，但望二教為言。然前唯各辨，此是雜明則不同也。」（一八四頁中）簡正卷五：「化、制為二也。非如前科，大乘小乘，及制教經論，各有科目，次第而條別。今雖還引化、制二文，或前或後，文勢相從處即引，更不作科目次第，故云雜明也。」（二七四頁上）

〔二〕十誦云　搜玄：「小得心已，謂外凡位人。初，脩總、別二相，少得相應，便謂己得聖果；二、『白衣』等者，羯磨疏云：以俗人無法在身，但專信故，得生天也。出家有法，為世福田，乃返毀犯，妄受信施，開諸過門，令多眾生，習學放逸，故墮地獄。佛法滅相，彼律文中無『打』字。」（三六三頁上）【案】十誦卷四九，三五八頁。

〔三〕五滅法　資持卷上一下：「彼因長老難提白佛：『正法滅後，像法時有幾非法？』今但引佛答詞：初妄稱德故；二、道俗反故；三、乖道行故；四、惡黨盛故；五、善人弱故。此五滅法，並因毀戒。」（一八四頁中）

〔四〕比丘小得心已，便謂已聖　資持卷上一下：「心即是定，如五停四念也。此謂未證謂證，惑眾駭世。今時即佛事亦同之。」（一八四頁中）鈔批卷五：「立謂：如今坐禪人，稍得少許道理寂念，謂我功齊於佛，便即呵斥戒律，此並是法滅之相。」（三五一頁下）簡正卷五：「但解五停心，觀總別相念等，名為小得心已。『已』由止也。便謂四果之人，與我不別，故云己聖。」（二七四頁上）

〔五〕白衣生天，出家人入地獄　資持卷上一下：「業疏云：俗人無法，但專信奉，故得生天；出家有法，為世福田，乃反毀犯，妄受信施，開諸惡門，令多眾生習學放逸，故入獄也。又阿難七夢經中，夢出家人轉在不淨坑中，在家白衣登頭而出。佛告阿難：當來比丘嫉妒相殺，死入地獄，白衣精進，死生天上。」（一八四頁中）

〔六〕有人捨世間業，而出家破戒　鈔批卷五：「譬如愚人吐已還食是也。」（三五一

頁下）簡正卷五：「如吉栗枳王經云：王夢大象在一室中，其象方便將身於窓牖中出得，其尾卻礙出不得。佛言：此表釋迦遺法弟子，捨家出家，貪名逐利，破於佛戒。」（二七四頁上）

〔七〕破戒人多人佐助　簡正卷五：「王夢獼猴身無威德，眾生以四大海水灌頂，立之為王。此表釋迦遺法弟子，立破戒比丘（二七四頁上）為僧首，共相佐助，即此意也。」（二七四頁下）【案】參見俱舍論頌疏論本九，八六九頁上。

〔八〕乃至羅漢亦被打罵　資持卷上一下：「『乃至』者，略凡夫持戒、賢聖學人等。法滅盡經云：佛告阿難：吾涅槃後，五濁惡世，魔道興盛，魔作沙門，壞亂吾道，乃至菩薩、辟支、羅漢精進修德等。眾魔比丘咸共憎嫉，擯出不令得住。（上並古記，所引在文。雖繁，甚資心行，故依錄之。況是今時目睹之事，知佛懸鑒，可自策勤。）」（一八四頁中）簡正卷五：「玄云：律文在（【案】『在』疑『無』。）『打』字也。」（二七四頁下）

〔九〕五種怖畏　資持卷上一下：「佛告波離文也。前四妄攝眷屬過，後一懈怠過。」（一八四頁下）【案】十誦卷四九，三五八頁下～三五九頁上。

〔一○〕自不修身戒、心慧，復度他人，令不修身戒等法　簡正卷五：「與涅槃弟子二十九卷同，今取意解。經云：若比丘，不觀身無常不淨，名不修身；若不觀戒戒（【案】次『戒』疑剩。）是一切善法梯橙，名不修戒；若不觀心慧躁動，制調伏之，名（【案】『名』後脫『不』字。）修心；若不觀智慧有大勢力等，名不修慧也。二、畜沙彌；三、與他依止。此二種，約師不教訓，致此沙彌及新受戒者，造作惡業故。」（二七四頁下）資持卷上一下：「初云不修身戒心慧者，此句貫下讀之，一往以分。戒屬身口，慧是心觀，或可心即是定。備舉三學，此明自行，既闕必無利他故。」（一八四頁下）

〔一一〕不知三相　鈔批卷五：「十誦云：比丘與淨人、沙彌相近住，不知三相。三相者，謂掘地、斷草、用虫水漑灌也。律文齊如此說。今相承解者，謂遣他掘地、壞草，不解，言『知是！看是！』謂作知淨之語也。」（三五二頁下）

〔一二〕漑水　資持卷上一下：「漑水亦是損地，並須淨語。既迷戒相，直使作之，是為滅法。」（一八四頁下）鈔批卷五：「謂不安漉具也。」（三五二頁下）

〔一三〕有比丘不諦受誦律　資持卷上一下：「慢學誤他。」（一八四頁下）【案】四分卷五九，六頁下。

〔一四〕為僧中勝人上座、一國所宗，而多不持戒　資持卷上一下：「居上作惡。」（一八四頁下）

〔一五〕**有比丘持法、持律、持摩夷** 大乘義章卷一:「摩夷者,此名行母。辨詮行法,能生行故,名為行母。」(四六八頁中)鈔批卷五:「持法者,即修多羅師也;持律者,即毗奈耶師也;持摩夷者,即阿毗達摩師也。然摩夷者,梵音訛略,應言摩怛理迦,此云本母,即阿毗達摩之異名也。謂諸法相從論出生,故名本母。善見十八云:摩夷者,二部波羅提木叉。賓云:『譯者謬也,木叉與摩夷,俱是梵語,豈可梵語以翻梵語,必不然也。言謬譯者,蓋是當時譯善見曰:西方梵人指其戒本,意欲申說本母之義,且如律中釋相輕重,皆從戒本之所出生,欲似諸論出生法相。(三五二頁下)而漢人不領本母之義,乃謬翻為二部木叉。』」(三五三頁上)

〔一六〕**十誦** 搜玄:「律四十四云:諸比丘癈學毗尼,便讀誦經,世尊苛責,對面讚歎優波離,諸持毗尼中,最勝第一。諸比丘作是念:『佛讚毗尼,我等何不讚淨毗尼?』諸上座老比丘從優波離,受誦毗尼。」(三六三頁下)【案】此句意為批評出家者輕持戒律、重視定慧的現象。十誦卷三四,二四六頁下。

〔一七〕**雜含云** 雜阿含經卷三〇:「如長老中年,少年亦如是。若是上座長老,初始重於戒學,讚歎制戒。如是長老我所讚歎,以其初始樂戒學故,大師所讚歎者。餘人亦當與相習近親重,同其所見。同其所見故,於未來世,彼當長夜以義饒益。是故,於彼長老比丘常當讚歎,以初始樂學戒故。」(二一三頁中)

〔一八〕**若長老上座、中年少年,初不樂戒、不重戒** 資持卷上一下:「初四句,明自不學,彼文初下有『始』字,謂從初不學也。」(一八四頁下)資持卷上一下:「靈山云:總有四住,初一夏至九夏名少年,從十夏至十九夏名中年,從二十夏至四十九夏名上座,從五十夏已上為耆年長老也。謂初不樂戒。初見樂者,不歎美也,非謂後不學也。」(三六三頁下)簡正卷五:「經云:長老上座中年者,總束為四位。初夏至九夏名少年,十夏至十九夏名中年,二十夏至四十九夏名上座,從五十夏已上名為耆年長老。謂初不樂戒,初見樂戒者,不歎美非。謂一向不學,後還習學。我不讚嘆者,下自徵釋云:何以故?餘人同其見,長夜受苦故。謂律中先制五夏專於律法,今既受後不受樂違佛制,得吉。如四王天,劫數長遠墮地獄,受不饒益苦也。前段文中,約一向癈學,即云呵責移段。據初不學,移仍舊學。但云不讚歎,與前為異。」(二七五頁上)

〔一九〕**見餘樂戒者,不隨時讚美** 資持卷上一下:「『見』下二句,明不喜他學。」(一八四頁下)搜玄:「彼經第三十中,謂佛自稱『我』也。經出二過:不重戒、不學戒;二、不隨時讚美重戒、學戒人。有三十二過,故不讚歎,我若讚歎,

則餘人謂其行是。學其所為，則長夜受不饒益苦故。謂律中先制，五夏專精律部，今受戒後，初既不樂，違佛制故，便得不應。如四天王天，劫數長遠，受三途苦，（三六三頁下）故云長夜。問：『佛合苛責，何言不讚？』『謂：此人初受不學，且學餘藏，於後擬學，故佛不讚。恐餘人同其見學之違制，得不饒益苦。不同前律，一向癈學，所以佛呵也。』」（三六四頁上）

〔二〇〕**我不讚歎**　資持卷上一下：「『我』下，顯非。上句，明佛不贊。謂縱有餘善，不可稱之。」（一八四頁下）鈔批卷五：「謂佛自稱『我』也。我若讚此上座，由此上座既不能歎美樂學戒人，佛若歎此上座者，恐餘人同此上座之見也。若同此見，死入地獄，長夜受苦故也。」（三五三頁下）

〔二一〕**長夜**　資持卷上一下：「三塗幽暗，歷劫莫返，故云長夜。」（一八四頁下）

〔二二〕**犯戒有五衰**　鈔科卷上一：「『中』下，現未衰惡。」（七頁上）資持卷上一下：「中含五衰，上四現相，下句生報。四中，上二明失利，由福薄故。三、不敬者，由德尟故。（一八四頁下）四、惡名者，由行穢故。『耗』謂損減。」（一八五頁上）【案】長含卷二，一二頁中。

〔二三〕**由諸比丘不持戒故，畜八不淨財，言是佛聽**　資持卷上一下：「涅槃，出第五如來性品。彼明：或人作如是說，故斥之耳。八不淨，名相如『畜寶』中。」（一八五頁上）搜玄：「准下『畜寶戒』中引涅槃經云：我諸弟子，無人供給，為護正法，便即聽畜，令付篤信檀越等。今言不聽者，為不持戒故也。」（三六四頁上）鈔批卷五：「云何為八？一、田宅園林；二、種植生種；三、貯積穀帛；四、畜養人僕；五、養繫禽獸；六、錢寶貴物；七、氈褥釜鑊；八、象金餝牀，及諸重物。是為八不淨也。」（三五三頁下）【案】北本涅槃卷五，三九一頁中。

〔二四〕**如何此人舌不卷縮**　資持卷上一下：「『如何』下，是佛訶辭。以誣佛謗法，合得現報故。『卷』字上呼，謂曲轉也。」（一八五頁上）

〔二五〕**廣如彼說**　資持卷上一下：「彼云，若有說言：『佛大慈故，憐愍眾生，皆聽畜者。』如是經律，悉是魔說。」（一八五頁上）

〔二六〕**摩耶經云**　資持卷上一下：「彼云：始從結集，終至七百年，龍樹出世，滅邪見幢，然正法炬。（非今正意，故鈔不引。）」（一八五頁上）搜玄：「彼經云：八百歲後，諸比丘等，樂好衣服，縱逸嬉戲；九百歲已，奴為比丘，婢為比丘尼；一千歲後，不樂不淨觀；千一百歲已，毀謗毗尼；千二百歲已，作非梵行，生男為比丘、女為比丘尼；千三百歲已，袈裟變白，不受染色；千四百歲已，

好樂殺生，貪賣三寶物也。」（三六四頁下）【案】摩訶摩耶經卷下，大正藏第十二冊，一三頁下。

〔二七〕**樂好衣服，縱逸嬉戲**　資持卷上一下：「八百歲事。」（一八五頁上）

〔二八〕**奴為比丘，婢為比丘尼**　資持卷上一下：「九百歲事。」（一八五頁上）

〔二九〕**不樂不淨觀**　資持卷上一下：「一千歲事。」（一八五頁上）

〔三〇〕**毀謗毗尼**　資持卷上一下：「千一百歲事。（又此年，諸比丘如俗，行媒嫁事。）千二百歲中，比丘及尼作非梵行。若有子息，男為比丘、女為比丘尼。（鈔略此年。）」（一八五頁上）

〔三一〕**袈裟變白，不受染色**　資持卷上一下：「『袈裟』下，千三百歲事。（今時袈裟，多從紫染，豈唯條白？法滅之驗矣）。」（一八五頁上）簡正卷五：「今師製鈔，（二七五頁上）唐初武德九季（公元六二六年），已經千四百餘。若前後諸過，皆已見之，其中袈裟白，未曾目觀。鈔主意謂：西天有事，反問彼梵僧。又云：佛涅槃後，未曾見有白之事。古今諸記，所釋有殊。初解云：謂不持戒、不染法味，名為變白。今破云：經文既約事變，不合於法上也解（【案】『也解』疑『解也』。）。玄記准大集經云：王大施諸比丘已，問比丘法王言：『師等在此住，我等當養活，為我說法，我當志心聽。』諸比丘嘿然，無有說者。王再，諸亦然，無有說者。王白諸比丘：『不知法耶？語之袈裟變白，染色不復現，皆從床墮落，宛轉在地。』今破云：『此雖約事變白，有教為憑。然摩耶經約佛滅後一千三百季說。上來所引大集，猶是佛在之時，似於違也。』順正記云：今時僧尼，不依法而染，但作淺責（【案】『責』疑『青』。）葱之色，約略變於白色耳。今破云：既染作淺色，即與經文不受染色義全乖。今依法寶，申於正解，唯付囑儀。亦云：佛付法儀，龍朔二季（公元六六二年），有那提三藏將至京，與鈔主同翻譯，六卷成文。後文云：佛欲涅槃之時，勅文殊菩薩，將佛僧伽梨住須彌山頂，起塔供養。又勅帝釋，諸天雨花，散於衣上；又勅風神王，吹去萎花，（二七五頁下）更雨新者；又勅觀音、普賢菩薩，於閻浮提收萎花起塔。時會生疑。時有小舍利弗問佛，佛言：我涅槃後，千三百季，袈裟變白，今賴預前攘之，直至法盡，亦不變白也。欺（【案】『欺』疑『斯』。）為定義。問：『鈔何不明？』答：『鈔是武德年（公元六一八年至六二六年）製，付囑儀是龍朔季（公元六六一年至六六三年）在後也。』又問：『感通傳何不敘？』答：『傳是顯度（【案】『度』疑『慶』。）季（公元六五六年至六六〇年）製，亦在後故。』」（二七六頁上）鈔批卷五：「袈裟變白者，

立云：袈裟名味。今明雖著袈裟，無袈裟之味，故曰變白也。濟云：非謂染衣不著，但是心不染法故也。即涅槃云：汝諸比丘，身雖淨眼（【案】『淨眼』涅槃卷二為『得服』。）袈裟染衣，心猶未染大乘淨法，即其義也。又，『袈裟』，梵語，此名為『味』。欲明其人不得袈裟解脫之上味也。」（三五三頁下）

〔三二〕**貪用三寶物**　資持卷上一下：「『貪』下，千四百歲事。千五百歲，俱睒彌國三藏與羅漢弟子互殺，惡魔外道競破塔寺，殺害比丘，一切經藏阿耨達龍王悉持入海，於是佛法滅盡。（此據拘睒彌一國為言。或有處說五千年，或正、像各千年，末法萬年等，或六萬年、七萬年等，並眾生業緣所見異耳。）」（一八五頁上）

〔三三〕**智論云**　簡正卷五：「此是論第十五卷文。寶云：彼論皆引喻合法。今多將喻向上，致有破句之失，請細尋抄意。」（二七六頁上）【案】智論見卷一三，一五四頁中。

〔三四〕**破戒之人**　資持卷上一下：「初以五喻，顯其惡相。」（一八五頁上）【案】此句下至「譬如毒蛇」，五個分號所隔，即智論破戒文之五相。

〔三五〕**其處如塚**　鈔批卷五：「明此冢中多有死屍可惡。破戒死屍，甚大可惡，亦復如是也。」（三五三頁下）簡正卷五：「破戒人身中，法身慧命已死故。」（二七六頁上）搜玄：「此破戒人身中，法身慧命既無，其身外相，猶如塚也。」（三六四頁下）

〔三六〕**譬如枯樹**　鈔批卷五：「有云：枯不受潤，此人不受善法功德之潤也。立云：枯樹多聚虫故，人並捨離。濟云：樹若鬱茂，人則愛樂，今既枯死，人皆捨遠，故曰失諸功德也。」（三五三頁下）搜玄：「枯樹即死，無枝葉花果。破戒人身，如其枯樹，諸善功德花果俱失，唯有六尺之身，猶如枯樹。」（三六四頁下）

〔三七〕**羅剎**　資持卷上一下：「梵語，此云速疾鬼。」（一八五頁上）簡正卷五：「食人身肉，惡心轉熾。破戒人害法身，惡心不息，由如羅剎也。」（二七六頁上）搜玄：「惡心轉熾，破戒之人，害人法身，惡心不息，猶如羅剎，大病臭穢，人不喜見。破戒比丘有二犯之臭，清淨聖人不喜見故。」（三六四頁下）

〔三八〕**人所不近，如大病人**　簡正卷五：「破戒有二犯臰，清淨聖人，不熹親近。」（二七六頁上）

〔三九〕**難可共住，譬如毒蛇**　搜玄：「毒蛇害人肉身，破戒害人法身。」（三六四頁下）

〔四○〕**雖復剃頭染衣，次第捉籌，實非比丘** 資持卷上一下：「『雖』下，二、明形濫體乖。」（一八五頁上）簡正卷五：「着法衣、行非法，必感鐵葉纏身體。非法受用，食人飲食，心感洋銅器。又，破戒既不消他衣食等物，受施如賊，死後必入地獄也。」（二七六頁上）

〔四一〕**若著法衣、缽盂** 資持卷上一下：「『若』下，三、因中示果。」（一八五頁上）

〔四二〕**常懷怖懼，我為佛賊，常畏死至** 資持卷上一下：「『又』下，四、自懼惡報。上二句，懼現報；下句，畏來報。此據智人。往往盲愚，死而無悔。」（一八五頁上）鈔批卷五：「我為佛賊者，此人生為佛賊，死為鬼囚，制不由己。故菩薩戒云：信心出家，（三五三頁下）受佛禁戒，不得毀犯聖戒。若有犯者，不得受一切檀越供養，不得國王地上行，不得飲國王水，五千大鬼常遮其前。『鬼』言『大賊』。若入房舍、城邑宅中，鬼復常掃其脚跡。一切世人罵言佛法中賊。一切眾生，眼不欲見。破戒之人，畜生無異，木頭無異。若毀犯聖戒者，是大佛賊也。」（三五四頁上）搜玄：「既不消施，所得如賊，畏身死後而墮三塗。」（三六四頁下）

〔四三〕**罪、不罪不可得** 資持卷上一下：「問中，彼論前云：若於罪、不罪，不可得故，是時名為尸羅波羅蜜。後即問曰：『若人捨惡行善，是為持戒，云何言罪、不罪，不可得？』今鈔倒之，意使易解。」（一八五頁上）搜玄：「論第十五卷中，因釋般若義，故有斯問。云罪、不罪，不可得，若人捨惡行善，是為持戒，云何言（三六四頁下）罪不可得耶？」（三六五頁上）智論卷一三：「罪、不罪不可得故，應具足尸羅波羅蜜。」（一五三頁中）

〔四四〕**非謂邪見矚心** 資持卷上一下：「答中但引罪不可得。彼續云：罪無，故不罪亦不可得。」（一八五頁上）簡正卷五：「若人捨惡行善，是為持戒。云何言罪不罪不可得耶？答中有三意：初理觀難稱；二、『若肉』下，舉喻顯非；三、『今誦』下，疏出簡濫。」（二七六頁下）【案】本處簡正、搜玄把「今誦」下一段也作為答句。

〔四五〕**若深入諸法相，行空三昧，慧眼觀故，言罪不可得** 簡正卷五：「論云：非謂邪見矚心。言不可得，行空三昧者，心與理冥性相寂，即罪福俱無。故勝鬘云：我心既心罪福無主，可言罪不可得。」（二七六頁下）【案】智論卷一四，一六三頁中。

〔四六〕**若肉眼所見，與牛羊無異** 資持卷上一下：「『若肉眼』下二句，疑引別文，尋之未獲。彼又云：復次，眾生不可得，故殺罪亦不可得；罪不可得，故戒亦不

可得。何以故？以有殺罪故，（一八五頁中）則有戒；若無殺罪，則亦無戒。（若體此意，方名持戒清淨。不爾，止是世福。學者聞此，豈不疑之。）」（一八五頁中）簡正記卷五：「牛羊有眼，但見於相，不見無相。今人無慧眼，但肉眼見者，准（【案】『准』疑『唯』。）見色異於空，不見色空不異故，與牛羊無異也。玄云：彼但云肉眼所見，名為非見無牛羊等。」（第二七六頁下）【案】智論卷八二，六三九頁中。

〔四七〕**自力既弱，不堪此戒，自恥穢行，多不承習**　鈔科卷上一：「『今』下，斥非顯意。」（七頁下）資持卷上一下：「非己所有，故云誦語。此名得實，宜須內省。今習律者，多用此語指斥他宗不知己學，亦誦語耳。何以然耶？汝雖學律，律行安有？故知末世大小兩宗，皆是學語。」（一八五頁中）扶桑記釋「非己所有」：「神智補注云：但習大乘之語，而無大乘之行。」（四六頁上）

〔四八〕**不解本文，故曲疏出**　鈔批卷五：「私云：智度論解大品，故指於大品為本文也。」（三五四頁上）資持卷上一下：「『疏』字，平呼，文見十四，而指十五。彼此藏經，分卷有異，非是筆誤。」（一八五頁中）簡正卷五：「疏，疎也。疎，決，疎通為義也。」（二七六頁下）【案】曲疏，即曲解或失卻真義的疏解之文。此指由於有的疏者不解性空之本義，而對持戒及犯與不犯有著錯誤的認識。

〔四九〕**廣如第十五卷中**　智論卷一四：「菩薩持戒，能生六波羅蜜，是則名為尸羅波羅蜜。云何持戒能生戒？因五戒得沙彌戒，因沙彌戒得律儀戒，因律儀戒得禪定戒，因禪定戒得無漏戒。是為戒生戒。」（一六二頁中）【案】意思是關於「罪不罪不可得名為戒」等之類的解釋「廣如第十五卷中」，而不是「曲疏」廣見於第十五卷中。

〔五〇〕**破戒五過**　搜玄：「身戒若淨，即同說戒、羯磨二種僧住。纔一破戒，棄於眾外，豈非自害？凡破一戒，為俗士所呵，即比丘呵，佛呵制戒，故云智者所呵。四、悔不持戒，恨自破戒。」（三六五頁上）資持卷上一下：「四分五過，亦出增一。即現、當兩損自害者，喪失世、出世善故。」（一八五頁中）【案】四分卷五九，五頁下。

〔五一〕**自害**　鈔批卷五：「破戒之人，生報地獄，自貽伊戚，名曰自害也。」（三五四頁上）

〔五二〕**臨終生悔恨，死墮惡道**　資持卷上一下：「苦逼神昏，業狀競現，自知前往，必非善處，死時恐懼，於茲驗矣。」（一八五頁中）

〔五三〕**有十法，正法疾滅**　鈔科卷上一：「『十』下，不學滅法。」（七頁上）資持卷上一下：「十誦十法，彼列五法中，以同義類，故合明之，文略二種。」（一八五頁中）簡正卷五：「彼第二十八，增五文也。抄合二『五』為十法。彼離（【案】『彼』疑『波』。）問佛：『有幾法令法滅沒？』佛言：『有五。何等為五？一、有比丘至正受；二、又不能令他解了；三、不能令至威儀；四、有說法者，不能如法教，鬥爭相言，鈔闕此句，（二七六頁下）故云『乃至』；五、不樂阿蘭若處，鈔改作『法』字也。『又，不隨法教』已下，是次五文也。一、鈔闕下羊（【案】『羊』疑『半』。）『隨非法教』。二、『不隨忍法』，鈔闕此句。三、『不敬上座，無有威儀』，抄無『有』字。足者，字解云：不敬即無威儀，非謂上座無威儀也，亦可深防，恐不敬無威儀上座。四、上座不以法教授。上座說法時愁慳（【案】『慳』十誦為『惱』。），令後生不得受學修多、毗尼、阿毗曇，鈔闕『修多羅』及『阿毗曇』，意在『毗尼』也。五、上座命修已後，比丘放逸，集於非法，失諸善法，是名滅法，反此不滅也。」（二七七頁上）【案】十誦卷四九，三五八頁中。道宣在引用時此「十法」時，對文句和表述進行了揉合與改寫，刪去了「鬥諍相言」、「不隨忍法」。

〔五四〕**有比丘**　資持卷上一下：「『有比丘』下，明初五法。上四句即第一法。」（一八五頁中）【案】資持釋義中「上四句」即「無欲、鈍根，雖誦句義，不能正受」四句。

〔五五〕**無欲**　資持卷上一下：「無欲謂心不希望，但性昏愚不可教耳。」（一八五頁中）

〔五六〕**又不解了**　資持卷上一下：「『又』下一句，即第二法。彼云：亦不能令他解了。」（一八五頁中）

〔五七〕**不能令受者有恭敬威儀**　資持卷上一下：「『不能』下二句，即第三法。」（一八五頁中）

〔五八〕**乃至**　資持卷上一下：「略第四。彼云：有說法者，不能如法教，鬥諍相言也。」（一八五頁上）搜玄：「有說法者，不能如法教，鬥爭相言。鈔闕此句，故云『乃至』。」（三六五頁上）

〔五九〕**不樂阿練若法**　資持卷上一下：「『不樂』下，即第五。上四教授非法，下一戀著喧憒。四中，初是所教；二、通能所；三四屬能教。」（一八五頁中）搜玄：「不樂在阿蘭若處，不樂愛敬阿蘭若處，鈔云法也。」（三六五頁上）

〔六〇〕**不隨法教**　鈔批卷五：「佛言：復有五法，令正法滅：一、謂有比丘，不隨法

教，隨非法教；（三五四頁上）二、不隨忍法，（鈔不引此句；）三、不敬上座，無有威儀，（鈔改此句；）四、上座不以法教，上座說法時愁惱，令後生不得受學修多羅、毗尼、阿毗曇；五、上座命終已後，比丘放逸，習於非法，失諸善法。是名五法滅也。（反此五法，正法不滅。）」（三五四頁下）【案】行事鈔略第二法「不隨忍法，隨不忍法」。『隨不忍法』，即隨情嗔怒。

〔六一〕不敬上座，無威儀者　資持卷上一下：「『不敬』下，是第三法。謂見上乖儀，輒生輕傲。」（一八五頁中）搜玄：「字釋云：不敬即無威儀，非謂上座無威儀也。亦可深防，恐不敬無威儀上座也。」（三六五頁下）鈔批卷五：「據彼文意，謂不敬上座，名曰無威儀，非謂上座無威儀、不相致敬也。」（三五四頁上）【案】意為不敬上座，名無威儀。非謂不敬無威儀的上座。

〔六二〕令後生不受學毗尼　資持卷上一下：「『令後』下，即第四。彼云：因上座不以法教授故。」（一八五頁中）搜玄：「上座不以法教授。上座說法時愁惱，令後生不得受學『脩多羅』『毗尼』『阿毗曇』。鈔闕『脩多』『毗曇』，意在『毗尼』也。」（三六五頁下）

〔六三〕致令放逸失諸善法　資持卷上一下：「『致令』下，是第五。彼云：因上座命終故，上三局所教，下二通能、所。」（一八五頁中）搜玄：「上座命終已後，比丘放逸，習於非法，失諸善法，是名法滅，返此不滅也。」（三六五頁下）

〔六四〕好作文頌，莊嚴章句，樂世法故，正法疾滅，甚可怖畏　鈔批卷五：「菩薩戒經云：有佛經律大乘法，而不能勤學修習，反學邪見、二乘、外道、俗典阿毗曇、雜論、書記，是斷佛性障道因緣等，即其義也。」（三五四頁上）資持卷上一下：「『好作』下，即五怖畏文。彼云：一、不修身、戒、心、智、無欲，鈍根；二、與尼相近，捨戒還俗；三、如來所說甚深修多羅等，無憐愍、愛樂心，好作等如鈔；四、為衣食故，捨練若入聚落；五、為衣食故，多所求覓擾亂。（五皆云怖畏者，正法將滅故。鈔引第三下半。）」（一八五頁中）搜玄：「『好作文頌』已下，古記皆云此是別文，非關五數，今謂鈔除第二，以此充五者，為末代好樂世法。如此世法，非出家者所行，是隨不忍法。三乘聖法，是出家所行，今不肯脩學，是不隨忍法，律總相明，鈔指事說。」（三六五頁下）

## 集僧通局篇〔一〕第二

僧者，以和為義〔二〕。若不齊集，相有乖離〔三〕，御法則無成決之功〔四〕，被事必據入非之位〔五〕。故建首題集僧之軌度，後明來處之通局〔六〕。

## 【篇旨】

鈔科卷上一：「（下十一篇，）別約四緣，以明眾行（四）。初，『集僧』下三篇，明能秉人。」（七頁上）鈔批卷六：「上既標宗顯德，僧體已備，理宜益物濟時，興建正法，秉御眾行，使千載不墜。據其能秉，非僧不辨，故凡有所秉，必先集僧，故有此篇來也。」（三五四頁下）又云：前門明宗體，顯其戒德功用。法既增上，何人能行？僧是勝人，而能行也。故功德論云：由勝密故，非俗人所行，故不令見。若欲弘法，必假於僧，故次第二明集僧篇來也。」（三五五頁上）簡正卷五：「前篇標戒為宗，指於法、體、行、相。既知身佩聖法，興建有依，必秉法住持，須憑作法。作法之要，先須集僧，僧有遠近不同，故次辨其通局。」（二七七頁上）搜玄：「富陽云：上篇所明，戒德既脩，須有施為，事須益物，度生秉御。秉御之最，莫過作法，作法之始，先須集僧，故有此篇來矣。」（三六五頁下）

## 【校釋】

〔一〕**集僧通局** 鈔批卷六：「集僧者，身口詳聚，名之曰集；具六和敬，故稱為僧。又，言集者，如律文中，七種集法，量影、破竹等，此名集之方也。又，言集僧者，集何等僧？即如前篇具四義者，乃堪僧用。隨一有闕，無德可彰，未堪僧用。今不須集，故約前篇之後，即辨集僧。直云：然僧通凡聖，實乃無量，今舉要略，就教分二：一、羯磨僧，以無勝德可彰，就應羯磨教法和合，以標其德，故曰羯磨僧也。二、名法輪僧，佛說淨教契理之說，軌成行者，名之為法；即此之法，能摧結使，轉凡為聖，名之為輪，此就喻得名。上羯磨與法輪，非是僧體。此是成僧之因，皆是就事辨耳。若論僧體者，論中諸說不同，今約本宗辨。僧取假名（【案】即假之以『僧』為名。），攬四以成僧體，四外無別體也，指四人為體。故律文云：僧者四人，若過四人等是也。礪云：辨僧體者，二論不同。若依多宗，以四比丘五陰實法為體。（三五五頁上）謂彼論宗，多計一切法是有，今五陰亦是有也。人是五陰，故用五陰實法，用為僧體。依如成論，謂四人和合，有其假用，然用無別體，還以實法五陰，為假用之體。此宗多計一切法是假故也。欲明五陰實法之僧，一人無用未成僧體。假此四人，和合之用，方是僧體。言實法無用者，謂五陰若各各不相假，而無有用，由五陰相假，得成人身。謂彼宗意云：五陰實法中，假立眾生也。此名重虛累假，以五塵成四大，四大是假，五塵是實；四大成五陰，五陰是假，四大是實；五陰成眾生，眾生是假，五陰是實也。於五陰實法中，假立眾生名，即此眾生，有名無體，名曰假名。於中命根，體亦是假。離陰之體，今亦如是。

各各人別不相假者，非僧體也。以相假故，四成僧體，如四樹成林，亦是相假，單樹豈成林耶！又云：攬指成拳，攬陰成人，人假為體，實法無用。四人假用，為僧之體，而用更無別體，還以四人陰本為體。如身口業，無別有體，還以色聲為體。今存後引，餘如羯磨疏明也。言通局者，如說戒自恣，通集四界之僧。四界者，謂戒場、界外、空地、大界。俱須盡集曰通。（三五五頁下）即律云：見相須求，若叛得罪，即其義也。若受戒懺罪、分功德衣、施安居物、受日等事，但局界內，不須界外曰局，故云集僧通局。又云：處有廣狹，集有遠近，用有多少，故曰通局也。」（三五六頁上）資持卷上一下：「『集僧』即目能集，謂作相軌度。『通局』即召所集。謂約界用人，是則集僧，不收通局，通局得兼集僧。此即羯磨篇中，三、四兩緣合為一篇耳。又解：『集』謂能集，即是軌度。僧屬所集人，即下用僧分齊；通局目所集處，即下界之分齊。並如文中。古記並云：標宗是僧體，集僧已下明用僧。此由不識僧體，故此妄判。且業疏廣明僧體，正取四人假用，何嘗以戒為體？用彼決此，不攻自破。故今科判，迴異前修。標宗止是勸學，集僧已下，始明行事。『若爾，鈔文無處明僧體耶？』答：『此篇下科，用僧分齊，有文明體。如後所辨。』」（一八五頁下）簡正卷五：「集謂能集，即作相等七種；僧是所集，即盡界而聚等。（二七七頁上）若據多論，有五種僧：一、群羊僧，愚癡者；二、無慚僧，破戒者；三、別眾僧，不同者；四、清淨僧，持戒者；五、第一義諦僧，聖人也。又見論有四：一者，有慚持戒者；二、無慚破戒者；三、群羊愚癡者；四、真實聖人也。又十論經（原注：『論』疑『輪』。）四種僧，此通凡聖、緇素不同。『聖』乃至四果四向，『素』謂在家證果，亦號第一義諦僧。今言集者，法寶云：五種、四種，皆集將來，後篇方簡。玄記中有兩解：一、義與上同；二、解云：五中但集後二，四中准集初後者，今且依上解。次解通局者，寶云：可分別尼（【案】『尼』疑『剩』。）聚落集是通，不可分別，六十三步是局；蘭若無難，五里集是通；有難，七盤陀量集為局；道行六百步是通，水界洒及處是局；（此約自然辨通局也。）有戒場大界四處集是滅（原注：『滅』疑『通』。下同。），無戒場大界二處集是局。三小界不立相，直指坐處，此准局。（此約非法界辨也。）或有釋云：自然作法標界分齊內有人集來並是滅，分齊外不要來並無別眾過為局。（任情思之。）」（二七八頁上）

〔二〕**僧者，以和為義** 資持卷上一下：「僧者，通目七位，一二三人，雖不秉眾法，亦得名僧。以僧假別成，從因彰號。不同古記，謂簡別人。和者，有六：戒、

見、利三名體和，身、口、意三名相和。又，初果已去，名理和；所證同故，內凡已還，名事和。即六和也。」（一八五頁下）搜玄：「對古人將『和合眾』翻其『僧伽』，鈔文簡異也。故羯磨疏云：具本梵音，應言『僧伽』耶。此土無名，將『眾』以譯，有加『和合』，乃是義用。故文云：僧者四人，若過和合者，一羯磨、一說戒也。若以『眾』翻，則通三人。雖三成眾，但非辨事，據別顯德，非四不成，故存本僧也。便辨僧體，於中分三：初，辨僧體；二、辨僧差別；三、明多少。言僧體者，羯磨疏云：約律准論，取成實意，攬指成拳，攬陰成人。人假為體，實法無用，為僧之體，用無別體，還以四人陰本為體。如身口業，無別有體，還以色聲為體。鈔主云：今存此引，是所當宗。有人云：然僧寶之本要法成，乖法則百千非用，具法雖一能辨。經云：脩六和敬，（三六六頁上）令僧寶不斷，須具六和，謂戒、見、利、身、口、意。一、戒和者，同一受體；二、見同，雖復同戒，而見有異，不得是和，如調達等是；三、命和，雖復戒見同，命若有（原注：『有』下疑脫『異』字。），非和命異，謂五部（原注：『部』疑『邪』。）四邪等。上三體同，至於時務成濟，要以三業相同，方成和合。應來集者，謂身和；應與欲者，謂心和；應呵不呵者，謂口和也。既脩三體，能脩三和，隨務成決。此據德用，以辨僧體。言差別者，既云集僧，僧有差別。羯磨疏云，或凡聖分二：就凡，則內凡外凡；就聖，則四果四向。或儀寶分二：儀則持戒破戒，寶則緇素不同，以俗證果，亦得名為第一義僧。入僧寶數，或功用以分，即事理兩和，理取會正，非此所明，事取其用，正當機教也。言多少者，准多、見二論，則四種、五種。見論四者：一、有慚僧；二、無慚僧；三、羣羊僧；四、真寶（原注：『寶』疑『實』。）僧。多論五者：一、羣羊僧；二、無慚僧；三、別眾僧；四、清淨僧；五、第一義諦僧。今言集者，於上四僧中，集其初、後。不集中、二：後五中，集其後二，不集前三。以非法故，亦可都集。大眾之威，改惡從善。集竟，然後簡足不足，如後篇辨。釋云：有慚僧者，謂持戒；無慚者，謂破戒；（三六六頁下）羣羊者，十輪云啞羊也，謂不知布薩、羯磨，猶如羣羊聚在一處也。第一義諦，及真實者，謂是四向四果。別眾可知。又十輪及真諦立四種僧，十誦立五種，大同不述。」（三六七頁上）鈔批卷六：「賓云：和有二種，謂事、理也。於其事理，絕於違諍，故名為和。初，約理和者，謂滅諦之理，彼此是同。如十方法界，隨有比丘，達四諦理，則同知苦集是苦集等，豈有一人執苦為樂？若見苦為樂，不名為諦。既所見是同，必無違諍，故曰理和，謂約所證之理是

一故，能觀之智無二也。且如京師一人，證悟真理，與此南吳一人所證理者，無有異見。所契所解，一而無二，故曰理和。此屬第一義諦僧也。二、曰事和，身口詳集，作法之時，更無乖別之見，於事同崇，故曰事和。此通凡聖僧也，如後廣敘六和是也。立云：六和者，戒、見、利、身、口、意也。羯磨疏云：即如經中修六和敬，令僧不斷是也。戒者，同稟釋迦一化，白四教法，所受之戒也。由戒是眾德之基，同受故須同行，有缺緣成，不名僧也。其戒雖同，要同一正見為入道之本。（三五六頁上）故又云：異見，雖同界成別眾，不相足數，如調達邪受五法者是也，故須見同。若見異法同，不名僧也。戒見既同，理紀邪命，須同利養，故曰命同，亦曰利同。疏云：雖同戒見，淨行須同，邪命利乖，財法不共，又非僧也。上三是據於僧體，至於時務成濟，要以三業為相，故曰。應來集者，謂身和也；應與欲者，謂心和也；應呵、不呵，謂口和也。既備三體，須順三和，能成僧義。（此且約別明也。）心疏云：僧者，梵曰『僧伽』，此翻和合眾。有二種，謂人、法也。言人和者，雖復殊方異質、品族不同，若至同聚，則胸襟莫二，事順心同，如水乳合，故曰也。言法和者，即戒見行命，羯磨說戒，有必齊遵，無宜乖逆，故曰也。然僧義大約，六和為先：身口心和，所謂人也；戒見利和，所謂法也。人法乃具，數須成四。三人已下，未需此名。今言『僧』字者，羯磨疏云：具存梵音，應言『僧伽』，此土先無其名，比『眾』以譯也。有加『和合』，乃是義用。故文云：僧者，四人若過，此乃時眾以諱也。有加和合者，約羯磨說戒所用故也，如經中佛法眾也。若以眾翻，則通二三。據別顯德，非四不成，故存僧名，知非三也。餘經云眾者，（三五六頁下）彼不明僧義，故從此譯，律中恐濫，故存本也。（恐濫二三之人也。）」（三五七頁上）

〔三〕**若不齊集，相有乖離** 資持卷上一下：「『若』下，反明須集之意。上二句明人非。乖離者，總三種別。」（一八五頁下）搜玄：「謂『若不齊集』，標人非也。相有乖離者，六和中後三，釋人非也。四儀背別是乖，隱沒、隔障等緣為離。以人不集，秉法不成，被事亦非，具三非也。」（三六七頁上）鈔批卷六：「相有乖離者，謂身、口、心三業之相，互有不集，便成別眾，故曰相有乖離。」（三五七頁上）簡正卷五：「於六和中，後三不和也，即人非。攝四儀皆別是乖，隱沒、隔障等是離。以人不集，秉法不成，被事亦非，（二七八頁上）具三非也。」（二七八頁下）

〔四〕**御法則無成決之功** 資持卷上一下：「『御』下，法非。」（三五七頁上）鈔批

卷六：「御謂秉御也。應師云：案，乘馬曰御。又云：御者，治也。欲明相既乖離，作法不就也。」（三五七頁上）

〔五〕**被事必據入非之位**　資持卷上一下：「『被』下，事非。法事縱如，由人非故，二並不成。」（三五七頁上）鈔批卷六：「立云：僧若不知相非足數。若秉聖法，即落人非也。」（三五七頁上）

〔六〕**後明來處之通局**　簡正卷五：「若約僧說者，四人是僧體，秉得三羯磨為通，隨事不同為局；只如四人，但作結說等法事是通，邊方受戒等不得又是局；五人邊方受戒是通，被中國不得為局；（二七七頁下）十人能辨中國受戒是通，懺僧殘不得又局；二十人懺罪等並得一向為通，前中狂望有滅有局。」（二七八頁上）鈔批卷六：「言通局者，如說戒、自恣，通集四界之僧。四界者，謂戒場、界外、空地、大界，俱須盡集，曰通。（三五五頁下）即律云：見相須求，若叛得罪，即其義也。若受戒懺罪、分功德衣、施安居物、受日等事，但局界內，不須界外，曰局，故云集僧通局。又云：處有廣狹，集有遠近，用有多少，故曰通局也。」（三五六頁上）

四分文云〔一〕：當敷座〔二〕、打犍稚〔三〕，盡共集一處等。

五分云：諸比丘布薩時，不時集，妨行道。佛言〔四〕：當唱「時至〔五〕」。若打犍稚，若打鼓，吹螺，使舊住沙彌、淨人打；不得多，應打三通〔六〕。吹螺亦爾〔七〕。除漆毒樹〔八〕，餘木、銅、鐵，凡〔九〕鳴者聽作。若唱「二時至」〔一○〕，亦使沙彌、淨人唱。住處多，不得遍聞〔一一〕，應高處唱。猶不知集，更相語知。若無沙彌，比丘亦得打〔一二〕。

十誦中：居士請僧，自於寺內鳴稚〔一三〕；乃至白「時至」；及送食女人，亦自鳴稚〔一四〕。中食施者亦爾〔一五〕。

增一阿含云，阿難升講堂擊犍稚者，「此是如來信鼓〔一六〕也」。十誦中〔一七〕：時僧坊中，無人知時限，唱「時至」，及打揵稚〔一八〕；又無人灑掃塗治講堂、食處，無人相續鋪床〔一九〕；及教人淨果菜食中蟲〔二○〕；飲食時，無人行水，眾亂語時，無人彈指等〔二一〕。佛令立維那〔二二〕。聲論翻為「次第〔二三〕」也，謂知事之次第，相傳云「悅眾」〔二四〕也。

若準文中，七種集法〔二五〕：若量影〔二六〕；破打作聲〔二七〕；作煙〔二八〕；吹貝〔二九〕；打鼓；打犍稚；若唱「諸大德，布薩說戒時到」〔三○〕。亦不言比丘為之〔三一〕。

出要律儀引聲論翻犍「巨寒」反稚〔三二〕音「地」，此名「磬」也，亦名為「鐘」。

【校釋】

〔一〕**四分文云** 資持卷上一下：「文出說戒犍度。必先設座，後方鳴鐘。疏云：由聲告即集，床座未施，佇待悽惶，非成獎務，制先定座，良在茲也。」（一八五頁下）搜玄：「准律三十四說戒法中文也。羯磨疏云：所以先敷座，後打犍槌者，由聲告即集，床座未施，停侍（原注：『侍』疑『待』。）栖遑，非成獎務，制先定座，即在茲焉。此即總明集僧之軌度矣。」（三六七頁上）【案】四分卷第三五，八一九頁中。

〔二〕**敷座** 鈔批卷六：「問曰：『何故先敷座，而後打相者？』答：『大聖設教，義不徒然。但以佛在日時，直鳴三下，後為緣故，方始打長三下，正是集僧未敷。先鳴三下者，使僧眾來集，交無坐處，故制先敷後，乃打相者是也。』」（三五七頁上）簡正卷五：「准律卅四說戒法中文也。羯磨疏云：所以先敷座後打犍槌者，由聲告即集，床座未施，停侍栖（【案】『侍栖』疑『待栖』。）惶非成，將務制定座，良在茲焉。此則總明集僧之軌度也。」（二七八頁下）【案】敷，原義為敷席、鋪陳，引申為穿著、裝飾。

〔三〕**犍稚** 簡正卷五：「抄引出要律儀。翻『犍槌』名者，『犍』字有聲無字，今（【案】『令』疑『今』。）借此字，以『巨寒』反。槌者，本地音，經中亦號『犍稚』。『稚』『地』相近，（二七九頁下）錯書為『搥』字，皆是抄寫錯漏故。」（二八〇頁上）鈔批卷六：「今撿出要律儀，音義中只作『寒』字，此翻為鐘也。應師云：若存梵音，應言『犍稚』，謂所打之木，或銅。此無正翻，以彼無鐘磬故也。但以『犍稚』相濫，所以為誤久矣。」（三五八頁上）翻譯名義集七：「犍（『巨寒』），稚（音『地』），聲論翻為磬，亦翻鐘。資持云：若諸律論，並作犍槌，或作犍稚。今須音『槌』為『地』。又羯磨疏中，直云『犍地』，未見『稚』字，呼為『地』也。後世無知，因茲一誤。至於鈔文，一宗祖教，凡『犍槌』字，並改為『稚』，直呼為『地』。請尋古本及大藏經律考之，方知其謬。今須依律論，并作『犍槌』。」（一一六八頁下）敕修百丈清規卷八之法器章：「梵語『犍稚』，凡瓦、木、銅、鐵之有聲者，若鍾、磬、鐃、鼓、稚、板、螺、唄。叢林至今倣其制而用之。」（一一五五頁中）

〔四〕**佛言** 資持卷上一下：「『佛言』下，立制。初，列示四相。」（一八五頁下）簡正卷五：「彼二十二云：布薩時不肯集，癈坐禪行道，以事白佛。佛言：『應

唱時至。』若打楗搥等，不知雖（原注：『雖』疑『誰』。）應打。佛言：『令沙彌、守園人打。』初，客沙彌打，不知處，失時節。佛言：『使舊住沙彌、淨人打。』便多。佛言：『應打三通。』三通如下說。不知何木作之。除漆毒樹，皽人手，不堪為之。餘木、銅、鐵、瓦鳴者，聽作。」（二七八頁下）【案】「不時集」五分作「不肯時」，五分卷一八，一二二頁下。

〔五〕時至　鈔批卷六：「今時兩京，時行此法。謂僧往赴會時，俗人若營辦食竟，即執香爐，來上座前，互跪唱云『時至』，僧即收經而食。此即當作相也。」（三五七頁上）

〔六〕不得多，應打三通　鈔批卷五：「立明：最後三槌，聲盡方打，名曰三通。故羯磨疏云：聲絕之後，復加三槌，故云三通。又云：此三通者，集三乘僧也。初一道（【案】『道』疑『通』。），集聲聞僧；第二通，集緣覺僧；後一通，集菩薩僧也。」（三五七頁上）搜玄：「從徵至稀，聲絕之後，加三搥，是三通也。」（三六七頁下）

〔七〕吹螺亦爾　資持卷上一下：「吹螺倣上打人，故云亦爾。彼云：沙彌守園人吹。」（一八五頁下）

〔八〕漆毒樹　資持卷上一下：「漆毒樹，相傳云恐傷手故。上明布薩時。」（一八五頁下）【案】漆毒樹即漆樹和毒樹。漆樹屬漆樹科，落葉喬木，從其樹皮層采集的汁液可以作漆，故得名。漆樹分布于亞洲的中國、朝鮮、日本、印度和北美至中美等地。漆樹的汁液有一定的毒性，如因過敏引起紅腫、痒痛等，誤食也會引起其他的嚴重後果。因此，漆樹除不能作楗槌之外，律中還禁其他之用，如作廁草、作鑷、作簸箕、作刃柄、作缽支、作盛食器蓋、作衣鈕鉤、作嚼楊枝用等均不聽。

〔九〕凡　簡正卷五：「寶云：文中是『瓦』字。撿彼律文云：餘瓦、木、銅、鐵鳴者，聽作。即『瓦』字在上分。抄迴互在下也。有錯書『凡』字者，非也。二時者，大、小二食時也。」（二七八頁下）【案】漆毒樹即漆樹和毒樹。漆樹屬漆樹科，落葉喬木，從其樹皮層采集的汁液可以作漆，故得名。漆樹分布于亞洲的中國、朝鮮、日本、印度和北美至中美等地。漆樹的汁液有一定的毒性，如因過敏引起紅腫、痒痛等，誤食也會引起其他的嚴重後果。因此，漆樹除不能作楗槌之外，律中還禁其他之用，如作廁草、作鑷、作簸箕、作刃柄、作缽支、作盛食器蓋、作衣鈕鉤、作嚼楊枝用等均不聽。

〔一〇〕若唱「二時至」　資持卷上一下：「『若』下，明大、小食時。住處多者，別房

散遠故。」（一八五頁下）搜玄：「謂大、小二食時也。後引諸打緣，意證道俗七眾俱得打也。」（三六七頁下）

〔一一〕住處多，不得遍聞　資持卷上一下：「別房散遠故。」（一八五頁下）

〔一二〕若無沙彌，比丘亦得打　資持卷上一下：「『若』下，明開許。疏云：此召僧法制，非具道者所為。必無二人，方聽兼助也。」（一八五頁下）

〔一三〕居士請僧，自於寺內鳴稚　鈔科卷上一：「『十』下，別定打人。初，明俗打。」（七頁下）資持卷上一下：「引背請戒文。彼明居士作食，持入祇桓，打犍槌，諸比丘問。答云：『請比丘食耳。』」（一八六頁上）鈔批卷六：「彼律云：凡諸檀越欲請僧者，多有自來寺中，先鳴犍槌。諸比丘問欲作何事，乃云我欲請僧設供。」（三五七頁下）簡正卷五：「此是提舍尼戒中，比丘在蘭若處，逆（【案】『逆』疑『送』。）食女人也。引此，證俗人得作相也。」（二七八頁下）

〔一四〕乃至白「時至」，及送食女人，亦自鳴稚　資持卷上一下：「『乃至』下，出提舍中。初句出第二戒。彼因居士請佛及一部僧明日食，至晨朝敷座，遣使，白佛『時到』。（此證唱令。）『及』下出第四戒。彼云：諸女持食入僧坊，打犍槌，與僧分食等。」（一八六頁上）鈔批卷六：「立云：緣為比丘在於蘭若，有女人送食來，亦自鳴槌。」（三五七頁下）

〔一五〕中食施者亦爾　資持卷上一下：「『中食』下，未詳何文。」（一八六頁上）

〔一六〕此是如來信鼓　鈔科卷上一：「『增』下，明道打。」（七頁下）資持卷上一下：「出彼十六。佛在舍衛鹿母園中，夏竟受歲，令阿難打之。『此是』下，即阿難語。信鼓者，於事則告眾，有期在法，則歸心無二。『鼓』謂擊動發聲，名通鐘磬。」（一八六頁上）搜玄：「折中云：以此鍾聲召集為信。皷，動物心也。」（三六七頁上）鈔批卷五「有解云：阿難承如來信，而擊皷集僧。今時但云將此皷為信也。濟云：信者，命也。」（三五七頁下）簡正卷五：「謂此鐘聲召集為信也。動物之心名『皷』。」（二七八頁下）【案】增含卷二四，六七六頁下。

〔一七〕十誦中　資持卷上一下：「十誦緣起，闕事有八，四段明之。」（一八六頁上）【案】十誦卷三四，二五〇頁中。

〔一八〕無人知時限，唱「時至」，及打揵稚　資持卷上一下：「『無人』下，即闕作相。正是今用，下並因引。」（一八六頁上）

〔一九〕又無人灑掃塗治講堂、食處，無人相續鋪床　資持卷上一下：「『又』下，即闕作務。」（一八六頁上）搜玄：「靈山云：西天踞坐食，作滿茶邏（【案】『滿茶

邏』即『曼陀邏』。）著草及食於上，然後踞坐。踞坐防惡觸，故縱。此不踞坐，亦須洒掃也。」（三六七頁下）簡正卷五：「謂西土食，當處多立土埵，一即於上坐，一即安食其（原注：『其』疑『具』。）。坐時謂裙坐，垂足踏著地，不得懸，亦如此土繩床上坐，垂脚平踏地相似。面前一土埵，號為食按。敷淨茆草，然後安食於上。如是淨衣裙坐，防於惡觸。然其土埵之類，仍須修飾、塗治等。此方雖即無土埵，又不裙坐，亦有床橙、薦蓆之徒，准合洒掃修治，令如法也。」（二七九頁上）

〔二〇〕**及教人淨果菜食中蟲**　資持卷上一下：「『及』下，是闕指授。彼作苦酒中蟲，今言食者，改局從通。」（一八六頁上）簡正卷五：「准彼文云，無人交淨菓菜，無人看苦酒中虫，飲食時無人行水，眾亂語時無人彈指。以事白佛，佛令立維那也。或云『羯磨檀那』，梵音不定。若云『維那』，准智論云，翻為『寺護』；若云『羯磨檀那』，此云『授事』。又准十誦三十四，云白二法差之。今但白眾口差也。」（二七九頁上）

〔二一〕**飲食時，無人行水，眾亂語時，無人彈指等**　資持卷上一下：「『飲』下，即闕理眾。」（一八六頁上）鈔批卷六：「保云：若徒眾鬧亂時，不得發言呵，但舉手彈指，令其警覺，故曰彈指。」（三五七頁下）

〔二二〕**佛令立維那**　資持卷上一下：「『佛』下，明立法。顯上作相，比丘為之。（又準行水，亦通比丘。）下引他文，釋名可了。」（一八六頁上）鈔批卷六：「出要律儀音義云：『維那』本音『毗訶羅波羅』，解云：『毗訶羅』者曰寺，『波羅』者曰護，謂寺護也。持律者云：『維那』言悅眾。聲論云：正外國語，應言『波邏』，翻為『次第』。次第者，謂更遞知僧事故也。」（三五七頁下）

〔二三〕**次第**　搜玄：「聲論，費長房錄云三藏攘那跋陀羅譯，即五明論之一數也。二、醫藥明；三、功巧明；四、哭術明；五、符印明。」（三六七頁中）簡正卷五：「聲論翻為次第者，謂五明論之一數也。所言五明者：一、內明，謂諸佛語言，顯示正因果相；二、因明，『因』謂立論者言，『明』謂敵論者智；三、聲明，善解一切語言、音聲等；四、醫方明，善窮病根，知病來處；五、工巧明，善閑一切工巧、好（原注：『好』疑『技』。）藝等。今即是第三『聲明』也。」（二七九頁上）

〔二四〕**悅眾**　搜玄：「悅，喜也。既得事之次第，令眾歡喜，故云悅也。」（三六七頁中）

〔二五〕**若準文中，七種集法**　鈔科卷上一：「『若』下，顯通意。」（七頁上）簡正卷

五：「七種集法者，引四分『集僧法』也。」（二七九頁下）資持卷上一下：「律列八種，第三，打地作聲。今略為七，未詳何意。量影者，謂剋時令集。八中，煙影是色，餘六是聲；又，唱告是情，餘並非情。」（一八六頁上）搜玄：「靈山云：准第三，是打地聲，今文中闕也。羯磨疏云：召僧七相，不離色聲，謂量影望煙是色，餘並屬聲也。」（三六八頁上）鈔批卷六：「『文』謂四分文也。羯磨疏云：召僧七相，不離聲色也。云何為七？准律中：一、量影，二、破竹作聲，三、打地聲，四、作烟，五、吹貝，六、打鼓，七、打犍椎。」（三五七頁下）【案】「七種集法」依律當為「八法」。道宣對律文進行了刪簡和揉合，從而使之成為七種，並在其羯磨疏中直言「召僧七相，不離色聲」，即下文的量影，破、打作聲，作煙，吹貝，打鼓，打犍稚。簡正也直言為「四分七種之數」。四分引文見卷三五，八一八頁上。

〔二六〕**量影** 鈔批卷六：「立明：取木豎日中，齊爾許影，將以為則也。」（三五八頁上）

〔二七〕**破打作聲** 鈔批卷六：「立云：取大竹破其一頭，全其一頭，以手捉全頭，打作聲也。」（三五八頁上）【案】四分卷三五有「若量影時，若作破竹聲，若打地聲」之語。疑「破打」應為「破竹打地」之合稱。道宣經常在引用中律文時進行類似的揉合，而且這樣的揉合其義、其序都為順暢。若如此，則元照所說的「今略為七，未詳何意」之語即可解。因為元照所見者之文可能也為「破竹」而不是「破打」。顯然，「破打」本為兩者，雖然為七，但合之仍然為八。所以底本「打」者為正。他本為「竹」者，其義雖通，但仍然為訛。底本為「打」，四分、大正本、簡正、鈔批、搜玄為「竹」。

〔二八〕**作煙** 搜玄：「如今軍家烽火相也。並謂先與僧相知作法用也。」（三六八頁上）

〔二九〕**吹貝** 簡正卷五：「說文云：海介殼，吹之可發聲。即今亦號蠡也。」（二七九頁下）

〔三〇〕**若唱「諸大德，布薩說戒時到」** 簡正卷五：「本非四分七種之數，謂七中有打地一相，似涉濫非，故鈔除之。乃將此唱令替之，還成七也。羯磨疏云：召僧七相，不離色聲。量影望烟是色，餘五是聲。又此七相，皆約僧眾大家預皆通知，有此契約，方為集法也。」（二七九頁下）【案】元照是把「若唱……說戒時到」作為七法或八法中的一種，而簡正則不是。這也印證了上注中的元照看的是「破竹」而不是「破打」之說。此本為四分中的第八法。依簡正卷五的

「七種之數」說，前六法為量影、破竹作聲、作煙、吹貝、打鼓和打犍稚，第七者則為「若唱，諸大德，布薩說戒時到」。

〔三一〕**亦不言比丘為之**　資持卷上一下：「『亦』下，示通。此明律不局道，意彰通俗。上引諸文，證定能打，乃是暗破當時妄執。尼鈔云：今時諸寺僧尼立制，不許沙彌白衣打鐘，此迷教甚矣。」（一八六頁上）搜玄：「為上諸部經律等並言：比丘亦得打，阿難擊，十誦維那打等；此律亦不言比丘為之。意顯取諸律經等，比丘打亦得。故羯磨疏云如律令舊住淨人下位打者，此召僧法制，（三六八頁上）非具道者所為。必無二人，方聽兼助，舉彼證此。足知鈔文，前舉諸部，後准當律，意顯打人不唯相也。」（三六八頁下）簡正卷五：「謂上諸部經律並云比丘亦得作。如增一阿難揵搥等，十誦令維那打等。此界（原注：『界』疑『四分』。）不言比丘為之。令（原注：『令』疑『今』。下同。）師意顯取於諸教，比丘得作。」（二七九頁下）

〔三二〕**出要律儀引聲論翻犍稚**　資持卷上一下：「若諸律論，並作『犍槌』，或作『犍稚』。如字而呼，乃是梵言訛轉，唯獨聲論正其音耳。今須音『槌』為『地』。又羯磨疏中直云『揵地』，未見『稚』字，呼為『地』也。後世無知，因茲一誤。至於鈔文前後，以及一宗祖教，凡『犍槌』字，並改為『稚』，直呼為『地』。請尋古本寫鈔及大藏經律考之，方知其謬。但以『稚』『椎』相濫，容致妄改。今須依律論，並作『犍槌』。至呼召時，自從聲論。（或作『椎』亦爾。世有不識梵語，云是打鐘之『槌』及『砧槌』等，此又不足議也。）（一八六頁上）若準尼鈔，西傳云：時至，應臂吒犍槌。『臂吒』，此云『打』。『犍槌』，此云所打之木，或用檀桐木等。彼無鐘磬，故多打木集人。此則與今全乖，不可和會。且依鈔疏，鐘磬翻之，謂金、石二物也。（應法師經音義大同尼鈔。然祇桓圖中，多明鐘磬，而云『彼無』者，或恐少耳。）音義又云：舊經云『揵遲』，亦梵言訛轉，宜作『稚』，『直致』反。（明知『稚』字不呼為地，此迷久矣。故為辨之。）」（一八六頁中）簡正卷五：「『犍』字有聲無字，令（【案】『令』疑『今』。）借此字，以『巨寒』反。搥者，本『地』音，經中亦號『犍稚』。『稚』『地』相近，（二七九頁下）錯書為『搥』字，皆是抄寫錯漏故。」（二八〇頁上）

上具列文，今須義設〔一〕。

凡施法事，先斟量用僧多少，依數鋪設座席，然後準文鳴鐘〔二〕。具如集僧法中〔三〕。

雖人並為之，多無楷式。若依三千威儀經〔四〕，則大有科要、多少節解之法〔五〕。但時所同廢，雖易而難〔六〕。

今通立一法，總成大準〔七〕：謂約僧多少，就事緩急，量時用之〔八〕。

若尋常所行，生稚之始，必漸發聲，漸希漸大，乃至聲盡，方打一通〔九〕。如是至三，名為「三下」〔一〇〕。佛在世時，但有「三下」〔一一〕，故五分云「打三通」〔一二〕也。後因他請，方有長打〔一三〕。其生起長打之初〔一四〕，亦同「三下」；中間四稚，聲盡方打；如是漸漸斂稚，漸概漸小〔一五〕，乃至微末，方復生稚，同前「三下」〔一六〕。此古師以經律參校〔一七〕，共立此法。亦有清眾，畫樣鐘所〔一八〕者。

然初欲鳴時，當依經論，建心標為，必有感徵。應至鐘所，禮三寶訖，具儀立念：「我鳴此鐘者，為召十方僧眾，有得聞者，並皆雲集，共同和利；又，諸有惡趣，受苦眾生，令得停息。」

故付法藏傳〔一九〕中，罽膩吒王以大殺害故，死入千頭魚〔二〇〕中，劍輪繞身而轉，隨斫隨生。若聞鐘聲〔二一〕，劍輪在空。如是因緣，遣信白令長打：「使我苦息」。即增一阿含云：若打鐘時，一切惡道諸苦，並得停止〔二二〕。此並因緣相召，自然之理不亡〔二三〕。余親承有斂念者，被鬼神送物〔二四〕。云云。

世有濫用「知鐘」者，此非聖言〔二五〕。諸經論但云打、擊、樋等。知淨之語，不通於俗，及以自為，早須廢捨〔二六〕。

【校釋】

〔一〕上具列文，今須義設　資持卷上一下：「以前諸教，雖令作相，尚無倫序，故須酌理安布儀式。而先文後義者，欲彰行事，並出正教，非是徒然。」（一八六頁中）搜玄：「問：『上引律論，足明集法，何須義設者？』羯磨疏云：『且依西梵本，無科，約雜碎文。相隨引解之事，須義設方委事之次第也。』」（三六八頁下）

〔二〕凡施法事，先斟量用僧多少，依數鋪設座席，然後準文鳴鐘　搜玄：「准前引教中，約相五分，打三通；約當律，七種；他部，除染（【案】『染』疑『漆』。）毒樹，餘有鳴者聽作。約人，他部七眾；當律，沙彌、淨人。准上，約相、約人、約打，故云准文鳴鍾。」（三六八頁下）

〔三〕具如集僧法中　資持卷上一下：「指集僧法。即今現行軌度圖經，武德七年（公元六二四年）撰。」（一八六頁中）搜玄：「豐云：鈔主別撰集僧軌度圖三紙

餘，文明打鍾法式。彼云：念三寶存五眾，眾別各八輩，故以四十為差。三道
乘之，則百二十為節，令則量時，約眾最少，以二十七為量。八輩各三，三八
二十四。餘之三下，總集三乘，故二十七。中則四十，多則百二十也。彼處具
列三法，故云具如也，今最取（【案】『最取』疑倒。或『最』疑為『量』。）
少者為准。」（三六八頁下）簡正卷五：「指軌度圖經明也。准大唐區宗記云：
後周武帝段（【案】『段』疑『毀』。）二教後，集僧道中簡取有名行者於內，
置通道觀安之，鑄鐘一口，在觀懸掛，每至下朝之後，集僧道論優劣。後周帝
崩，隨文帝（【案】『隨』疑『隋』。）登位，移舊長安於龍首原置斷長安城。
東西兩市，一百二十坊，遂以一坊置寺，寺名興善，一坊置觀，觀號玄都。以
通道賜鐘與玄都觀，被興善寺僧普廣請歸興善。後因淨人不解，打鐘致有擊，
因請大師製此圖軌。彼云：念三寶存五眾各八輩，以四十下乘之三道，即百二
十下為節。今則量時，約眾最少，二十七下為量。八節各三，成二十四，更加
三下，總集三乘。中則四十，多則百二十。具列三法，今此指彼，故云集僧法
中也。」（二八〇頁上）

〔四〕**若依三千威儀經** 鈔批卷六：「撿三千云：犍槌有五事，一者常會時；二者旦
食時；三者晝飯時；四者，暮投盤時，賓解云，蓋收盤器也；五者，一切非
常時。是為五事。復有七法：一者縣官，二者大水，三者大火，四者盜賊，
五者會沙彌，六者會優婆塞，七者呼私兒，賓解云：蓋呼淨人『小兒』也。而
翻譯時，胡語不正，筆受者謬抄。」（三五八頁下）【案】三千威儀卷下，九二
三頁中。

〔五〕**大有科要、多少節解之法** 資持卷上一下：「科要，即十二時。節解，即打數。
解，猶段也。」（一八六頁中）簡正卷五：「科，分也。要，約也。多少節解者，
打數不定也。彼云，集比丘打四下，集沙彌打三下，優婆塞二下，集淨人打一
下。」（二八〇頁上）鈔批卷六：「復當知，上來十二時犍槌：常會時，當先從
小起，稍至大；大下，擊二十，稍小；二十下，稍小小；十下，復大三下。旦
食，大下三通；晝食一通。非常者，隨時視時；縣官、水火、盜賊，亦隨時。
會沙彌三下，憂婆塞會二下，呼私兒一下者。賓云：古來未見南山圖樣儀式而
義立。云初三下者，（三五八頁上）名警眾鐘，謂徒眾整理衣服；次長打者，
名引眾鐘，謂眾赴也；覆生槌者，名靜眾鐘，謂赴堂集已，嘿然靜坐也。鐘聲
既絕，方為法事。」（三五八頁下）搜玄：「科要者，約事既有多種，極有科分
要約也。節解者，約打數不同，名節解也。」（三六九頁上）

〔六〕**但時所同廢，雖易而難**　資持卷上一下：「『但』下，明不行所以。事非深奧故易，不知法制則難。」（一八六頁中）簡正卷五：「今行事打法，多不依經本，故云同廢。雖易而難者，一解云：廢上經文雖易，立今打法是難；二解云：謂經中集大僧打四下，乃至一下雖易，然界中廣闊難聞。且依初解。」（二八〇頁下）

〔七〕**今通立一法，總成大準**　資持卷上一下：「量時法者，不定打數，此法至要，必在智者斟酌而用。」（一八六頁中）搜玄：「大准者，僧多，緩為准；僧少，急為准。二、食常事，緩為准；忽然官事、水火等事，急為准。通就緩急，總明其儀，故名大准。」（三六九頁上）簡正卷五：「滅立一法，謂立百二十下為其一法，總成大綱准式。此乃生起下文，三（原注：『三』疑『四』。）下三十，長打四十，斂搥四十，都百二十下之由漸也。不同諸記中說。」（二八〇頁下）

〔八〕**謂約僧多少，就事緩急，量時用之**　簡正卷五：「釋上大准之義也。界中百千萬人為多，下至三、五人為極少也。就事緩急，約對前事，有緩急故。量時用之者，配量時節早晚，或有緣難等而用之。且如僧多難集，即多打；人少易集，即少打。或雖人多，日時欲過，及事緣稍急，亦少日時由早。又，無難緣等，亦多打。一切臨事看時，酌度而行用之。然大綱不出一百礙（原注：『礙』疑『二十』。），下為□□（原注：『□□』疑『定量』。）。其間近促即有，約僧多少緩急量時，或四十八十等不定也。」（二八〇頁下）資持卷上一下：「不定打數。此法至要，必在智者斟酌而用。」（一八六頁中）

〔九〕**若尋常所行，生稚之始，必漸發聲，漸希漸大，乃至聲盡，方打一通**　簡正卷五：「此段明三下也。尋常者，大小食等。生搥之始者，初舉杵擬鐘，虛揩十下，似聞十一下。已去漸稀漸大，直至三十七下。待此聲絕，加一下，集聲聞；（二八〇頁下）聲絕，又如（原注：『如』應作『加』。）一下，集緣覺；聲絕，又加一下，集菩薩。諸此三搥為三下也。佛在時，但有此三下，故五分云『打三通』等。一下為一通也。」（二八一頁上）資持卷上一下：「『漸稀』下，明中間二十七下。希，疏也。」（一八六頁中）

〔一〇〕**三下**　搜玄：「三下者，鍾樣云：初一通，集聲聞眾；第二通，集緣覺眾；第三通，集大乘菩薩僧眾。故知：三下集僧，長打救苦。今時行事，三下即息務，長打赴堂，隨事用之，不無兩得。羯磨疏：三聲絕之後，復加三搥，故云三通，即鈔文中，三下是也。」（三六九頁上）

〔一一〕**佛在世時，但有「三下」**　鈔科卷上一：「『佛』下，明長打。」（七頁下）搜
玄：「三、『世有』下，簡昔人濫。」（三六九頁上）

〔一二〕**五分云打三通**　資持卷上一下：「三通中，非謂單三下也，始終共四十下，生
下二句，明初十下。圖經云：執杵定心，虛楷十下。尼鈔云：不得大打，驚動
眾心。」（一八六頁中）簡正卷五：「初舉杵擬鐘虛揩十下，似聞十一下，已
去，漸稀漸大，直至三十七下。待此聲絕，加一下，集聲聞；聲絕又如（原注：
『如』應為『加』。）一下，集緣覺；聲絕又加一下，集菩薩。諡此三搥，為
三下也。佛在時，但有此三下，故五分云『打三通』等。一下為一通也。」（二
八〇頁下～二八一頁上）

〔一三〕**後因他請，方有長打**　簡正卷五：「明長打也。他請者，曰剡膩吒王（原注：
『曰剡』疑『闍』。）請也。緣起如下文。此但略舉，未要廣說之。」（二八一
頁上）資持卷上一下：「初，明佛世本無。『後』下二句，示滅後緣起。」（一
八六頁中）

〔一四〕**其生起長打之初**　資持卷上一下：「『其』下，正明打法。接前四十，增兩四
十，共百二十。初明第二。四十下，指生起。」（一八六頁中）簡正卷五：「其
生起長打之初，亦同三下者，此有八十下。初四十下，生起如初三下，時不時
不別也。中間四搥，聲盡方打者：至第十八下，聲絕打一下，救地獄苦；又一
下，救餓鬼；又一下，救畜生；又（原注：『又』下疑脫『一』字。）下，救
修羅。謂諡此十九、二十、二十一、二十二，此之四搥為長打也。若准三千威
儀經，集比丘，四下；比丘若來，餘眾皆集，不妨救苦。又是集僧，兩用通
得。」（二八一頁上）

〔一五〕**如是漸漸斂稚，漸概漸小**　資持卷上一下：「『如是』下，從二十三已去後十八
下。斂，謂收聲概密也。」（一八六頁下）簡正卷五：「從第二十三下之後，漸
概（居致也。【案】『概』疑『概』。），稠也、密也。漸小，即聲小也。乃至微
末，謂從三十下向後直至第四十下，似聞不聞，名微末也。」（二八一頁上）搜
玄：「此長打法有三段：初、末二時，生搥同三下；中間四搥，乃至微末，別
是一段。此四搥者，准鍾樣云：救四道苦，初聲絕一通，為救地獄；重又一通，
為救餓鬼；重又一通，為救畜生；續又一通，為救脩羅；最後捉打兩下，號曰
息搥。若准三千威儀經，集比丘僧，打其四下。比丘為五眾之首，若比丘來，
餘眾隨集，不妨救苦。兼為集僧，兩意相通，以為得也。」（三六九頁下）

〔一六〕**乃至微末，方復生稚，同前三下**　資持卷上一下：「『乃』下，示後三下，即目

此三名為三通。圖經云：集三乘也。（今時眾法講說，宜準此式。頗得其中。）（一八六頁中）……同前者，謂虛揩漸大，共十八下；中間四槌，十九至二十二，此救四惡趣苦，地獄、餓鬼、畜生、修羅，次第配之。……『方』下，明第三『四十』下。指同前者，亦有少異。從三十六去，打三下名三通；末後二下，名息槌。圖經云：念三寶，存五眾，眾各八輩，故以四十為差。三道乘之，則百二十為節。（『八輩』謂四果、四向，『三道』謂三乘。）」（一八六頁下）簡正卷五：「此段明後四十下也。初亦如打三下時。至三十五聲絕，又一下。三十六又一，三十七也。聲絕又打一下，三十八。已上三搥，般前三下時，三乘人也。三十九、四十，此二下連打，號曰息搥。」（二八一頁上）

〔一七〕**此古師以經律參校**　資持卷上一下：「經律即如前引，非出一處，故云參校。」（一八六頁下）搜玄：「前後兩段，並是五分律文。中間四槌，三千威儀經說。律在後，經居中間，故云『參』也。律則通明集法，經乃打數不同。中間四下，若四聲纔絕，便即生搥。又類新打，事則不可。遂立漸概，至於徵未，故云共立此法也。」（三六九頁下）

〔一八〕**亦有清眾，畫樣鐘所**　資持卷上一下：「『亦』下，此指當時，今亦多有。」（一八六頁下）搜玄：「當時有寺住持，依古師法，盡（【案】『盡』疑『畫』。）鳴鍾樣，在於鍾所也。」（三六九頁下）簡正卷五：「此鐘樣於臺閣上，故云鐘所也。」（二八一頁上）

〔一九〕**付法藏傳**　鈔批卷六：「付法藏傳第三卷云：佛滅度後七百餘年，時安息國王，性甚頑暴，將領四兵伐月支國。其月支王者旃檀罽膩吒，亦即嚴誡兩陣交戰，刀釼繼起。罽膩吒王尋便獲勝，殺安息人凡有九億。問群臣言：『今我此罪，可得滅不？』諸臣答言：『大王殺戮凡九億人，罪既深重，云何可滅！』時，王尋置大鑊，於七日中，煑湯令沸，洄涌騰波，熾熱炎盛，以一金環，置斯湯內，顧問群臣：『誰巧方便，能得此環？』時有一臣，來應王命，便投冷水，隨而取之，手無傷爛，尋獲金環。王告臣云：『我所為罪，如彼沸湯，悔必可滅。猶如冷水處於鑊也。吾所殺人，雖有九億，其罪重者，唯一（【案】『一』疑『二』。）人半。我當殺時，有兩賢信，臨被戮，稱『南無佛』，而我殺之，斯罪深重。其一人者，口言『南無』，未知是佛，為富蘭那。我復殺之，故名半人。』爾時，有菩薩、羅漢、比丘，見罽昵吒造斯惡業，欲令彼王恐怖悔過，（三五八頁下）即以神力，示其地獄。所謂斫剌、劒輪、解形，悲叫哀號，苦痛難忍。王見是已，極大惶怖，心自念言：『我甚愚癡，造此罪業，未來必受

如斯之苦。若吾先知如是惡報，正使我身支節分解，終不起心加害怨賊。況於善人，生一念惡。』爾時，馬鳴菩薩即語王言：『王能至心聽我說法，隨順吾教，令王此罪不入地獄。』王即受教。於是，馬鳴廣為王說清淨之法，令其重罪漸得微薄。爾時，其王統攝天下，廣集勇將，嚴四種兵，所向皆伏，如霜摧草，三海人民咸來臣屬。罽昵吒王所乘之馬，於路遊行，足自摧屈。王語之言：『我征三海，悉已歸化，唯有北海，未來降伏。若得之者，不復相乘。吾事未辨，如何便爾？』爾時，群臣聞王此語，咸共議曰：『罽昵吒王貪虐無道，數出征伐，勞役人民，不知厭足，欲王四海，成備邊遠，親戚分離。若斯之苦，何時寧息？宜可同心併除之。然後我等，乃當快樂。』因王病虐，以被鎮之，人坐其上，須臾氣絕。由聽馬鳴說法緣故，生大海中，作千頭魚。劍輪迴注，斬截其首，續復尋生，次第更斬。如是展轉，乃至無量，須臾之間，頭滿大海。時有羅漢為僧維那，（三五九頁上）王即白言：『今此劍輪，聞犍槌音，即便停止，於其中間，苦痛小息。唯願大德，垂哀矜愍。若鳴犍槌者，延令長久。』羅漢愍念，為長打之。過七日已，受苦便畢。而此寺上，因彼王故，次第相傳，長打犍槌，至於今日。』濟云：『往秊有大使，至蒲州簡人入軍，八縣兵夫並集，唱人名入軍。其使若聞寺中鳴鐘聲，則手搭文書上，毅心待鳴槌了，即舉手。看是手下之名者，皆放不入軍也。」（三五九頁下）【案】付法藏因緣傳，又名付法藏因緣經、付法藏經等，六卷，元魏時吉迦夜、曇曜共譯。敘述佛滅后，迦叶、阿難等二十三位印度祖師相隨法的世系和事跡。記述到最后一祖師子尊者時，為罽賓国王彌羅掘殺害，付法遂絕。

〔二〇〕千頭魚　簡正卷五：「魚身在水中，人面在水，非謂千个魚頭。今時所說及壁畫，皆作魚頭，故知錯也。又，文中云『遣信』者，遣何人為信？卷傳中不言傳信之人。今即未知何人與白羅漢。或有云遣商人，有云託夢之類者，蓋是意況而談，終未開典。」（二八二頁上）資持卷上一下：「『隨生』下，彼云須臾之間，頭滿大海。」（一八六頁下）

〔二一〕若聞鐘聲　資持卷上一下：「『若聞』下，彼因羅漢為僧維那，依時打鐘，功加於彼。後受彼白，即為長打。過七日已，受苦即畢。」（一八六頁下）

〔二二〕一切惡道諸苦，並得停止　鈔批卷六：「羯磨疏云：凡業有定、不定，故苦有止、不止。若作業必定，聖所不免。不定業者，無緣則受，有緣便止也。立云：如持犯方軌中明。造罪有八句，三時明心。若具三時心，業則定也。有闕一時之心，則業不定也。」（三五九頁下）

〔二三〕**此並因緣相召，自然之理不亡**　搜玄：「今罪者，過去善為因，打者發願為緣，故得聲傳苦滅，自然感應，故言因緣相召，自然之理不亡。（三七〇頁上）亡，無也。」（三七〇頁下）資持卷上一下：「因緣者，疏云：罪者遇善為因，打者發願為緣，故得聲傳苦滅，自然感應。今文語簡，可用彼釋。召謂如相呼召。亡，猶失也。」（一八〇頁下）簡正卷五：「今此是過去善為因，打鐘人發願為緣，故得聲傳共滅，自然感應道理不已（【案】『已』疑『亡』。次同。）。已，由無也。有說，打鐘人願心為因，鐘為緣，雖有救苦之心，若不假他鐘聲為增之上緣，且不得；又，雖打鐘，若不標志，又無感應。如此因緣，二彼相召，方能救苦。引解亦有理也。」（二八二頁上）鈔批卷六：「羯磨疏云：罪者遇善為因，打者發願為緣，故得聲傳苦滅，自然感應，故曰自然之理不亡。亡，由無也。欲明受苦之人，先微有善心為因。今日鳴鐘比丘，運念曰緣，故曰相召，自然符合也。故知今時鳴鐘作相，雖為集僧，心須存其拔苦也。」（三五九頁下）

〔二四〕**有斂念者，被鬼神送物**　鈔批卷六：「續高僧傳云：唐西京大莊嚴寺（隋時名東禪定寺）僧智興律師，俗姓宋，洛州人也。（二五九頁下）謙約成務，屬行堅明，悲心洞徹，樂行無諍。大業五季（公元六〇九年）仲冬之月次，掌維那。時有寺僧三果者，有兄從帝南幸江都，中路遇患身死。初無凶告，忽通夢其妻曰：『吾從駕達於彭城，不幸病死，生於地獄，備經五苦，辛酸叵言。誰知吾者！賴以今月初日，蒙禪定寺僧智興鳴鐘發聲，響振地獄，同受苦者一時解脫。今生樂處，思報其恩。可具絹十疋，用以奉之，并陳吾意。』其妻從睡驚覺，恠夢所由。與人共說，物無信者。尋又重夢，及諸巫覡，咸陳前說。經十餘日，凶問奄至，恰與夢同。果乃奉絹與之。而興自陳無德，並施大眾。或問：『何緣感此？』答曰：『余見付法藏傳罽膩吒王劍輪停事，及增一阿含鐘聲功德，敬遵此徹，苦力行之。每至登樓，寒風切骨，露手捉杵，肉烈血凝，致敬注心，屬意無怠。又，初則願諸賢聖同入道場，後則願諸惡趣俱時離苦。不意微誠，遂能遠感也！』」（三六〇頁上）

〔二五〕**世有濫用「知鐘」者，此非聖言**　資持卷上一下：「引濫斥妄。彼謂比丘使人打鐘，須云『知鐘』，是為淨語。若直云『打鐘』，名不淨語。」（一八七頁上）簡正卷五：「簡濫也。文有三意：初，標知淨之語；二、不通俗僧共為之事；三、勸捨之。」（二八二頁下）

〔二六〕**打擊橛等，知淨之語，不通於俗，及以自為，早須廢捨**　資持卷上一下：「『諸』

下二句，約教顯非，文舉經論，言略於律。打，如前引四、五、十律；擊如阿含；撾出智論。『知』下，以理難破。前明打鐘，『能教』、『所教』，俱通道俗；然知淨語，『能』不通俗，『所』不通道。事非相例，故用難之。知淨不通俗者，『能教』局道也。鐘則不爾，通彼俗士，使人打故。及自為者，『所教』局俗也。鐘亦不爾，通彼比丘，『受教』自打故。『早』下，勸勉。疏云：『知鐘』之言，雖非巨害，然是知法者之大忌。（古記妄解，以疏對照，曲而釋之。）」（一八七上）簡正卷五：「四分云『打揵搥』，阿含經云『擊揵搥』，智論云『撾銅揵搥』，故云打、擊、撾等。謂俗人與僧同得作者，不用作淨語，故云不滅於俗及與自為。若俗得作，僧不得作者，則要知淨語。（二八二頁下）故羯磨疏云，今有人云：『知鐘』者云是淨，『打鐘』者是不淨。夫知淨，自不能為令他他（【案】次「他」疑剩。）作之，故言知淨。鐘則不爾，自他通用，何得避之！早瘀捨者，疏云：知鐘之語，雖非巨害，知法之人，可以為忌，故勸早捨也。」（二八三頁上）鈔批卷六：「立謂：俗人不須云知『淨語』也。如掘地等，俗直得作，不須知淨之言，故曰不通於俗也。言及以自為者，謂此知淨之言，（三六〇頁上）亦不通比丘自作也，謂不得他比丘掘地云『知地』等也。此解非也。慈云：道知鐘之語，亦不得語俗云『知鐘』，自打時亦不得言『我知鐘』，故言不通。此意明俗人與僧同得作者，不用作『知淨』語，故言不通於俗及以自為也。若唯俗得作，僧不得作者，則須知淨之語。此解與羯磨疏同。故彼疏云，有人言：『知鐘』者，云是淨語，言『打鐘』者，不淨語也。無此知淨，自不得為，令他作之，故云『知』也。鐘則不爾，自他通用，不有種相，何須避之！當部言打，其事極多，人畜非情，咸有其戒，可改之為『知淨』乎？故智論撾槌，阿含擊揵槌，五分打三通。註中橦擊鐘皷也。然以知淨之言，別有所為，故翻經之家，隨以此方一相往翻，莫非物觸聲發也。故『知鐘』之言，雖非巨害，然是知法之人大忌也。」（三六〇頁下）

一、明來處通局〔一〕者

初，明處之分齊〔二〕；二、明用之通局〔三〕。

初中。

界之來意，開制不同，如「結界」中說〔四〕。今直明其二種差別〔五〕。

若「作法界」，則有三別〔六〕。有戒場者，四處集僧，各得行事〔七〕：一、在戒場，二、在空地，三、在大界，四、在界外。若無戒場，二處各集〔八〕。若小界者，既不立相，直指坐處，無外可集〔九〕。

若論「自然」，隨處遠近，則有四別〔一〇〕，謂聚落、蘭若、道行、水界〔一一〕。皆不為物造，隨人所居，即有分局，故曰「自然」〔一二〕。當律無文，諸部詳用〔一三〕。

初，聚落中，有二〔一四〕：

若可分別〔一五〕者。十誦云：於無僧坊聚落中，初作僧坊未結界，隨聚落界，是僧坊界〔一六〕。下文齊行來處，此制分齊〔一七〕。四分聚落界取院相〔一八〕。此內不得別眾。

問：「蘭若處有僧坊，欲結界何處集僧〔一九〕？」答：「十誦云隨聚落即僧坊界〔二〇〕。今周匝院相，與聚落之相不分，不須五里集人〔二一〕。故下文無聚落、蘭若〔二二〕，初起僧坊，乃云一拘盧界〔二三〕。故知先有僧坊，即同村界。律中〔二四〕，僧、村四相，二界不別〔二五〕；必院相不周，乃可依蘭若集僧〔二六〕。」

若聚落有僧，不可知者〔二七〕。僧祇中〔二八〕：若城邑、聚落界分，不可知者，用五肘弓。七弓，種一樹，齊七樹相去〔二九〕，使異眾相見，不犯別眾，各得成就。準相通計，七樹六間，得六十三步〔三〇〕。不同前解七間七十三步半〔三一〕。如義鈔廢立〔三二〕。

二、明蘭若〔三三〕者。

統明蘭若，乃有多種〔三四〕，謂頭陀〔三五〕、寄衣〔三六〕、盜戒〔三七〕、僧界〔三八〕、衣界〔三九〕、難事〔四〇〕。且明僧，餘下隨明〔四一〕。

蘭若一界，諸部不定〔四二〕，多言僧界盡一拘盧舍。明了論疏云一鼓聲間〔四三〕。雜寶藏中翻為五里，相傳用此為定〔四四〕。

若有難者，如善見云：阿蘭若界者，極小，方圓七槃陀〔四五〕；一槃陀二十八肘。若不同意者，於外〔四六〕得作法事。計有百九十六肘，肘各尺八，總有五十八步四尺八寸〔四七〕。

三、道行界〔四八〕者

薩婆多云：比丘遊行時，隨所住處，縱廣有拘盧舍界，此中不得別食、別布薩〔四九〕。亦不明大小〔五〇〕。此論解十誦。律文云：六百步為拘盧舍〔五一〕。

四、明水界者〔五二〕。

五分云：水中自然界者，若在水中行〔五三〕，眾中有力人水灑及處〔五四〕。

　　善見云：若擲水，若散沙，已外比丘不妨〔五五〕。取水常流處〔五六〕，深淺皆得作。自然潮水不得〔五七〕。若船上布薩，應下矴〔五八〕，不得繫著岸及水中樹根，謂與陸地界相連；若水中石、木、樹等，悉是水界，謂離陸地〔五九〕者。

【校釋】

〔一〕**明來處通局**　簡正記卷五：「所集之僧，行來處所，有通有局。通是廣義寬義，局是狹義迮義也。」（八八頁下）資持卷上一下：「言處者：作法、自然二界，是通；作法有三，自然分六，則為局也。人中：別人及僧，二位為通；別有三階，僧分四種，故為局也。」（一八七頁上）搜玄：「來謂行來，處謂處所，即是作法及與自然。作法有三，自然有四，七處集僧，各有通局，故曰也。」（三七一頁上）簡正卷五：「行來處所，有通有局。通是廣義寬義，局是狹義迮義也。」（二八三頁上）

〔二〕**明處之分齊**　資持卷上一下：「『云分齊者，何耶？』答：『通謂體同，局謂相別。同則略分，別須委示。從局標名，故言分齊。』」（一八七頁上）搜玄：「謂諸界分齊者，謂有戒場大界，四處分齊；無戒場大界，二處分齊；（三七一頁上）三小，直指坐處分齊。自然可分別聚落，以聚落為分齊；不可分別聚落，六十三步分齊；蘭若五里分齊，道行小拘盧舍、六百步、水界、水洒及處分齊等。」（三七一頁下）

〔三〕**明用之通局**　資持卷上一下：「下科用人，例亦同此。問：『通局何相？』答：『一處二人。言處者，作法、自然二界，是通；作法有三，自然分六，則為局也。人中別人及僧二位為通，別有三階，僧分四種，故為局也。語冠首題，一篇綱要，略知條目，始可尋文。」（一八七頁上）搜玄：「用者，即用僧。多少通局者，四人能辨一切羯磨曰通，隨事分四與七名局。」（三七一頁下）簡正卷五：「約僧說也。四人僧辨得一切羯磨是通；隨前事時，區分五、十、二十等，及一人乃至二十為局也。又，分齊與通局不別。下文『用僧』中云『二明用僧分齊』，故知一般。但製作家迴互，名言似異耳。」（二八三頁上）

〔四〕**界之來意，開制不同，如結界中說**　鈔科卷上一：「初，明處之分齊。」（七頁上）資持卷上一下：「制意開緣。下篇既顯不可兩繁，故指如後。以類相從，此之謂矣。」（一八七頁上）搜玄：「彼云：結界元始，本欲秉法，但為剡浮彌亙，集僧難尅，大聖愍其頓極，故開隨處作法分隔。總意如此，是來意也。開制不同者，約作法自然，明開制不同也。謂未制作法以前，統通自然是

制，後因難集，便開隨境攝。約處有四不同，定量有六相差別，此自然開制不同也。又，或作大法，地弱不勝是制；則如來曲順物情，聽隨處結是開。此作法開制不同。又，約自然與作法兩文，開制不同。」（三七一頁下）簡正卷五：「彼云：結界原始，本欲秉法，乃至總意如此，是來意。又，未制作法，以脫說通，自然是制；後因難集，便隨境攝，約四處有四不同、定量分六相差別，是開也。已上自然開制。若論作法，或作大法：地弱不勝是制，如來曲順物情、聽隨處結是開。此是作法開制也。如此開制不同，並指下說。」（二八三頁上）

〔五〕今直明其二種差別　簡正記卷五：「自然：如可分別，盡城牆為分齊；不可分別，六十二（【案】『二』疑『三』。）步為分齊，乃至水界水洒及處，十三步是分齊。作法界：如有戒賜（原注：『賜』疑為『場』。），大界，四處為分齊，乃至三小界，指坐處為分齊也。」（二八三頁上）簡正卷五：「謂今此中，直明自然、作法二種之。作法有幾種，自然有幾等。」（二八三頁下）【案】此處指自然界和作法界兩種。

〔六〕若「作法界」，則有三別　簡正卷五：「一、有場大界；二、無場大界；三、三小界。為小別也。」（二八三頁下）資持卷上一下：「作法三者，場及大、小。然有場四集，（一八七頁上）雖兼大界，正意明場。又，集僧約事，有通有別。通謂說恣，內外俱集；別即餘法，隨界各行。今文兩界，並從別論。問：『如通集中，場上不來，犯別眾否？』答：『法成得罪，不妨異界，無別眾過。』問：『小界說恣，有通集否？』答：『本由說恣，開結遮訶，是則三小，唯有別集。』」（一八七頁中）

〔七〕有戒場者，四處集僧，各得行事　搜玄：「羯磨疏云：若作其餘羯磨，則隨界分局。人不相集，即如今文。四處集僧，各得行事也。」（三七二頁上）簡正卷五：「有戒場大界，四處各集。不相妨礙者，亦據餘法事。若大界內作說恣，不論內外，通須集來。故羯磨疏云：若作其餘羯磨，則隨界分局人，即如今抄文，四處各得行事。若無場大戒二度（原注：『度』疑『處』。），如文中可知。故疏云：若論無場大界，二處別集，以界之內外，咸有制約，可從集故。除前戒場及空地也。」（二八三頁下）鈔批卷六：「深云：雖明四處集僧，不相妨礙。若准羯磨疏明，若作說、恣，則內外通收，以是攝僧綱紀，使內外同崇，不許逃避，乃至外界戒場，（三六〇頁下）見相便求，即其事也。勝云：既言四處集僧，各得行事，詳此文言，全無通意，但得名局。准羯磨疏中云：行法

不同。若作其餘羯磨，則隨界分局，人不相集。即如今文，四處集僧，各得行
事也。若作說戒、自恣，則內外通收，以是攝僧綱紀，如前已引。」（三六一
頁上）

〔八〕**若無戒場，二處各集**　搜玄：「即大界內外二處故。羯磨疏云：若論無場大界，
二處別集，以界之內外，咸有制約，可從集故。除前戒場，及空地也。」（三
七二頁上）

〔九〕**若小界者，既不立相，直指坐處，無外可集**　搜玄：「羯磨疏云：以界局在身，
坐外無法，隨人集結，故無外也。若許有界，則納呵人也。羯磨疏中，於上三
位，辨通局者。若作其餘羯磨，隨界分局，人不相集，是局；若作說、恣，則
內外通收。問：『說、恣須場，僧集餘法不須者？』答：『此二攝取法，住居行
淨之人，故制界之內外，並同遵故。羯磨餘法，所被多途，無局於時，多緣別
務，若制通集，還復相勞，雖有前開，終無後益。所以文中，無同說戒，戒場
之中，亦有兩集，依制是局。為說、恣等，如難緣開，此即是通。若論小界，
唯局無通。羯磨疏云：元制簡人，雖有不集也。』」（三七二頁上）

〔一〇〕**若論「自然」，隨處遠近，則有四別**　鈔科卷上一：『若』下，自然分齊。」（七
頁中）資持卷上一下：「聚、蘭各二，則為六相。」（一八七頁中）

〔一一〕**聚落、蘭若、道行、水界**　搜玄：「靈山云：謂比丘至處任運而有，如暈隨月，
不用結造。夫有形之類，皆為人物所造而成。此四自然，皆不為物造。」（三
七二頁下）

〔一二〕**皆不為物造，隨人所居，即有分局，故曰「自然」**　資持卷上一下：「『皆』下
釋名，對彼作法，緣構成故。」（一八七頁中）簡正卷五：「夫有戒之類，皆假
人、物造作，如成此之四界。不用人力施為，方有隨人所居，即有分局。謂隨
比丘所到處，任運有界起，如月暈隨月也，各有分局。比丘若在，可分別，即
依可分別為局，乃至水界水洒及處、十三步為分局等，故號自然之界也。鈔文
既云隨人所居，但約一比丘，隨此六相之中所居，便隨此界有自然分局。不同
順正，須約四人，方有自然界者。非之甚矣。問：『此四種自然，四分有為依
他宗？』答文如鈔。」（二八四頁下）

〔一三〕**當律無文，諸部詳用**　資持卷上一下：「『問：『所以當律都不立者？』答：『止
是闕略，義必具之。準三小界，明指集處。疏云：雖當部中，無自然界，異處
下道，即是誠文。道是一界，下是蘭若。今言無者，或非明文，或無分齊故
也。』」（一八七頁中）搜玄：「謂取十誦、五分、祇等，如下引也。依標分四：

一聚落，二蘭若，三道行，四水界。」（三七二頁下）簡正卷五：「可分別，士誦；不可分別，依僧祇；乃至水界，依五分等。」（二八四頁下）

〔一四〕**初聚落中，有二**　搜玄：「辨常云：村伍為聚，隣里曰落。羯磨疏云：可分別者，有三（原注：『三』『疑』二『。』）緣故：一則院相可分別，二則僧在無，易委也。不可分別，亦二：初則村聚散落，無有垣墻；二則僧雜市人，往返難究也。釋中，依標分二：初，可分別；二、若聚落，不可分別。前二：初，引教定可分別之量；二、『問答』下，義約蘭若有相，類同聚落（原注：『落』下疑脫『下』字。）集僧。」（三七二頁下）鈔批卷六：「即可分別、不可分別曰二也。其可分別，復有二種：一、僧則在無，易委；二、聚落既周，院相可悉。云何名為聚落？村伍為聚，隣里曰落，蓋此方言也。又，解村伍曰聚，彊畔曰落也。」（三六一頁上）簡正卷五：「四中居首，曰初也；村住曰聚，隣里（【案】『里』後疑脫『曰』字。）落。可分別為一，不可分別二。羯磨疏云：一則院相可分別。二僧在無，易委。不可分亦二：以村聚散落，無有恒（【案】『恒』疑『垣』。）墻；二、僧雜鬧，往返難究。今以四句分別：（二八四頁上）一、人可分別，處不可分別；二、處可分別、人不可分別；三、俱可分；四、俱不可分。上四句中，准第三句，依聚落院相集。餘三句，皆依六十三步集。」（二八四頁下）

〔一五〕**若可分別**　鈔科卷上一：「初，正明聚落分齊。」（七頁下）資持卷上一下：「準疏分二：謂僧則在無易委，（人可分別，）聚亦周院可悉，（處可分別。）尼鈔云：城外、村坊、邊夷、城邑、人民稀尠，可得分別。故應作四句：初，人處俱可分，則依此相；二、人處俱不可分，如後步量；三、人可處不可；四、處可人不可。並依後集。故知。此相必須具二，文引十誦二十二卷。」（一八七頁中）簡正卷五：「謂四句中第三句也，人處二俱可分別。又，須從前未有作法界處，方准此集此集（原注：『此集』二字疑剩。）也。如漢明之時，騰蘭初到，造白馬寺；及南朝僧會來時，吳主與造建初寺等，此二皆得名為人處，二俱可分別也。」（二八四頁上）

〔一六〕**於無僧坊聚落中，初作僧坊未結界，隨聚落界，是僧坊界**　資持卷上一下：「言無僧坊者，人可分也。聚落即處可分。『隨』下，是佛答，謂隨處廣狹，即是界限。」（一八七頁中）搜玄：「准十誦二十二云：『諸比丘於無僧坊聚落中，初作僧坊，未結界。爾時，界應幾許？』（問也。）佛言：『隨聚落界，是僧坊界。』（答也。）不論僧坊周與不周，但隨聚落。聚落若同，依聚落集，

謂聚落相強，不論僧坊周不周也。」（三七二頁下）鈔批卷六：「立云：『此據聚相既周，制依聚集。若有僧坊，僧坊相周，但依坊集。』濟云：准鈔主意，更別立伽藍、自然界與聚落界。雖四相是同，然名則別。約十誦及古師，唯有聚落界，不立伽藍界。今文中，既立隱於聚落位中，若藍相不周，則准不可分別聚落，（三六一頁上）齊六十三步集也。藍相若周，則齊藍集，事同可分別聚落也。雖然，終不以俗人宅。院周即同，名可分別，要齊一大村聚為言耳。」（三六一頁下）【案】十誦卷四八，三四六頁下。

〔一七〕下文齊行來處，此制分齊　資持卷上一下：「『此』下，先以義決。分齊即同勢分，顯非聚落界體，意不取之。故業疏云：縱彼文中，齊行來處，此制通攝，恐妨界內。必作法時，身在門外，亦得兩成等。」（一八七頁中）鈔批卷六：「此指十誦下文。彼律第四十七云，憂波離問佛：『若比丘聚落中，初造僧坊，齊幾許作界？』佛言：『隨聚落界，齊行來處。』律文如此。賓云：十誦，衣界、僧界勢分等也。彼律第五離衣界云：聚落界者，若雞飛所及處，若慚愧人大小便處，若箭射所及處。（述曰：）准有百步許僧界。云齊行來處者，古人義准應百步也。立云：齊行來處，謂箭射所及、雞飛所及處，齊此內須集。勝云：齊行來處者，引制分齊者，約制撿挍，攝僧分齊，非是界相，恐門外有近僧入墻妨法，故遠召之，故云齊行來處也。故羯磨疏云：齊行來處者，此制通接，恐妨界內，必作法時，身在門外，亦得兩成也。」（三六一頁下）簡正卷五：「謂十誦有兩節之文，前白文所引，即二十二卷。今注文指『下文』者，即四十七卷文也。言行事處者，謂聚落城墻外邊行路，來往處所也。此制分齊者，彼云：謂箭射所及、雞飛及處、慚愧人大小行處。制此處以為集僧分齊，可有十三步已來也。若僧坊結界集僧之時，此聚落外分齊內，有人仍須盡集。」（二八四頁下）

〔一八〕四分聚落界取院相　資持卷上一下：「『四分』下，次引文決。即盜戒聚落，止取四相，（一、四周墻；二、柵籬；三、籬墻不周；四、四周有屋。）則顯彼此村聚相同，不須遠取。此由他執，故特注顯。（古記妄解，準疏為正。）」（一八七頁中）搜玄：「謂衣界則有勢分，僧界則無，但齊相內集。故律云：若村，若城，若壇畔，若園，若林，若池，若樹，若石，若垣墻，若神祇舍，並無勢分之語，皆依上之相也。」（三七三頁上）鈔批卷六：「謂齊院相內集，不同十誦齊行來處也。四分：自然衣界有勢分，此僧界無勢分。須知十誦僧界有勢分者，部別不同。礪問：『僧界、衣界，二種自然，何以自然衣界獨有勢分，自

然僧界乃無勢分者？』答：『咸是開急就緩故，所以爾也。衣以遠為緩，（三六
一頁下）故開勢分；僧以近為緩，故無勢分。若僧從衣有，反成難集，若衣順
僧無，衣成大急，故使二界有無理別。』更問：『作法衣界，便無勢分，自然
衣界，則有勢分。既等是衣界，何以有無不同？』答：『開不重開故也。』賓
云：本制隨身，今開結攝衣界者，已是一開，更許制分，則是重開之失也。又，
依大界成故。又，復作法限約故也。」（三六二頁上）簡正卷五：「鈔意云：四
分既約院相內，今若集僧，但依十誦第一節二十二文，隨聚落界，即僧坊界。
此內不許別眾，則義勢相關。若依第二節四十七文，集他院相外分齊內僧者，
即與當律限約不等，恐人迷此，故注簡濫也。『若爾，既云四分無文，何有依
院相之說？』答：『四分雖有聚落界相，別為餘事，不為集僧。無，亦是無文
也。』已上正解竟。若准玄記中，作勢分解，見文中有分齊之言，錯認以為勢
分，便云彼四十七云『雞飛所及處』等。古人評云：應有百步。即聚落體外，
更有百步勢分，勢分內有人須集。鈔意云：四分僧界無勢分，衣界有勢分。寶
云彼律兩節。律兩節之文雖殊，然俱是界體，無勢分之說，前據院相內體，下
據院相外分齊內，亦是界體。今但簡不取外體，准依院相內體集人。抄既不云
勢分，何得妄釋？況乃外部，僧、衣二界，並無勢分，何言十誦下文僧界有勢
分耶！無理。」（二八五頁上）

〔一九〕**蘭若處有僧坊，欲結界何處集僧**　資持卷上一下：「以蘭若處本是空曠，今有
僧坊，非蘭非聚，集僧難定，立問明之。」（一八七頁中）搜玄：「此問意是南
山義立，諸部無文。若迥遠蘭若，即依五里。今有僧坊、蘭若相，失此之四
相，與聚落之相不別，不知還依五里，為同聚落集僧。」（三七三頁上）鈔批
卷六：「問意：汝既聚中無藍，則依聚相集；向若有藍，但依藍集。我今蘭
若，亦有藍得依藍集不？此問蘭若，意欲顯其可分別聚落，謂借蘭若之藍，以
顯聚落之相。欲明蘭若，合齊五里。但為有藍故依藍，然此藍相與我聚相，義
既不殊，明知依聚而集即得也。問意如此」（三六二頁上）簡正卷五：「問意
者，謂蘭若處僧坊院相不周，即依蘭若。（二八五頁上）五里集僧為定，不在
疑情。今或僧坊墻院，四畔並周迊，為復還依五里，為約僧坊集人。」（二八
五頁下）

〔二○〕**隨聚落即僧坊界**　搜玄：「今蘭若之處，已有僧坊，四相既周，與聚落周相不
殊，何須五里？若無此院相，由名蘭若，則依五里，纔有院相，非蘭若界。」
（三七三頁上）鈔批卷六：「此引十誦文，取其文下之義，以答他問。謂十誦

聚落與藍義是同，無藍有聚則當藍。」（三六二頁上）

〔二一〕今周匝院相，與聚落之相不分，不須五里集人　資持卷上一下：「『今』下比例。即指僧坊，便同聚落，復是蘭若，得同可分。」（一八七頁中）鈔批卷六：「今此蘭若既有藍，直用依藍，不須依蘭若五里也。」（三六二頁上）搜玄：「此之院相與聚落相更無差別，院相攝僧義強，約義不得依於蘭若也。謂今周迊院相是伽藍四相，聚落是村四相。謂盜戒中有村四相，至離衣中伽藍四相，指同盜中村相，更不別也，故曰不分。」（三七三頁上）

〔二二〕故下文無聚落、蘭若　鈔科卷上一：「『故』下，引後反顯。」（八頁下）資持卷上一下：「無聚落者，顯是空迥之處。」（一八七頁中）鈔批卷六：「十誦第五十三卷中，波離問佛：『若比丘阿蘭若處，初起僧坊，未結界，是中齊幾，名為界？』（三六二頁上）答：『面（【案】十誦『面』後有『齊』字。）一拘盧（【案】『盧』後疑脫『舍』字。）。是中諸比丘應一處和合說戒及作羯磨，不得別眾。』意云：初起者，謂先無僧坊，今欲作之，故曰初起也。』」（三六二頁下）簡正卷五：「既言無聚若（【案】『若』疑『落』。）、蘭若始，欲作僧坊，故知未有院相。由是蘭若空迥，欲句此起僧坊，先結戒也。明知先有僧坊，院相纏周，即同村界，不是蘭若。』」（二八五頁下）【案】十誦卷五四，三九八頁上。

〔二三〕一拘盧界　大乘義章卷一五：「一弓四肘。去村五百弓名一拘盧舍。一拘盧半名阿蘭若處，計有三里許。」（七六五頁中）

〔二四〕律中　鈔科卷上一：「『律』下，會同僧村。」（八頁下）資持卷上一下：「即指盜戒。具出四相，如上所引。及後離衣釋伽藍界，更不別列，略指如上，故知是同。」（一八七頁下）

〔二五〕僧村四相，二界不別　鈔批卷六：「謂藍、聚二界，僧用籬墻塹柵，為四周之相，故曰四相不別。勝云：四分律第一卷中明『盜戒』。顯村有四種：一、周匝垣墻，二、周匝柵籬，三、籬墻不周，四者，四周屋也。此名村四相。後至『離衣戒』，云此僧伽藍等釋其藍相，如前『盜戒』中說。既將『藍』指『村』，當知二界不別也。濟云：今欲明可分別聚落者，約據大羅城相周，名一聚落。或可村中，四邊周匝柵籬，名一聚落。不得約俗家一宅，雖四相周，不得名聚落。不得約此宅集僧，且如二京諸坊。坊坊中，雖周匝院墻，亦不得名聚落，以有大羅城圍遶故。若於此處集僧，皆須六十三步。為其中有人來去，不可分別知之故也。」（三六二頁下）簡正卷五：「引此文證。但使蘭若四相，周迊便

同村相，須依四相而集；或蘭若相壞，亦依五里集人，自得無知之罪。必院相
不周，乃依五里。」（二八六頁上）

〔二六〕**必院相不周，乃可依蘭若集僧**　資持卷上一下：「『必』下，簡濫。準不周淨，
三邊有相，須準聚集；兩面一面，還依蘭若。有人迷此，謂城邑中院相周匝
處，並可分別。請觀結界篇中圖相，藍院四周，自然四出。即知謬妄，不勞攻
之。今謂上明伽藍，同可分聚，唯局蘭若，不通餘處。」（一八七頁下）搜玄：
「自得無知之罪。義如前序中辨也。」（三七三頁下）鈔批卷六：「引（【案】
『引』疑『此』。）猶結蘭若界意也。此上是可分別聚落，今作兩句束之：若
聚復無藍，須作六十三步；若無聚有於藍，不依六十三。濟云：此意顯有伽藍
自然界也。十誦既云無僧坊聚落中，（三六二頁下）則依聚落集。明知先有僧
坊聚落中，即依僧坊集。此文中意，只是欲顯伽藍相周，不須依聚落集。」（三
六三頁上）扶桑記釋「有人迷此」：「指大覺律師。」（四八頁上）

〔二七〕**若聚落有僧，不可知者**　簡正卷五：「此明不可分別，聚落集僧分齊也。若聚
落有僧不可者，知此標人，不可分別也。僧祇中，若城邑聚落界分不可知者，
此標處不可分別也，即是前第四俱句。」（二八六頁上）資持卷上一下：「疏
云：或約僧之來去，難可知之，或約處所散落，不知際域，隨有一種，即歸此
收。尼鈔云：中華之處，人民繁多，不可分故。」（一八七頁下）鈔批卷六：
「此下明不可分別聚落。羯磨疏云：不可分別，有二：或約僧之來去難可知
者，或約處所散落不知際域故。准祇文，齊六十三步，以村聚散落，無有垣
壍；又，僧雜鬧往返難究，指步為限，撿括易成也。」（三六三頁上）

〔二八〕**僧祇中**　鈔批卷六：「僧祇文中，名為菴婆羅樹界。謂舍衛城有一婆羅門，種
菴羅樹，聞佛世尊具一切智，便往問佛：『云何方便種菴婆羅樹，能使根莖堅
固，枝葉茂盛，華果成就扶疎，不相妨礙？』佛告言：『以五肘弓，量七弓種
一樹。如是種者，能令其樹具於上事。』其人得佛示已即去。時，憂波離因問：
『若有處所，城邑聚落界分不可知者。若欲羯磨，應齊幾許，名為善作羯磨，
使令異眾各各相見而得成就，不犯別眾？』佛言：『五肘弓，量七弓，種一菴
羅樹。齊七菴羅樹，相去爾所，作羯磨者，名為善作羯磨。雖異眾相見，而無
別眾之罪也。』」（三六三頁上）【案】僧祇卷八，二九八中。

〔二九〕**用五肘弓，七弓種一樹，齊七樹相去**　簡正卷五：「准祇第八，明菴婆羅樹界
也。爾時，佛在舍衛國，有婆羅門問佛：『我欲種樹，如何令其根莖端直，枝
葉婆？』佛答彼云：『用五肘弓，七弓種一樹。』時彼既去，尋即波離來問佛

不可分別處集增（原注：『增』疑『僧』。）分齊。佛便將前種樹方法，以七樹六間答之，因號菴婆羅樹界也。」（二八六頁上）

〔三〇〕準相通計，七樹六間，得六十三步　簡正卷五：「一間有七弓，一弓五肘，八尺（【案】『八尺』疑『尺八』。）；五肘，九尺。七弓為一間，一間即六十三步。六尺為步，以計之，便得十步半，六間即六十三步也。」（二八六頁上）

〔三一〕七間七十三步半　資持卷上一下：「『不同』下，破古。疏云：昔云七十三步半者，錯算七間也。或執舊云：樹限兩頭，各有勢分；又云：周圓種樹；又改僧祇為八樹字。」（一八七頁下）鈔批卷六：「謂不同昔人之解也。古師及礪皆云七間。（三六三頁上）故羯磨疏云：昔云七十三步半者，錯筭七間也。僧祇疏中七樹六間，猶如四分衣界八樹中間，諸師衣界止計七間，如何僧界七樹非六間也？有人執舊見云：樹限兩頭，各有勢分，故各分半，還是七間。又云：周圓種樹，猶如月暈，故有七間。又改僧祇為八樹字。斯之我愛，穿鑿太甚。何處有樹，即以樹量？律約世情，假以相顯。中間七樹，二眾兩頭，各行僧事。相對既爾，縱廣四維，例集可知。律尅二身，故以樹限。若取當分，皆半折之，則自分之界，唯三十一步半耳。准羯磨疏云：凡集僧有兩位，一者聚落，二者蘭若。（不立道行、水界。）言聚落者，引可分別，一同鈔說。文言僧祇八樹中間者，七十三步半以為分齊，此就不可分別大聚落說。據此，今鈔破於礪義也。二明蘭若集僧，一如鈔中。賓云：僧祇律七樹，章云八樹者，以其此律護衣戒中，蘭若言有八樹影。帶此文，即言八樹。然疏意云：僧祇數間，故云七樹間，即七間也；此律數樹，故云八樹。理實二律，同實八樹。（述曰：）疏意雖然，應言七樹六間六十三步者好。疏主以見此律『護衣戒』中八樹之間，即將祇律七樹之間相和會也。（三六三頁下）謂二文相似，據理有八樹之內則有七間，故祇言七間也。四分言八樹者，即據樹體。祇言七樹，即據樹之間有其七也。於此蘭若，略有六種差別也。」（三六四頁上）簡正卷五：「破古執也。古人七樹有七間，今云如衣界八樹即有七間，便有六間，何處有七間，即剩十步半界也。（二八六頁上）古云：樹根兩頭，各有半間勢分。今破云：僧界既不可有勢分，何得妄加古！又云：圓圓種樹，兩頭相就，便成一間。今破云：縱使圓圓而轉，亦非六十三步。如善見云：圍三經（【案】『經』疑『徑』。次同。）一。若圍有七十三步半者，經過只有二十四步半也。故羯磨疏云：斯非界愛，穿鑿大甚。何處有樹，即以樹量？」（二八六頁下）

〔三二〕義鈔廢立　資持卷上一下：「下指義鈔，即刪繁意。彼文已亡，意如前示。古

記不知，所以例云指誤。假令是誤，一處可爾。況此上卷凡十餘處，指廣如
彼。檢彼並無，豈皆誤耶？誣聖辱祖，不慮招殃，引誤後生，何可窮也！」（一
八七頁下）簡正卷五：「律約世情，假以相顯。如上所說立，今破昔廣在疏文，
故云如義抄癈立也。」（二八六頁下）

〔三三〕明蘭若　資持卷上一下：「上略『阿』字，亦云『阿練若』，（一八七頁下）即
空靜處有六不同，恐名相濫，故先標簡。」（一八八頁上）搜玄：「靈山云：具
梵本音，云阿蘭若，亦云練若。『阿』之言『無』，『蘭若』云『事』，此即閑靜
無事之處。」（三七四頁上）【案】「明蘭若」下，文分為二：初，「統明」下；
次，「蘭若一」下，又分二。

〔三四〕統明蘭若，乃有多種　搜玄：「發正云，此律六種：一、頭陀者，謗戒練若，
練若共同；二、寄衣者，三十戒中不作限日寄衣，餘緣六夜，蘭若寄衣也；三、
盜戒者，文云：閑靜處，即盜戒蘭若；四、僧界，即結大界，五里集僧也；五、
衣界者，即下蘭若護□□七間等；六、難事者，即提舍尼中，若迥遠、恐怖、
畏難處等，即蘭若受食戒也。」（三七四頁下）

〔三五〕頭陀　鈔批卷六：「謂頭陀之處蘭若也。去村五百弓，弓長五肘，亦不明其蘭
若大小之量，但明去村遠近。如下頭陀篇述也。」（三六四頁上）

〔三六〕寄衣　資持卷上一下：「寄衣，即『三十』（【案】『三十』即『三十捨墮』中。）
恐怖離衣戒。」（一八八頁上）鈔批卷六：「蘭若比丘，佛為法僧事、和上闍梨
等事，將衣寄村，身往東西，限之六夜。」（三六四頁下）

〔三七〕盜戒　鈔批卷六：「空野柵外處。如祇中，有比丘於聚落外空地盜他衣。佛問：
『汝云何不聞我制戒，不得不與取耶？』答言：『我知制戒，自謂城邑聚落，
不謂空地。』佛言：『癡人！聚落與空地，皆是不與取，有何等異也！』」（三
六四頁上）

〔三八〕僧界　鈔批卷六：「即自然僧界，是此所明也。」（三六四頁上）

〔三九〕衣界　鈔批卷六：「謂於蘭若，護三衣。四分得齊八樹之間。故下文云：假以
樹量大小是也。然彼蘭若，與僧界蘭若，大同小異。同者，謂量同，但衣界有
勢分，僧界無勢分。又，衣界則不定，謂有樹車等界後來，則隨界攝。若僧界
不論樹車之來去，常有齊限，限五里也。若有難，准見論，唯七槃陀量。（已
上並立解。）景云：衣界蘭若，唯得二十五肘。」（三六四頁上）

〔四〇〕難事　資持卷上一下：「難事，即提舍末戒。」（一八八頁上）鈔批卷六：「景
云：謂蘭若有賊難等，寄衣置不良家，是不作日限也。礪律師不云難事，直有

安坐受食也。」（三六四頁下）

〔四一〕**且明僧界，餘下隨明** 鈔批卷六：「謂頭陀篇中自明蘭若，盜戒隨相中自廣明，衣界隨相三十（【案】『三十』即『三十捨墮』。次同。）中自明，難事『三十』中明之。上雖列六，五是汎明也。意欲正明第四僧界。若無難，五里集僧；若有難，齊七槃陀集僧，計得五十八步四尺八寸，此論集僧遠近。若結界，隨其大小。如下結法中。礪羯磨疏云，見論：蘭若分齊，計七槃陀羅。一槃陀羅二十八肘，合一百九十六肘，肘各一尺八寸，計有三百五十二尺八寸，總計成五十八步半一尺八寸。私云：還是五十八步四尺八寸。一同鈔說。」（三六四頁下）簡正卷五：「頭陀，如下卷說之；寄衣，如中卷三十中說；盜戒，亦如中卷隨相中；衣界，如中卷『三十』中明；難事，亦如中卷隨相。故云餘下隨明也。」（二八六頁下）【案】此明僧界，寄衣、盜戒、衣界、難事等，將在後文中卷中有說，故言餘下隨明。

〔四二〕**蘭若一界，諸部不定** 資持卷上一下：「無難中，初示不定。疏云：諸部皆云一拘盧舍，而互說不定。大則二千弓，弓長五肘，（出僧祇，計十里；）小則五百弓，弓長四肘，（出十誦，計六百步為二里。）」（一八八頁上）搜玄：「謂諸明俱盧舍，大小不定，多言僧界一俱盧舍。十誦二十二云：『諸比丘無聚落空處，初作僧坊，未結界，爾時界應幾許？』佛言：『方一俱盧舍，是中，不應別作布薩，及別羯磨等。』僧祇亦言：僧界一俱盧也。羯磨疏云：諸部皆言拘盧舍。不定者，小大不定也。羯磨疏云：大，如僧祇二千弓，弓長五肘；小，如十誦，五百弓，弓長四肘。即僧祇太遠，十誦太近。」（三七四頁下）簡正卷五：「蘭若一界，諸部不定也。多言僧界畫（原注：『畫』疑『盜』。）一拘盧舍者，十律二十二云：『諸比丘於空野處，初作僧坊未結界，爾時齊幾為界？』佛言：『云一拘盧舍，是中不得別作布薩羯磨。』僧祇亦云一拘盧舍。俱舍、了論、雜寶藏，並云一拘盧舍。『若爾，既諸文中皆云一拘盧舍，元來是定，何故前言諸部不定耶？』答：『辨量不定也。故羯磨疏云：諸部皆云一拘盧舍，不定大小。如，僧祇云：二千弓，弓長五肘；十誦云：五百弓，弓長四肘。此乃祇文太遠，十誦大近，俱舍二里半亦近。』」（二八七頁上）

〔四三〕**明了論疏云，一鼓聲間** 資持卷上一下：「了疏翻，同本律。然鼓有大小，聲有遠近，亦不可準。」（一八八頁上）鈔批卷六：「立云：此未可依。羯磨疏云：皷則鞞皷不一，故其聲亦有遠近也。鞞是小皷也，皷者大皷也。濟云：皷有大小，聲亦遠近，不可約之，且如屈隨音聲。此是胡樂中有鞞皷，其聲全小，

次則平常，麤音聲中。三个皷者，其聲稍大，亦未能遠。」（三六四頁下）

〔四四〕**雜寶藏中翻為五里，相傳用此為定** 資持卷上一下：「『雜』下，明今取。」（一八八頁上）簡正卷五：「引雜寶藏，五里不近不遠，方成行事，集僧方齊也。」（二八七頁上）鈔批卷六：「彼經中明鹿子母夫人緣，一同報恩經。（云云。）山中道士，令女往餘道士住處乞火，步步跡下，有蓮華出事，明其兩道士住處相去有一拘盧舍，奏言五里也。五十八步四尺八寸等者，為有難，故如此。」（三八五頁上）【案】雜寶藏經，十卷，可見大正藏第四冊，元魏時西域三藏吉迦夜和曇曜譯。經文每章篇幅短小，記錄佛陀及弟子之事，以及佛陀入滅後之事。

〔四五〕**槃陀** 善見毘婆沙卷一七：「一盤陀羅，二十八肘。」（七九四中）鈔批卷六：「羯磨疏云：槃陀者，量之極名也。由如此方丈尺亦是量之極名也。」（三六四頁下）簡正卷五：「有惡比丘，作別眾留難也。大界內作法不得，以事白佛。佛言：『於無村阿練若處，結小界受，但使前人未入界。七盤陀界陀（【案】『陀』疑剩。）應同意者，疾疾結之。初結之時，即准見論，如鈔所引也。盤陀者，大德云：西天量之通稱也。」（二八七頁下）

〔四六〕**於外** 資持卷上一下：「言『於外』者，謂訶法人不同界也。」（一八八頁上）善見卷一七：「二十八肘外，得作法事。」（七九三頁中）

〔四七〕**計有百九十六肘，肘各尺八，總有五十八步四尺八寸** 資持卷上一下：「百九十六肘，總三十五丈二尺八寸。三十丈為五十步，四丈八尺為八步，所餘如數。問：『何名有難？』答：『昔人但云惡比丘作留難，故多妄解，今須簡定。此謂本界得訶之人心不同忍，故來訶法，令事不成，故名難耳。即善見云不同意者，豈不明乎！』（有以鄰寺難集，而名有難。謬矣。）問：『有難一種，何法用之？』答：『此局三小，不通餘法。故知有難，從三小得名。疏釋三小集僧。文云：既有難緣不比常途，宜用善見七盤陀集，豈非明據！此是定義，不勞驚惑。（有人不肯。請以結界篇中三小對之，是非可見。若不爾者，有難自然，為行何法？）」（一八八頁上）簡正卷五：「一盤陀二十八肘。七盤陀，二七十四，百四十肘。更有七八，成五十六肘。并前百四十，豈非九十六肘！肘各尺八，總有五十八步四尺八寸者，（二八七頁上）一肘尺八，十肘成三步，百肘三十步，九十肘二十七步。六肘又成十尺八寸，即是五十八步四尺八寸也。」（二八七頁下）

〔四八〕**道行界** 資持卷上一下：「文出別眾食戒。若論別眾，道行不犯。」（一八八頁

上）簡正卷五：「大德云：行界有行法、住作法，二種分齊各殊。今抄所列者，且約住作法也。」（二八七頁下）

〔四九〕**比丘遊行時，隨所住處，縱廣有拘盧舍界，此中不得別食、別布薩**　簡正卷五：「大德云：行界有行法、住作法，二種分齊各殊。今抄所列者，且約住作法也。多云：比丘遊行時，隨所住處等，明知據住作法，集僧分齊。彼論第七云：縱廣拘盧舍界，在此界中，不得別眾食，及別作羯磨。」（二八七頁下）資持卷上一下：「今云不得者，此約停住為言，無別所以至隨相為辨。」（一八八頁上）【案】多論卷七，五五○中。

〔五○〕**不明大小**　資持卷上一下：「『亦』下，定量。初句，指論通漫。『此』下，引律會釋。問：『蘭若道行並一拘盧，而大小別者？』答：『蘭若諸部既別，宜取其中。道行止出多宗，理同彼律。疏云：部別有由，當取十誦是也。』」（一八八頁上）簡正卷五：「論中但云拘盧舍界，不定量之大小也。『此論』已下，今師和會多論，解釋十誦律文。律中云拘盧舍者，長五百弓，弓長七尺二寸，如是以步率之，便有六百步也。若至布薩時，住作法者，結界大小，一切臨時自著。若初集僧之時，縱廣六百步，內有人須集。問：『四分道行時開別眾食，今文中云何不許別眾食耶？』答：『准彼，正行之時、疲乏之時，是有緣，諸教同開。若暫住，雖在道中，亦非正緣，故不開。今言不得別食者，約暫住時說也。思之。玄云：若行來，困乏俱開。今約集僧分齊邊故制。』已上依鈔消文。據住作法竟。」（二八七頁下）

〔五一〕**六百步為拘盧舍**　鈔批卷六：「十誦云：拘盧舍者，長五百弓，弓長四肘，則計一弓有七尺二寸。如十誦律說，則有六百步也。」（三八五頁上）簡正卷五：「准僧祇二十八云：道行界，若比丘共商人行。（二八七頁下）至說戒日，有恐怖難，商人不能待，得即須行。誦戒羯磨，先籌量齊幾許，得誦戒竟，隨指山石，通結取，引（【案】『引』疑『此』。）乃標寬界狹，依標集人。欲結界時，道中申手相及處坐已，唱相秉法。結成，即起行誦戒。亦須相及申手內誦竟，准前坐已，解之。此是一席之法。聊知空礙，兩分身耳。」（二八八頁上）

〔五二〕**水界**　簡正卷五：「大德云：於中亦有住作法及行作法。今鈔所明，亦且據住作法也。准五分十八云：佛告諸比丘，一切湖池、一切海，皆不得結作法界。若有水界中行，以眾中有力人水酒（【案】「酒」疑『洒』。次同。）及處為自然界。有解，約中客有力之人，不健不羸酒水，即十三步稍定。若隨眾中，取

最有力人即不定。引善見論者，准彼十七云：一切江河，不得結作法界。若擲水，若擲砂已外，若有比丘不妨也。取水常流處，深淺皆得作。自然潮水不得，以乍溢故。若在船上；若崩岸有大樹，根在水中，不得擊著；水內有樹，根應斫去，若不斫去，與陸地界相連。若水中有大石或浮木，總是水界攝。（已上律文。）謂離地者，此約離陸地，不是離水底地。羯磨疏云：問：『云上水中、石、木及碇等，（二八八頁上）既與底地連，何故判得？』答：『舉例云：如比丘安居患熱衣服，岸入水浴，明相出失衣。此比丘腳豈不著地？由是水中與陸地異，故失衣。今引此例，故知鈔文離陸地也。』問：『律、論二文，並言水中不許結作法界，復云布薩秉僧大教，僧祇云地弱不勝，不知如何？』答：『羯磨疏云：唯五百問論，得結無疑。此律論不許者，以水虛浮，體相難識。今則約岸分標，義亦可得。如僧祇：有洲，五處標結。兩邊水內，取三由旬，恐持欲度標出界故；又如四分：江河而結，即為明證。故五百問云：水中住船得結等。今若擬住船作法者，依文中，先下碇石，令船一定，次即四面。准文，集僧後，乃傍船緣，唱相結之。縱船內有白衣等，且令上岸。或不肯上，即但齊有比丘處唱之。反顯有白衣處是界外也，不得傍岸唱相結法。思之。』已上，鈔據住作法，標狹界寬。依戒集人，因便明之，結法相貌也。未知行作法，如何准僧祇文通結取界？即標寬界狹，依標集也。若准此義，就上六相，盡有依標集僧。故羯磨疏云：六種自然相中結者，標狹相寬，盡依自然集。若標寬相狹，盡依標集云。（二八八頁下）（已上疏文）。問：『准莫成七相否？』答：『寶云：六相各別，互不相通，依標立法，一且通六相。六相是本依標，是末標未歸相。本標依相起，故不成七。』」（二八九頁上）【案】五分卷一八，一二四頁上。僧祇卷八，言羯磨五處即：摩頭羅精舍、水中、洲上、水中、仙人聚落，見二九五頁中。

〔五三〕**水中行**　資持卷上一下：「徒涉也。」（一八八頁上）

〔五四〕**水灑及處**　資持卷上一下：「示界限也。」（一八八頁上）

〔五五〕**若擲水、若散沙，已外比丘不妨**　資持卷上一下：「初，定分齊。準下離衣勢分。相傳以十三步為定。」（一八八頁上）【案】善見卷一〇，七九三頁中。

〔五六〕**取水常流處**　資持卷上一下：「『取』下，次，簡可否。取常流者，界相定故。」（一八八頁上）

〔五七〕**自然潮水不得**　資持卷上一下：「疏云：以乍溢故。」（一八八頁中）鈔批卷六：「謂潮來是水界，潮去是陸地。疏云：以乍溢故。」（三六五頁上）

〔五八〕若船上布薩，應下矴　資持卷上一下：「『若』下，三明乘船。又二：初，明下碇。疏云若橦。所以爾者，或恐自然界限不定，或結船界相有參差故。『不』下，明繫纜得否。」（一八八頁中）鈔批卷六：「此明船上作法，要須住船。若別人對首法者，隨去亦得成就。若下相，不得繫著岸，若崩岸，有大樹根，（三六五頁上）在水中，不得繫着。若擲水內有樹根，應斫去。若不斫去，與陸地界相連，為界別故，所以不成法事也。」（三六五頁下）

〔五九〕悉是水界，謂離陸地　鈔批卷六：「立云：此明離陸地，非謂離水底之地也。有人問云：『水中石木，既與水底地連，何故判得？』答：『舉例如比丘脫衣在岸，入水洗浴，明出失衣。此比丘脚豈非著地？由是水中與陸異，故亦失衣也。』」（三六五頁下）資持卷上一下：「若準善見，水中不得結作法界。疏云：此論以水相虛浮、體相難識故也。今則約岸分標，義亦可得，如結界中。問：『所以唯六相者？』答：『攝處盡故。』問：『幾事用之？』答：『結法未興，唯除說、恣。通行餘法，制後僧事，局開結界。心念、對首及別眾食，並須約界。』問：『用有通、局，可得聞乎？』答：『有難，蘭若唯局三小。自餘五相，並通大界。水道二處，義無戒場。別眾食中，亦止五相，除有難蘭若。』問：『相或相涉，何以分之？』答：『聚、蘭二種，相別易知。道行非二攝，水界通三處。』」（一八八頁中）

今更總論二界之體〔一〕。

若三種作法，隨處三局，不約方隅〔二〕。

若論自然，則有不定〔三〕。

若聚落中，界分可知，隨其分齊，亦無方圓〔四〕。

不可分別，人解不同〔五〕。

問：「為身四面，各取六十三步〔六〕？為身一面，取三十一步半耶？」答：「四面各取六十三步〔七〕。故彼文云，七樹之間，異眾相見而不犯別〔八〕。此二眾相望，不論界相〔九〕。」

問：「彼此俱秉羯磨，自然定量，若為廣狹〔一○〕？」答：「諸說不同〔一一〕。今解：彼此二眾，各一面有三十一步半，通就二眾，則六十三步〔一二〕。此自然常有。不問秉法不秉法〔一三〕，界恒隨定。故僧祇中，異眾者，望二處比丘身〔一四〕也。今若界外無人，則身面各三十一步半，是隨分自然〔一五〕。若有人者，但令異界自然〔一六〕，在我自然界外，無錯涉之過，並成法事〔一七〕。今行事之家，恐有別眾，但為深防，故於方面，各半倍

之〔一八〕。實而言之，各半減是。故薩婆多云：比丘隨遊行住處，有縱廣自然界〔一九〕。」

問：「自然界者，為方、圓耶〔二〇〕？」答：「昔云定方，今解不然〔二一〕。若界方者，四維有餘，則無教可準〔二二〕。今言自然界中，不定方圓。若四面、四維，各無異界，此界定圓；若有別界，則尖斜不定〔二三〕。故十誦云方各一拘盧舍〔二四〕者，謂身面所向之方，非謂界形爰方〔二五〕也；文云：弟子隨師，方面遊行。可亦不得四維〔二六〕也？五分亦云去身面拘盧舍〔二七〕也，善見亦云方圓七槃陀界〔二八〕，文自明矣。乃至「結大界以三由旬為量〔二九〕」，明了論云合角量取三由旬〔三〇〕也。故廣引誠證，定方須廢〔三一〕。」

## 【校釋】

〔一〕**總論二界之體** 資持卷上一下：「前明分齊，即界體量然。諸家所判，廣狹方圓，是非異論，故重辨定。不隨別顯，故云總論。」（一八八頁中）搜玄：「上則三種作法、四種自然，簡簡別釋，今即作法總聚，論體方圓，是一；自然四種亦爾，是二。」（三七五頁上）鈔批卷六：「即作法、自然，名之為二也。若三種作法者，即大界、戒場、三小界也。」（三六五頁下）

〔二〕**若三種作法，隨處三局，不約方隅** 鈔科卷上一：「初，作法體。」（八頁上）簡正記卷五：「謂有場大界、無場大界、三小界，為三也。隨處結之，不定體之方圓也。」（二八九頁上）

〔三〕**若論自然，則有不定** 簡正記卷五：「總舉自然體不定也。若分別聚落相，為自然體，隨彼所在，不定方圓，不可分別。自然之體，四面四維。若有別界，尖邪不定；若無別界，此界定圓。若論蘭若，無難：五里之內，若有別界，災邪不定；有難亦然。道行界者，遇水或樹，則不定水界；近岸亦爾。故云若論自然，則有不定。」（二八九頁上）【案】「若論」下分二：初，「若論」下；二、「若聚」下。

〔四〕**若聚落中，界分可知，隨其分齊，亦無方圓** 簡正記卷五：「謂一切依聚落處所，故不定也。」（二八九頁上）資持卷上一下：「可分聚落，亦隨四相，同上作法，故云亦無。」（一八八頁中）鈔批卷六：「即是院相、山谷、林樹等也。」（三六五頁下）

〔五〕**不可分別，人解不同** 資持卷上一下：「不同有三，即三問答，並有多說。」（一八八頁中）鈔批卷六：「謂不可分別聚落，古人各解不同也。」（三六五頁

─339─

下）簡正記卷五：「玄云，都有三種：一、約身四面，定量不同；二、約秉法，廣狹不同；三、約自然界體，方圓不同。（二八九頁上）有師云身四面各取六十三步，有師云四面各取三十一步半，引約身面不同也。二者，有師言一面各取六十三步，兩眾百二十六步；有師云各取三十一步半，兩眾都六十三步。此約秉法廣狹，解判不同也。三者，有師云定方，有云不定方圓，故云人解不同。今觀文勢，似不相應。下兩段中，各自有標起。今若於此總說，至後消文，便成繁雜。今言不可分別人解不同者，准據當科，約身面定量，以說不同諸。」（二八九頁下）

〔六〕**為身四面，各取六十三步** 鈔科卷上一：「步量通局。」（八頁中）資持卷上一下：「前明六十三步，為約四面各取、為約一面取半，而兩向共成耶？」（一八八頁中）簡正卷五：「引（【案】『引』疑『此』。）約集僧，取最外邊人身面向外而問也。」（二八九頁下）

〔七〕**四面各取六十三步** 簡正卷五：「謂比丘身，四面向外，各取六十三步，未論量作法之時節故。」（二八九頁下）

〔八〕**七樹之間，異眾相見而不犯別** 簡正卷五：「異眾相見，彼此相望，只六十三步，故云七樹之間而不犯別。」（二八九頁下）僧祇律卷八：「雖異眾相見，而無別眾之罪，是名為七菴婆羅樹界。」（二九八頁中）

〔九〕**此二眾相望，不論界相** 資持卷上一下：「『此』下，點示。」（一八八頁中）簡正卷五：「若約自然界，相身一面，准有三十一步半。今言六十三步者，且約二眾相望倍說也。」（二八九頁下）鈔批卷六：「立云：今由兩邊，各作法故，相去六十三步，恐兩眾自然相交錯也。若但一邊秉法，唯須一面三十一步半。今言不論界相，唯三十一步半耳。今言一面六十三步，非是自然界相有若干也。今行事家，深防故半倍之。」（三六五頁下）

〔一〇〕**彼此俱秉羯磨，自然定量，若為廣狹** 鈔科卷上一：「『問』下，克定廣狹。」（八頁中）資持卷上一下：「正定界體，故約兩處，秉法設問。」（一八八頁中）簡正卷五：「此問意道：上且通約二眾相望以明，今約二眾各作法各自然之量，云何廣狹？」（二八九頁下）

〔一一〕**諸說不同** 資持卷上一下：「初句刪異說。」（一八八頁中）簡正卷五：「有說六十三步，餘僧在外不妨；有說六十三步，為我界勢分，彼眾亦有六十三步，須在我界外，都百二十六步。又秉法時，即有此自然，不秉法時不合有，（二八九頁下）故云不同。」（二九〇頁上）

〔一二〕**今解彼此二眾，各一面有三十一步半，通就二眾，則六十三步**　資持卷上一下：「『今』下，申正解為二。」（一八八頁中）簡正卷五：「今師云：從此處比丘身數取三十一步半，從彼處比丘身亦數三十一步半，通就彼此二眾，都計六十三步。」（二九〇頁上）

〔一三〕**不問秉法不秉法**　資持卷上一下：「此約秉法顯相，恐謂不秉不勞界故。」（一八八頁中）鈔批卷六：「勝云：對於古師，故有此言來也。古師意：秉法有界分，不秉法處無界。從不秉法處，縱在我界分邊無過。下文云：恐有錯涉過者，意在此也。」（三六六頁上）簡正卷五：「古云：秉法則有，不秉時無。今云：既號自然，不同秉法不秉法，常有一定故。」（二九〇頁上）

〔一四〕**望二處比丘身**　資持卷上一下：「還即前文，既約二處，則知各半明矣。」（一八八頁中）

〔一五〕**今若界外無人，則身面各三十一步半，是隨分自然**　鈔科卷上一：「『今』下，約人有無。」（八頁下）資持卷上一下：「約無人顯體。」（一八八頁中）簡正卷五：「異界自然。明彼眾自然，亦三十一步半。在此眾三十一步半外，即無錯涉。兩字（【案】『字』疑『眾』。）相望，共有六十三步。若減，則有錯涉過也。」（二九〇頁上）

〔一六〕**若有人者，但令異界自然**　資持卷上一下：「『若』下，約有人明集。準此六十三步，須以二名表異彼此：此名『隨分自然』，彼名『異界自然』，據下亦號限分深防。」（一八八頁中）

〔一七〕**無錯涉之過，並成法事**　鈔批卷六：「濟云：此明兩邊各秉法，各有僧，要相去六十三步。恐兩家自然界相涉，即是重界，故不得減六十三步也。據其實體，一家只有三十一步半。若兩家相望，則共有六十三步。若減，則有錯涉也。」（三六六頁上）

〔一八〕**今行事之家，恐有別眾，但為深防，故於方面，各半倍之**　鈔科卷上一：「『今』下，行事倍集。」（八頁下）資持卷上一下：「不問有無，慮有別眾，過分倍集，故曰深防。」（一八八頁中）簡正卷五：「且如東西兩面，二眾作法。東西二處，取最外邊僧相去，都有六十三步。西僧三十一步半限分，自然是東僧，限分是西僧。深防若除卻，深防尅體，取實西邊，各有六十三步半。」（二九〇頁下）

〔一九〕**比丘隨遊行住處，有縱廣自然界**　資持卷上一下：「『故』下，引證。此明凡為比丘隨處有界，則知僧祇七樹不屬一人，證上半減義無差矣。」（一八八頁下）

簡正卷五：「一邊只有三十一步半。身南身北曰縱，身東身西曰廣。既六十三步，約身一面，只得三十一步半也。」（二九〇頁下）

〔二〇〕**自然界者，為方、圓耶** 資持卷上一下：「由古異執，故問以關之。」（一八八頁下）簡正卷五：「此正問界體方圓。」（二九〇頁上）

〔二一〕**昔云定方，今解不然** 資持卷上一下：「上句牒古，彼謂六十三步。」（一八八頁下）簡正卷五：「古師云：文中云方一拘盧舍，明知界體定方也。今解不然者，略斥其非也。云若（【案】『若』疑『昔』。）定者，雙釋今是古非也。」（二九〇頁下）

〔二二〕**若界方者，四維有餘，則無教可準** 資持卷上一下：「但據東西南北四方量之，不約四維，故定方也……俗中算法，方五斜七。且約限分自然，四方六十三步，四維則剩二十餘步。深防準知。『方』準僧祇；『維』無所據，故此斥之。」（一八八頁下）鈔批卷六：「應師云：維者，隅也，只是四方之角也。故俱舍云：方五斜七、圓三直一。此明所圍若一尺，能圍則有三尺，故知言定方者，非也。方取角，則有長也。故明了論合角量取，意正防此。」（三六六頁上）簡正卷五：「斥他古師。若云方六十三步者，若角頭量即不常，口有六十三步。故俱舍云：方五邪七、圍三直一。謂若有物，界方五寸，邪量即有七寸也。圍若三寸，頭闊一寸。引此證破古師。若云方六十三步，從角頭量，則有餘剩也。」（二九〇頁下）【案】「者」，底本無，據大正藏本加。

〔二三〕**若有別界，則尖斜不定** 資持卷上一下：「『若』下，釋定、不定兩相，可知。有別界者，或是作法，或約自然。水陸相侵，則隨遠近故也。」（一八八頁下）簡正記卷五：「別界者，水界或作法大界。今自然逼著他界，即災邪不定也。」（二九〇頁下）

〔二四〕**方各一拘盧舍** 資持卷上一下：「初引彼所據。但云『方各』，不言『維』，故謂不釋通文意。身面所向者，則通一切不局方維也。」（一八八頁下）簡正卷五：「證古迷名之失也。汝古人執教文云『方一拘盧舍』，便望解云『自然界體界方』。今師引彼律文，為古解判。」（二九〇頁下）

〔二五〕**非謂界形夏方** 資持卷上一下：「『非』下，遮簡。略（【案】『略』疑『夏』。），音『測』。」（一八八頁下）簡正卷五：「謂約身面所向之方，非謂界形界方也。」（二九〇頁下）

〔二六〕**弟子隨師，方面遊行，可亦不得四維** 資持卷上一下：「『文』下，舉事例難。彼執十誦，『方各』二字，不量四維，故以此並而質之。受戒犍度明弟子法云：

若師遣往方面周旋，不得辭設，託因緣住，故云隨師也。」（一八八頁下）簡
正卷五：「准十誦律，弟子為師持三衣，在道行，前後師遠，明相出，恐失衣。
白佛。佛問：『相去多少？』令量之，得四十九尋。佛言：『齊爾許處不失衣，
過是則失衣。』多論解云：縱廣亦得。四十九尋，不失衣，過是則失衣。多論
解云，縱假廣，二（【案】『二』後疑脫『界』字。次同。），亦得；四十九，
二得，不失衣。此是弟子身面所向之方。雖言其方可，亦不得四維行耶。即言
界形、界方也。」（二九○頁下）【案】四分卷三三，八○三頁上。多論卷四，
五三○頁下。十誦卷五，三三頁中；卷五七，四一九頁上。

〔二七〕五分亦云去身面拘盧舍　鈔科卷上一：「『五』下，會正解。」（八頁下）資持
　　　卷上一下：「引文有三。初引五分，證不局方，但云身面，可決十誦。」（一八
　　　八頁下）簡正卷五：「證方須廢也。」（二九○頁下）

〔二八〕善見亦云方圓七槃陀界　資持卷上一下：「引善見證必須圓。言方圓者，方指
　　　四向，圓即界體。」（一八八頁下）

〔二九〕結大界以三由旬為量　資持卷上一下：「『乃』下，引了論證取四維。」（一八
　　　八頁下）

〔三○〕明了論云合角量取三由旬　資持卷上一下：「然彼是作法，今明自然，但量法
　　　不殊，故得引證。合，猶和也。角，即四隅。論中，正遮取方餘角故。」（一
　　　八八頁下）簡正卷五：「意道：界形雖三由旬，令向角頭邪量取三由旬者，（二
　　　九○頁下）即非尼方之義也。大德云：論文是『令』字，蒿本中亦爾，今錯書
　　　『合』字也。」（二九一頁上）

〔三一〕廣引誠證，定方須廢　資持卷上一下：「文中但明不可分聚，餘四例準。」（一
　　　八八頁下）鈔批卷六：「若方量取，四維有餘，故約角量，明知圓也。（三六六
　　　頁上）應作高音，謂八方各有若干之量也。」（三六六頁下）

　　二、明用僧分齊〔一〕

　　此宗四種論僧〔二〕。汎論「僧」義，並取四人已上〔三〕，能御聖法，
辨得前事者，名之為「僧」。若狂亂、睡眠，所為之人，通及能、所，相
有乖越，不入僧數〔四〕。通而辨僧，則有七種〔五〕。始從一人乃至二十人，
各有成敗不同〔六〕。廣如別鈔〔七〕。

　　初，明四人僧者，謂說戒、結界等事用之〔八〕。二、五人僧者，謂邊
地受戒、自恣等法〔九〕。若據僧祇〔一○〕，捨墮懺悔，五人僧攝。謂受懺
悔主，作白和僧，為他所量，不入僧數。今以當宗不了，僧祇為定。三、

十人僧，謂中國受戒〔一一〕。四、二十人僧，謂出僧殘罪〔一二〕也。

前之四僧，若取「能秉法」名僧，四人實辦一切羯磨〔一三〕。今隨事用，故須三別〔一四〕。

又前四人，若據自行，以成僧體，並須清淨〔一五〕；以犯小罪，不應羯磨故。若論眾法，則有二別〔一六〕。若為說戒、懺悔、滅罪，必須清淨〔一七〕。以有犯者，不得說戒，不得聞戒，不得向犯者懺悔〔一八〕；犯者，不得受他解罪故也。

若受戒等〔一九〕，生善門中，但取相淨，便堪足數，前人尊仰，便成法事。故開停僧殘行法，犯戒和尚，但令不知，應受戒事〔二〇〕。薩婆多云：不得用天眼、耳，知他惡法〔二一〕，但以肉眼見聞等。廣如足數法中〔二二〕。

【校釋】

〔一〕用僧分齊　鈔科卷上一：「通明僧義。」（八頁上）簡正卷五：「前開章時，即云用之通局，今牒舉時，便云分齊，明知分齊通局也。抄下自辨分齊，四種、七種。」（二九一頁上）【案】「明分齊」，文分為三：初「此宗」下；二、「初明」下；三、「前之」下。

〔二〕四種論僧　資持卷上一下：「律云，有四種僧：一者四人僧，除受戒，（白召對問二單白中，受一白四；）自恣，（五德和僧一白；）出罪，（懺殘一白四；）餘一切羯磨應作。（疏云：除三單、白二、白四，自餘皆四僧攝。）二者五人僧，除中國受戒出罪；三者，十人僧，除出罪；四者，二十人僧，一切羯磨應作。」（一八八頁下）簡正卷五：「此曇無德宗。四種論量，僧之分齊，謂四、五、十、二十也。唯（【案】『唯』疑『准』。）瞻波犍度云：四人僧者，除自恣受人大戒出罪，餘一切如法羯磨應作。是中五僧者，在中國，除受人大戒出罪，餘一切法應作；是中十人僧者，除出罪，一切如法羯磨應作；是中二十人者，一切羯磨應作；是中二十人者，一切羯磨應作。況復過二十。」（二九一頁下）

〔三〕汎論「僧」義，並取四人已上　資持卷上一下：「『汎』下，示名義。」（一八八頁下）簡正卷五：「『汎』字，一訓廣，一訓不委細之稱，今取第二說也。羯磨疏云：有人云但取四人為體，三人已下不名為僧。故文云：大眾者，四人若過，若今師意，一、二、三人，總號為僧。明知。古來汎爾論僧，義猶未盡也。」（二九一頁上）【案】「汎」，底本為「汛」，据大正藏本、資持、簡正、

鈔批改。

〔四〕**若狂亂睡眠，所為之人，通及能所，相有乖越，不入僧數**　資持卷上一下：「『若』下，簡濫。略舉非相，委如足數。文中五句：初句及四，並約能秉；次句是所為；第三通能、所，（一八八頁下）如對眾問難、捨墮受懺，能秉之人，即所量故；第四相乖，如四儀差互等。上四別示，下句總括，『通』下指廣。」（一八九頁上）鈔批卷六：「所為之人，通及能所者：如捨墮，懺主為他懺罪為能，若秉單白，為眾所量，是所。又如威儀師，在眾被差遣問難時是所，迴來單白是能。又如自恣時，五德被僧差時是所，至自單白和僧時是能。能則是足，所則非足。由『所』為僧所量故，不得入今用數也。言相有乖越，不入僧數者：此明別眾之人，固非入今用數也。」（三六六頁下）簡正卷五：「狂亂者，顛狂。由心無記，謂狂人、亂心人、病壞心人。各有三種：常憶常來為一人、不憶不來為二人、互憶忘及來不來為三人也。睡眠者，昏重曰睡，攝心離覺曰眠。所為之人者，（二九一頁上）如受人懺罪悕名入法，為僧所量也。通及能所者，諸記中皆云：如自恣五德，及教授師，為差時是所秉，約他正秉法時為能秉也。若依鏡水大德云：『能』自是『所』自是所（【案】後「自是所」三字疑剩。），據二人說，不合於一人身上辨能所也。相有乖越者，以威儀中有差互故。如隱沒離見聞等，並收在此，故云不入僧數也。」（二九一頁下）

〔五〕**通而辨僧，則有七種**　資持卷上一下：「『通』下，指廣。言七種者，總收眾、別也。疏云：對心念法，立一人僧；對於對首，立眾多人僧，（二三人也；）對於眾法，立四人僧。又云：莫不弘秉，通號僧焉。（舊云僧簡別者，謬矣。）」（一八九頁上）鈔批卷六：「鈔主對古師之言，以古人但四人成僧、三人非是僧故。羯磨疏云：有人但取四人為體，以三人以下，不名為僧故。文云大眾者，四人若過。雜心云：四人名僧，非三人故。由大聖鑑物，知三人已下，辨法未盡，四人已上，作法成濟，更標勝德，故獨名僧。宣破云：今若互約眾別兩法，互有通塞，俱非盡辨，應不名僧。然則不爾，當分通辨號弘法者，何得不名秉法之僧？古人迷名，謂僧異數，今翻為眾，止是數收。云何為七種僧？今則略出其相：一者，對心念法，（三六六頁下）立一人僧；二、謂對對首法，立二人僧；三、對展轉法，立眾多人僧；四、對於眾法，立四人僧，如說戒等；五者，五人僧如自恣等也；六者，十人僧，中國受戒也；七者，二十人僧為出殘罪也。下五人、十人、二十人，為緣故分也。」（三六七頁上）簡正卷

五：「汎明未盡，今師更通而辨之，則有七種，故羯磨疏之。若互約別眾，兩法互有塞，非俱盡辨，應不名僧。然則不爾，當分辨號知法者，何得不名秉法之僧？古人迷名，謂僧異數，今翻為『眾』，止是僧收四人已上，其量不窮，故約『眾』名。總攝僧體，則有七種，始從一人乃至二十：對心念法，立一人僧；對首，立二人僧；對展轉，立眾多人僧；四、於眾法，立四人僧，如說戒等；五者，五人僧，如自恣等；六者，十人僧，如受戒；七者，二十人僧，於僧殘罪也。」（二九一頁下）

〔六〕**各有成敗不同** 簡正卷五：「如上七人，應體者為成，不應者為敗。故疏云：如心念者，以自唱為體。若對首告淨，即以前證者為體。或『能』『所』俱體，如說戒等法。」（二九一頁下）

〔七〕**廣如別鈔** 資持卷上一下：「下指義鈔，文逸。（舊云檢彼無文，非也。）業疏總義中，廣明體相，非可卒示。」（一八九頁上）鈔批卷六：「羯磨疏云：有人但依律本約數明體，謂一人眾多至於四人，並取三根清淨，無非法相，便成僧體。如對一人，持說告白。若非足數，雖舉不成故。僧祇云：僧無破戒，不（【案】『不』疑剩。）清淨也。又十誦云：清淨同見，是名為僧也。」（三六七頁上）

〔八〕**初明四人僧者，謂說戒、結界等事用之** 資持卷上一下：「別位易解，略而不明。此篇集僧，且據大眾。初四人者，疏云：僧雖有四，體相分二：初一為體，非四不名為僧；後隨事分，故有三別。文中且舉說、結，其實百三十四法中，除上五種，餘並四人作之。」（一八九頁上）簡正卷五：「祇二十四云：（二九一頁下）四人羯磨、布薩，一切四人得作；若自恣、邊地受戒，一切尼薩耆者；五人得作，是五人羯磨也。當宗律文，四人僧中，但言除自恣、受大戒、出僧殘罪，且不說除尼薩耆，即是不了。故引僧祇為明決也。」（二九二頁上）

〔九〕**五人僧者，謂邊地受戒、自恣等法** 資持卷上一下：「初示本宗邊受二法，教授白召，戒師對問，自恣白和。唯此三白，是五人用。若約僧體，四人能辦。但由事緣相假，非五不成，故四外加一，為五人僧邊受，白四還四人攝。」（一八九頁上）

〔一○〕**若據僧祇** 資持卷上一下：「『若』下，次取他部。本宗受懺，亦止四人。今依祇律，加入五中。彼云：五眾羯磨者，自恣邊受一切尼薩耆是也。」（一八九頁上）

〔一一〕**十人僧，謂中國受戒** 資持卷上一下：「疏云：中國僧多前受生慢，故倍前五為十人僧。」（一八九頁上）

〔一二〕**二十人僧，謂出僧殘罪** 資持卷上一下：「二篇鄰重，犯悔情浮，故倍中受，為二十人僧。準疏，問曰：『受開邊五例，準出罪亦應開十？』答：『受是生善，開之有益；出罪滅惡，開則增過。』」（一八九頁上）

〔一三〕**前之四僧，若取「能秉法」名僧，四人實辦一切羯磨** 鈔科卷上一：「『前』下，料簡差別。初明體用。」（八頁上）資持卷上一下：「初句通括四位。『若』下，別示僧體。初明體通。」（一八九頁上）鈔批卷六：「立明：四人僧，能秉一百三十四番羯磨，但為自恣事，要須五德。受戒事善心難生，故取十人為增上境也。若論出罪，四人亦合秉法，理亦應成，但為成多僧，表作法是難，使懺人愍重故也。」（三六七頁上）簡正卷五：「謂上四人本是僧體，秉一百三十四番，名為實辨（【案】『辨』疑『辦』。）一切羯磨。」（二九二頁上）【案】「前之」下分二：初，「前之」下；二、「又前」下。

〔一四〕**今隨事用，故須三別** 簡正卷五：「羯磨疏云：自恣治罪，舉證須五人，中國多僧，善心浮雜，故制十人。二篇悔治，位緣方濟，故加二十也。」（二九二頁上）資持卷上一下：「『今』下，明用別。上即依律，略示僧體。律本但有約數明體，謂一人、眾多人、四人也。若取假用，乃準成論。詳今文意，雖非正辦（【案】『辦』疑『辨』。次同。）四人，實辦非體，而何則顯古記指前標宗為僧體者，誤矣！」（一八九頁上）鈔批卷六：「謂約上受戒、自恣出罪之事，事須用五、用十、用二十等，故曰分三別也。以四人實能秉一切羯磨，由邊方受戒，用牒和上名入法，即是所為，不在僧數，故須五人。自恣由牒五德入法，故須五人；標其羯磨，但四人僧，（三六七頁上）用十人、二十人僧，亦約事須，故曰三別。又可云：應是約心念、對首、眾法，曰三也。故羯磨疏云『明立僧相之所由』者。古師云：凡人法本興，元為前境，境殊三位，位分三法，隨法立人，故分三相，即如上一人至千僧也。莫不由事有優劣，故使人殊多少。以法對人，人分三位，將人約法，法亦三乖。異法分人，自有區別，故須隨事，便立三相。就後位中，分為四別：一者四人，二者五人，三者十人，四者二十人僧也。礪云：僧雖有四，（四人、五人、十人、二十人。）位約為兩：前二法爾，後二逐情。言法爾二者：四人僧為成說戒，防未起之非；五人僧為成自恣，除已起之罪。言逐情為二者：十人受戒，為欲生善，二十人出罪，元求滅惡。位事兩通，離成四僧。亦可約受、隨分別：五人、十人，對

『受』立二，中、邊不同故；若四人、二十人，對『隨』立兩，已、未不同。四人說戒，防未起之非，二十人出罪，殄已起之過也。作此分別，攝法斯盡，以一切法不在受隨故也。問：『能秉法僧（【案】『能秉法僧』義為『能秉法的僧人』。），既有四位，（四、五、十、三十，）所秉之法，但唯三者（單白、白二、白四）？』解云：『非是一僧不得秉其三法、四僧通用三法，但以受隨情法，故立四僧。（三六七頁下）如前已釋。法中唯立三者：就所作事，有上、中、下異，故對斯三義，立三羯磨。如說、恣是常所行，既是輕小，但用單白等。如結、解諸界，受日差遣，事是中品，故用白二。如受戒、懺罪、呵舉、擯諫，由事是大，故用白四也。羯磨疏云，有人言：僧雖有四，體相分二，初一為體，非四不名為僧，後隨事分，故有三別。自恣邊受，體須四人，但陳已罪，即須舉處。若非德用，濫廁僧倫，故差一人，為僧事境，和白面告，元言表淨也。方隅僧少，前受心慇，四實濟緣，事須別問。若不差遣，無由輒往。問淨返白，前緣方辨，事兼受隨，通用五人也。中國僧多善心浮雜，前受生慢，故倍前五，為十人僧。二篇隣重，犯悔情浮，故倍中受，為二十人僧也。三僧乃異，莫非約事濃薄，半倍增人，方成前境，猶如受日法三品倍增。類知可解。問：『受隨同五，邊受減半，據受比殘，邊方出罪，亦開十人以（原注：『以』本文無。）不？』答：『非類也。邊隅僧少，俗緣拘礙。若不開聽，永沈生死，開有益也。懺、殘不爾。初既誓持終，便順犯本，無慚愧垢心厚重。若開十僧，增長諸惡，謂懺易成，則乖機候，故不開十，所以要須二十。故戒本文云：（三六八頁上）若少一人，不滿二十眾，是比丘罪不得除。即其義也。』」（三六八頁下）

〔一五〕若據自行，以成僧體，並須清淨　鈔科卷上一：「自行唯局淨。」（八頁中）簡正卷五：「此約成僧體，以明一向須淨。若穢，不成僧故。」（二九二頁上）資持卷上一下：「初文自行取淨，（一八九頁上）唯約自知，微有所犯，悔已同法。不爾，必約三根，檢勘清濁，清可預數，濁必擯治。根不外彰，亦容參預故也。」（一八九頁中）鈔批卷六：「立云：若望自行邊，須清淨，要須體淨。故下文云以犯者不得聞戒等也。」（三六八頁下）

〔一六〕若論眾法，則有二別　資持卷上一下：「『若』下，眾法通淨穢。」（四八一頁上）簡正卷五：「說戒為一，受戒為二。就此二中，則有進否，如下自述。」（二九二頁上）

〔一七〕若為說戒、懺悔滅罪，必須清淨　資持卷上一下：「簡定，文略自恣。」（一八

九頁中）簡正卷五：「今引文云：犯者不得聞戒、說戒，及向犯者懺悔，是說戒揵度文也。」（二九二頁上）

〔一八〕**以有犯者，不得說戒，不得聞戒，不得向犯者懺悔**　資持卷上一下：「『以』下，釋成。初釋說戒。上句制能說，下句制所聽。後釋懺罪，上句制能懺，下句制所受。問：『一切羯磨，生善滅惡二門統收，如何分之？』答：『如諸悔罪、治擯、滅諍、設諫等法，名為滅惡，已外一切，並號生善。昔見下云『生善』，便科此為滅惡，致令後學妄謂說、恣，同滅惡收。當知。文中具明二種：說戒是生善，懺悔屬滅惡。』」（一八九頁中）鈔批卷六：「以有犯者不得說戒者，羯磨疏云：戒法體淨，擬救將犯，今自沉溺，何能拯救？故不可也。不得聞戒等者，說序之時，文、言具悉，『有罪者當懺，淨者嘿然』。今心停罪，端然應淨，虛欺賢聖，甚自負責，又不可也。言不得向犯者懺悔者，以其罪積思除，引證對息（【案】『息』疑『自心』。），前既有瑕，無由遣累，又不可也。犯者不得受他解（【案】『解』疑『悔』。）罪者，懺名上起，前可染污，何能生他後斷之本，故制不可也。即如經云『自既有縛，能解彼縛，無有是處』，即其義也。」（三六八頁下）

〔一九〕**若受戒等**　鈔科卷上一：「『若』下，示通穢。」（九頁下）

〔二〇〕**故開停僧殘行法，犯戒和尚，但令不知，應受戒事**　資持卷上一下：「『故』下，引例。有二：初，律開白停僧殘赴前受戒；二、律中有人受戒已，疑和尚犯戒，有四句。三句不知皆得，後句知故不得。如次篇具引。」（一八九頁中）簡正卷五：「謂眾人不知，無有三根，但令相淨，便堪應法。問：『犯戒和上未審犯何戒耶？』『律文但言犯戒，若據今師下之文意，至於吉罪亦不得。或引犯戒四句，約受人知不知等。』」（二九二頁下）

〔二一〕**不得用天眼耳，知他惡法**　資持卷上一下：「問：『為約所為不知，為能秉互不知？』答：『且論受戒，所為之人，不疑微犯，方得成法。若論能秉，唯據四重，各不相知，亦成法事。』」（一八九頁中）

〔二二〕**足數法中**　鈔批卷六：「下足數文云：若聽以天眼耳看僧淨穢者，人誰無過？若聞說者，則妨亂事多。以斯緣故，不聽說也。故云『但以肉眼見聞』等。」（三六八頁下）

## 足數眾相〔一〕篇第三別眾法〔二〕附

上已明其來集，而用僧須知應法〔三〕。

若託事無違，雖非僧體，而堪成僧用〔四〕；必於緣差脫，不妨清淨，

入非僧攝〔五〕。以此二途，故當料簡，使是非兩異、取捨自分〔六〕焉。

【篇旨】

鈔批卷六：「上來雖明集處遠近，未陳染淨。若體兼真偽相雜，則非應法，徒集無用，故有此篇來者，為簡擇其浮濫。（三六八頁下）先明來意者。上言集僧遠近，兼明數滿，至於應法，須具緣成。若淨穢混同，人非應法，徒施作法，於事不成，故此篇來也。」（三六九頁上）【案】「足數」文分為二：初，「上已」下；二、「就中」下。

【校釋】

〔一〕足數眾相　簡正卷五：「緣體相應，名為足數；事順無乖，說名僧相。」（二九二頁下）資持卷上一下：「『足』猶滿也。即律中得滿、不得滿等，如後具引。數有七位，始自一人，終至二十。然今多據眾法明之，對首、心念，同須應法。疏云一人說戒，辦與百千敷教齊等，故可知矣。然下文中多明不足，為顯成足，故約堪能，以目篇首。眾相者，有本作『僧相』，人即解云：『僧』翻『眾』故。今則不然，四例簡辨，其相非一，故云眾耳。」（一八九頁中）

〔二〕別眾法　資持卷上一下：「足別相關，以類相從故。」（一八九頁中）鈔批卷六：「注欲明淨穢足不足之相者。然僧雖現集，約體清淨，或恐相有乖違、義非僧用，即成別眾，故有別眾法附也。立云：由別眾與足數，義相關涉，故附此篇出也。」（三六九頁上）

〔三〕上已明其來集，而用僧須知應法　資持卷上一下：「上二句明相生。僧雖已集，真偽相參，法假人弘，人乖法敗，制令簡練，其意可知。」（一八九頁中）簡正卷五：「結上生下也。上已明其來集，結上，謂七相召集等；而用僧須知應法者，生下也。」（二九二頁下）鈔批卷六：「上已明其來集者，將欲生起今文來意，故且結前篇也。而用僧須知應法者，即是生起今文也。欲明僧雖已集，集須辨事。然僧有多種，即如多論云，略有五別：一者群羊僧，二者無慚愧僧，三者別眾僧，四者清淨僧，五者第一義諦僧。言群羊僧者，不知布薩、行籌、說戒、自恣、羯磨，一切僧事盡皆不知，猶如群羊，故得名也。言無慚愧僧者，舉眾共行非法，如行婬、飲酒、過中食；凡是犯戒非法，一切同住，名無慚愧僧。言別眾僧者，如羯磨、亡比丘物，以貪穢心，客比丘來，不同羯磨；凡是隨心別眾羯磨，名為別眾僧也。言清淨僧者，一切凡夫僧，持戒清淨，眾無非法，名清淨僧。言第一義諦僧者，即四果、四向，名為第一義諦僧也。今言應法者，取其第四凡夫持戒清淨之僧也。」（三六九頁上）

〔四〕若託事無違，雖非僧體，而堪成僧用　資持卷上一下：「『若』下，示二途。（一

八九頁中）初至『僧用』，明體非相足。此為一途，即第三例。」（一八九頁下）鈔批卷六：「立謂：內雖犯重，外無三根，又未自言，故開成用。相非隱沒、離見聞，同集行事，故云托事無違也。」（三六九頁下）簡正卷五：「說無三根之事，外章在眾之時，相形如法，不自言陳等。雖體冥然非僧，約此不知之邊，儀形相順，卻得足數，即第三門中人也。」（二九二頁下）【案】本句義為：雖然體與非僧一樣，但由於儀形相順，能得足數，故可堪僧用。

〔五〕**必於緣差脫，不妨清淨，入非僧攝**　資持卷上一下：「『必』下至『僧攝』，明相乖體淨。此為一途，即初例也。託事於緣，並約三業外相為言。」（一八九頁下）鈔批卷六：「立明：如下初門中人，體是清淨，由隱沒、離見聞等，以相乖故，是不足限。」（三六九頁下）簡正卷五：「必於緣等者，謂作法時，睡、定、隱沒、雖（【案】『雖』疑『離』。）見聞等，儀相乖違，號為差脫也。不妨清淨者，戒體如法，雖則體如，相既非順，卻不足數，故云入非僧攝也。即初門中人是。」（二九三頁上）

〔六〕**以此二途，故當料簡，使是非兩異，取捨自分**　資持卷上一下：「『以』下，躡前發後。料簡，即下四例。『是非』約所簡，『取捨』據僧用。」（一八九頁下）簡正卷五：「淨穢二種，途路合足、不合足故。」（二九三頁上）鈔批卷六：「結前生後也。取捨自分者，立明：我今作此分別，得識其是非。若是足者須取，非足須捨，故曰自分也。」（三六九頁下）簡正卷五：「以此二途等者，淨、穢二種途路，合足、不合足，故須料揀，使是非兩異。取捨自分者：淨僧，若相順得足數為是；若於緣差脫，如隱沒等，不足數即非。又，體穢之人，不自言無三根，眾人不知相形，又順得足數為是；必有三根外顯，縱在僧中，形相無乖，亦不足數，即非也。如此是非，便成兩異，是即名取，非乃名捨。三途中，並有取捨，即自分焉。」（二九三頁上）

　　就中例四〔一〕：初，明體是應法，於事有違，故不足數〔二〕；二、體境俱非，雖假緣，亦不足數〔三〕；三、體非僧用，於緣成足〔四〕；四、約緣有礙，不妨成法，少分不足〔五〕。

【校釋】

〔一〕例四　資持卷上一下：「即前二途，開出二例。初句出第四，並體如故。第三出第二，俱體非故。舉要為言：初，體是相非，故捨；第三，體非相是，故取；第二俱非，故捨；第四俱是，亦取亦捨。」（一九三頁下）簡正卷五：「就中者，一解云，此正篇之中，玄記云：就二途之中，今取初解好。例四者，類例

合有四門也。有作『列』字，錯也。」（二九三頁上）

〔二〕**體是應法，於事有違，故不足數**　鈔批卷六：「此明第一門，總依諸部列出。雖是淨僧，以隱沒、睡、定等，由於相乖，故非足也。」（三六九頁下）簡正卷五：「謂清淨應比丘之法。然作法之時，相儀乖角，故於事有違。如是，當宗、外部，都計會，便有三十餘人。下文當更結數也。」（二九三頁上）【案】此「初」即「明體是應法，於事有違，故不足數」，鈔科簡稱為「體是事違」。

〔三〕**體境俱非，雖假緣，亦不足數**　資持卷上一下：「體謂戒體，境即人境。」（一八九頁下）鈔批卷六：「立云：十三難人，本受不得戒，名體非。尼中四人，名境非。雖假其三根未彰之緣，亦不足緣。此是古師義，鈔主雖引來，用為標門。下解釋中，則異此意，亦云『標門順古言，釋中違古義』。至下文則云：『若爾自言，亦得足數。若言竟，始是不足。』古人則言：『體是不足，縱不自言，作於淨想，亦是不足也。』恐此解非也。未必標門，與後解對面相違，今詳文意，（三六九頁下）極自調直。言體非者，即十三難、尼等四人。故羯磨疏中，尼等四人、邊等十三，及白衣等，並屬體非也。言境非者，三根外現也。雖假緣者，謂雖假不隱沒、不睡定之緣，亦不足也。」（三七〇頁上）簡正卷五：「如尼等，本不是僧，十三難無戒，三舉二滅，體壞，號為體非。又，自言及三根外部，有人委知，名為境非。假作如法之相，向眾中坐，（二九三頁上）無乖違等，亦不足數也。如是之類，有二十二人，更兼外宗一人，都二十三人，亦如下列。」（二九三頁下）

〔四〕**體非僧用，於緣成足**　簡正卷五：「此據前來之人，體雖不是僧用，待人未知，將謂清淨。又作法時，儀相無乖，成於足數。（二九三頁下）鈔批卷六：「問云：『體雖非僧，於緣成足，何故不言境者？』『以境一向是如，故不須論也。謂無三根可顯，名境如也。雖自體非，以為境如，故足。言於緣成足者，非為隱沒等緣也。』（此解好。）又，言體非僧用於緣成足者，即第二門中人也。十三難等，尼等四人，由來自言三根未練，雖體非僧，以假不自言之緣，或可假非隱沒之緣，故開足也。」（三七〇頁上）

〔五〕**約緣有礙，不妨成法，少分不足**　簡正卷五：「謂身有法被治，或可犯罪正行行法等，名為有礙，足別法事。一切總得，名不妨成法。若當法之中，即不足數，故云少分不足。如此之類，當部他宗，都十一人。如下廣料簡也。」（二九三頁下）鈔批卷六：「謂呵責等四羯磨人，不足證他治舉羯磨，得應其餘生善法事，故言不妨成法。雖得應他餘羯磨，不得呵羯磨，以行法在身，奪三十

五事中不得呵羯磨，故言少分不足也。又，解此四法人及懺殘等人，雖應一切餘生善羯磨，然於呵責等法，及與他除罪，各自不相足，故曰少分等。」（三七○頁上）扶桑記：「約緣有礙，律四例中得滿不應訶是也。四羯磨、懺殘人、身有奪行，故不得訶，是曰有礙。而足生善門，故云不妨等。」（五○頁上）

初，明是淨僧，相違故不足者

四分「不足數中〔一〕」：所為作羯磨人〔二〕、神足在空、隱沒、離見聞處、別住、戒場上，六人〔三〕。

餘者，非無此義〔四〕。故「捨戒〔五〕」中，顛狂、瘂聾、中邊、死人、眠人、自語前人不解，並不成捨，謂不足數也。

今取他部明文證成〔六〕。

十誦中：睡眠比丘，若聞白已睡者，得成擯人〔七〕。未白前睡，不足數也。亂語人〔八〕、憒鬧人〔九〕、入定人、瘂人、聾人、具二人〔一○〕、狂人、亂心人、病壞心人、樹上比丘，十二種人〔一一〕。摩得勒伽：重病人、邊地人、癡鈍人等〔一二〕，滿眾自恣，一切不成；餘同十誦〔一三〕。僧祇中〔一四〕：與欲人；若隔障；若半覆半露，中間隔障；若半覆半露，伸手不相及〔一五〕；露地伸手不相及。乃至行作羯磨，坐則成別；住、坐、臥互作〔一六〕。廣如別眾〔一七〕中。

義加：醉人；自語不解，顛倒異言，前人不練，不解之人。是不足攝〔一八〕。

就中相隱難知者。

隨初解析〔一九〕。

初言，所為〔二○〕作羯磨者，以此人是乞法之人，為僧所量，不入僧限〔二一〕。若通四內，若將入數，僧不滿四〔二二〕；唱羯磨時，以所牒人〔二三〕，不入僧用。「若爾，四人受日，四僧不列，亦應得成〔二四〕？」答：「一人所為，三非僧故，不能秉法〔二五〕。文不列者，事同五人，並是所為〔二六〕故。四人僧者，直取能秉〔二七〕。不同說戒、結界，所為則無，正作法者，為僧作故〔二八〕。」神足在空〔二九〕，毘尼母云「空中無分齊」，故與陸地別也。隱沒者〔三○〕，謂入地也。井窨〔三一〕之類，有僧是別非足。離見聞〔三二〕者，僧祇中謂同覆處離見聞，其相如「室宿」中說〔三三〕。此謂離比座見聞〔三四〕，不取說戒師、羯磨者見聞也。如義鈔說〔三五〕。別住者，昔云同一界不盡集〔三六〕，今謂界外比丘濫將入

數〔三七〕，非謂眼見在界外〔三八〕。以界分不知，冥然在外，作法不成，故云不足〔三九〕。戒場上者，由前外界不成，謂言「在內者得」〔四〇〕。此二界同在自然，不同一相，是別界故〔四一〕。

睡眠〔四二〕、亂語〔四三〕、憒鬧〔四四〕、入定〔四五〕等，由本無心〔四六〕同秉法故。十誦中〔四七〕：證他受戒，各各入定、亂語等，不知羯磨成不？佛言：並皆不成〔四八〕。準此，僧數必多者，亦許成就〔四九〕；縱在房中睡眠、醉亂者，理亦開成〔五〇〕。餘同「羯磨法」中說〔五一〕。啞、聾等三，由根不具〔五二〕，不成證故。「大德僧聽」「不忍者說」，並闕二能〔五三〕，故不足也。準伽論云〔五四〕：若聞大語聲者，得成法事。狂等三人，由心無記，故不足〔五五〕。若準律中，常憶常來、不憶不來〔五六〕，此之二人，既不得法，初人成用，後人不足。若互憶忘，及來不來〔五七〕，未得羯磨，不得別他；若得羯磨，縱使病差〔五八〕，則通不足。痛惱、心亂，例同狂三〔五九〕。

重病人〔六〇〕者，由心昏沈、不樂，無情緣法。邊地人〔六一〕者，言不領當，中國之人，亦不足邊。必後知語，二通相足〔六二〕。癡鈍人〔六三〕者，不知言義，未了是非，則非斷割之匠，必言解羯磨，齊文而已〔六四〕，亦開成足。

與欲之人，心同身乖〔六五〕。言隔障者：謂同障覆而別隔者，不成同相〔六六〕；或言露地而隔〔六七〕者。半覆中間障〔六八〕，若伸手不相及者：謂半僧簷下、半僧階下，中間施隔，或復無障，伸手不及，並非同住之相〔六九〕。言露地，伸手不及者，此言相顯〔七〇〕。覆處不須。露地加法，必須相接〔七一〕。說戒、羯磨等師，並在僧一尋之內〔七二〕，令伸手相及。所為之人，雖非數限，亦須相內。

【校釋】

〔一〕不足數中　資持卷上一下：「即瞻波犍度。彼作四句：一、得滿不應訶；（四羯磨人見第四例。）二、不得滿應訶；（欲受大戒人開訶，即下沙彌，唯此一法。）三、不得滿不應訶；（二十八人。今鈔取六人，體如在初例。二十二人體非，在第二例。）四、得滿應訶。（善比丘也。篇中所簡，正取此人。今須分二：一、體相俱善；二、體乖相善，即第三門並成訶足。）六人名相，下文自釋。」（一八九頁下）簡正卷五：「若准四分，瞻波不足數法中，都有二十八人不足數，是文圖義足。故頌云：餘舉滅難為，神隱離別場。『餘』謂餘之四

眾，比丘尼、式叉、沙彌、沙彌尼也；舉者，三舉也；『滅』謂二滅也；『難』謂十三難也；『神』謂神足在空；『隱』謂隱沒；『離』（【案】『離』後疑脫『謂離』字。）見聞處；『別』謂別住；『場』謂戒場。豈非二十八人？」（二九四頁上）

〔二〕**所為作羯磨人**　鈔批卷六：「即是乞法人。為僧所量，不落僧數，（三七○頁上）故不足也。從此已下，約鈔映羯磨疏中，通計諸部，有六十人不足數。四分有三十二人，十誦有十五人，伽論三人，僧祇九人，五分一人，即病人背羯磨者是也。今文中約四分，前列二十八人，更將下行僧殘懺四人加之。准瞻波中，唯列二十八人，體不足數。今義取懺殘等四人，故成三十二也。然僧殘等四人，少分不足，非體不足，故瞻波不列，故別列之。到下文更平章，故成三十二人。十誦前列十二種人，還將下懺僧殘二人，成十五，何故二文雙列？由四分則正行懺，十誦則行竟，以遠近有異也。僧祇九人者，即隔障等四，并行住坐臥，四儀互立，及與欲人為九也。餘者可尋。若此計會，下文易見。今初門中：四分列六人；十誦列十二人，前正列有十一，後加白衣成十二人；伽論列三人，可尋；僧祇有九，如前已釋。下文十二種人者，此是句家枝分也。其下第四門中，行僧殘人，與呵責等四羯磨人有異，故有不足別。懺殘等人，以犯次死，罪深難拔。雖行法在身，根本未拔，壞眾義備，故不足數。若四羯磨人，但犯小罪，情過可呵，故足數收。首疏引多云（三七○頁下）以不足數，都合六十三人。不足數合七人，偏不足數，行覆藏等四、行竟等三，故是七也。言偏者，謂此人大分得足，但望悔殘出罪等法，名為不足，故言偏也。」（三七一頁上）

〔三〕**六人**　簡正卷五：「『若爾，既有二十八人，文義具全，何得此中云六人文圓義足？』答：『就二十八人中，袖得此之六人，一向體淨之者，但相中有乖，故不足。已外二十二人，或本不是僧體，或壞體等流類於似。既無淨體，此門不似，寄在第二門中列出也。』（二九三頁下）已上四分六人，且標列名數，未得解釋。」（二九四頁上）

〔四〕**餘者，非無此義**　鈔科卷上一：「『餘』下，約義明二十五人。初，敘本宗義具。」（九頁中）鈔批卷六：「立明：四分『不足數』文中，且列此六，文則不云顛、狂等，不足也。然非無不足之義，下捨戒則云對顛、狂人捨戒不成捨，對啞、聾人捨戒不成捨。今案此對首小法尚爾，羯磨大法固然也。但是文闕，義合有之，故曰『餘者，非無此義』也。」（三七一頁上）簡正卷五：「欲解此

文，應先問曰：前來據四分『不足法』中，淨穢都有二十八人。今師袖得體淨六人來，此第一門中出。更有二十二人，即寄在第二門明。二十二且置而不論，今於此門，依四分所列，體淨六人，文圓義足。僧數者，為復只有此六人不足？除此六外，更有淨體之人不足？鈔答云：『餘者，非無此義。』餘者，外也。『者』之一字，助語詞也。非，由不也。無者，對有彰名。此義者，即不足義也，簡異無不足之文意。六人之外，更有體淨之人，亦不足數，但有義且無文。何故得知？下引捨戒法中，顛、狂、啞、聾等，亦是體淨。然闕根識、無記等，對他捨戒不成，元來不足。我對首之數，若得足數，捨戒合成，豈非有義？然瞻波中，無此諸人不足之文，即是『無文』。今師引他部分明之文來證成，如是類人，定是不足。故鈔云：今取他部明文證成，即生起用諸部文意也。如此消抄，不違文旨。有解云：二十八人外曰餘，亦是一途。又有云：六人外更有二十二人為『餘者』，非甚也。」（二九四頁上）

〔五〕捨戒　資持卷上一下：「初科捨戒，文有兩出：一、出淫戒，二、出受法。若受法中，更有醉人。注羯磨備引，彼云：受戒捨法內，云睡眠、醉、狂，悉不相領，並不成等。今此且引淫戒中文，或因錯解，妄加改作，或恐寫脫。顛狂是一人，（律文次列痛心、痛惱二人，今以顛狂總之。）啞、聾、顛，總為三人，中、邊互望為二人。律文甚廣，取要且列九人。」（一八九頁下）

〔六〕今取他部明文證成　鈔科卷上一：「『今』下，取他部證成。初引諸部二十三人。」（九頁中）

〔七〕睡眠比丘，若聞白已睡者，得成擯人　鈔科卷上一：「十誦十一人。」（九頁下）簡正卷五：「准十誦五十四云：波離問佛：『若眾睡眠，擯一比丘，得名擯否？』答詞如抄引也。問：『既云十二種人，何故但列十一？』答：『彼律有白衣一人，引中未出，寄在第二門中。』『何以得將白衣一人，充此數耶？』答：『准羯磨疏通列，十誦不定數有十五人，四位列人：初，列三覆藏人；二、列睡等四人；三、列啞、聾、具二等三人；四、列後之五人。後文云：十四樹上，十五白衣。證知不謬。』問：『何得此標而後列？』答：『此門本明淨僧。白衣是本（【案】『本』疑『未』。）受戒不得。人既非僧體，合在下科，流類相似。今此標者，且顯是彼宗都數故。其餘人等，下文一一釋之。唯有樹上比丘易知，下不更說，今略辨也。所言樹上者，寶云：須約眾中樹。若於眾外樹，明知不足。」問：『樹上不足則知，未審有別眾否？』答：『羯磨疏云：若樹在界內，枝蔭界外，比丘在枝上，是別非足，以從根斷故；若枝連界外地比丘地，

比丘在外枝上，即非別也；若樹在界外，枝蔭界內，比丘在界內枝上，亦非別，從根斷故；若枝連界內，比丘在上，亦成別眾。」（二九四頁下）鈔批卷六：「十誦：睡眠比丘，若聞白已睡得成擯人者，謂且舉擯人一法，餘須例之。又，復是十誦本緣也。撿彼律云：憂波離問：『若睡眠比丘眾僧擯，得名擯不？』答：『若聞白已睡眠，得名擯。』又問：『若眾僧睡眠，擯一比丘，是比丘得名擯不？』答：『眾僧聞白已，睡眠，得名擯。若憒鬧、亂語等，皆約擯人上作之，必聞白已。」（三七一頁上）【案】「十誦」下正引。初，十誦十一人，二、伽論三人，三、僧祇九人。

〔八〕亂語人　鈔批卷六：「約口業不足也。」（三七一頁上）鈔批卷六：「皆成擯事。此上約『能』『所』通論也。立云：聞白已開成者，為已知梗概也。」（三七一頁上）

〔九〕憒鬧人　鈔批卷六：「約心業不足。（三七一頁上）立謂：心攀緣覺觀也。」（三七一頁下）

〔一〇〕具二人　資持卷上一下：「啞、聾兼也。」（一八九頁下）

〔一一〕十二種人　資持卷上一下：「結文寫誤，合云十一。然彼實有十二，而白衣一人，由體非故，摘歸後科。」（一八九頁下）鈔批卷六：「羯磨疏云：樹上者，則須知比丘在界內外。若枝委界外地者，身在界內，是名別眾，界外非別。若不委地，內外俱別，而是不足數收也。」（三七一頁下）

〔一二〕重病人、邊地人、癡鈍人等　資持卷上一下：「伽論三人，取其異者，同則指前。然彼有轉根人，即落第二尼中，故不重引。」（一八九頁下）

〔一三〕餘同十誦　鈔批卷六：「深云：伽論明不足之人更多，今列三者，是與諸部不同者耳。彼文中猶有，但相同十誦，故云然也。」（三七一頁下）

〔一四〕僧祇中　鈔科卷上一：「僧祇九人」（九頁下）

〔一五〕若半覆半露，中間隔障；若半覆半露，伸手不相及　鈔批卷六：「謂有兩出相，並而明之。前句半覆半露，但論施隔，不論申手相；後句半覆半露，則云申手不相及，則無隔障也。」（三七一頁下）

〔一六〕互作　資持卷上一下：「四中隨舉一儀作法，餘三成別。（一八九頁下）則一儀有三，歷為十二。疏云：且從四儀，即合前九。」（一九〇頁上）

〔一七〕別眾　鈔批卷六：「此篇下文別眾法附文也。」（三七一頁下）

〔一八〕義加：醉人；自語不解，顛倒異言，前人不練；不解之人，是不足攝　鈔科卷上一：「『義』下，義加二人。」（九頁中）簡正卷五：「義加，醉人者，夫秉法

足數，非所言教，（二九四頁下）須會解是非。今此極醉之人，口中出言，自
不能解。緣本與骨，前後顛倒，異於聖言，前人何得明委？故云前人不練。今
師據十誦『亂語人不足數』，道理義加此之一人也。不解之人，是不足攝者，
大德云辨不學人也。謂初學之者，未能洞達是非，名為不解。今師准伽論『癡
鈍之人不足數』，道理加此一人，亦合不足。次都計數者，四分六人、十誦十
一人、伽論三人、僧祇九人，義加二人，下解釋中，更加露地隔障一人，總來
三十二人，在此初門攝。玄記次露地隔障一人，但三十一也。」（二九五頁上）
鈔批卷六：「此非約醉人秉法也。謂醉人在眾中坐，不足數也。言自語不解者，
此既醉竟出言，自亦不解也。顛倒異言，前人不練者，謂醉人自言，尚自不
解，忽聞僧秉羯磨，或顛倒、或異言之時，其醉者何能委練也？諸此醉者為
『前人』也。不解之人是不足攝者，喚醉者為不解之人也。」（三七一頁下）
資持卷上一下：「義加二人：初，醉人，出受法捨戒中。二、『自語』下，四句
是一人，即如上引捨戒文也。上二句，明自不解；下二句，明他不解。『是』
下一句，正彰。義斷餘人，並有諸部文證，此二獨無，理非可足，故名『義
加』，非謂祖師自意加之。（古記云義加三人，將『不解之人』為『不解律人』，
非也。一、不識『義加』；二、讀文句破；三、不曉癡鈍，即不解律人。如下
所解，及業疏中。已上總三十一人。）」（一九〇頁上）扶桑記：「會正云：大
師準捨戒文中，約義加之。會正云：從顛倒異言，前人不練二句，是釋上自語
不解之貌。（是一人。）不解人，即不明律人。（是一人。）共上醉人三人也。」
（五〇頁上）【案】本句明依義加人兩種：「醉人」（自不解者）和「他不解者」。
資持和簡正、鈔批斷句有所不同，對「義加」二人所明也有差異。資持釋文破
簡正之義。今依資持。

〔一九〕隨初解析　鈔批卷六：「謂更牒前文來以釋也。隨前解釋，故曰隨初等。」（三
七二頁上）

〔二〇〕所為　簡正卷五：「僧是『能為』，彼是『所為』也。」（二九五頁上）

〔二一〕以此人是乞法之人，為僧所量，不入僧限　資持卷上一下：「上明不足所以，
文約乞法，據攝多種，今分三別：一、乞法，（處分、畜眾、求懺等陳詞乞，
受日無詞乞；）二、不乞直與，（如諸差人及治諫等；）三、自身作法，即是
所為，（戒師白和捨墮、受懺。）為僧量者，量謂觀察前人可否。既是自乞，
豈容自量？制不許足，旨在於此。」（一九〇頁上）簡正卷五：「謂就僧乞羯磨
法等。為僧所量，不入僧限者，僧量他前人，合與法等，自身不入僧之正數

故。」（二九五頁上）

〔二二〕若通四內，若將入數，僧不滿四　資持卷上一下：「『若通』下，次，明入數非法。此之二句，語意似重，或恐意別。」（一九〇頁上）簡正卷五：「謂若將此乞法之人足四人數者，（二九五頁上）即僧不滿四。」（二九五頁下）

〔二三〕以所牒人　簡正卷五：「以所牒人，即乞法者，不入僧用也。」（二九五頁下）扶桑記：「謂羯磨中，牒舉其名。如受日中云『比丘某甲受過七日法，十五日。』」（五〇頁上）

〔二四〕四人受日，四僧不列，亦應得成　資持卷上一下：「本律四人，但除三法，不得作之。（受戒、自恣、出罪，具如前篇。）而不列除受日，則知四人得作。此由當時濫行，復欲盡申所為之義，故問以決之。」（一九〇頁上）鈔批卷六：「此難意緣。前既云所為之人不入僧數者，何故律文瞻波法中解四種僧云：四人僧者，除受大戒、自恣、出罪，餘一切羯磨應作；五人僧者，除中國受戒出罪，餘一切如法羯磨應作；十人僧者，除出罪，餘一切如法羯磨應作；二十人僧者，一切羯磨應作。前四人僧，列所除中，既不云除受日，明知四人即秉受日，謂我身是一，并身外有三，即成四人，何須五也？據四人僧中，所列除者，不除受日，明知所為之人，亦入僧數。」（三七二頁上）簡正卷五：「謂律文於四人法中，但除三事，謂受戒、自恣、出罪，既不列除受日，明知爾時將受日所為之人，足前三人成四人，道理應得。」（二九五頁下）

〔二五〕一人所為，三非僧故，不能秉法　鈔批卷六：「此意云：律所列者，皆取能秉之人，以成四僧之體。若所為之人，本非其數也。」（三七二頁上）簡正卷五：「謂一人是所為，牒彼比丘名字，入羯磨時，即任運不足。已外三人非僧，何能秉御得聖法耶？今更難曰：上言一人所為，三非僧故，秉法不得。必定『能』『所』須五者，何故得律文不列除受日？鈔答云：『文不列者，事同五人，並是所為故。』」（二九五頁下）

〔二六〕文不列者，事同五人，並是所為　資持卷上一下：「『文』下，推不除所以。初，明非五人……律中唯三。單白是五人法，自餘差人、德衣、受日等，並須五人作，而非五人法，故云事同耳。並所為者，總上諸法。」（一九〇頁上）鈔批卷六：「言文不列者，指律文也。言事同五人者，立謂：受日之事，能、所是五人也。此正答前問，云『事須五人，非謂法須五人也。若法，但須四人耳』。礪對此即問云：『自恣亦含所為之人是五，即列出五人僧中；受日亦含所為之人是五，何故列在四人僧中？』答：『差自恣五德之時，及五德和白之

時，實是四人僧用。今正取白竟受自恣時，是五人用。（三七二頁上）故始終
須五，不同受日也。』事同五人，並是所為者，何故言並是所為？此文難消，
今以情求，謂受日中，論所為則是五，例其餘一切羯磨，如處分杖囊、離衣、
六年等，皆是約能秉是四。若論所為，受日、離衣杖等，能所今五，故曰並是
所為也。今言並者，只是將離衣杖、受日等同然，故曰並也。故礪云：自恣要
五人。若但四人，不成差治，故要五人，方成僧用。『若爾，受日處分、離衣
六年等，亦須五人、應五人僧收？』答：『受日是別，為不得五，皆受日故，
所以非類也。』述曰：謂自恣為眾而作，故五人皆各陳詞自恣，受日為別人，
不可五人同皆受日，但是四人為一人受日是也。故受日等，唯四人僧攝。『若
爾，我亦五人，盡須受日，更互作法，應不得成？』答：『五俱受日者，理是
成限。然非一時作羯磨，故前後而作，即是別法。』上言不成差治者，差五德
也，治謂舉得罪法懺治也。為僧作故者，不為自己，所以四人得成也。」（三
七二頁下）

〔二七〕**四人僧者，直取能秉**　資持卷上一下：「『故』下，顯攝在四人。」（一九〇頁
上）簡正卷五：「意道：律文但據能秉四人，列除三事：自恣、受戒、出罪。
其受日，事同五人，非正五人僧作。玄云：事同五人，與自恣事相似，不論乞
法、不乞法，並是所為故，此解自是一途也。又難云：說戒四人，戒師在內，
結界四人，唱明比丘在內，何故得足數耶？答文如鈔。」（二九五頁下）

〔二八〕**不同說戒、結界，所為則無，正作法者，為僧作故**　資持卷上一下：「『不同』
下，簡異。恐云若不許四人受日，說戒戒師結界唱相身外，三人何以得成，故
此釋之。言為僧者，顯前為別。」（一九〇頁上）

〔二九〕**神足在空**　資持卷上一下：「謂有神通，足履空者。以界限約地，不論空處，
故云無分齊等。」（一九〇頁上）簡正卷五：「母論第六云：若比丘用神通力，
（二九五頁下）在空中住，欲受戒者，師及眾僧在地。若師在空，受戒者，反
眾僧在地，乃至師弟，皆在空不得受戒。何以如此下句釋云『空中無分齊』
等？謂不可結界故。又准彼文，但離地四指，取人指即四寸，便與陸地別
也。」（二九六頁上）

〔三〇〕**隱沒者**　簡正卷五：「謂入井窖。說文云地室也。在界內是別眾，極中有乖，
是不足也。」（二九六頁上）

〔三一〕**井窖**　鈔批卷六：「如北人掘地為孔，中安床榻，夏入承（原注：『承』疑
『泉』。）源。比丘若處其中，眾在其外，相望成別，非足。」（三七二頁下）

資持卷上一下：「窖，『於禁』反，地穴也，由處坑坎，身不現故。」（一九〇頁上）

〔三二〕**離見聞**　資持卷上一下：「明其處。露地，但取手不相及，故簡覆處方有此相。」（一九〇頁上）簡正卷五：「即舍屋之下，上面有覆，總是同覆處。在此處作法，不得離見聞，即不足也。」（二九六頁上）

〔三三〕**其相如室宿中說者**　簡正卷五：「准下隨相中『與女同宿戒』，辨室相有四種：一、四周有障，上有覆，謂如今房堂等是；二、前故（【案】『故』疑『敞』。）無壁，謂如長廊下，或聽屋處是；三、雖覆而不遍，謂四面並周迊，上亦通覆，但開中央，即如今時明堂等是；四、雖覆遍而有開處，謂少開明孔等是。寶云：室相四種，指在下文。今但據上面通覆遍，即成同覆處。在下作法，即不得離見，縱在申手外無過。玄記云：室相若成，在室內作法，不得離見聞。若室相不成，須在申手內者。此非解也。」（二九六頁上）鈔批卷六：「此約室相戒（【案】『戒』疑『成』。）。在此室內，不得離見聞也。若室相不成，離申手外，即不足數也。立約室相不成，作九句，亦指隨相中『與女同宿』。室相九句，三三分之。初三者：盡覆半障，二、盡覆少障，三、盡覆無障；次三者：一、盡障半覆，二、盡障少覆，三、盡障無覆；後三句：一、半覆半障，二、少覆少障，三、無覆無障。此九句，室相不成。在此室中，離申手，即不成足。恐立引此不當今文，約離見聞，合引室成者以辨。若室相不成，唯論申手，何論見聞？前勝解與文相應，如義鈔說者。勝引羯磨疏云：問：『見離聞中，為俱為互，約誰辨離，成不足？』解云：『皆望比座展轉，不約作羯磨者，如轉輪高座說戒，八萬人自恣，何由善（【案】『善』疑『普』。）聞？但取相連，即非別眾，故是足攝。故五分中，三種羯磨，房少不容，聽出在前後簷下及庭中坐。雖不了語，皆為法來並得，廣如彼說。』」（三七三頁上）

〔三四〕**此謂離比座見聞**　資持卷上一下：「『此』下，示所離。下欲法中，見聞俱離成失，今亦同之。」（一九〇頁中）簡正卷五：「『此謂』已下，料簡。但約此坐之人，展轉離見聞，不取說戒師等見聞也。」（二九六頁上）

〔三五〕**如義鈔說**　資持卷上一下：「『如』下，指略。古有異說，故指如彼，其文已亡。業疏云：今解皆望同坐展轉，不約作羯磨者，如轉輪說戒，八萬自恣，何由普聞？但取相連，即非別眾等。」（一九〇頁中）簡正卷五：「疏問：『為俱離互離？』」（二九六頁上）答：『俱離則不足，謂不見比坐人面，不聞比坐常語聲故。若互，則無過也。』」（二九六頁下）

〔三六〕昔云同一界不盡集　簡正卷五：「『昔云』等者，古師解『別住』義也。今破云：
一界不集來，但是別眾收，不名別住也。」（二九六頁下）資持卷上一下：「初
出古解。既同一界，豈名別住？故不用之。」（一九〇頁中）鈔批卷六：「即界
外人也。濟云：古人解言別住者，謂是界內餘房，（三七三頁上）不肯同集，
名為別住也。南山闍梨則云：是異界，名別住，只是界外也。濟今助闍梨一解
云：亦非界外，亦非餘房，直是圍輪別住之例。謂言是我界內之所攝，即將入
數，故有此非法也。」（三七三頁下）

〔三七〕今謂界外比丘濫將入數　簡正卷五：「『今謂』下，鈔主據作法之時，三人在大
界體上，一人坐自然界，以大界內，雖他自然地上，自然地上比丘，即成界
外，不足數故。此更約作法處相近說也。問：『既知彼之比丘身坐，自然是其
外界，何不呼召入來法界之中？』鈔答云：『非謂眼見在外界等。（云云。）
此約前人法界，後來不委知分齊，謂言同是一界。但此比丘，坐在自然，不
論知與不知，冥然作法不熟（【案】『熟』疑『成』。），故云不足。』」（二九六
頁下）

〔三八〕非謂眼見在界外　資持卷上一下：「『非』下，遮疑。」（一九〇頁中）

〔三九〕以界分不知，冥然在外，作法不成，故云不足　鈔批卷六：「謂是前代人結界，
後進不知，標相處所，則於界相中間作法，三人在內，一人在外。今濫此外之
一人，謂言在數，故曰冥然不足也。」（三七三頁下）

〔四〇〕由前外界不成，謂言在內者得　資持卷上一下：「前釋別住。既約異界，自攝
戒場，不當重列，故對前科，假疑以釋。」（一九〇頁中）鈔批卷六：「明其此
人傍於前文也。前既界外非足，我今在戒場，既是大界內，應當得足。今解不
足，由中隔自然，與外自然何別也？」（三七三頁下）簡正卷五：「謂前來三人
在界內，一人坐自然，既是界外，即不定數。我今戒場在大界內，既非界外，
其戒場後是作法地，非其自然。今或作法處，近他戒場，將此場上，一人足，
我大界上，三人之數得否？」（二九七頁上）

〔四一〕此二界同在自然，不同一相，是別界故　資持卷上一下：「『此』下，決疑。『三
界』即別住及戒場同在自然者。場雖法地，然在自然之外，故業疏云：場雖大
界，所圍兩不相接，中留空地，即異界也。」（一九〇頁中）簡正卷五：「二界
者：大界為一，戒場為二也。同在自然等者，後堂云：一人在戒場上，是中間
自然內也，三人在大界上，是中間自然外。（二九六頁下）雖則戒場在大界內，
由中隔自然，成其兩相，亦是別界攝，如何成足？固不可也。玄記云：戒場外

一重自然，大界外自然所包，故云同在自然，非正也。此中但論戒場及大界隔中間自然，不同一相，是別界故，何用論他大界自然？今取初解。」（二九七頁上）鈔批卷六：「私云：言此二界者，一約界外濫充數者，一約戒場上。此二處俱在自然之中，故曰也。立明：大界在外自然之內，戒場在內自然之內，莫非俱處自然之中，界相復別故也。羯磨疏云：雖為大界所圍，兩不相接，中留空地，即異界收。」（三七三頁下）

〔四二〕睡眠　鈔科卷上一：「初，睡眠等四人；二、瘂等三人；三、狂等三人。」（九頁下）資持卷上一下：「十誦初四人中。初，明不足所以。」（一九〇頁中）簡正卷五：「神昏四（【案】『四』疑『曰』。）睡，目食曰睡（【案】『睡』疑『眠』。），亦云離覺曰眠。（准此重輕別也。）」（二九七頁上）

〔四三〕亂語　簡正卷五：「以事擾舌，名亂語也。」（二九七頁下）

〔四四〕憒鬧　簡正卷五：「多思謂之憒（『古對』反）鬧。」（二九七頁上）扶桑記：「記云：入定中雖是善行，而非證法，故云別有等。如色無色定，各有所緣，澄心凝住，故云靜慮。」（五〇頁下）

〔四五〕入定　簡正卷五：「謂若入有心定，別有靜慮所持。」（二九七頁上）

〔四六〕本無心　資持卷上一下：「本無心者，業疏兩分。上三由入無記，不緣善惡，入定善人，別有靜慮故。」（一九〇頁中）簡正卷五：「若入無心，滅心所心，至於忍哩（原校：『哩』疑『嘿』。）。不同僧和，雖在眾中，不可為足也。由無心同果秉法故者，總釋上三種之人不足之理。」（二九七頁上）【案】「上三」即睡眠、亂語、憒鬧三種人。

〔四七〕十誦中　簡正卷五：「『律中因六群證他受戒事。佛問彼，彼云：並不知。遂立制云：不得睡、定，莫餘思覺等。」（二九七頁上）【案】十誦卷二一，一五四頁下。

〔四八〕並皆不成　資持卷上一下：「彼因立制聽羯磨者，當一心莫餘覺餘思惟，專心敬重，心心同憶等。」（一九〇頁中）

〔四九〕僧數必多者，亦許成就　資持卷上一下：「『準』下，義決有二，初，決在眾數過，謂四位之外。」（一九〇頁中）鈔批卷六：「明具如受戒，唯用五人。今若長有七八，縱有兩人睡定，但是五人之外，亦應成法。」（三七三頁下）簡正卷五：「謂若作法處僧多，如十人受戒是正數。今有十五人等，於中或有一二人睡定等，亦許成就法事，但正數周足即得。若作受戒和上，必定不得睡定，以是得戒根本，故不開也。」（二九七頁上）

〔五〇〕**縱在房中睡眠、醉亂者，理亦開成**　資持卷上一下：「『縱』下，次，決不集非別，以乖僧用故。」（一九〇頁中）鈔批卷六：「立明：既在眾中睡定，不足僧數，開非別眾。今在房中睡眠，亦開非別。」（三七四頁上）簡正卷五：「因便說無別眾之過。」（二九七頁上）

〔五一〕**餘同「羯磨法」中說**　資持卷上一下：「『餘』下，指略。即十緣第六『簡眾』中。」（一九〇頁中）鈔批卷六：「下通辨羯磨中，更明此義也。」（三七四頁上）簡正卷五：「寶云：准疏云：始終睡醉，即無別眾，中間若覺，亦成別眾也。玄記亦列疏。彼云：見聞又絕，不名別眾，即將足別作四句等。（引此一段，似不相應。）更有古今妄解，鈔文恐繁不錄。」（二九七頁下）

〔五二〕**瘂、聾等三，由根不具**　簡正卷五：「一、瘂，二、聾，三、『等』者，具二也。羯磨疏云：此等三人，根壞非證也。」（二九七頁上）資持卷上一下：「次三人中。初示所以，耳舌兩根，證法為要故。」（一九〇頁中）

〔五三〕**並闕二能**　資持卷上一下：「『大』下，引法釋成。『二能』，即上說聽盲。具二能，所以成足，乖別之相，容他檢故。」（一九〇頁中）簡正卷五：「謂闕聽能、說能也。」（二九七頁下）

〔五四〕**準伽論云**　資持卷上一下：「『準』下，引論以決。亦取辨了羯磨者耳。」（一九〇頁中）

〔五五〕**狂等三人，由心無記，故不足**　資持卷上一下：「『後三人，初出所以。」（一九〇頁中）鈔批卷六：「狂者，十誦：五緣故，令人狂：一、因失財，故狂；二、因失親，故狂；三、因四大不和，故狂；四、因田業人民失，故狂；五、宿業因緣病報，故狂。」（三七四頁上）簡正卷五：「一、狂人，二、亂心人，三、病壞心人。由心無記等者，釋不足之理也，既不憶身，非善、非惡，無記也。」（二九七頁下）扶桑記：「問：『狂人、亂心人、病壞心人，不知如何？』答：『江西記云：身口俱狂，即狂人收。身口不狂，即亂心人攝。身心狂而口不狂，即病壞心人攝取。』是一往釋耳。心既亂，身口何不狂乎！病惱所逼，說非常說，何口云不狂耶！」（五〇頁下）【案】十誦卷五七，四二四頁中。

〔五六〕**若準律中，常憶常來、不憶不來**　資持卷上一下：「『若』下，引示差別。初示上、下二品，並不須法。常憶即下品，不憶即上品。言憶不憶者，且約說、恣常行法也。」（一九〇頁中）鈔批卷六：「立云：若常憶常來，是足是別；不憶不來，非足非別。若互憶忘，此人若得法已，非足非別，若未得法，是足是別。」（三七四頁上）簡正卷五：「謂十誦但有狂人，不足數文，且無輕重只

類。今師卻依四分捨戒法中明三品，故云『若准律中』。（云云。）問：『好人亦常憶常來此，何故名狂？』答：『好人若知緣事不說，即不來此；狂不論說與不說，至半月即到來，不知增減等。』不憶不來者，此一向重，不憶半月說戒等，一向不來也。」（二九七頁下）

〔五七〕**若互憶忘，及來不來**　簡正卷五：「或時輕，或時重，不定。前半月憶，後半月忘，忘時重憶時輕，故云互憶忘也。及來不來者，有時憶即來，有時憶且不來，若妄時不來即無過。今憶而不來，（二九七頁下）即成別眾故，須以法隔之。若得法隔乃至病差，未解法者，亦通皆不足也。」（二九八頁上）

〔五八〕**縱使病差**　資持卷上一下：「白二遙加，解方入數，故云縱使等。」（一九○頁中）

〔五九〕**痛惱、心亂，例同狂三**　鈔批卷六：「深云：痛惱纏身，使心悶亂，不同重病，但是心之不樂，此心亂人，與狂同也。痛有輕重，或常有痛，復有時痛不痛，故曰也。若常痛常不憶者，非別非足；若少少痛，或時時痛者，是足是別。」（三七四頁上）簡正卷五：「明後二人也，皆有此三品之相。若一向輕，如狂中常憶常來，一向重如。狂中不憶不來，或輕或重，如狂中互憶忘，及來不來人，例前易委故，指同狂也。問：『此三人如何簡異？』江西記云：『身、口、心俱狂，即狂人收；心狂，身、口不狂，即亂心人攝；身、心狂，而口不狂，即病壞心人攝也。」（二九八頁上）資持卷上一下：「『痛』下，例同餘二，皆分三品，以三相雖殊，同顛狂類故也。四分名痛惱，即前病壞心人文中不釋樹上比丘。彼律云：比丘在高上，解擯不成。（一九○頁中）然高上語通。祖師欲令易曉，且約一相，故云樹耳。以高下處別，相非同住。故業疏云：若枝委界外地者，身在界內成別，界外非別。若不委地，內外俱別，而是不足數收。通簡十一：初四好人即座心，乖下六病報；三闕耳舌；三失意根；後一乖儀。」（一九○頁下）

〔六○〕**重病人**　簡正卷六：「謂其病重，不察是非，心既昏沉，無情緣法，故不足也。」（二九八頁上）資持卷上一下：「伽論三人。初重病顯相，必約神昏。身雖困篤，心猶不昧，律令興至。或僧就彼，或出界外，故知是足。」（一九○頁下）

〔六一〕**邊地人**　資持卷上一下：「邊地者，伽論止明邊不足中，本律捨戒，互不成捨，故下約中國明之。」（一九○頁下）【案】佛陀時代，將中印度以外之地，稱為邊地，認為這些地方的人領悟佛法不深。此不是中國文化中的邊地之義。這種

世界觀也把中華視為邊地。如鳩摩羅什曾稱讚釋道安：「邊國人未有經，便闇與理合，豈不妙哉。」見高僧傳卷三道安傳，三六〇頁上。

〔六二〕**必後知語，二通相足**　資持卷上一下：「『必』下，義決。本由言不相領，而不足故。」（一九〇頁下）

〔六三〕**癡鈍人**　簡正卷五：「謂不知能詮之名言，不解所詮之奧義，不識二持之相，則未了是；不識二犯之相，則未了非。如此之人，則非處重斷割之匠也。」（二九八頁上）資持卷上一下：「初示不足意。即不解律人，如經、論、禪宗及餘雜學，不需律部，並在此收。縱稱學律，時過學肆，不了綱緣，都迷成敗。趨時附勢，濫預人師，自謂精英，實同癡鈍。故業疏所解，廣列五迷，今為引之，宜乎自省。彼云：誦文合眼，恐有停延，緣入非違，傍無人覺，此一迷也。（總示四法，都不撿挍。）或同誦一法，前後無乖文相、能所，不識彼我，此二迷也。（此謂迷法。）或約文謹攝，深練自他，增減乖務，事法錯濫，不召令住，此三迷也。（謂迷事也。）或文句乃明，牒事非濫，人有別緣，是非通默，此四迷也。（即迷人也。）或人法乃具，事局界境，成不冥然，端拱送忍，此五迷也。（此迷界也。）觀此五迷，深明四法，微為弘獎，僅涉僧倫，齊五所收，義歸不足。（四法即人、法、事、界。）」（一九〇頁下）

〔六四〕**必言解羯磨，齊文而已**　資持卷上一下：「『言』謂羯磨言義。齊字，去呼。如臨說戒，止解一白，言相始終，即足說戒一席之數。以人難具美，恐法事廢闕，微通此類耳。」（一九〇頁下）簡正卷五：「重料簡也。謂於白三十番中，但解受戒白四一番，故云齊文而已，便足受戒僧數。若餘番未解，即不足餘法、事、數也。此且一解。玄云：齊其法、事、人、界之文，不解其餘律藏，名齊文而已。又約無人，方開他足數，引（【案】『引』疑『此』。次同。）解稍疏。問：『此癡鈍與義加不解人何別？』答：『疏云：引人雖各各，而不知根鈍，難明律制，（二九八頁上）盡形依止。前義加者，但准不學，或學未知，名為不解，故有別也。』」（二九八頁上）

〔六五〕**與欲之人，心同身乖**　資持卷上一下：「僧祇九人，四儀易解，但釋五人。初與欲中，心雖同法，身不現前，眾取相同乖，故不足。」（一九〇頁下）簡正卷五：「送心達增，名心同身，在房中號身乖。羯磨疏云：堂中作法，遂收欲者，以入現數，故名非足。」（二九八頁下）鈔批卷六：「謂通四內，作法不成。雖心同，身乖故也。」（三七四頁下）

〔六六〕**同障覆而別隔者，不成同相**　資持卷上一下：「隔障中，二：初，約覆障處，

『或』下，約露地。（一九〇頁下）以文中止云隔障，故通二釋。」（一九一頁上）簡正卷五：「寶云：此有五人。抄言謂同覆處而別隔等者，此解覆處隔障一人也。且如三間堂內，以物障隔，三人在兩間內，一人在彼一間內，即成不足。」（二九八頁下）鈔批卷六：「謂同一堂中，上有覆，四周有壁，中間更施隔相，成非足也。」（三七四頁下）

〔六七〕露地而隔　簡正卷五：「此義加一人也。今師准前祇中，覆處隔障，既乃不足，或時路地，作法有障隔，豈可成足？雖申手內有障，亦不足也。（玄記中不曉此義加一人，但科為反，釋上文也。）」（二九八頁下）

〔六八〕半覆中間障　資持卷上一下：「半覆中，合釋二人。以相雖兩別，約處同故。」（一九一頁上）簡正卷五：「『半覆中間』下，列餘二人也。」（二九八頁下）

〔六九〕半僧簷下、半僧階下，中間施隔，或復無障，伸手不及，並非同住之相　資持卷上一下：「『謂』下，合釋。上二句，示處同。『中間』下，明相別。『並』下，總結。」（一九一頁上）鈔批卷六：「深有二解，一云：如一室內齊，揀一邊覆，一邊不覆也；二云：半僧簷下，半在階下，中間施障，亦非足也。濟云：半在詹下，即是半覆；半在階下，即是半露也。」（三七四頁下）簡正卷五：「『釋上半覆、中間障；半在階下，釋半路；『或復無障』下，解半覆，申（【案】『申』鈔作『伸』。）手不及也。『並非同住』下，通結也。」（二九八頁下）

〔七〇〕伸手不及者，此言相顯　鈔批卷六：「濟云：今時露地說戒羯磨，戒師在高座上。有其高座，或高一丈。如安國、福壽之高座者，即高座上人與地上人申手不及，即是別眾，非足數也。古人云：屏不離見聞，露不離申手。述曰：准祇文立也。深云：要直交手，兩邊相及。若低身交手及者，亦名不足。其覆處室相，要四周、或三周有壁，亦名室相。若兩面周，即同露地，皆須申手相及坐也。此言相顯者，謂在露地，名為相顯也。要在申（【案】『申』鈔作『伸』。）手內，此上並約淨僧，相乖故不足。亦須相內者，即前乞法之人是也。上釋體是應法，於事有違，亦不足數人義竟。」（三七五頁上）簡正卷五：「『露地』下，釋露地申（【案】『申』鈔作『伸』。）手不及，是第五人也。此言相顯者，兩說。一云：相（平呼）謂露地申（【案】『申』鈔作『伸』。次同。）手不及，相貌顯現易知，露地無覆攝，僧義弱故，須申手相，及不同覆處。二解云：相（平呼）顯故作是說，為反顯於露處故。二釋各有理，今且存初解。」（二九八頁下）資持卷上一下：「相顯者，詮示無濫，決知簡覆也。」（一九一頁上）

〔七一〕覆處不須，露地加法，必須相接　資持卷上一下：「『覆』下，對覆釋成。」（一
　　　九一頁上）

〔七二〕說戒、羯磨等師，並在僧一尋之內　資持卷上一下：「『說』下，別簡。恐謂
　　　餘人須爾，二師所為，並不須故。一尋內不過八尺，則容相接。」（一九一頁
　　　上）

　　二、由具二非，假緣不足〔一〕者

　　四分中〔二〕：若為比丘作羯磨，以比丘尼足數〔三〕，式叉尼、沙彌、
沙彌尼、十三難人、被三舉人、滅擯、應滅擯人，二十二種。

　　問：「犯邊罪等十八人，及尼中四人，為自言故不足，為體不足
〔四〕？」答：「解者多途〔五〕。今言此等，體既非僧，若僧同知，故不足
數〔六〕；必不知者成足。如與欲中〔七〕。不同前門中，知與不知，俱不足
數〔八〕。故「不持戒和尚」中四句料簡〔九〕，前三句由不知故得戒，第四
句由『知從此人受戒不得』，故不足數。所以文中及十誦並安『若言』等
〔一〇〕。昔人以體不合故不足〔一一〕，即將破戒和尚在十人之外〔一二〕。此
非正解。何者？若不知犯，則不得輒用他部。以四分制十人僧。若知他
犯，羯磨則不得牒，以實知非比丘故。」

　　十誦中，加一白衣，亦不入數〔一三〕。

　　上明僧相，並形同出家，相有濫故，得共法事；必著俗服，相形明
了，亦無同法之義〔一四〕。

　　十誦「白衣」，謂本受戒不得〔一五〕者；亦有受後難緣，須著俗服者，
亦應同法〔一六〕，由本是僧。即知作法之時〔一七〕，窮問界內俗人之中，
頗有曾受具戒不捨者不？要答「無」者，方無別眾。

　　三舉〔一八〕之人，謂不見〔一九〕、不懺〔二〇〕、惡邪不捨〔二一〕，廣如眾
網中〔二二〕。

　　滅擯〔二三〕者，謂犯重已，舉至僧中，白四除棄也。

　　應滅擯〔二四〕者，亦犯重已，舉來至僧，因有難起，未得加法，故律
名「入波羅夷說中〔二五〕」。若雖犯重〔二六〕，僧未委知，而別人內知，未
被糾〔註1〕舉，或不自言〔二七〕，僧不知犯重，眾內一人知者〔二八〕，則非
僧數，並入「應滅擯」中〔二九〕。

---

〔註 1〕大正藏為斜。

## 【校釋】

〔一〕**由具二非，假緣不足** 　簡正卷五：「一、體非，本無戒故，（二九八頁下）或非僧體，或壞僧體；二、境非，三根外彰。故云『由具二非』也。假饒在眾儀相，如法之緣，亦不足數也。」（二九九頁上）資持卷上一下：「二非即體、境也。問：『境與緣何異？』答：『境謂人之美惡，緣謂三業乖和。』」（一九一頁上）鈔批卷六：「即體非、境非也。十三難人，本受不得戒，名體非；尼中四人，名境非。此解非。立又云：犯重比丘，及十三難人、尼中四人，三根若現，名境非。〔之（【案】『之』疑『此』。）解好。〕言假緣不足者，假身相同集非，隱沒緣也。」（三七五頁上）【案】本節鈔科簡稱為「體境俱非」。

〔二〕**四分中** 　資持卷上一下：「尼是報別，沙彌未具，式叉、沙彌尼則兼二義，十三難人體非，三舉法隔，二滅體壞。」（一九一頁上）簡正卷五：「准律文，若為比丘作羯磨，以比丘尼足數，乃至若為比丘作羯磨，以應滅殯人足數，並不成也。鈔文存略故。問：『於十三難中，破僧一難，為受前破僧，為受紋（【案】『紋』疑『後』。）破僧？若云受前破者，既未受具，如何破僧？』『准文中，須是大比丘故。若受後破者，但得逆蘭。』『初受時，既納得體，成清淨人，身在僧中，儀相無乖理，合數具足數，何成難收？』答：『正破僧時，理是受後，但得逆罪。戒體如法，今但據再受不得，便成難收。既無戒體，何成僧用，故不足也。古記不練，輒妄敘云律中有十二難。破僧之者，體是清淨，有何不足！此未知文意也。』」（二九九頁上）【案】四分中幾處說到類似的事情。可參見四分卷四四，八五五頁下。

〔三〕**若為比丘作羯磨，以比丘尼足數** 　鈔批卷六：「濟云：此明尼作比丘裝束詐稱僧也。有人問云：『尼人合著大比丘衣不？』答：『據諸聖教，無文制不許著，然以義求，即不合著。案四分下文：佛三月靜坐，唯除一供養人。時和先等六十頭陀來見世尊，（三七五頁上）佛種種稱贊頭陀之行。時諸比丘，捨衣成大積（【案】四分作『積』。），作非時二部現前。施會中既有尼，諸比丘不敢將僧衣與尼。問佛。佛言：『聽與比丘尼非衣。』非衣者，即衣財段，未成衣相，故曰非衣。據此文意，尼若得服僧衣，何以但將非衣與之？明知尼不許著僧之衣服。』」（三七五頁下）【案】四分卷四一，八六〇頁上。

〔四〕**犯邊罪等十八人，及尼中四人，為自言故不足，為體不足** 　資持卷上一下：「初牒前問，由多異說，故問決之。尼中四人中合作等。」（一九一頁上）

〔五〕**解者多途** 　簡正記卷五：「古來製作，十五六師，解此一文，莫過三說。一師

云此二十二人：尼等，非僧體；十三難人，無體；三舉、二滅（【案】即滅擯、
應滅擯人。），體壞。<u>律</u>文但手列此二十二人，云不足數，亦不說自言及與知
不知等。明知約體，冥然不足也。<u>相部</u>釋此解。二師云：此二十二人，不約
體論，唯據用辨。於用中須具二種，方成不足：一、須自言我是如上等人
也，如眾中有不淨比丘，佛令聽與自言治等；二、又須人知，如<u>律</u>云：聽以肉
（【案】『肉』後疑脫『眼』字。）知他惡法等。具斯二種，方成不足。若眾中
雖有人知，彼未自言，或彼雖自言，無人知委，由成僧用也。<u>東塔快</u>（【案】
『快』疑『釋』。）此解。三師云：於上二中，但隨具一，即不足也。或自言
不假人知，或三根外，顯為人所知，即不假自言。准律中，有說自言處，即不
更說人知，有說知處，即不更明自言，故知不要。二種兼具，有斯三解，故曰
多途。（<u>玄記</u>三義中，闕一師義也。）」（二九九頁上）<u>鈔批</u>卷六：「<u>羯磨疏</u>云：
有人解言：僧取體，如上既乖法，宴然不足。<u>礪疏</u>云：三舉、二滅、十三難
等，雖不自言未有三根，約體亦不足數。但得成持欲，以是直通僧命，故不自
言得。表情和故，成與欲足數。約體雖不自言，亦不足數。<u>礪</u>雖此執，終違<u>十</u>
<u>誦</u>明文。彼律約未自言三根未顯，開足數也。故今<u>鈔</u>者，判之得足。引與欲文
及和上四句來證，彼不自言，得足其數也。」（三七五頁下）【案】答中分五，
如下<u>資持</u>列示。

〔六〕今言此等，體既非僧，若僧同知，故不足數　<u>資持</u>卷上一下：「初，立義。若
　　知，即當此例；不知，自屬後門。」（一九一頁上）<u>簡正</u>卷五：「鈔云：於前三
　　師中，扶第二解也。而<u>東塔疏</u>同計『此等』二字，指二十二人。體既非僧者，
　　僧者，體非也。若僧同知者，境非也。反上成足。」（二九九頁下）

〔七〕與欲　<u>資持</u>卷上一下：「『如』下，二、指類。下篇云：受欲已，自言我是十三
　　難人等，由自陳故，非是僧用。（此證知則不足。）若不自言，相中同順。
　　（此證不知成足。）」（一九一頁上）<u>鈔批</u>卷六：「立明：彼與欲文云：受他欲
　　已，自言我是十三難人、三舉、二滅。十八種人，由自陳故，非是僧用。若
　　不自言，得成持欲。今據此文，明知體雖非僧，以眾不知，得足其數。彼與
　　欲中，亦指此文。故序中云『隱顯互出』，即其義也。」（三七五頁下）<u>簡正</u>
　　卷五：「引彼失欲文義來證之。如與欲中，自言即失欲，不自言失例。此自
　　言即不足，不自言得足。外難曰：『前門中所列三十二人，如神隱、別住等，
　　縱僧不知，冥然不足，引何故知，即不足不知成足？』可引<u>鈔</u>答云『不同前
　　門知不知』等。意道：前是體淨，相儀有違，今是體穢，須自言說，後方

不足。』」（二九九頁下）

〔八〕**不同前門中，知與不知，俱不足數**　資持卷上一下：「『不同』下，三、遮簡。前是緣乖，此取緣如。」（一九一頁上）鈔批卷六：「指第一門體是應法相乖故不足也。彼以體是僧故，不問眾僧知其隱沒、不知隱沒，俱不足也。此第二門，要是知故，方不足耳。」（三七六頁上）

〔九〕**四句料簡**　簡正卷五：「例於前來知不知得足，不足亦是如也。」（三〇〇頁上）鈔批卷六：「撿律中，一、有從犯戒和上受具，後疑。佛問：『汝知和上犯戒不？』答：『不知。』佛言：『得戒。』二、復有從犯戒和上受具，後疑。佛問：『知和上犯戒不？』答：『知。』『汝知不應從如此人受具不？』答：『不知。』佛言：『得戒。』三、有從犯戒和上受具，後疑。佛問：『汝知和上犯戒不？』答言：『知。』『汝知不應從如此人受具不？』答言：『知。』『汝知從如此人受戒不得戒不？』答言：『不知。』佛言：『得戒。』四、有從犯戒和上受具，後疑。佛言：『汝知和上犯戒不？』答言：『知。』『汝知不應從如此人受具不？』答言：『知。』『汝知從如此人受戒、不得戒不？』答言：『知。』佛言：『不得戒。』四句之中，前三得戒。問：『破戒和上，律開得戒，餘師僧等，何義不開？』礪解云：『和上是根本，恐留難故，是以佛開；餘師非根本，故不聽開。』賓難：『和上是根本，尚恐留難，而佛開。餘既非根本，何不恐難，亦開許，故知不應理也。』應更釋云：『和上是僧所為之緣，故聖開之。餘僧體須是僧，故不開許。謂餘僧是能秉法人，要須清淨故也。』（三七六頁上）亮亦云：『疏解大弱。和上是根本既開，餘非根本，理合更開，何得不開？所以文中及十誦並安若言者！』」（三七六頁下）【案】四分卷三五，八一六頁中。

〔一〇〕**所以文中及十誦並安若言等**　資持卷上一下：「『所』下，五、取證。文中，即瞻波犍度。彼不足中，前後兩出。如上等人，別眾中一出，並云若自言犯邊污尼等。十誦者，文見第三例。」（一九一頁上）簡正卷五：「一一難下，皆云我是十三難人等，不成持欲。又十誦三十云：犯重罪人，賊住邊罪，一一若先有是過，作法不成，反上成也。引上諸文為證前人：一須自言、二須人知，方為不足。羯磨疏云：人雖體非，相有僧用，各不相知，理開成足。」（三〇〇頁上）鈔批卷六：「即四分失欲文中明也。若言我是犯重，若言我是十三難，若言我是尼等也。」（三七六頁下）

〔一一〕**昔人以體不合故不足**　鈔科卷上一：「『昔』下，破古妄釋。」（一〇頁下）資

持卷上一下：「初出彼解。由執體故，即為受戒四句，（一九一頁上）所妨遂曲。釋云：彼不知得戒，謂在數外。」（一九一頁中）簡正卷五：「文有四意：初敘古解，二破，三徵，四釋非也。昔人以體不合等者，謂准五分中，和上若在十人數內，不名受具。僧祇、十誦亦然。今准此例，故將在十人之外也。引（【案】『引』疑『此』。）非正解者，破也。謂四分制十人僧，和上在內，故知前來非正義也。」（三〇〇頁下）

〔一二〕**即將破戒和尚在十人之外**　鈔批卷六：「十誦中將和上置十人之外，彼言和上被牒名入法，故非十數。今不得依此文，故曰不得用他部也。（未詳）。亮云：昔人謂破戒和上四句中，前三句不知，故得戒者，和上要在十人之外也。若在十人之內，無同住作法之義，則不得也。此解非理。破戒若不堪作和上，在十人之內及外俱不堪。破戒若許作和上，在於內外俱應許，何須將破戒和上，置十人之外也？昔人以體不合故不足者，昔人意云：足數皆約體明，以體不淨，和合之義，義不生故也。〔此古義。亦（原注：『亦』疑『非』。）理實亦同之，鈔家不存。〕礪疏同古。足數約體，雖不自言（原注：插入『言』字。），亦不足也。若論傳欲，一時僧使，但不自言，即成持欲。亮云：疏雖此判，計理不然，若不自言，亦堪足數，亦堪持欲也。」（三七六頁下）

〔一三〕**加一白衣，亦不入數**　資持卷上一下：「本宗無義，直準彼文，增成今數，共二十三人。」（一九一頁中）鈔批卷六：「即謂十三難，元本受不得戒，（三七六頁下）仍本為名，故稱白衣，非是俗人為白衣。」（三七七頁上）簡正卷五：「謂是初門引彼律十二人中之一數也。前門簡退，寄在此門。今欲解判之，故且標起。」（三〇〇頁下）

〔一四〕**上明僧相，並形同出家，相有濫故，得共法事；必著俗服，相形明了，亦無同法之義**　鈔科卷上一：「『上』下，隨難釋：初白衣；二、三舉；三、滅擯；四、應擯。」（九頁上～一〇頁上）資持卷上一下：「謂前列二十三種，並由形濫，同法須簡。古謂：白衣即本具戒緣，須俗服之者，故特點之。」（一九一頁中）簡正卷五：「此明古師通辨境濫也。先釋二十二人，次釋白衣一人。上明僧相，形同出家者，指前來二十二人，並是大僧儀相身形，與出家人同等，相有濫故。得共法事者，相貌與善好比丘相濫。雖則體非眾人，不知他犯。又乃威儀齊整，是以得同法事，足於前數。」（三〇〇頁下）

〔一五〕**本受戒不得**　資持卷上一下：「業疏云：此與邊等，何異重來？前十三難，有過障戒，此好白衣五、八、十、具，雖並心淨，不妨加法，參差不成，仍本名

故。」（一九一頁中）簡正卷五：「前來古人辨二十二人，境濫成足，道理極成。若言『白衣是淨戒比丘着白衣服，不足數』者，此非解也。既不可准，故更釋之。十誦白衣謂本受戒不得者，今師解也。約他登壇之時，不解發心，沈緣諸善，或可師僧秉法，落非冥然，不納戒體，還如不受一般，（三〇〇頁下）故取本來之號，詺為白衣也。」（三〇一頁上）鈔批卷六：「相承解云：此明白衣者，是著法服，相同於僧，由本受戒不得，故名白衣。若身着韏衫，理不在言，故曰無同法義。自意疑之：應是通明上來十三難人、尼等四人，相貌同僧，故得共為法事。必帶本形，誰肯同法也？」（三七七頁上）

〔一六〕**亦有受後難緣，須著俗服者，亦應同法** 資持卷上一下：「『亦』下，反古義。初，示所以。疏云：今不同之，不以威儀定僧體狀，內具戒見，財法應僧，外虧道相，為緣亦得。」（一九一頁中）鈔批卷六：「立明：此是本如法受戒人，因王、難等，暫時還俗，亦名白衣，此人則足數，不得別他，不類前之白衣體是無戒故也。羯磨疏云，有人云：先雖具戒，有緣須著俗服者，故不足數，以無僧威儀也。南山意不同之。不以威儀而定僧體狀，內具戒見，財法應僧，外虧道相，為有難緣亦得。如五大色，不合受持，為緣服用，豈不同秉於法可以例也！」（三七七頁下）簡正卷五：「此釋前來十誦白衣一人也。古師云：此雖是淨戒比丘，然着俗人之衣，相形分明了了，眾人皆謂是俗，即無同法之義，不足數也。（三〇〇頁下）……亦有受後難緣等者，反破古師所立之義也。謂有比丘受戒之後，戒體清淨，然有難緣，暫改形服，亦須集他，不來成別。故羯磨疏云，有人言：『先雖具戒，有緣須着俗服者，亦不足數，以無威儀故。』今不同之。不以滅（【案】『滅』疑『威』。）儀定僧體狀，內具戒見，財法應僧。外虧道相，為有緣難。如五大色，不令受持，為難服用，豈不同秉？可以例也。」（三〇一頁上）

〔一七〕**即知作法之時** 資持卷上一下：「『即知』下，因示行事。」（一九一頁下）

〔一八〕**三舉** 資持卷上一下：「比丘犯罪，拒云不見，或不肯懺，或說婬欲不障道，名惡邪不捨。此三並白四法，舉棄眾外，如物無用，故名三舉。」（一九一頁中）簡正卷五：「謂上三舉人也。羯磨疏云：既本無信，故作重治，棄在眾外，義無聞法，信行俱壞。律簡此色，同於犯重，治法如眾網中。既有法在身，故不定也。」（三〇一頁上）鈔批卷六：「既本無信，故作重治，棄在眾外，義無同法，故不足也。」（三七七頁上）

〔一九〕**不見** 鈔批卷六：「以僧問云（原注：本文無『云』字。）『何不見犯』，答云

『不見』，僧即遮舉，與作『不見舉』治之。為欲折伏從道，且棄眾外，不同僧事，目之為『舉』。作此正法，治不見罪人，故曰不見舉也。」（三七七頁下）

〔二〇〕不懺　鈔批卷六：「彼眾網中云：罪無定性，從緣而生，理應悔除，應本清淨。而今破戒見四法，犯不肯懺，妄陳濫說，言『不懺悔』。垢障尤深，進道無日，故須舉棄，得伏方解，故云不懺舉也。」（三七七頁下）

〔二一〕惡邪不捨　鈔批卷六：「彼云：欲實障道，說言不障，邪心決徹，名之為見。見心違理，目之為惡。亦於戒見四法，倒說不信，須僧舉棄，永不任用，隨順無違，方乃解之。此七治法，寔為妙藥，持於正法，譎罰惡人，佛法再興，福流長也。故律云：如來出世，為一義故，制呵責羯磨，乃至惡心不捨舉，所謂攝取於僧，令僧歡喜，乃至得令正法久住等也。」（三七七頁下）

〔二二〕眾網中　鈔批卷六：「彼文云：倒說四事，法說非法，犯言不犯；或不信善惡二因，感苦樂二果，邪見在懷，障於學路；或不達教，知而故犯。」（三七七頁上）

〔二三〕滅殯　資持卷上一下：「上三暫棄，後解還足，此即永棄，不復本淨。」（一九一頁中）簡正卷五：「羯磨疏云：為非既重，加覆既染心，故作法治，出海岸也。」（三〇一頁上）

〔二四〕應滅殯　資持卷上一下：「應，猶當也。罪合當擯而未擯故，初約加法未成釋。」（一九一頁中）簡正卷五：「有三意：初，舉來未加法。羯磨疏云：根本已壞，去僧彌遠，將欲殯遣，逢難且散。」（三〇一頁上）

〔二五〕入波羅夷說中　資持卷上一下：「波羅夷說，即目初篇。由未加擯，無可名召，且以初篇犯法攝之，故云入也。（殘、蘭等，同此說。）」（一九一頁中）

〔二六〕若雖犯重　資持卷上一下：「『若』下，次約二三人，知而未舉釋。」（一九一頁中）簡正卷五：「『若雖』下，三二人為別。」（三〇一頁上）

〔二七〕或不自言　資持卷上一下：「『或』下，三、約一人。獨知不舉釋。」（一九一頁中）簡正卷五：「『或』下，眾內一人知也。」（三〇一頁上）

〔二八〕知者　資持卷上一下：「謂三根不濫也。所以必約知者，欲顯此門不足之義，無一人知，即成足故。」（一九一頁中）

〔二九〕並入「應滅擯」中　資持卷上一下：「『並』下，結示。業疏更出，為非公顯，無力遮治，亦名應擯。」（一九一頁中）鈔批卷六：「此人雖犯重禁，眾無知者。若有一人，見此聞疑，則非堪足之例，故曰也。」（三七七頁下）簡正卷

五：「並者，結三種之位也。今觀文意：前釋，約舉來僧中以釋即局，後二約別人知以釋即通。雖通局有殊，然俱名應滅殯也。」（三〇一頁上）

第三，體雖非僧，託緣成用〔一〕

即前門中人〔二〕。據未自言已前，同僧法事，並皆成就。若雖言竟，無人知者〔三〕，亦成僧用。由相中無違，便得辦事〔四〕。

故律中：犯戒和尚，由不知故，得成法事。乃至邊罪，並安「若言」等。文云「當以肉眼，知他持犯〔五〕」等。

十誦云〔六〕：若犯重罪人〔七〕、賊詐作比丘〔八〕、本白衣時破戒人等〔九〕，若先言有是過，作羯磨不成；若不言者，一切成就。薩婆多：以有天眼者，不說人惡；乃至若聽以天眼、耳〔一〇〕，看僧淨穢者。人誰無過，但有大小，無往不見。若開說者，則妨亂事多，故不聽說。

言「自言」者，謂告人云「我犯淫、盜〔一一〕」之類。

【校釋】

〔一〕體雖非僧，託緣成用　簡正卷五：「三根未彰，又未自言。托緣成用者，據四儀無有違逆，得成足也。」（三〇一頁上）

〔二〕前門中人　鈔科卷上一：「初指前顯相。」（一〇頁中～下）資持卷上一下：「初句示數，即二十三人。」（一九一頁中）鈔批卷六：「此指第二門中人。雖犯重已，據未自言，三根未露，故成足也。」（三七七頁下）簡正卷五：「此約體非境，如三根未顯，又不自陳故。」（三〇一頁下）【案】本節分二：初「即前」下；次，二、「言自言」下。初又分三。

〔三〕若雖言竟，無人知者　資持卷上一下：「『若』下，示縱言亦成。言本取知眾，既不知，同不言故。如在屏說或他處說等，準律中，上二如前。」（一九一頁中）鈔批卷六：「此謂餘方言竟，此方未知，故得足也。」（三七八頁上）

〔四〕由相中無違，便得辦事　簡正卷五：「無隱沒等狀相，便得辨（【案】『辨』疑『辦』。）事。」（三〇一頁下）

〔五〕當以肉眼，知他持犯　資持卷上一下：「即『七滅』中，（一九一頁中）自言治緣起。目連以天眼牽犯戒者出眾。鈔引佛訶詞。」（一九一頁下）【案】參見僧網篇中「如『目連被訶』中說」句注。

〔六〕十誦云　鈔科卷上一：「『十』下，引文轉證（二）：初，證自言；二、證天眼。」（一〇頁下）【案】十誦卷四八，三四八頁中。

〔七〕若犯重罪人　資持卷上一下：「即應擯。」（一九一頁下）

〔八〕賊詐作比丘　資持卷上一下：「即賊住。」（一九一頁下）鈔批卷六：「即賊住沙彌，詐稱大僧是也。」（三七八頁上）簡正卷五：「玄云：十誦二十一云：舍衞中有一居士，妻子亡紋（原注：『紋』疑『沒』。），家計貧虛。自念沙門安樂，遂剃落成僧相故。諸比丘問幾夏，皆不知。又再被詰問，遂自言我是賊住。諸比丘白佛。佛言：『若未自言已前，得足數，自言已後，一切不足，本白衣時破戒。』十誦三十七云：若先言我破戒，後作法亦不成。先作羯磨後自言，亦得成就。」（三〇一頁下）【案】十誦卷二一，一五三頁中。

〔九〕本白衣時破戒人等　資持卷上一下：「『本』下二句，即邊罪。並及餘難，故云『等』也。」（一九一頁下）鈔批卷六：「謂破五、八之戒也。」（三七八頁上）

〔一〇〕乃至若聽以天眼、耳　資持卷上一下：「『乃至』下，顯制意。上明不許見聞，文唯明見，聞可例同。」（一九一頁下）【案】多論卷三，五二三頁下。本句義為：若聽以天眼、耳，即使看到僧之淨穢，也不說惡。

〔一一〕我犯淫、盜　資持卷上一下：「前雖累云自言，猶恐未曉，故示言相。一須對告前人，二須言義明了，能使他知，方成不足。慈訓深切，故此委曲。」（一九一頁下）鈔批卷六：「以自陳說故，不在言也。」（三七八頁上）簡正卷五：「玄云：上文為有並安，若言此出自言之相故。問：『此之自言，為告當眾即不足、為五中隨告一眾便不足？』答：『講者相承有兩解。一云：唯告當眾舉例，猶如發露，亦須對同眾；又據前文云：而別人內知，又眾內一人知，即不足等。二云：五中隨告，即不足也，不類發露。准前文云不持戒和上四句，但受人不知即得，知即不成，可以為例。（任情思之。）」（三〇一頁下）

## 四、體雖犯法，得成僧事〔一〕

四分中：訶責、擯出、依止、遮不至白衣家等四人，應一切羯磨〔二〕。但為僧治，故不得訶〔三〕。

覆藏、本日治、六夜、出罪等四人〔四〕。十誦中：行覆藏竟、本日竟、六夜竟，合七人〔五〕，不足僧殘等羯磨，不妨應餘法事〔六〕。

【校釋】

〔一〕體雖犯法，得成僧事　鈔科卷上一：「約緣有礙。」（一〇頁上）資持卷上一下：「法即制罪。」（一九一頁下）鈔批卷六：「是本有戒人，但犯過在身，不得足他，被治羯磨，得應餘法事。」（三七八頁上）

〔二〕訶責、擯出、依止遮、不至白衣家等四人，應一切羯磨　鈔科卷上一：「本宗四羯磨人；二、『覆』下，二律，犯殘七人。」（一〇頁下）資持卷上一下：「列

名相，如僧網中；『應』下，明成法，以所犯情過非極重故。」（一九一頁下）

鈔批卷六：「立云：唯不應當位，四種羯磨，并不足懺、殘等四種，得足餘一切羯磨。礪云：呵責等四羯磨人，但言對此羯磨，體是不足。既應餘法，故不列在不足數二十八人之中。此四羯磨，亦不足覆藏等四法羯磨也。以俱是被治故，此是定義。」（三七八頁上）

〔三〕**但為僧治，故不得訶** 資持卷上一下：「『但』下，示少缺。由是犯過，白四治罰，故不得訶者，以三十五事中所制故。律中，科為得滿，不得訶人。」（一九一頁下）鈔批卷六：「由奪三十五事故也。此義，瞻波中廣明，云此人得滿足不得呵。疏家作四句解釋：一、得滿數不應呵；二、不得滿數應呵；三、不滿數不應呵；四、得滿數應呵。律文自解。初句是呵責、依止等四羯磨人，當今此鈔文也。第二句是欲受大戒人。第三句不足數，文列二十八人是也。束為頌曰：餘舉滅難為，（二十三人也；）神隱離別場，（此五兼成二十八也。）餘者，尼等四眾為餘眾也。（三七八頁上）第四句，即反上二十八人是也。礪解云：初句，四羯磨人，情過輕微，治法亦輕，故得滿數，以行法在己，不入呵限。第二句，欲受戒人，以未有戒，不得滿數，根本事重，是以聽呵。此聽呵者，亦局在兩番羯磨耳，謂是受戒法中，前單白及正受。自餘之羯磨，既不聞秉，義不在言。問：『此沙彌若為得，識羯磨成壞，而言聽呵？』解言：『謂沙彌聰明，聞初遍已，識後遍非，或可曾作大僧，故識成壞。下二句可知。上第三句中，二十八人不足數不應呵者，呵亦不成呵，且如所為作羯磨人，如受日差遣人等，呵不成呵。以不足數故，不成呵也。縱羯磨聞呵不成呵不止，非以二十八中，所為作羯磨人，是其一人之數也。餘二十七人呵，並不成呵。』」（三七八頁下）簡正卷五：「問：『此上四人，為一切羯磨，皆得足數，為除其本法？』（三〇一頁下）答：『除其本法。今文中一切之言，亦據本法外說也。玄云：此四對此羯磨，體是不足，故知不謬。有釋云：一切羯磨并本法，總得足數，但為奪三十五事，不得呵秉法人，故云少分不足。此犯稍輕，卻無白停之義。（此非解也。）』問：『若爾，四分瞻波，不足數二十八人中，何不見列此四人？』答：『既足得諸羯磨數，故不列也。』問：『此四人足得覆等羯磨否？』答：『不得。以俱是被治故。』對此引羯磨疏四句：一、得滿、不得呵，即此中四人也。有人云：『既得滿數，要伴證法，或秉法落非，不敢言呵，何用足數？』答：『但約不得高聲呵止。若軟語諮陳，有何不可！思之。』二、不得滿、得呵人，疏云謂受戒者。問：『既云受戒即是沙彌，若先不解羯磨，

則要如何言呵，若曾誦持識於剛骨，豈非盜法，成賊住攝？請為答之。』『一解云：約聰明沙彌，第二番羯磨落非，說初白及第一番，即未解呵止；二云：據比丘先清淨捨戒去，今復重來以說，或約增戒人說亦得。（二解各有理。）或有解云：謂據所為人，如受日捨懺，自身不足，然得呵舉。』難云：『疏中既言約受戒者，說所為受日等，非受戒人，良不可也。』（三〇二頁上）『大德約尋常，受戒沙彌壇內秉法，時見師僧，威儀不整，或眠睡之類，喚召令覺，便名為呵，非呵羯磨也。未敢依之。』三、得滿、得呵人，謂清淨等之者，身參眾務常法故。第四句，不得滿、不得呵，都有六十三人：四分三十二人、士誦十五人、伽中三人、祇文九人、五分背面人、義加三人，講時亦不在繁點名字也。外難：『此即所列十一人，其中呵責等四，便初句得滿不得呵，覆等七人乃入第四門，不得滿不得呵中攝，一等同在此門，何故安排不定？』大德云：『據脫犯過人，輕重有別，故不定也。』」（三〇二頁下）【案】四分卷四四，八五五頁下。

〔四〕**覆藏、本日治、六夜、出罪等四人**　資持卷上一下：「犯殘七人，初列名數，具如懺篇。本宗四人，但據正行。第四人，業疏上加『將』字，於相甚顯。（此四出人法中，不在四滿句。）」（一九一頁下）鈔批卷六：「覆藏、本日者，四分列四人，士誦列三人，此由遠近有異，故重列之。四分所列，是正行懺；士誦所列，是其行竟。行竟則近，正行是遠。士誦中自有七人，今但取其三人，餘四同此律，故不出也。礪疏云：瞻波法中通計四分不足數文，但列二十八人不足。別住、六夜等四人，（三七八頁下）此瞻波法中足數文中不列，到下文覆藏揵度中，乃云別住等四人不得互相足數，明呵責等四人，類亦然亦互不足數也。」（三七九頁上）簡正卷五：「玄云：義准通前合十一人，並不足。此呵責等羯磨，治罪同故，餘不繁錄。對此更結都數。此門十一人，第二門二十三人。第一（【案】『一』疑『三』。）門三十二人。已上六十六人，不足數也。」（三〇二頁下）

〔五〕**行覆藏竟、本日竟、六夜竟，合七人**　資持卷上一下：「士誦三人，並約行竟，恐謂行竟，妄將充數。故業疏云：『六夜竟，與將出罪何異？』答：『律文兩位，約遠近耳。（六夜竟，望出罪遠，將出即近。）』又問：『與四羯磨人何異？』答：『前但小犯，情過可訶，故足數收。此犯次死，罪深難拔，故不足也。』」（一九一頁下）扶桑記引濟緣卷四：「夜竟未出故是遠，將出臨事故是近。」（五一頁下。）

〔六〕**不足僧殘等羯磨，不妨應餘法事**　鈔批卷六：「此明懺殘。四分四人、十誦三人，成七人，還兼不足。下呵責等四法，能足一切羯磨也。不妨應餘法事，即結界、受日等事，並得足其數也。」（三七九頁上）資持卷上一下：「『不足』下，示少分義。謂唯除悔殘四法是不足耳，以同犯者不合同治故。『不妨』下，明應法。此十一人，準疏別判。乃知。今鈔全依律出，猶同古解。彼云：有人云四羯磨者眾法皆通，僧殘諸治，局二篇悔。若作此解焉，有被呵責者得更治人。犯二篇者，開餘懺主，審約事情。律文不了，以義糾定，應分二途。若同犯同治，理無預加，律言足數，謂差結等。（此一途也。）若自有犯，必無清過。以有罪人，不合解罪。乍可應餘，非罪羯磨。（此一途也。）（一九一頁下）若作斯通，始終無妨。（準此，決前十一人，但應生善名足，一切滅惡犯治，並不成足。鈔存不了，義用疏廢之。）問：『前四後七，有何別耶？』答：『據律則別，疏決無殊，不妨同歸，少分不足，得為一例。』問：『四門同別，可得聞乎？』答：『初二兩門，一向不足，第三相翻名足，第四或足不足。又，初後具戒，中二多別；尼等四人，有而非類，邊等十三全無，舉滅皆有，全壞以分。』問：『三例不足，為總幾人？』答：『初例，三十一；次門，二十三；第四，十一。共六十五。準下別眾學悔不足，業疏更加背說戒坐，共為二人，不係前例。』」（一九二頁上）簡正卷五：「玄云：足別二僧，互有交涉，對簡即易，故附而明。」（三○二頁下）扶桑記引濟緣卷四：「『同犯同治，如犯殘者，不足僧殘；被呵責者，不足呵責；餘準說之。若自有犯，即別犯別治，如犯殘不足捨墮，呵責不足擯出等。犯者不得為人解罪，是律所制；非罪羯磨，（五一頁下）亦即生善。』按初之一途，同犯同治，遮不開足；餘犯餘罪，應得足數。次之一途，同別皆塞，別犯別治，自犯之外。」（五二頁上）【案】以上為正篇，釋足數。下為所附的釋別眾法。

次，明別眾〔一〕。謂同一界住，相中有乖，不同僧法，故云「別眾」〔二〕也。

有二：初，明別相；後，明成不。

初中〔三〕

四分云〔四〕：「別眾者，應來者不來」，是身、口、心俱不集〔五〕；二、「應與欲者不與欲來」，是身、心不集〔六〕；三、「現前得呵人呵」，謂心、口不集〔七〕。反此三種，則成「和眾」〔八〕，謂：初人，三業俱集〔九〕；中者，心、口俱集〔一○〕；後人，身、口集，而心不集〔一一〕，默坐不呵，亦名和合。故文云：應呵者不呵〔一二〕；又云：舍利弗見眾僧如法

羯磨〔一三〕，而心不同，應作默然，是如法也。

又，六羣比丘往說戒處不坐，佛言非法〔一四〕。五分中：背說戒羯磨，坐、臥等，是別眾〔一五〕。僧祇中：行作羯磨，坐則別眾。四儀互作，十二種人〔一六〕。

別眾多相，理須明委〔一七〕。然與不足數中，遞相交涉〔一八〕。且大分二：若身不至僧中，是別眾攝；雖至僧中，不足他數，是不足數〔一九〕。

然不足之人，名通淨、穢二人〔二〇〕。淨僧睡、定，身不至僧〔二一〕，亦不足也。別眾之稱，唯據清淨一色〔二二〕。義張四句，料簡如別〔二三〕。若論學悔，是不足限，必無解法，亦開秉之〔二四〕；別亦無過，則中間人〔二五〕也。

二、解成不〔二六〕者

若別犯下四篇，是別眾攝〔二七〕。別犯初篇〔二八〕，縱謂淨想，亦成法事。終是體壞，無任同住。文云：無比丘有想，羯磨成而犯罪〔二九〕。以心不同〔三〇〕。審知有犯，隨意別之〔三一〕。十三難人〔三二〕、尼等四人〔三三〕、三舉三狂〔三四〕等，并聾、啞〔三五〕之類，或本非是僧，或中途被罰、形差、病報，緣礙，故開〔三六〕。凡此等人，未論足別〔三七〕。

若對首作法，前境濫真，例取僧中〔三八〕。

今行事者，多有別相，更顯明之〔三九〕。

眾取威儀相同，不用心順〔四〇〕。言威儀者：如僧祇中：行作法事，坐則非法〔四一〕；五分：病人背〔四二〕羯磨，佛言「別眾」；四分：六羣不坐〔四三〕，佛訶責之。理非和相，別眾中說。如行時食食，住則犯足，相同僧祇〔四四〕。二、心虛實〔四五〕者：但令相順，心違亦成證法。文云：現前應訶者不訶；又云：見如法羯磨，而心不同。如前所列。

若作法時，問僧云：「僧今和合，何所作為〔四六〕？」答云：「某事羯磨。」且待答者坐竟，方始作白。廣有廢立，如義鈔中〔四七〕。就僧坐中，聽有立者，除被治人〔四八〕。以是所為，作羯磨者，不足僧數〔四九〕。餘有所為，坐乞如法〔五〇〕。文義明說〔五一〕。秉羯磨人中，除二種人〔五二〕：一、威儀師，立秉單白，為僧所使，不得輒坐；二、開立說戒，為令眾聞。自餘，一切皆須坐秉〔五三〕。必有餘緣，行、臥亦得〔五四〕。

【校釋】

〔一〕明別眾　鈔批卷六：「上四段文，雖明足與不足。其堪足者，有乖越則成別眾，

故有此文來。足通淨穢，別則唯局淨故。下立四句，可知。」（三七九頁上）

簡正卷五：「玄云：足別二僧，互有交涉，對簡即易，故附而明。」（三〇二頁下）

〔二〕同一界住，相中有乖，不同僧法，故云「別眾」　資持卷上一下：「前二句示相：上句明異界非別，下句言通三業四儀。後二句結名，可知。然『別』通能、所。就『能別』中，下至一人、眾法心念，亦制盡集。若論『所別』，並通多少。問：『此與別食何異？』答：『食中，能別局四，三人無過；所別同上。又，食有九緣可開，法無方便得別。食則犯提，制重業輕；法唯犯吉，制輕業重。若一界之內，兩眾各秉，則是破僧，犯中品蘭。』問：『別眾之名，為能、為所？』答：『制過在能，從能立號。戒疏云，若取語便，應云眾別。可以決之。』問：『何名為別？』答：『別是異義：一、三業異；二、四儀異；三、向背異。並如下明。（食中但是食不同味，名同事別。）」（一九二頁上）

簡正卷五：「初，通明同一界者，謂攝僧大界也；相中有乖者，謂作法時不來也。次，局解一界者，僧中也；相中有乖者，儀相不如法也。被事不成，故云別眾。（三〇二頁下）問：『此中別眾，與下隨相中別眾何異？』『有人云：此約法，彼約食。引（【案】『引』疑『此』。）說全成眼淨，取笑於人也。大德云：能所有異。別眾食戒，約能別成眾，所別不論多少。此中據所別成眾，能別不論多少。請思之。』問：『未審別眾罪，五篇中是何篇罪？』答：『有解云偷蘭，或云吉羅，俱未有教據。若准隨相，不與浴輒起者是提，其文猶狹。今此別眾文，從律瞻波中來，通眾中界內，後通三業，不順類例，結提。又，別眾食戒，亦是結情過邊提也。諸記中並不評量，今故繁述，甚為要矣。」（三〇三頁上）

〔三〕初中　簡正卷五：「『初中』兩字，牒舉別眾之相第一段文也。」（三〇三頁上）

【案】此「初中」即「明別相」。文分為二：初，「四分云」下；次，二、「別眾」下。

〔四〕四分云　簡正卷五：「約三業辨也。」（三〇三頁上）

〔五〕身、口、心俱不集　資持卷上一下：「文出瞻波犍度。應來者，謂應羯磨人。簡前體淨緣差中，啞、聾、狂亂、重病、癡鈍等，及體境俱非，一門之人，皆不應來故。」（一九二頁上）鈔批卷六：「此明淨僧，體是應法，理須同集。今若不來，名為別眾也。」（三七九頁上）簡正卷五：「應來者，簡不應來，即十三難等。若清淨同住合來者，今便不來，是身不集；身既不來，不能證正羯

磨，是口不集；心不忍可，是心不集。」（三〇三頁上）

〔六〕身、心不集　資持卷上一下：「有如法緣，簡非緣者，不合與故。」（一九二頁上）鈔批卷六：「謂是淨僧有緣，合得與欲。若使與欲，則是送心達身，名身、心集。而身本有緣事，不合赴來，無有得呵之義，故不得言口不集。今不與欲反之，故言身、心不集，不得言口不集也。」（三七九頁上）簡正卷五：「清淨有緣合傳欲，名身心不集。身不來，是身不集；不送心來，是心不集。難曰：『縱有緣傳欲，身亦不來，何故此言身不集也耶？』答：『若傳欲來，身在房中無過，無不送心。身在院中，有別眾過，故云身不集也。』更難：『既不傳欲，口亦不集，此何不言？』（三〇三頁上）答：『設若傳欲，口在院中，不能正證羯磨，故不論口；縱在院中，不與欲來，口家亦無別眾之過，何要論量！』上依搜玄正解竟。或有釋云：口屬心管，心既不忍，口不自由，如火禁子之例，恐不及前儀。」（三〇三頁下）

〔七〕心、口不集　資持卷上一下：「得呵者，謂具德知法。簡不合呵者，如四羯磨等。問：『不與欲人，口亦不集，何不列者？』答：『身既不集，理無呵故。』『若爾，初人身亦不集？』答：『彼無欲緣，身合當集，容有口呵，故同不集。（一九二頁上）此則不爾。有如法緣，許不集故。若准業疏，單配三業，乃為盡理。初身不集，次心不集，後口不集，反為三和，亦從單歷。』」（一九二頁中）鈔批卷六：「謂是淨僧，身來在眾，無身不集，為心不同，口發言呵，故云口、心不集。」（三七九頁上）簡正卷五：「得呵人呵等者，簡前呵責等四不得呵。今是清淨等者之心，不同法口發言呵，名心、口不集。」（三〇三頁下）

〔八〕反此三種，則成「和眾」　鈔科卷上一：「『反』下，反顯三和。」（一〇頁下）資持卷上一下：「反為三和，亦從單歷。」（一九二頁中）簡正卷五：「順相和合也。」（三〇三頁下）

〔九〕初人，三業俱集　鈔批卷六：「上反前應來者不來，此則是應來者來也。羯磨疏云：應來者來，謂應羯磨者便來，簡餘十三難等，不須來也。要唯德行具足堪識是非者，可有同法之義，故須來也。」（三七九頁下）簡正卷五：「三業俱集，即今起堂是。」（三〇三頁下）

〔一〇〕中者，心、口俱集　鈔批卷六：「此反前第二應與欲者不與欲來。今則是與欲來也。應與欲者，即簡非法之緣，雖與不成。今有堪與欲緣開，送心達僧，即表無別，故與欲來，是名『心集』，欲即心也。身既有緣，無身可集，以心同

和，口說與欲，故曰『口心俱集』。有人云：在心既同，口必不呵，望口不呵邊，名曰『心集』也。」（三七九頁下）簡正卷五：「應與欲者，欲（原注：『欲』上疑脫『與』字。）來是『心口集』，送心達僧是『心集』，口說付他是『口集』。難曰：『前來違相中，第二段不與欲來，是身、心不集，不言口。今順相和合，即是反前句，何故卻有口集？』答：『前段不言口者，是證正羯磨之口。身既不來，口無集義，故不別論。此言口集，自是傳詞，向之口業，非關他證正之口。』」（三〇三頁下）

〔一一〕**後人，身口集，而心不集**　資持卷上一下：「此謂有可呵事，心不同忍，必無呵事，則同初人。」（一九二頁中）鈔批卷六：「謂身來至僧，口又不呵，心雖不同，但嘿不呵，亦得成法，故曰而（【案】『而』下疑脫『心』字。）不集也。此反前第三得呵人呵，今則是得呵不呵也。羯磨疏云：即簡不合呵者，義無證正。」（三七九頁下）簡正卷五：「現前不呵者，是身口集，身來在僧，口又不呵等。」（三〇三頁下）

〔一二〕**應呵者不呵**　資持卷上一下：「『故』下，引證。初即瞻波文，彼明非法和合。羯磨云：有同一住處，同一和合，一處羯磨。應與欲者，與欲現前，應得呵者不呵。作白二乃作白四，白此事乃為彼事，此文可證相順心違。」（一九二頁中）

〔一三〕**舍利弗見眾僧如法羯磨**　鈔批卷六：「立云：其人見僧如法，謂言非法，心中不同，仍不發言呵，名如法也。」（三七九頁下）資持卷上一下：「『又』下，即雜法中文。初引身子懷疑，問佛，上『如法』字，寫誤，彼正作『非法』。『應』下，是佛所斷。彼云佛言聽默然，即具出十五種默。如羯磨篇引。」（一九二頁中）簡正卷五：「此是『十五哩』中初句，如下自明。謂見眾僧如法羯磨，謂是非法而心不忍，且不呵之，亦名和合如法。」（三〇三頁下）

〔一四〕**六羣比丘往說戒處不坐，佛言非法**　鈔科卷上一：「『又』下，別就四儀。」（一〇頁中）資持卷上一下：「初，引本律，即說戒法中。彼云，六群念言：我往說戒處不坐，恐餘比丘為我作羯磨，若遮說戒，佛言不應爾。今以非法替之，顯是別眾也。」（一九二頁中）簡正卷五：「六群者，多論云：一難途、二跋難陀、三迦留陀夷、四闡陀、五馬宿、六滿室（原注：『室』疑『宿』。）。至說戒處，眾僧坐，（三〇三頁下）彼便立。此四儀有乖，是別眾非法也。」（三〇四頁上）【案】六羣比丘，即六個不守律儀、結黨行惡比丘的統稱。至於其名，所說非一。依四分律卷二二記，其為難陀（又作難途）、跋難陀（又作鄔波難

陀）、迦留陀夷、闡那（又作車匿）、阿說迦（又作阿濕婆）、弗那跋（又作富
那婆娑）。

〔一五〕**背說戒羯磨、坐臥等，是別眾**　資持卷上一下：「四儀縱同，身面向背，以論
同別。」（一九二頁中）簡正卷五：「玄云：背坐、背臥二人，云『等』也。大
德云：此但論背面，縱使坐臥，俱是背攝，不合妄分兩人。若約坐臥，四儀有
乖。」（三〇四頁上）

〔一六〕**四儀互作，十二種人**　資持卷上一下：「大約乖儀，同上四分，然彼文歷句，
顯相猶詳。」（一九二頁中）

〔一七〕**別眾多相，理須明委**　鈔科卷上一：「『別』下，對足數料簡（二）。初，約來
否往分。」（一〇頁中～下）資持卷上一下：「初科大分，一往以判，不妨身不
至僧而是不足，隱沒與欲樹上之類，自有來至僧中，得成別眾。如上乖儀面背
等。」（一九二頁中）簡正卷五：「謂約別眾淨僧，對前不足，遞互交羅錯涉，
合作四句。今且分二：若不到僧中，名別眾；若到僧中，儀相有乖，名不足數。
故云『且』也。」（三〇四頁上）【案】「別眾」下分二：初，「別眾」下；二、
「然不足」下。

〔一八〕**然與不足數中，遞相交涉**　簡正卷五：「謂約別眾淨僧，對前不足，遞互交羅
錯涉，合作四句。」（三〇四頁上）簡正卷五：「寶云：約寬狹料簡也。」（三
〇四頁上）

〔一九〕**不足數**　簡正卷五：「若到僧中，儀相有乖，名不足數。」（三〇四頁上）

〔二〇〕**然不足之人，名通淨、穢二人**　鈔科卷上一：「『然』下，約淨穢以簡（二）。
初，通簡淨穢。」（一〇頁下）資持卷上一下：「淨即初例，穢即第二例。然三
舉二滅，可得云穢。尼等四人，未必約犯。十三難人，無體可破。然今但取境
非淨僧，通云穢耳。穢本不足，淨相難知。」（一九二頁中）簡正卷五：「若約
體論，『不足』通淨穢，『別眾』唯淨境。若約處明，『別眾』通眾，內外故寬，
『足數』唯在眾中，『不足』通內外也。」（三〇四頁上）【案】「然不足」下分
二：初，「然不」下；二、「若論」下。

〔二一〕**淨僧睡、定，身不至僧**　資持卷上一下：「注中但示淨者，清淨一色，且據不
犯四重為言。」（一九二頁中）

〔二二〕**別眾之稱，唯據清淨一色**　資持卷上一下：「色，猶類也。下指句法。準業疏
云：一、是別非足，（應來不來及不與欲；）二、是足非別，（即善比丘身參眾
侶；）三、亦足亦別，（得訶人訶；）四、非足非別，（睡、定、啞、聾等。）

彼文甚廣，非學不知，故略引示。」（一九二頁中）鈔批卷六：「深云：此言是前第二、第三門中，尼等十三難，無有別眾之過。雖謂是僧，若別冥然無過，但有足、不足義耳。自意云：唯據淨一色者，（三七九頁下）約不犯夷，名為清淨；僧殘已下，皆未壞根本，不得別他。故礪疏云：行覆藏、本日、六夜、出罪，此四人不互足數，不互秉法，不得別他，別則犯別也。正以己自有縛，兼在法不能緣生物，善解於他縛，故制不聽，更互足數。以其非是壞根本故，不得別之。」（三八○頁上）

〔二三〕**義張四句，料簡如別** 鈔批卷六：「羯磨疏云：一、是足數非別眾者，即淨比丘三業俱集，在同秉也；又云：即律中善比丘同住等，由身參眾侶，行德昭彰，故兼兩位也。（即『足』與『別』為兩。）二、是別非足者，謂應來不來，即淨僧在房，并隱沒離見聞，懺殘等七人，亦有通局。（即是少分不足。）如前僧祇中，隔障四別等，實而應法，能得僧事，故名別眾，身不在僧，非足數也。三、是足是別者，如現前得呵者呵也，身廁僧中，通在數限，口須忍默，乃有呵制，即非同和，故是別也；乃至僧坐，而彼行立背面僧中等是也。四、非別非足者，即四分尼等四人、邊等十三人、三舉二滅等；或是報別法乖，（『報別『即尼等四人，』法乖『即沙彌也。）或是行違治重，（即三舉二滅。）體既乖僧，不能為別也。」（三八○頁上）簡正卷五：「羯磨疏云：上雖通列，名含是非，但為緣差，濫通淨行，故以法簡，不宜混雜，就分兩對。初四句者：一、是別非足十六人：一應來不來，二不與欲來；第一門中，隱沒、離見聞、隔障等五；第四門中，僧殘行法七人。二、是足非別一人，即善比丘身參眾侶，德行昭彰，故兼兩位。三、亦別亦足六人，得呵人呵，并背坐，及四儀乖越人。四、非足非別三十九人：第一門中，十誦十一人、伽論三人、義加三（【案】『三』疑『二』。）人，成十六人；并第二門中，二十三人。難曰：『於中不解人、（三○四頁上）睡人、醉人、狂人，為有戒體、為無體？若云無體，即是十三難攝，戒是白衣；若云有戒體，不足可爾。何故不別？』答：『有人解云：在眾中故不別，以不解及睡、醉故，不能證法不足。此非解也。鏡水大德云：准戒壇經作業成敗門中，南山自釋云：夫秉法者，非但一僧獨誦，並須通眾。其解有不解者，非足非別。以暗昧，莫知和忍之緣，熟識同別之相，故非二攝，不集無咎。（准此，且釋不解人非三攝也。）睡眠、醉狂者，嶺記云：睡、醉、無知，失比丘用，例於狂等；失用亦爾。（准此，例前不解之人相同明鏡。）二、更將不足對別眾作四句：一、是不足非別眾，如所為作羯磨人；

二、是別眾非不足數，同上第三句六人；三、亦別眾亦不足，同上初句十六人；四、非別非不足。三人神足在空，別住戒場上，並異界收也。』（三〇四頁下）

〔二四〕**若論學悔，是不足限，必無解法，亦開秉之**　鈔科卷上一：「『若』下，別簡學悔。」（一〇頁下）資持卷上一下：「初示不足，前未明故。問：『究論學悔，四例何收？』答：『既毀根本，體非淨僧，（一九二頁中）故非初例。來否隨意，復開秉法，故非第二。生善滅惡，一切不足，復非第四。前既不收，此中方示，雖開秉法，須在數外。準此乃知，秉法之任，信非率爾。且羯磨之詞，不過數句，若唯謹誦，誰不能之？豈得眾中竟無解者。文標無解，此語可思。律制堪能，須知有以，觀今罔冒，實為悲哉。』（一九二頁下）簡正卷五：「玄云：開說、恣二法，一切羯磨不得別。」（三〇四頁下）

〔二五〕**別亦無過，則中間人**　資持卷上一下：「『別』下，正示所簡。開秉預眾，異彼穢流，足別俱非，寧同淨用，故云中間也。」（一九二頁下）鈔批卷六：「立謂：學悔之人，上（原注：插入「人上」二字。）不及大僧，下不同沙彌，名曰中間也。」（三八〇頁上）簡正卷五：「亦無過者，作法之時不集來，無別眾過。中間人者，上不及大僧，下不同十戒沙彌，故云中間也。」（三〇四頁下）

〔二六〕**成不**　資持卷上一下：「明別眾成、不成相。」（一九二頁下）簡正卷五：「玄云：約所別之僧，又約能秉法僧，（三〇四頁下）成別、不成別，故云成不。更助一解。上雖約四儀三業，以辨是非，然於五篇所犯重輕，或知不知等，未曾委練，故次辨也。」（三〇五頁上）鈔批卷六：「謂所別是何人、何人成別、何人不成別，故下更明也。」（三八〇頁下）【案】「解成不」文分二：初，「若別」下；二、「今行」下。

〔二七〕**若別犯下四篇，是別眾攝**　鈔科卷上一：「初，約篇聚簡。」（一〇頁中）資持卷上一下：「上二句明成別，犯下諸篇，不壞本故。」（一九二頁下）簡正卷五：「謂過相輕微故，別犯初篇，縱三根未顯，眾人謂言清淨。亦無別眾，謂過相重故，無任同住，冥然不別也。」（三〇五頁上）【案】「若別」下分二：初，「若別」下；二、「若對」下。

〔二八〕**別犯初篇**　資持卷上一下：「『別犯』下，明不成。根本已壞，眾法絕故。文又為二，初約不知明成法，引律無作有想，以例穢作淨想，理無差故。羯磨成者，佛判法成，即彰非別罪即吉羅。」（一九二頁下）

〔二九〕**無比丘有想，羯磨成而犯罪**　簡正卷五：「『文云』已下，證前來體壞，不障法

事，在別眾義，此有法喻本。文云：界內實無比丘，橫起有想，以實無故，羯
磨得成。既有淨想，即合喚來，由心不欲，與彼同法，犯不應吉故。（引喻竟）。
法合者，如前犯重體壞，如無比丘，約人不知。今有淨比丘想，即合召來，由
心不同，得不應吉。鈔文云：縱謂淨想，亦成法事，前作想謂是不知，今既已
知，隨意別也。」（三〇五頁上）【案】四分卷四〇，八五九頁上。

〔三〇〕以心不同　資持卷上一下：「心不同者，出結罪意。」（一九二頁下）

〔三一〕審知有犯，隨意別之　資持卷上一下：「『審』下，二、約眾知明隨別。」（一
九二頁下）

〔三二〕十三難人　鈔科卷上一：「『十』下，約雜類簡。」（一〇頁中）資持卷上一下：
「初列人相。」（一九二頁下）簡正卷五：「十三難者，邊、尼、賊、破等十三
人也。」（三〇五頁上）

〔三三〕尼等四人　簡正卷五：「大尼、式叉、沙彌、沙彌尼也。有將『學悔』為數者，
不然也。前來中間人已說了，不可重述。」（三〇五頁上）

〔三四〕三舉三狂　簡正卷五：「三舉，謂不見等。三狂：謂狂人、亂心人、病壞心人」
（三〇五頁上）資持卷上一下：「三狂，總亂、心、病壞也。須簡下品及中品
未得法者。」（一九二頁下）

〔三五〕聾、啞　簡正卷五：「啞、聾，闕識也。」（三〇五頁上）

〔三六〕或本非是僧，或中途被罰、形差、病報，緣礙，故開　資持卷上一下：「『或』
下，明非別所以。上句對十三難，次句對三舉，『形差』對尼等。沙彌法未滿，
文略此句，疏則具之。『病報』對三狂、啞、聾。『緣』下一句，通括上四。『開』
謂許別也。」（一九二頁下）鈔批卷六：「謂總卻結上所列人，即十三難人，本
受不得戒，故曰本非是僧也。或中途被罰、形差、病報、緣導故開等者：『被
罰』謂三舉二滅也。言形差者，即尼等四人也；亦云：形差者，罷道人也。言
病報者，即狂中三人也。言緣導故開者，明都結上言也。謂此病等人，既有病
緣，以來相導，故開別之無過也。又解，即與欲人，是緣導故開與欲，則亦不
成別眾。」（三八〇頁下）簡正卷五：「或本非是僧者，結釋十三難人也。或中
途被罰者，釋三舉人也。形差者，謂尼等四人也；三人則男女形差，沙彌則大
僧法差。（三〇五頁上）病報者，釋狂等三人也。緣礙開之者，釋啞、聾二人
也。或有將『緣礙』字，聲結前來諸人者，非也。」（三〇五頁下）【案】鈔批
將「緣礙，故開」釋為總結上述等人，簡正將之釋為啞、聾二人。

〔三七〕凡此等人，未論足別　資持卷上一下：「『凡』下，總判。言未論者，未猶不也，

足謂足數，別即別眾。由上諸人，二中不攝。此中本明非別，然與非足人相不殊，故兼示之。（若云足別人者，此說別眾，安得專明足數？又，前引捨戒、受欲自言等，並準對首，豈是未論！）」（一九二頁下）鈔批卷六：「明其既非足數，亦非別眾也。又云：謂此上諸色之人，未足堪別。只是如此之人，不預我別也。」（三八〇頁下）簡正卷五：「凡者，諸也。『此等』二字，指前來流類人也。未論足別者，謂前來廣說足不足等，皆據足四人僧數，以論未知，對首、作法之時，足得我別人之法已不。前未論量，此門方辨，故云未論足別也。難曰：『此是別眾法附，何故重說足數之法？』答：『因便相從故。明由如足法中，因便亦說別眾之義。故前文云：縱在房中，理亦開成，亦是因便也。』」（三〇五頁下）

〔三八〕若對首作法，前境濫真，例取僧中　鈔科卷上一：「『若』下，指例。」（一〇頁中）資持卷上一下：「以別眾之相，正約眾僧別他作法，恐謂同食別人非別，故此示之。眾法、對、念有別。可知。對首、心念，亦有不集。如上所簡，成否同僧。」（一九二頁下）鈔批卷六：「濫是穢也。真謂淨也。欲明作對首之法，亦須簡卻濫僧。亦有同別之相，例如僧法，如十三難等，豈堪對首耶？下羯磨中，約對首亦有七非，意在此也。」（三八〇頁下）簡正卷五：「謂二人面對作法，是對首也。所對之人，名為前境。濫真者，體是緣礙名濫，體若應法名真。例取僧中者，若此等人，足得四人已上僧法，即得足對首。若眾中三根外彰，不任用故，不足僧法。今來足我，別人對首亦不得，故云例取僧中。難曰：『對首是兩人法，何用論足別？』答：『約他本是眾法，為界無人，故開對首。今雖有此等人，不堪足數，不共作法，無別眾故。又，但對首、持衣、說淨等，雖有此等人，亦不堪對首，不共彼作，但自作對首、心念，亦無別眾之過。（三〇五頁下）更有不正義，慮繁不敘。』」（三〇六頁上）

〔三九〕今行事者，多有別相，更顯明之　鈔科卷上一：「『今』下，重明諸相。」（一〇頁上）資持卷上一下：「標文斥世，以為生起。」（一九二頁下）簡正卷五：「多有別相者，別眾相狀也。更顯明之者，更，重也；顯，彰明、舉也。」（三〇六頁上）【案】「今行」下分二：初，「今行」下；二、「眾取」下。

〔四〇〕眾取威儀相同，不用心順　簡正卷五：「『威儀相同』已下，開兩章也。」（三〇六頁上）資持卷上一下：「通標二句，判定義宗。此門並如前引，恐人未曉，約義重條。」（一九二頁下）鈔批卷六：「謂如僧祇四儀，互作不成，要坐立相同也。又如舍利弗見僧羯磨心不同，亦成法事。即下文云：心虛實者，但令相

順心違，亦成正法，即斯義也。明知心不同，得成法也。<u>深</u>云：此謂明其非是別眾，若論足不足，要假心同。病人背羯磨者，病人來至僧，聽仰眠、覆眠，得成；若背，成別也。」（三八〇頁下～三八一頁上）【案】「眾取」下分二：初，「眾取」；二、「若作法」下。

〔四一〕**行作法事，坐則非法**　<u>鈔科</u>卷上一：「初，外儀違順。」（一〇頁下）<u>簡正</u>卷五：「據相中有乖也。」（三〇六頁上）

〔四二〕**病人背**　<u>簡正</u>卷五：「謂面不看秉法人，故是別眾。此但論背，不論四儀。」（三〇六頁上）

〔四三〕**六群不坐**　<u>資持</u>卷上一下：「彼但云不應爾，即是訶責。坐立既乖，（一九二頁下）理非和相，故判別眾。即如前引『應來』等文，彼非和相，故說別眾。顯今不坐，相亦非和，是別不疑。」（一九三頁上）<u>簡正</u>卷五：「亦是儀相乖也。如律別眾中說。」（三〇六頁上）

〔四四〕**行時食食，住則犯足，相同僧祇**　<u>簡正</u>卷五：「如行時食者，既捨威儀，便犯足也。僧相同穢（【案】『穢』疑『祇』。）者，此約食祇據法，法食雖殊，四儀不異，故是同也。」（三〇六頁上）<u>資持</u>卷上一下：「明約四儀辨之，下句會同，即指當科。」（一九三頁上）

〔四五〕**心虛實**　<u>資持</u>卷上一下：「『虛』即心違。」（一九三頁上）<u>鈔批</u>卷六：「<u>深</u>云：心同曰實，心乖曰虛。自意云：此門從前文三四處生也。前總明一門竟，後<u>鈔</u>主更作義語料簡，云今行事者，多有別相是。從『更顯明之』已下，此中有兩意：謂眾取威儀相同是二也。言威儀者，已下兩行，則釋上威儀相同意也。心虛實者，則是釋上不用心順是也。<u>勝</u>云：約心和不和，名虛實也。此門從前行事者，多有別相文生也。（同前解。）」（三八一頁上）<u>簡正</u>卷六：「玄云：順為實心，違是虛心。准此，但釋得虛實心，未說得二字出處。諸家解云：虛為一、實為二，故云二心虛實。恐未當文旨。今作<u>淮南記</u>云前來開兩章門，<u>鈔</u>云：眾取、威相，同是一章，不用心順為一障。初段中。釋云：言威儀者，據理，合云『初言威儀』者，製作省少，不著『初』字。今言二心，『虛實』二字即牒章。心違成虛，心順為實。不得見文中二字，便言之心也。」（三〇六頁上）

〔四六〕**僧今和合，何所作為**　<u>鈔科</u>卷上一：「『若』下，坐立差別。」（一〇頁中～下）<u>資持</u>卷上一下：「初科，以世多妄行，故特示之，如說戒所斥。然說戒時，<u>維那</u>起對上座，故有此濫。餘法即座對答，則非所論。下指義鈔，必有他說。其

文亦亡。」（一九三頁上）簡正卷五：「此段文大意，約說戒時，維那秉白者，理合在靜，招邊鋪坐，具胡跪。答法云說戒羯磨，其戒師未得，便秉單白，且待維那歸本床上坐，說方作法。若便作白，彼在僧中行此，即成別眾也。若便在砧邊坐，或今時直依本位，答法即不在此限也。」（三〇六頁上～下）

〔四七〕義鈔中　簡正卷五：「至下第五篇中，十緣之內，亦更說之，廣辨如羯磨疏述。」（三〇六頁下）

〔四八〕就僧坐中，聽有立者，除被治人　鈔科卷上一：「『就』下，示所為。」（一〇頁下）資持卷上一下：「初，明開立。治罰折辱，不許彼坐。」（一九三頁上）簡正卷五：「此段鈔文大意，謂前廣說相儀不順，如秉法人坐，餘並須坐，人一不同，即成別眾。此且據多分為言，然於坐僧之中，作法之時，亦有立者，儀相雖乖，不成別眾。問：『是何人耶？』鈔遂釋云：『除被治人，以是所為羯磨者，不足僧數。謂今日眾僧，特為彼人作法，彼既不足僧數，雖然不坐，亦無別眾。〔上且清（【案】『清』疑『消』。）文。〕雖則如是，更須料簡。其所為之人，須具二法者，方聽伊立，無別眾邊：一是所為，二不足數，如提婆達多之類，邪眾為僧所治。又，不足數更有犯重滅殯者，三、舉人惡馬、哩殯二人已上，一任坐立，不障法事，無別眾過，若論呵責等。四、有戒體，即須坐作，若立不成。謂彼足得一切羯磨，故不得一向雷同。多有迷此一節，便云凡是一切治罸，皆許立者，全成猛浪也。餘有所為坐乞如法者，（三〇六頁下）九法人順情為解，必須三乞，不爾不成。又，須同僧坐，不爾別眾懺、夷、殘等，並是順情，亦須坐乞，尼、懺、殘亦三乞，長跪作之。老病、離衣、二房等例，一一類知，而通解也。」（三〇七頁上）【案】「除被治人」，簡正釋文斷為下句。

〔四九〕以是所為，作羯磨者，不足僧數　資持卷上一下：「『以』下，釋聽立意。」（一九三頁上）

〔五〇〕餘有所為，坐乞如法　資持卷上一下：「『餘』下，明制坐。如離衣、杖囊、悔罪之類，乞須謙下，對僧互跪。跪同坐相，故云坐乞。律中，凡從僧乞法，並列五儀云：應至僧中，偏露右肩，脫屣禮僧足，右膝著地，合掌，故云明說。」（一九三頁上）

〔五一〕文義明說　鈔批卷六：「勝云：凡僧中乞法，皆具五法，即胡跪合掌等。」（三八一頁上）簡正卷五：「玄云：律明入眾乞法，須且五胡跪、合掌等是」（三〇七頁上）

〔五二〕**秉羯磨人中，除二種人**　鈔科卷上一：「『秉』下，辨能秉。」（一〇頁下）資持卷上一下：「初明開立，文列二人，各示教意。今世教授，入眾先坐，問和後起秉法，名為坐和立秉。此由受戒法中，止約總答，不出前和坐立之相，故致盲爭，至今未已。今應問曰：『威儀立秉，本為敬僧，今輒先坐，豈得先倨後敬？鈔文明示不得輒坐，汝今坐和，豈非輒耶？』儻能從理，不勞紛紜。二、說戒師，若準尼鈔，亦不開之。彼云：如律，眾大，開作轉輪，高座說戒，未必立說得成。舊開立說，良恐不成。（準彼校今，猶循舊說。是知唯開，白召一法）。」（一九三頁上）簡正卷五：「云『秉』至『得』者，此文大意：前來明秉法人定須坐，餘有開不開。已知未審，秉法又立作羯磨，餘人卻坐成別眾不？鈔文釋云，除二種人：一威儀師者，此是僧差，不得輒坐，必立秉法即成，若坐不就也；二開立說戒者，謂眾大聲小，初雖制坐，有緣開立，亦無別眾。」（三〇七頁上）

〔五三〕**自餘，一切皆須坐秉**　資持卷上一下：「『自』下，次，明制坐。注中，餘緣謂開有病，坐立非別。」（一九三頁上）簡正卷五：「餘者，外也。自此二法之外，諸羯磨法，如結界、自恣等，必須坐作，行臥不成。」（三〇七頁上）

〔五四〕**必有餘緣，行、臥亦得**　鈔批卷六：「必有餘緣者，謂坐則緣，亦開行立作法也。并病者，多則開臥作法也。」（三八一頁上）簡正卷五：「玄云：王、賊難緣，亦開行作法。故祇律二十八云：諸比丘白佛：立作羯磨得不？佛言：得行住坐臥，作布薩也。（且消注文。）更須料簡：初約能秉人，次約僧眾。只與如賈客行，今日是布薩日，商人不住，恐有賊盜，比丘即遙指山石，依標而結，行念戒作單白，此是僧緣行，作法亦得。或有碩德之人，明閑教相，尋常被事，是他秉法。今眾人欲得彼人，秉此聖法，（三〇七頁上）今有疾患，久坐不得。若如是者，開他一人，臥秉無過，餘人即坐，此是緣礙，臥秉亦得。次，約眾僧以說者。作法之時，僧中有一人、二人，乃至多（【案】『多』後疑脫『人』字。），有病，若尋常法事，即許與欲。『此約大界，傳欲不開，必須赴集。必若文坐，其病增劇，未審如何？』『初依玄解云：病人重不能坐，則隨病者臥。秉法人并一切僧，總須一例臥。若但病人臥，諸人坐，即成別眾也。此釋非也。今依法寶云：病人但任情而臥，秉法者及餘僧，不病即坐，此是有緣開病者臥，餘人無緣不得。然須面者，佛象及秉法人，若背面即不得。故五分律云：病人背說戒坐臥，佛言非法。今既不背，有緣開臥，道理酌然。不同諸家謬傳文義，思之。更都計別眾人數：應來不來人、應與欲與不欲人、

現前得呵人、僧祇四儀十二人、五分背面人，已上十六人為定。玄記分五分背面為二人，更并六群不坐，都十八人者，非也。』（三〇七頁下）

# 受欲是非〔一〕篇第四

夫事生不意〔二〕，法出恒情〔三〕。故對情而順其心〔四〕，心順則於法無失〔五〕，故名「欲」也。然則「情」「事」相反〔六〕，故立法以撿之〔七〕。撿則有事必明〔八〕。若明，故對門而辨〔九〕。

初明其緣，後明欲法。

## 【篇旨】

簡正卷五：「前明體穢，非足數之所收。既曰淨僧，義須盡集，忽有緣礙，（三〇七頁下）制令達心，則機教有憑，彼我齊益。若斯之義，故次明之。」（三〇八頁上）鈔批卷六：「上篇簡僧淨穢。體若應法，理宜同集，但為形居世累，緣礙忽生，大聖知時，事難通約。若不開送心表欲，成規太急，故立此儀，彼我同濟，故有此篇來也。」（三八一頁下）

## 【校釋】

〔一〕受欲是非　鈔批卷六：「受者，領納得名。欲者，希須為義。如法之緣通許，非法之務則遮，（三八一頁上）故曰受欲是非篇也。」（三八一頁下）資持卷上一下：「『欲法』有三，在屏對首：『能對』名『與欲』，『所對』名『受欲』，（一九三頁上）對眾正陳名『說欲』。今但云『受』者：一、取欲，本意為遣他傳；二、初傳後說，並在受人，一標受欲，通攝初後；三、觀緣受法，持詣僧中，是非成否，並歸受者，文中可見。問：『自然界中得受欲否？』答：『不得。』『若爾，對首別法，何局法地？』答：『初雖別法，終成僧事，唯此一法，異餘對首。所以下云界外受不成等。篇中大判不出二門：一緣，二法，各有是非，故以命題。』」（一九三頁中）簡正卷五：「應法為是，不應法為非。」（三〇八頁上）扶桑記：「與欲，謂通凡聖。如法華寶塔品，分身諸佛，與欲本師。」（五三頁上）

〔二〕事生不意　鈔批卷六：「慈云：本擬同僧秉法，忽有病等緣導，及佛法僧事，忽爾而生，故曰不意。此正明事來非我心作，故言事生不意也。」（三八一頁下）簡正卷五：「事者，玄云：三寶病患之事，外來非心所惻，故云不意也。」（三〇八頁上）資持卷上一下：「上二句明『所欲』，『事』謂羯磨所被，除說、恣二種，自餘一切，機發莫期，故云不意。」（一九三頁中）扶桑記：「搜玄

云：三寶病患之事，外來非心所測，故云不意也。……機發，說文：主發謂之機。箭受強（韻會作『弦』。）處也。濟緣云：機即弩牙，喻其要也。」（五三頁下）

〔三〕**法出恒情**　鈔批卷六：「立云：堂頭僧家所秉一切之法，是僧眾恒情也。如說戒、自恣之法，是僧恒務，故曰法出恒情也。濟云：既有緣來，理合開其欲法，故曰法出恒情也。」（三八一頁下）資持卷上一下：「法即羯磨，眾所常行，但有事生，必須加被，故曰常情。此明事是臨時、法唯常定故也。」（一九三頁中）簡正卷五：「說戒、自恣等是法，僧眾恒常之務。由佛制故，所以半月常說，佛法久住不滅。又如自恣舉罪，七支清淨，不孤獨故，每季一度，至時常作，故云常情也。」（三〇八頁上）

〔四〕**對情而順其心**　鈔批卷六：「立云：對僧家之情，我心順僧無違，故言對情而順其心。心者，乃是自己之心，順前僧情也。又解：謂對其有緣事之情，佛以開其欲法順其心情也。」（三八一頁下）資持卷上一下：「『故』下明能欲。對情者，即上常情謂僧心也。順其心者，謂以心順之。」（一九三頁中）簡正卷五：「謂對前來說、恣，恒情之法。我身既有緣，不得赴集，遂送心達僧，表無違背，是順心也。」（三〇八頁上）扶桑記：「情即眾性，心則己心。」（五三頁下）

〔五〕**心順則於法無失**　鈔批卷六：「立明：以心順僧情故，使僧秉法得成，故言於法無失，名為欲也。此上總通明欲意如此。」（三八一頁下）簡正卷五：「既有正緣傳欲，表無乖違，免有別眾之過，堂頭法事成就，故云於法無失，故名欲也。」（三〇八頁上）資持卷上一下：「心順無違顯非乖別，羯磨得遂，故法無失，故下舉名結釋。」（一九三頁中）

〔六〕**然則「情」「事」相反**　資持卷上一下：「『然』下，敘立法意，生起下文。初句明緣差，情即欲心事。謂欲緣心順事違，故云相反。」（一九三頁中）鈔批卷六：「勝云：謂情欲赴僧同秉，緣事礙故，不獲身赴，故言相反。又解：佛、法、僧、病患等名事也，情是己之心情。謂不為前事而詐與欲者，是故反義也。若實有事不禾（原注：「禾」疑「來」。），即非相反也。上來解並（【案】『並』疑『非』。），今更正解。謂此下生起此篇之意，謂情亦是僧情、事是己家病患等事。以有事故，不赴僧家之情，故言相反。以有如此相反故，即須開其與欲之法也。」（三八一頁下～三八二頁上）簡正卷五：「一解云：應先難起，既許順情傳欲，得何用此篇？可引鈔云『然則已下』（云云。）意云：

說恣常情，須集不意之事，忽生求來，不得是相反也。（據此消文，意由未盡。）今更一釋情者，謂是說、恣常情，及諸羯磨等法也。謂是我不意三寶、病患之事也。約法及事，互有是非，故云相反。如今日堂頭所作之法，是說、恣等。如法之法，（三〇八頁上）房中、身上之事，又實是正緣。此則與欲得成，事法相稱，何要更述此篇之鈔？今緣堂頭法事，雖則是說、恣常情，房內因緣，且不是三寶、病患之如法之緣務，與欲不成，得罪。此是事反於法也。或可有時，房中之事卻是正緣，堂頭羯磨卻是正緣，堂頭羯磨卻是非法，則不合與欲，此是法反於事。如是法與之事，互有是非，故云相反也。」（三〇九頁下）

〔七〕故立法以撿之　資持卷上一下：「『故立』下，明制法。法即通目傳欲之教，總下二門非獨詞句。若無制法，事則容濫，故云檢也。」（一九三頁中）鈔批卷六：「濟云：既有事礙其情，故立欲法，令其陳辭達僧，僧則知其情狀，故曰撿。謂撿校能說欲人，為定有事無事。若緣不如者，不開說欲也。」（三八一頁下）簡正卷五：「由於前來有此相反，須立法則以撿括也。」（三〇八頁下）

〔八〕撿則有事必明　簡正卷五：「搜撿諸律有受欲之事，文必定明之。」（三〇八頁下）資持卷上一下：「『檢則』下，明須教觀緣，可辨成否。有事者，總於緣法。」（一九三頁中）鈔批卷六：「今立此欲門，撿其如非之相，故曰撿則有事必明也。」（三八一頁下）扶桑記：「會正又云：既撿，則如非相必明，故開二門。」（五三頁下）

〔九〕若明，故對門而辨　資持卷上一下：「『若明』下，審機須教，發起開章。若，猶欲也。」（一九三頁中）簡正卷五：「謂不可一處，長途而解。下遂立緣法二門，對之明也。」（三〇八頁下）鈔批卷六：「謂立此一門辨其欲也。又云：由撿其事得明顯故，則對我此受欲一門之法也。」（三八一頁下）

初中

有三：一、制意、釋名、明體；二、有開遮；三、定緣是非。

初中

制意者。凡作法事，必須身心俱集〔一〕，方成和合。設若有緣，不開心集〔二〕，則機教莫同，將何拔濟〔三〕？故聽傳心口，應僧前事，方能彼此俱辦〔四〕。緣「此」，故開「與欲」。

釋名者。凡言「欲」者，多以希須為義〔五〕。「欲」明僧作法事，意

決同集〔六〕。但由緣差，不遂情願，令送心達僧，知無違背〔七〕。故摩得伽云〔八〕：云何名「欲」？欲者，所作事樂隨喜，共同如法僧事。十誦云：「欲」名發心，如法僧事與欲，名為欲法。

辨體〔九〕者。欲之所須有二〔一○〕：自有僧私同須，如說戒、自恣等，以佛制有時限，一切同遵〔一一〕；若叛，有罪〔一二〕。自有單僧須〔一三〕者，如受戒、捨懺等。僧須我和，我不必須〔一四〕，佛不正制也。

二、明開遮。

律中，唯除結界〔一五〕，餘並開之。雖非明文，以非制故〔一六〕。

三、緣是非者。

若有犯戒事、非法緣，而與欲者，由事非故，不合不成〔一七〕。若準文中〔一八〕，但云佛、法、僧、塔、看病、病人，六事是緣，文具正列。而六群作衣說欲，雖非正制，僧受行之〔一九〕。僧祇等律，「守房」等緣，並如別顯〔二○〕。比者，比丘多慢斯法，不思來業，妄行聖法〔二一〕。謂無病言病、不淨言淨、不欲言欲，令他傳此妄語，對眾而說。隨僧多少，一一人邊，三波逸提〔二二〕。所傳之人，知而為告，一一三罪〔二三〕。惡業不輕，何為自怠〔二四〕！

## 【校釋】

〔一〕**身心俱集**　簡正卷五：「凡者，諸也，諸多羯磨之法事。必須身心俱集者，皆令赴堂也。」（三○八頁下）資持卷上一下：「身心者，且對不與欲來者言之，對前可見。」（一九三頁中）

〔二〕**設若有緣，不開心集**　資持卷上一下：「『設』下，明欲法。上明不開則失機。」（一九三頁中）簡正卷五：「謂忽有三寶等事緣，求來不遂。（三○八頁下）佛（【案】『佛』疑『設』。）若不開他送心達僧，表無違背，故云不開心集也。」（三○九頁上）

〔三〕**機教莫同，將何拔濟**　鈔批卷六：「明佛立教，教本隨機。今病等緣事是其機，須設與欲。與欲之教，若不開欲，教未隨機。既不隨機，義非拔濟。」（三八二頁上）簡正卷五：「機是有緣，比丘教乃如來所立之教。教不被機，機不稱教，故云莫同也。以太急故，拔濟之義何在？」（三○九頁上）

〔四〕**故聽傳心口，應僧前事，方能彼此俱辦**　資持卷上一下：「『故』下，示立法故成益。……『彼』即僧事，『此』謂欲緣。僧私兩遂，故云俱辦。『緣』下，結示。」（一九三頁中）簡正卷五：「方，由則也。彼即僧。僧事得成，無別眾失，

此是私己。私己又緣，又能句（【案】『句』疑『勾』。）當兩處成就，豈非俱辨緣？此故開與欲也。」（三〇九頁上）鈔批卷六：「謂既開與欲，僧事得成，更無方便得別眾故。自復濟於病等緣事，僧和兩遂，故曰彼此俱辦。」（三八二頁上）

〔五〕**多以希須為義** 簡正卷五：「前言『欲』之一字，已是其名，今但要知他名下之義也。……凡者，諸也。不但傳詞獨得名欲，諸所愛樂，總名欲也。多以怖須為義者，諸律、經、論中多處文說，並云欲與怖須為義。若據梵語『伊車（上聲）』，翻之為欲。『怖』，求、怖望，字從『心』作，即訓『求』也。故俱舍云：欲者，怖求所作事業。唯識云：云何為欲？於所樂境望為性等。」（三〇九頁上）鈔批卷六：「有云：『欲』是貪義，謂貪樂作前事也。文中解希須為義。此解非理故。賓云：舊解『欲者』，怖所（原注：『所』疑『須』。）為名者，不然也。此中欲者，欲樂忍可也。故伽論云：樂隨善共同也，梵言『闍陀阿路者耶弶』。（述曰：）『闍陀』，此云『欲』也。『阿路』，此云『說』也。『者耶弶』，此云『我』也。迴文讀之，（三八二頁上）謂『我說欲』也。謂作法時，樂欲忍可也。梵言『伊（上聲）車（上聲）』，此云『欲』也。此，即怖須之欲也。梵言『迦（去聲呼之）磨』，此云『欲』也。此是五欲之欲也。梵音各別，其義亦殊。」（三八二頁下）扶桑記：「須，意所欲也。即濟緣云：希須謂心有所望。」（五三頁下）

〔六〕**「欲」明僧作法事，意決同集** 資持卷上一下：「示欲本。」（一九三頁中）簡正卷五：「謂堂頭作法，我心決定擬往，願聞羯磨、說戒。今有不意之事，忽生與心相違，是以口自傳心。怖求之事，令眾委知，無其違逆，故云欲也。」（三〇九頁下）

〔七〕**但由緣差，不遂情願，令送心達僧，知無違背** 資持卷上一下：「『但』下，明欲緣。『令』下，明欲法。達，即到也。」（一九三頁中）

〔八〕**摩得伽云** 簡正卷五：「引律、論二文，轉證前來多以怖須為義。」（三〇九頁上）

〔九〕**辨體** 資持卷上一下：「業疏有三：一者，從『法想欲』為體，（想陰心聚，所攝名法。）二者，從『相色聲』為體，或動身色，（重病現相，）或動聲相；（廣略四種。）三者，從『事』，即同今文。」（一九三頁下）鈔批卷六：「羯磨疏中釋欲體者，有其多種：從『相』以論，色聲為體，或動其身色，或動其聲相也。從『事』以論，則有兩種：一、自有單僧須者，如受、懺等；二、僧

私互須者,如說、恣等,至期必說,說必在僧。若不求覓,僧便有罪,必私逃叛,遠出亦犯,是知俱須。今此鈔如後所立,約『事』以辨也。」(三八二頁下)簡正卷五:「前既釋名,名以召體,未知欲法如何為體,故次明也。若據羯磨疏中,體有多種,約法、相,約事。初,約『法』出體者,尅性以欲之一法為體,此欲是心所家法,即通大地中受、想、思、觸、欲等,即此欲之一法為體也。次,約『相』者,色聲為體,跪禮、合掌是善色,陳詞是善聲,所稟云:若據傳付他了,亦是非色非心為體,謂有得得連持,在彼心識之上。『若爾,與無表戒何別?』答:『有二不同:一、此雖是非色非心,猶屬能詮體攝。二、此體雖非色,心得連持,忽遇強緣,非得來贊,冥然便失。若無表戒是所詮體,一得不失,是以別也。三、約事辨體,即此鈔文。』」(三〇九頁下)扶桑記釋「廣略四種」:「凡與欲有五種,業疏所謂一廣四略也。今言四種,除身相一略,口說一廣三略也。故云廣說四種。」(五四頁上)

〔一〇〕**欲之所須有二** 資持卷上一下:「『欲』為能須,『事』即所欲。除結界外,一切羯磨,大分二事。說、恣制同,遵餘法皆別為也。」(一九三頁下)簡正卷五:「謂有兩種事體:一眾事、二別事。」(三〇九頁下)

〔一一〕**自有僧私同須,如說戒、自恣等,以佛制有時限,一切同遵** 資持卷上一下:「初明『同須』。『時限』即半月夏竟也。」(一九三頁下)簡正卷五:「初眾事者,抄云:自有僧私同須,乃至若叛有罪。羯磨疏云:如說、恣等,期至必說,說必在僧。若不界內,撿挍推覓,僧便有罪,必私外避,出界亦犯,是知僧私同須也。(上且一般事體。)」(三〇九頁下)

〔一二〕**若叛,有罪** 資持卷上一下:「『叛』即背也。疏云:必私逃叛遠出,亦犯。」(一九三頁下)

〔一三〕**自有單僧須** 資持卷上一下:「『自有』下,次明『別須』。單僧須者,私不須也。」(一九三頁下)簡正卷五:「自有單僧等者,明別事體也,單僧即是當時一期,秉法被事之僧也。」(三〇九頁下)

〔一四〕**僧須我和,我不必須** 資持卷上一下:「僧須我(【案】『我』後疑脫『和』字。)者,恐乖別也。我不須者,非己事也。非謂無心,同須法事。問:『三體何異?』答:『初是能欲,後即所欲,中即說詞。鈔出後解,餘義存略。』」(一九三頁下)鈔批卷六:「大疏意云:此望欲法,各須不須,謂或僧須我和,我不必須;或二彼相須,如說、恣等。然實義兼開制,謂病患等緣,皆開與欲曰開也。單提中,若比丘不與欲者,波逸提,何問我須不須,但一切羯磨。不與欲者,

皆制提罪，故曰制也。乃至說已後悔，亦制提罪。」（三八二頁下）簡正卷五：「意云：彼辨事之僧。十人、五人，須得我和。赴堂傳欲，（三〇九頁下）我自己不必須。下句釋云：佛不正制，謂說、恣常法，佛制一切同遵，不論內外。一人不來，皆制與罪。若論受、懺罪，此是為別人作法。佛且當初不制，我亦須赴堂。既不正制，不去無過，是知彼則須我，我不必須。」（三一〇頁上）

〔一五〕**律中，唯除結界**　資持卷上一下：「初，明遮。『遮』即是制律。文唯結三種大界，羯磨之前並云不得受欲，故曰唯除。（義準三小戒場亦遮。）」（一九三頁下）簡正卷五：「玄云：先須識制故。說戒犍度中結作法僧界。文云：不得受欲。此律明文，不聽受欲，故云唯除結界。」（三一〇頁上）

〔一六〕**餘並開之，雖非明文，以非制故**　資持卷上一下：「『餘』下，明開。初句判定，下二句義決。欲法制緣，出說、恣二犍度。戒本單白捨德衣，白前列問欲。自餘並無，故云『非明文』也。除結界法，制不取欲，餘並不制，意即是開，故云『以非制』也。所以唯遮結界者，答如本篇明之。」（一九三頁下）鈔批卷六：「次明開遮之義也。雖非明文，非制故者，立明：律中唯制結界無欲，餘事不遮說欲。律雖無文，合餘羯磨說欲，（三八二頁下）然無制處，云不得說，謂不同結界不許說也。既唯制結界一法，餘者不論，明知事非正制，故言以制，故結界不開欲。羯磨疏云具有三義：一者，結界是眾同之本，理須通和，餘法眾同之末，並依後起，故開欲也。二者，自然地弱，力所不勝。三、結界本興，為存限域，護夏護衣，事須委練。如十誦云：作羯磨人死，不知相者，應捨已更結。」（三八三頁上）簡正卷五：「問：『律文但說戒、自恣二法即有開欲之文，餘羯磨並無開文，何以今言餘並開之？』『雖非』已下答也。律中雖無明文開餘一切，羯磨云並得與欲。而六群稱事，與欲中，佛言：『自今已去，但言如法僧事。』准此如法之言，義似密開，即知一切羯磨，皆是如法合與欲。以非制故者，律中則制除結界一法，不得與欲已外。其餘一切羯磨則無制，不得與欲之處，故知餘並開也。」（三一〇頁下）

〔一七〕**若有犯戒事、非法緣，而與欲者，由事非故，不合不成**　簡正卷五：「犯戒即非法也。而與欲者，謂詐現清淨，強送心也。由事非故，不合不成者，寶云：今可變通文勢釋之。應云：由事非故，不合傳欲。（三一〇頁上）雖強傳故，傳亦不成也。」（三一〇頁下）資持卷上一下：「緣中為二，初簡非緣。犯戒、非法語略，事含通於一切。治生邪命，放逸縱意，不應所列，並入非緣。要知

欲法，事不得已，故曲開之。微涉濫委，無非背叛，重病昇至，教意可知。寄言學者，彌須競慎。不合者，遮未說也。不成者，斥己說也。」（一九三頁下）鈔批卷六：「謂不合受欲，不成僧法。深云：不合說欲，得少罪；不成僧法，是別眾故。羯磨疏云：無如法緣說欲，以事非故不成，是別眾也。賓云不然。若非法緣而說欲者，前人自犯妄語，然僧作法得成。由前人心不違僧故，其理決然也。然疏中亦判無緣及非法緣，說欲不成。」（三八三頁上）

〔一八〕若準文中　資持卷上一下：「『若』下，次明如緣，有六。律文欲法中，本無塔事。注羯磨亦列五種，今準不與欲戒加之。彼云：僧事、塔寺事、瞻視病人，並開與欲。」（一九三頁下）簡正卷五：「謂轉欲文中，有三寶緣，不與欲起去。戒中，有塔事、寺、看病事緣；說、恣二犍度中，准有病緣也。故說戒法文，說戒時有異。比丘白佛云：有病比丘不來。佛言：自今後，令持欲來。已上都有六事是緣，律文正列也。」（三一〇頁下）【案】四分卷三六，八二一頁下。

〔一九〕而六群作衣說欲，雖非正制，僧受行之　資持卷上一下：「上引正緣，『而』下示旁緣，出『與欲後悔戒』。非正制者，不出欲法，故僧受行者示可取故。」（一九三頁下）鈔批卷六：「此明六群比丘惱亂眾僧，僧欲治罸，恐其不受。見彼作衣，僧即集眾云：『今有僧事，（三八三頁上）並須盡集。』而六群之內，便遣一人持五個欲來，云『我作衣』。僧作法治之，故知欲法得成。今案此明知作衣得說欲也。其六群比丘者，多論第四云：一、難陀，二、跋難陀，三、迦留陀夷，四、闡那，五、馬宿，六、滿宿。此是六群名也。」（三八三頁下）簡正卷五：「『與欲後悔戒』云，時六群常為徒黨相隨，恐僧治罸，僧擬治彼，未有方便。後於一時，見彼作衣，遂呼彼來。彼云：『我作衣不得來。』僧云：『但令人持欲來，為作衣故。』彼遂令一人，持五人欲來，問（【案】『問』疑『向』。）僧中說。僧即作羯磨，治此比丘，羯磨得成。律中，雖不正制作衣得說欲，而當時眾僧而受行之。若准此文，亦是以非制也。今若作衣，准此關（【案】『關』疑『開』。）欲。」（三一〇頁下）

〔二〇〕「守房」等緣，並如別顯　資持卷上一下：「僧祇彼更有蘭若衣鉢（經營衣鉢）、王賊禁閉，並開。下句指略。有云義鈔，今見疏中。」（一九三頁下）簡正卷五：「彼律：說戒不來者，蘭若為有衣鉢、王賊禁閄、守房之緣，是開欲也。並如別顯者，一解云：如彼祇文，外部別顯有此因緣；二解云：如義抄中，別顯此緣之相。」（三一〇頁下）

〔二一〕比者，比丘多慢斯法，不思來業，妄行聖法　資持卷上一下：「『多慢』即心非，『妄行』是事非，『斯法』即欲。〔有準尼鈔，是（【案】『是』疑『多』）慢說戒羯磨法者，彼此別致，不可一例。〕」（一九四頁上）簡正卷五：「比者，近也。慢者，輕侮也。斯，由此也。法，是說戒之法。不思來業者，不自思量，當來惡業。妄行聖法，虛妄行此欲法。」（三一〇頁下）

〔二二〕隨僧多少，一一人邊三波逸提　資持卷上一下：「『謂』下，釋相。言無病者，此約牒緣者為言。『令』下，顯過。初明與欲人過，令傳至僧，成教人業。據理，初與時前對不知，亦得三罪。」（一九四頁上）鈔批卷六：「約與、約說，二俱提也。南山闍梨存急，云得提。古師但說不成得別眾罪，小吉。」（三八三頁下）簡正卷五：「實知無病，口自稱病；自知不淨，口言我淨；心不悕須，口言樂欲。（三一〇頁下）令他傳此妄言，對僧而說，全成誑語也。隨僧多少，三波逸提者，約境結罪也。不病為一，不淨為二，不欲為三。白于可委所傳之人，知而為告。一一三罪者，對首之人名所傳，知簡不知，一一人邊，准上三罪。准此，同情妄語誑僧也。問：『能、所二人，結罪分齊如何？』答：『並約僧中，正說時結。若所傳之人，不知但結，房內比丘之過。若同情妄知，即一時結也。有人云『房內比丘纔傳詞，與彼訖便結』者，非解也。』」（三一一頁上）

〔二三〕所傳之人，知而為告，一一三罪　資持卷上一下：「『所』下，出受欲人過。由知不實，自他同犯。言三罪者，即上『三妄』。今不牒緣，則無初妄。必若體淨，亦無第二。不欲言欲，定有可知。」（一九四頁上）

〔二四〕惡業不輕，何為自慠　資持卷上一下：「『後二句訶誡。尼鈔問云：『無病既不合說，得成法事否？』答：『成前人自有妄語之罪。』」（一九四頁上）簡正卷五：「『惡業』已下，鈔文誡勸也。』（玄記至此引，違大師製疏，被裕律師呵，恐繁不錄也。）」（三一一頁上）

二、明欲法

就中分三：初，明與法；二、明失法；三、明遇緣成不。

就初，又分二：前明與法〔一〕，二明說法〔二〕。

初中〔三〕。

四分文不具足〔四〕。義設云〔五〕：「大德一心念：某甲比丘，如法僧事，與欲、清淨。」一說便止〔六〕。

準僧祇，三說成就〔七〕。今約四分文中，但一說成者，皆無結略之

文〔八〕。三說成法〔九〕，方云「第二、第三亦如是說」。準白二羯磨、說淨等法，依文直成〔一〇〕。不須云云取他外部〔一一〕。

問：「此欲辭中，不稱佛、法、僧事者〔一二〕？」解云：「稱者人語，不稱正本〔一三〕。」

問：「說不稱欲，法成已不〔一四〕？」答：「成也。由羯磨中，不牒此說欲之緣〔一五〕。律中若不記姓名，當說相貌；猶不記者，當言『我與眾多比丘說欲』等。」

問：「『欲』與『清淨』，同異云何〔一六〕？」答：「『欲』應羯磨，『清淨』應說戒〔一七〕。若說欲之時，並須雙牒，由文正制〔一八〕。不同僧祇，猶行廢教〔一九〕也。」

言「如法僧事〔二〇〕」者，簡非法事不須欲〔二一〕也。若非法緣，如眾網中〔二二〕。此但言如法，則令僧諸法事，皆通作無障〔二三〕。

上明自說，今言兼他者，謂受欲已，更忽緣礙，欲轉與他〔二四〕。毘尼母云：得齊七反〔二五〕。說辭云〔二六〕：「大德一心念：我某甲比丘，受某甲比丘欲、清淨，彼及我身，如法僧事，與欲、清淨。」一說。

問：「與欲之相，若為成不？」答：「四分中，但有病人說欲法，而文有具、缺，良以病有輕、重故〔二七〕也。文云〔二八〕：若言我說欲，若言與我說欲，若云為我說欲，若現身相，若廣說欲等五種也。前四，唯重病人〔二九〕；後廣說者，健、病俱用〔三〇〕。五分〔三一〕『斷事』中『說欲起去』文中，如此律廣說相似，又無略文〔三二〕。比人行事，或有緣者，囑信受欲，及語沙彌，令傳至他〔三三〕；或有非緣，直云『為我說欲』者，量恐不成〔三四〕。故四分，病人中：若不口說、不現身相，並皆不成〔三五〕。今健人用病者法，誠難定指〔三六〕。」

問：「現相若為依〔三七〕？」「如五分〔三八〕：病人不能口說，聽現身相與清淨、欲。若舉手，若舉指、搖身、搖頭，乃至舉眼，得名清淨、欲〔三九〕。律文如此〔四〇〕。而取欲者，須知同、別之相，方得成就〔四一〕。若違心不同，而現相者，雖取不成，終為別眾〔四二〕。」

【校釋】

〔一〕明與法　簡正卷五：「謂屏處對首，傳欲之中時法則。」（三一一頁上）

〔二〕明說法　簡正卷五：「受他欲人，對僧陳說之時法則也。」（三一一頁上）

〔三〕初中　簡正卷五：「與法中也。」（三一一頁上）【案】此「初中」即「又分二」

－401－

之初。「與法」分二：初出法；二、「準僧祇」下釋相。

〔四〕**四分文不具足** 資持卷上一下：「以律但云佛言不應稱事與欲清淨，聽如法僧事與欲清淨。無上二句，故云不具。業疏云：律云廣說，不正出文。」（一九四頁上）簡正卷五：「准四分三十四說戒法聚文中，但云：與汝欲，或云我說欲，或云為我說欲，若現身相，若廣說，若現不身相及口不說者，反口四也。律文但有此五種，四略一廣。雖號廣言，又無文句，故云四分文不具足也。」（三一一頁下）【案】此指初「與法」。

〔五〕**義設云** 資持卷上一下：「今比轉欲裁出，故云義設。詞中，初句告前憶持，次句自言名號，第三句牒所欲事，第四句正陳本心。」（一九四頁上）簡正卷五：「『義』是今師之義，『設』謂施設也。文詞如鈔。若准疏中，分為四句：（三一一頁上）一、『大德一心念』，告前憶持；二、『我某甲』，自稱己名；三、『如法等』，牒僧中所為事；四、『欲』等者，正陳本心也。問：『前來云義設未審，約何義耶？』答：『轉欲文中云：與欲清淨，後不許稱事中。又云：如法僧事，兩處之文斷絕，今師以義連持。既云如法僧事，即約僧中，與欲清淨，即據自己。』」（三一一頁下）鈔批卷六：「心疏云：夫言『大德僧聽』者，有人言：斯即贊美誡勅之辭也。大者，謂出家四果乃是真僧，無學最高，故曰大也。雖僧未階，必得無障，以出家者必得（原注：『得』本文作『為』。）解脫，因中談果，亦云大也。又云：三寶為言，僧田最勝，義通餘二。（三八三頁下）如愛道施緣，能生大福，故言大也。又有人言：諸義不無，今所論僧，為簡小學，但取無願，故云大也。所言德者，有所得也。以得善居身，故名有德。出家捨着，福度含靈（原注：『靈』本文作『生』。），戒善自修，滅諸過業，修習定慧，斷結成道，備此美稱，乃稱有德之人也。所言僧者，名和合眾，義如集僧篇。初已廣釋也。」

〔六〕**一說便止** 簡正卷五：「簡非『三說』也。」（三一一頁下）

〔七〕**三說成就** 鈔科卷上一：「定陳詞多少。」（一一頁下）簡正卷五：「僧祇部中，三說成就，一說不得。此是外宗之事，不可承用。」（三一一頁下）【案】「準僧祇」下分五：初，定陳詞多少；二、「問」下，明不牒緣意；三、「問」下，明乖錯成不；四、「問」下明欲淨同異；五、「言如」下，釋如法之相。

〔八〕**今約四分文中，但一說成者，皆無結略之文** 資持卷上一下：「『今』下，明不取，即序所謂是非條別故也。初示本宗立法分齊。無結略者，如捨戒悔吉等，不云三說。單白、白二，不云第二、第三等是也。……所以一說即成者，疏

云：莫非呈心至僧，眾多忘隱，明判開之，豈限三說，方成一法。」（一九四
頁上）

〔九〕三說成法　簡正卷五：「廣盡一遍了。於下注云：第二、第三，亦如是說。今
傳欲法，既無廣文，又無結略，故知一說為定。羯磨疏云：律無結數，三一之
言，一說便止。」（三一一頁下）資持卷上一下：「文中且指白四為言。若三歸
乞詞，對念說恣，並直云三說。」（一九四頁上）

〔一○〕準白二羯磨、說淨等法，依文直成　資持卷上一下：「『準』下，舉法例成。以
轉欲中，無結略故。」（一九四頁上）簡正卷五：「羯磨疏云：一說直成，更無
結略，今欲亦爾。」（三一一頁下）

〔一一〕不須云云取他外部　資持卷上一下：「『不』下，斥非。疏云：有人依五分、僧
祇，云不三說不成欲，故此斥之。」（一九四頁上）鈔批卷六：「謂四分一說即
成，不勞依祇文三說也。」（三八四頁上）簡正卷五：「古來行事，多取祇文。
三說為准者，是外宗事，今勸令捨也。」（三一一頁下）

〔一二〕此欲辭中，不稱佛、法、僧事者　鈔科卷上一：「『問』下，明不牒緣意。」（一
一頁下）資持卷上一下：「古本羯磨，『欲』並稱『緣』，恐後疑執故。此問破
此欲詞者，指上義設。」（一九四頁上）簡正卷五：「此問意云：爾時傳欲詞
中，但云如法僧事。與欲，且如法僧事，屬他堂頭。既自己私房，有三寶、病
患等緣，何以不牒云『比丘某甲，佛事或病患因緣等』。」（三一一頁下）扶桑
記：「今本無緣，疑是寫脫。尚執古本。」（五五頁上）

〔一三〕稱者人語，不稱正本　資持卷上一下：「人語者，即曹魏僧鎧翻譯時加。律中
轉欲則無。前既準律，故云正本。」（一九四頁上）簡正卷五：「解云：稱者
人語，謂梁武帝出要律儀明欲詞中，（三一一頁下）即有私己之緣，不足承用
也。不稱正本者，律文中且不見有牒私己之事。文中『稱』字，若上句，必平
聲呼，下句平、去二呼，俱得。若作『稱』（去聲）字解，即云不稱於律文正
教，顯上人語為非；若平聲呼，即云今時不稱，卻依律文正本也。」（三一二
頁上）

〔一四〕說不稱欲，法成已不　鈔科卷上一：「『問』下，明乖錯成不。」（一一頁下）
鈔批卷六：「前問意不稱病患等緣也，今問亦從前問生欲。前後問二，所顯義
一：謂前問意，不稱佛法病患等緣成不？答云『稱者人語，不稱是正本』，即
更問：『若云不稱是正本，稱者是人語，今縱稱此病患等，不應於正本，然欲
法得成以不？』即答『得成』。餘可解。上言說不稱欲稱（去聲）勝。亦有人

詳此呼為去聲，謂是事不相稱。作此釋者，應下但說相貌之文。上云『稱人』，謂出要律儀中，明說欲辭具牒自身佛法僧病等因緣，并僧家所秉之法事也。彼梁武所集，豈非人語？」（三八四頁上）簡正卷五：「意云：本來傳欲，只為有緣，今不牒此私己正緣，未知欲法得成就不？」（三一二頁上）資持卷上一下：「『稱』字去呼，謂對說時，與前詞句不相稱可，以餘眾別羯磨不許落非。獨此欲詞有成法義，故立此問。（古作『乎』。『呼』謂不稱欲緣。且上既云不稱正本，何乃反問成否？於理不然。）」（一九四頁上）扶桑記：「濟覽云：已訓成，或訓以。」（五五頁下）

〔一五〕**由羯磨中，不牒此說欲之緣**　資持卷上一下：「『由』下，釋所以。如結界唱相，受懺陳乞，既牒入法，不可有乖，欲但通情。既不入法，有乖許得。」（一九四頁中）簡正卷五：「楷定得成就也。上且直答，未審約何道理得成。鈔下釋云：由羯磨中，不牒此說欲之緣，謂諮他對眾說欲之時為欲羯磨非，謂單白、白二等為羯磨也。謂前人對眾傳時，但云如法僧事，不牒彼私緣，入此詞中，即反顯屏處。對首之時，詞中不要牒入。問：『何以知欲羯磨中，不牒三寶等事？』抄引律文『若不記姓名』等例成也。謂律中一人，受多人欲，若不記姓，送心達僧，未勞陳說，如忌名字，但述多眾也。然此兩重問答，義似不異，尋文全別前之一問。設若不稱事緣，法成就不？若准疏中，但合為一抄，開為兩重問也。」（三一二頁上）【案】下引四分見卷三六，第八二二頁中。

〔一六〕**「欲」與「清淨」，同異云何**　鈔科卷上一：「『問』下，明欲淨同異。」（一一頁下）資持卷上一下：「即第四句，據本非同。欲生後義假設來問。」（一九四頁中）

〔一七〕**「欲」應羯磨，「清淨」應說戒**　資持卷上一下：「初分，示由律緣起欲、淨，各傳從文而釋，猶同昔義。故業疏云『有人言』等後出。今解云：欲者，表心無貳，以應僧體。（三業中，心口集，即相和也。）清淨，表行無玷，實通假用。（戒見利同，即體和僧體假用名之異耳。）據此義通一切羯磨，不可偏配。唯自恣時希僧舉罪，不敢陳淨，但云與欲自恣耳。」（一九四頁中）簡正卷五：「鈔中所引欲應清淨羯磨、應說戒，猶是依古。若准羯磨疏，今師解云：（三一二頁上）欲則表心無二，清淨則表行無瑕。」（三一三頁下）

〔一八〕**若說欲之時，並須雙牒，由文正制**　資持卷上一下：「『若』下，明合說。」（一九四頁中）鈔批卷六：「彼律云：時集與清淨，非時集與欲，當此四分所廢教

也。以此律說戒犍度中，（三八四頁上）六群與欲不與清淨，僧中事起，不得說戒，佛制：今以去，應如是言『我與欲清淨』，故曰文正制也。」（三八四頁下）簡正卷五：「古來行事者，云欲應羯磨。堂頭若不說戒，但作諸法事，傳詞中單云與欲，不要著『清淨』二字。若說戒時，即雙牒也。今師云：欲則表心不異，清淨表行無咎。清淨即得，應羯磨；不淨，亦不得。若如是，則不論說戒及尋常一切法事，並須云與欲清淨也。由文正制等者，玄云：准四分初緣，時集與欲清淨，非時集但但（【案】次『但』疑剩。）與欲。僧祇亦然。後時因諸比丘有諍起，不和合，停說戒。後因諍息和合，雖不是半月，隨諍滅之，曰非時僧說戒。諸比丘亦依舊制，但云與欲，礙說戒事。以此白佛，佛言：『自今已後，無論時與非時，並須雙牒。』故云由文正制也。」（三一二頁下）
【案】四分卷三六，八二二頁上。

〔一九〕**不同僧祇，猶行廢教** 資持卷上一下：「『不』下，簡濫。亦由昔人執彼行事，故此簡之。彼云：時集與清淨，（半月說戒常定故）；非時集與欲，（餘羯磨不定故）。此即四分所廢之教。」（一九四頁中）簡正卷五：「謂將祇文望我四分，四分第二制文是能癈，祇是所癈也。問：『若爾，何故鈔下諸篇，多處出文，但云不來者與欲，或云說欲已耶？』答：『製作家省略此文。既廣說了，學者已知，至下文中，雖不雙牒，即合准此廣文為定。』」（三一二頁下）

〔二〇〕**如法僧事** 鈔科卷上一：「『言』下，釋如法之相。」（一一頁下）資持卷上一下：「初牒釋，下指非緣。」（一九四頁中）鈔批卷六：「礪云：謂僧家所秉之事是如法也。唯明言如法僧事，不得的稱僧所秉某事與欲等，但是僧事，皆與欲。若稱事者，非法即難。何故自恣文云『與欲自恣』？解云：『不聽稱者，羯磨所為前事。自恣者，謂說己行，恣僧舉罪，稱僧家所秉事也。此非類。』」（三八四頁下）

〔二一〕**簡非法事不須欲** 簡正卷五：「謂堂頭僧事是非法，我已身房內是如法，據理合傳情。（三一二頁下）但為僧家事務成非，我即不要與欲。」（三一三頁上）鈔批卷六：「立明：若堂中作法事，和僧媒嫁，立非法制限等。」（三八四頁下）

〔二二〕**若非法緣，如眾網中** 資持卷上一下：「彼列二十餘件，乃至科索酒肉、媒嫁淨人、賣買奴婢。如是等，並不須與。」（一九四頁中）鈔批卷六：「彼下文云，寺別立制，多不依教：飲酒醉亂，輕欺上下者；罸錢及米，或餘貨賕，當時同和，後便違拒，不肯輸送，因茲犯重；或行杖罸，枷禁鉗鎖；或奪財帛，以用

供眾；或苦役治地，斬伐草木，鉬禾収刈；或周年苦役；或因遇失奪，便令倍償；乃至露立僧中，伏地吹灰，對僧杖罸。如是等例，皆非聖旨，良由綱維不依法網。故下文云：眾生有力，非法伴多，如法比丘，像末又少，縱有三五伴勢無施，即其義也。」（三八四頁下）簡正卷五：「和僧媒嫁淨人，用常住物，立非法制，枷禁、罸錢米之類，總是非法也。問：『堂頭作法，或是說戒、自恣，或受懺等不定，今欲詞中，何以不牒堂頭所為之緣，但通而言之？云如法僧事，莫不漫否？』鈔文釋云：『此但言如法，則令僧諸法事皆通作無障。意云：但如法僧事與欲，一切順教羯磨，皆是如法與欲並成。若唯牒今日堂頭所為之緣，即不遍諸僧事，卻成狹局，故不可也。又如僧祇云：若作非法制應不呵令止者，當說如法欲了起去。既云如法僧事我與欲，今日所作，不是如法，我心不同，即不與欲，免有同和之過。』『古人云：既不許稱事者，如自恣與欲，豈非稱事耶？』答：『前不許稱事者，謂約羯磨所為之事。今自恣是說忘行，恣僧舉眾，固非僧家之事也。』」（三一三頁上）

〔二三〕**此但言如法，則令僧諸法事，皆通作無障**　資持卷上一下：「『此』下，顯通。律中亦因六群稱事，（謂僧中事，如云為受戒事與欲等。）僧中有餘事起，稽留法事，佛言：不應稱事，聽如法僧事與欲清淨。諸法事者，須簡結界。」（一九四頁中）鈔批卷六：「立明：我既與欲已，不問僧中說戒受日分衣，隨彼所作，故曰通作無障也。」（三八四頁下）【案】資持引文見四分見卷三六，八二二頁中。

〔二四〕**上明自說，今言兼他者，謂受欲已，更忽緣礙，欲轉與他**　鈔科卷上一：「『上』下，轉與法：初，敘緣；二、『說』下，詞句。」（一一頁中）資持卷上一下：「初二句，結前標後；『謂』下，釋開意。律云：持欲比丘自有事起，佛言聽授與餘比丘。」（一九四頁中）簡正卷五：「謂受得他欲了，比擬付堂，今自或別有不意之事忽生，我身猶須覓人傳詞，豈能更為他說欲？今我自身并前人欲，一時更付他說也。四分文中，雖許轉欲，不（原注：『不』字疑剩。）得齊幾反，文中不說。」（三一三頁上）

〔二五〕**得齊七反**　資持卷上一下：「『毘尼』下，引證。彼云：七相應法，受已轉與一人，如是至七，皆成。文但至七，已外應閉。僧祇、十誦：若轉，即失部計不同。疏云：或是異宗所廢，且從當部。」（一九四頁中）簡正卷五：「不同祇文轉欲便失，部別不同也。其詞向如鈔。」（三一三頁下）

〔二六〕**說辭云**　資持卷上一下：「詞句中，六句。初後四句同前。『受某甲』下一句，

牒前欲詞。若轉多人，須一一別牒人名。或忘姓相，（一九四頁中）但云『與眾多比丘受欲清淨』，餘詞並同。『彼』下一句，自他雙牒，以付後傳。」（一九四頁下）【案】四分卷三六，八二二頁下。

〔二七〕但有病人說欲法，而文有具、缺，良以病有輕、重故　資持卷上一下：「初，文三。先明律緣。律中本為病人開，故『具』即一廣，『缺』即四略。『良』下，示『具』『缺』所以。」（一九四頁下）鈔批卷六：「明四分中有五種。初四分（原注：『分』字疑衍。）略是『缺』，後一廣是『具』，此下文自顯。良以病有輕重者，謂四分中但有病人五種說欲法。廣略不同者，良由病重者略也。病輕者，即廣說也。其最廣說之文與五分文同，故引五分『斷事』中欲文，證知健人，須廣說之。」（三八五頁上）簡正卷五：「簡異無說欲之廣文也。而文有具缺者，一廣為具，四略為缺也。所以有此『具』『缺』者何？鈔釋云：良以病有輕重故也。輕則用廣，重則用略。文云：若云我說欲（一略），若言與我說欲（二略），若言為我說欲（三略），若現身相（四略），若廣說欲（為五）。前四唯重病人，指上四略也。」（三一三頁下）【案】答文分三：初引本宗；二、「五分」下示他部；三、「比人」下決濫行。初又分三：一者本句；二者『文云』下；三者『前』下。

〔二八〕文云　資持卷上一下：「說戒中云：有比丘白佛，有病比丘不來。佛言：自今已去聽與欲。若言『與汝欲』，成與欲。（鈔以此句在下。又『汝』字作『我』，復多『說』字，注羯磨同律可驗。鈔中傳寫錯倒。）若言『我說欲』，成與欲。（即鈔初句。）餘三並同。下皆云成與欲。業疏分二：四略一廣；又復為二，四口一身。」（一九四頁下）【案】四分卷三六，八二一頁下。

〔二九〕前四，唯重病人　資持卷上一下：「『前』下，三、義判。就四重病中，更分輕重，上三猶輕，現相最重。」（一九四頁下）簡正卷五：「指第五廣說也。」（三一三頁下）

〔三〇〕廣說者，健、病俱用　資持卷上一下：「廣中，病即是輕。病猶廣說，健則可知。」（一九四頁下）簡正卷五：「健謂健人，病謂輕。病且須廣說，未勞用於略法，故云健病俱用也。」（三一三頁下）

〔三一〕五分　鈔批卷六：「撿五分文，有僧斷事，不與欲起去，戒（【案】『戒』疑『成』。）犯提。若與欲，去者不犯。欲辭云：『應對一一人言：長老一心念，今僧斷事，我某甲比丘，如法僧事中與欲。』（文直齊此說。）今鈔引此文，證不病人要須廣說，彼為斷事，有緣起去。其辭與四分廣文無異，故曰相似。」（三八五

頁上）簡正卷五：「斷事中者，彼律呼『羯磨』為『斷事』也。故彼不欲起者，戒云：若有緣須說欲了者，若不說，輒者犯提。文詞曰：『對一人云，長老一心念，今僧斷事，我某甲比丘，如法僧事與欲。』今鈔引此，證不病人，要須廣說。四分雖云健人廣說，且不出廣文。今引彼祇文，與此四分廣義不異，故者（【案】『者』疑『言』。）相似。」（三一三頁下）【案】五分卷一二，八六頁上；卷八，五八頁下；彌沙塞羯磨本，二二一頁下。

〔三二〕**又無略文**　資持卷上一下：「據下，有現相一略，但無三種口略。上判四略為重病，此引他宗制急，即彰口略，不可輒用，意在下科。」（一九四頁下）簡正卷五：「今釋云：謂彼對人廣陳，但一說成就，（三一三頁下）又無結略之文。第二、第三，亦如是說等語，准此是無結略之。」（三一四頁上）

〔三三〕**比人行事，或有緣者，囑信受欲，及語沙彌，令傳至他**　鈔科卷上一：「『比』下，決濫行。」（一一頁下）資持卷上一下：「初，示濫，有二：初緣，如事非囑信，謂遣使往告語沙彌者，亦同遣使，但傳詞耳。」（一九四頁下）簡正卷五：「近代行事，或有緣者，三寶正緣也。囑信受欲者，云見某甲比丘，為向說憑，與僧中說欲。有記中作『授』字解，令人傳信，便當（去呼）與欲陳詞也。授，訓『與』也。及語沙彌者，謂使沙彌傳語，厶人為向僧中說欲，不能自到彼也。」（三一四頁上）【案】另一緣即下文「或有非緣」下。

〔三四〕**量恐不成**　資持卷上一下：「『或有』下，二，緣法俱非。上引兩文，正為破此。以無病非緣，輒略非法，初判不成。量，合作『良』，音誤。」（一九四頁下）簡正卷五：「破戒緣也。縱陳詞如法，上乃不成，況直爾云為我說欲，二俱非也。量恐不成，卻結上來，並皆不就。有解云『量』字錯，合作此『良』字，此即量度義也，不得妄說。」（三一四頁上）

〔三五〕**若不口說、不現身相，並皆不成**　資持卷上一下：「『故』下，示其所以。引病例健，於義難成，所以斷語猶進退者，由無明文，且據義決。況略是律開，欲取通意，未可一向，故云難定。然今行事，不可從緩，有病堪能，亦須廣說，方契聖心。」（一九四頁下）簡正卷五：「舉病，況不病也。律中：輕病人，上須口說；重病，方聽相。今既不病，用病者法，誠難定指。誠，實也。實難定其成不指的也。」（三一四頁上）

〔三六〕**誠難定指**　簡正卷五：「誠，實也。實難定其成不。指，的也。」（三一四頁上）

〔三七〕**現相若為依**　鈔科卷上一：「『問』下，釋現相。」（一一頁中）資持卷上一下：「本律有名無相，欲引外部明之，故設此問。」（一九四頁下）簡正卷五：「若，

如也；為，何也。意云：病人現身相，如何依承。」（三一四頁上）

〔三八〕五分　簡正卷五：「問：『別之相搖頭向前是同，即表情無違逆？』『若擺頭兩畔，即心乖不同，表不與欲。雖強為傳，不免別眾，而取欲人須如此。』」（三一四頁上）

〔三九〕若舉手，若舉指、搖身、搖頭，乃至舉眼，得名清淨欲　資持卷上一下：「初，示五相。隨病者所為，亦非止此。」（一九四頁下）

〔四○〕律文如此　資持卷上一下：「『律』下，次，誡令詳審。律即五分，由無名句，色相難辨。故在取者，默識趣向。」（一九四頁下）

〔四一〕而取欲者，須知同、別之相，方得成就　鈔批卷六：「明病人雖現相，舉動身口，須看察其心，為是和故現相，為是不肯故現相也。若不肯之相，即搖頭。若肯與之相，則擺頭也。」（三八五頁上）

〔四二〕雖取不成，終為別眾　鈔批卷六：「以心不同，妨僧作法，名為別眾也。」（三八五頁上）

二、明對僧說法〔一〕

應至僧中〔二〕，羯磨者言『不來者，說欲』，即具修威儀。說云：「大德僧聽：某甲比丘，我受彼欲、清淨，彼如法僧事，與欲、清淨〔三〕。」

若眾多比丘，隨能記者，一時合說〔四〕。若受他欲來，自有緣事，對僧說者〔五〕，言：「大德僧聽：我某甲比丘病患因緣，某甲比丘僧事因緣，我受彼欲、清淨。彼及我身如法僧事，與欲、清淨。」說訖即出。

若自有緣事，欲說付僧者，當自來僧中說云〔六〕：「大德僧聽：我某甲比丘，如法僧事，與欲、清淨。」四分無文〔七〕。僧祇云：病比丘與比房比丘欲，不受之，即自入僧中上座前說；佛言：善作如法，但不受者得罪〔八〕。

問：「對僧說欲，其相云何〔九〕？」

答：「行法不同〔一○〕。或一時來至僧前，禮已，同時而說者；或直來僧前，一一說者；或在座，一時說者；或下座，一一說者。

「據文並成〔一一〕。準『我與眾多欲』文，及『故不說』等，皆成〔一二〕。若取義意者，律中開成，由有忘誤，或復得罪，故有成文〔一三〕。必無正緣，不得通用〔一四〕。約準外宗，一一說是〔一五〕。

「五分云：令至如法僧中，為我稱名字說及捉籌〔一六〕。若不如是，一一皆不成。僧祇云：不得趣爾與人欲〔一七〕，與堪能持欲入僧中說者；

其受者應自思惟：我能傳欲不〔一八〕？

「義評云：凡取欲者，恐有別眾不集，令其送心。僧知無乖，方乃加法〔一九〕。今一時總說，言辭鬧亂，何得委知不來集者？五分、僧祇，明文令在上座前稱名字說，意亦可見〔二〇〕。四分文云：應更相撿按，知有來不來者〔二一〕。此言彌顯〔二二〕。」

【校釋】

〔一〕**對僧說法** 鈔科卷上一：「為他說法。」（一一頁上～下）簡正卷五：「謂約受他欲人，堂頭正傳詞之時法則也。」（三一四頁上）【案】「說法」文分為二：初，「應至」下，次，「問」下。初又分三。

〔二〕**應至僧中** 資持卷上一下：「為他，分二：前儀，後法。若為他傳，待索方說；（一九四頁下）兼他自說，不必待索。由緣來不時，不可定約。如便利卒患，可待問耶？具威儀者，如下所決。」（一九五頁上）【案】四分卷三六，八二二頁中。

〔三〕**某甲比丘，我受彼欲、清淨，彼如法僧事，與欲、清淨** 資持卷上一下：「初句告眾同聽。次句牒彼人名。『我』下一句，傳初受辭。『彼』下二句，牒應僧也。」（一九五頁上）

〔四〕**若眾多比丘，隨能記者，一時合說** 鈔科卷上一：「『若』下，自他合說法。」（一一頁中）資持卷上一下：「『若』下，示總說。僧祇不得至四，本宗唯多無在，但於次句總牒諸名。若不記者，當云：我受眾多比丘欲清淨。疏云：此據迷忘，必思審者，不得籠通。合說中，出法。詞句大同轉欲，唯初告僧為異。而依古牒緣者，一、暫借別緣，簡異彼此；二、恐後學不曉，牒緣之相，故特示之。臨事正說，必須削去，故尼鈔但云『我某甲、彼某甲』等。」（一九五頁上）簡正卷五：「律云：諸比丘受一人與欲清淨已，（三一四頁上）疑不受二人欲清淨。佛言聽受四人欲，乃至多人，隨能記者，一時合說。然今傳欲比丘，或為一人乃至多人。傳詞之時，總標人名字竟，即云如法僧事，各與欲清淨。或不要著『各』字亦得。有人不達本意，便云各如法僧事，此是未會之徒也。」（三一四頁下）鈔批卷六：「『有比丘，受二人欲，不知成不？』（三八五頁上）佛言：『應受。』『復有比丘，受五人欲，不知成不？』佛言：『應受。』『乃至十人？』佛言：『應受。』僧祇云：病比丘與比房比丘欲，乃至但不受者得罪者，立云：今引此文，證自入僧中說欲得成也。為四分無此文，故引祇也。」（三八五頁下）【案】四分卷三六，八二二頁中。

〔五〕**若受他欲來，自有緣事，對僧說者**　簡正卷五：「外難曰：『前文欲詞中，不稱今日私己之事，若稱但是人語，不可依之；今此改（【案】『改』疑『段』。）文，舉病患及僧事之緣，豈稱事，何以相違？』答：『為簡自他。且是一期出法，非謂正傳時稱此事也。』」（三一四頁下）【案】「有」，底本為「在」，<u>弘一</u>改。

〔六〕**當自來僧中說云**　資持卷上一下：「自說中。初示法，與前『與欲』文同，但初句別。今時後生不識僧別，多於眾中而云『大德一心念』，或云『大德憶念』，愚癡迷法，法恐難成。」（一九五頁上）簡正卷五：「此改（【案】『改』疑『段』。）文意證前來健人自來僧中說欲，定得成就。但不受者得罪，謂既有正緣，即合為受，今不為彼傳說，得不應吉也。」（三一四頁下）

〔七〕**四分無文**　資持卷上一下：「『四分』下，指所出。此行他部事，引緣可解。彼但云『我某甲清淨僧憶念持』。今不用彼詞，善作者歎其能也。」（一九五頁上）

〔八〕**善作如法，但不受者得罪**　資持卷上一下：「如法者，釋其疑也。不受得罪者，彼云：越毘尼，通明五法，初二屏與後三對眾。又，前三正出本宗，後二兼行他部。故注羯磨中止列三法。顯知後二，準前裁出。」（一九五頁上）鈔批卷六：「<u>僧祇</u>云：病比丘與比房比丘欲，乃至但不受者得罪者，<u>立</u>云：今引此文，證自入僧中說欲得成也。為<u>四分</u>無此文，故引<u>祇</u>也。」（三八五頁下）

〔九〕**對僧說欲，其相云何**　鈔科卷上一：「『問』下，決通儀軌。」（一一頁上）資持卷上一下：「以當時諸家行事多別，義須指定，故問決之。」（一九五頁上）簡正卷五：「此問意：今時受他欲了，來僧中羯磨者，云不來者說欲，未審於何處陳此詞句：為復佛前、為當本位，為各各說、為一時說？」（三一四頁下）

〔一〇〕**行法不同**　鈔科卷上一：「初，通示諸相。」（一一頁中）資持卷上一下：「初文四相：二是合說，二是各說。又，前二對僧禮、不禮別，後二就位下、不下異。」（一九五頁上）簡正卷五：「第一句，隨人多少，並須來僧前或佛前，一時禮已，同聲而說也。第二句，或隨人多少，直來僧前，禮已胡跪，各說各說竟，一時歸本位也。第三句，即約在床，但胡跪，（三一四頁下）隨人多少，一時令說。第四句，即下本床前，一禮已胡跪，隨夏臘次第，各各說也。古今有茲四種，行事差殊，未知取何為無。」（三一五頁上）鈔批卷六：「明古來諸師不同，或一時，或前後，如文自顯。<u>賓</u>云：據<u>祇</u>律即往上座前胡跪者，准此文意，既令向上座前，明知不得在僧背後而說也。今時<u>京</u>中大寺，或百人、五十人說欲，皆向佛前，着三行（【案】『行』音『航』。次同。）、五行，次第而

說。前行人說，理是成限。第二、三行，被前行背，即不合成。亦見有寺於本座說，後床說者，亦被他背，即是不成。<u>白馬寺威律師</u>亦同此說。若准此據，今正說時，有人行立，即是別眾，說則不成。若准鈔中文，似寬容。」（三八五頁下）【案】答中分二，今為初；「據文」下為二，又分三：初定成否；「五分」下、「義評」下。「四相」，鈔中三個分號標示。

〔一一〕**據文並成** 簡正卷五：「今師且大約斷適來四種行事，總得成也。問：『既云據文，並成不知，據何教文耶？』下句釋」（三一五頁上）

〔一二〕**準「我與眾多欲」文，及「故不說」等，皆成** 資持卷上一下：「初科為二。初至『皆成』來，一往暫許。據文有二：一據忘名，律中若不憶姓相，但云眾多比丘與欲清淨；次，準不說，並如後引。」（一九五頁上）簡正卷五：「謂律中不記姓名，乃說相貌，不記相貌，但云眾多。上乃得成惑故，不說受他。十人、五人之欲事，記得姓名，今不一一標舉，但云眾多，比丘亦判得成，豈況適來一一稱於名字。已上縱之，且言得成也。若更奪之，亦有不成之理。」（三一五頁上）

〔一三〕**若取義意者，律中開成，由有忘誤，或復得罪，故有成文** 資持卷上一下：「『若』下，二、取義奪破。『律中』等者，釋上文意。忘誤得罪，對上兩文。無緣不得，顯非常開。上來釋通本部。」（一九五頁上）鈔批卷六：「<u>立</u>明：忘則無犯，故不說，得吉羅也。其由忘誤，此屬上句也，謂律不說開成者，由悟（【案】『悟』疑『誤』。）故開也。若故不說，得吉。然欲亦成，故曰或復得罪。『或』字已下，別呼也。」（三八五頁下）簡正卷五：「今師以意推尋前來文下之義也。下句釋云：律中開成，由由（【案】次『由』疑剩。）有忘悞，或復得罪。意云：前來文中，不記姓名，說相貌之例。與欲成者，窮他文意，無是據迷忘心邊，而判得成若故。心不一一標名字說，但云眾多。雖云得成，由有違教之罪，故云復得罪也。故有成文者，卻結上來也。」（三一五頁上）

〔一四〕**必無正緣，不得通用** 鈔批卷六：「<u>立</u>云：若無難緣，不得云眾多比丘，須一一別說，故云不得通用。」（三八五頁下）簡正卷五：「謂今明白，心中既無，前來迷忘，不記名字之緣。不可雷同，通用行事也。」（三一五頁上）

〔一五〕**約準外宗，一一說是** 資持卷上一下：「『約』下，勸準他宗，文見次科。」（一九五頁上）鈔批卷六：「即准如五分，令至僧中為我稱名字說。不爾，法則不成也。」（三八六頁上）

〔一六〕**令至如法僧中，為我稱名字說及捉籌** 資持卷上一下：「初，五分明與欲人囑彼（一九五頁上）傳者。（準此，為他傳欲至僧中，隨多少，須為促籌，今多不知。）」（一九五頁中）簡正卷五：「前來須各各說，不得一時。第一節引五分，為我稱名字說等。」（三一五頁下）

〔一七〕**不得趣爾與人欲** 資持卷上一下：「引僧祇，二節。初明與者，揀境堪能。」（一九五頁中）簡正卷五：「不得趣爾與欲，為恐他不解。傳臨時，詞句不分曉，即預須斟量也。其受欲人，又須自斟酌意，恐臨時呼喚名字，不真怵眾怵眾累，及前人有過也。以此推之，不可暗記。」（三一五頁下）

〔一八〕**其受者應自思惟：我能傳欲不** 資持卷上一下：「『其』下，次，明受者自量可否。（準此，受欲必選精明。據業疏中，戒具解昏，不聽持欲。）觀此二文，亦不明各說，而委囑精選，意使僧中識知名字，不容莽鹵。取此義意，證非合說。」（一九五頁中）

〔一九〕**凡取欲者，恐有別眾，不集令其送心僧知無乖，方乃加法** 資持卷上一下：「初，本其欲意。」（一九五頁中）簡正卷五：「今師以義評量，莫非恣僧，不知來與不來。有於疑想，是以一一標名僧，即具委無疑，免有乖別。如此教意，意亦可見也。」（三一五頁下）

〔二〇〕**五分、僧祇，明文令在上座前稱名字說，意亦可見** 資持卷上一下：「『五』下，準文決正。五分、僧祇，即上所引。然前二文，並云僧中，即上座前也。（或可別有明文。如前僧祇：病比丘自入僧中上座前說。五分未見有文。）」（一九五頁中）

〔二一〕**應更相撿挍，知有來不來者** 資持卷上一下：「引四分『集僧文』決上。」（一九五頁中）簡正卷五：「亦為知集、不集，不集須召喚之。」（三一五頁下）

〔二二〕**此言彌顯** 資持卷上一下：「顯，然；彌，甚也。然上引文義，取前各說。又，準二律，須上座前。今時行事，一一別說，頗合今文。然就座前，猶同古見，理雖無害，恐未盡善。」（一九五頁中）簡正卷五：「此言大明，無其闇晦也。……玄記中，對此因便論量傳欲，亦有背別。如今時食堂內，三行、五行排床，但前床說欲人背後床說欲人，後人說不成，即是背別也。大德破云：今時行事，皆是依本坐位次第，床前說之，爭免前後相背。若云別眾者，元須一一來於僧前，即違鈔文下座座（【案】次『座』疑剩。）說也。今依法寶釋。但正傳欲之時，莫背戒師及羯磨人，即得；若背，不成，是別眾攝故。羯磨疏四句中，初句聞而不見，引五分律背於作法者面，雖說不成，終為別眾，斯為

定義。若約前後床說者，今時總無說欲處也。（三一五頁下）思之。問：『今說戒時，有人傳欲了，或更別有法事，如夏中有人受半月、一月日法，或有人受戒、懺、墮等類，秉法人再和僧索欲，答法人如何答之？』有一解云『但言此無說欲及清淨者』，今恐此說未穩。適來說戒時，既有欲說者，今又云無，似違理也。有人救前解云：『前將欲來應說戒，今自為別事，不可重取他欲，所以但云無說欲及清淨者。』今意不然。一欲應諸羯磨，故欲詞中云『如法僧事』。准此如法之言，一切僧家事務，俱是如法，何局說戒？若云前欲只被說戒，即欲詞中無須牒他僧家所為之事，應云『說戒如法僧事，與欲清淨』。理既不會，但依前文答云『說欲及清淨已』。若說戒時，總無人說，即云此無也。准前抄文，自釋云：此但言如法前，令僧諸法事，皆通作無障，文甚分明，何得迷也！問：『且如本來專心赴堂聽戒，至維那秉向之時，有急疾事，來住不得，一切僧總集在堂內，界中別更無人，若直爾便去，又犯別眾。為復僧中更求人對首傳欲，為喚人出堂外傳詞？』鏡水大德云：『但呵維那秉向且住，某甲有緣要說欲付，僧但住來佛前禮拜已，（三一六頁上）對佛說欲了便出。若無佛像，僧前禮，或本床前說，亦得，不須更對人，已是僧中也。』問：『如誦戒時，誦序及單白已竟。今誦至戒牒，或有事要者，為直爾者，為傳欲了者？若有人評云但直者，有人云不得者須待竟，兩說俱非。若云直者者，羯磨雖竟，所被之事未竟，如何得者？若云待竟，既有急，准何能待之？故不爾也。』大德云：『設有此緣，且白戒師念戒暫住。厶有緣礙起者，亦來僧佛前，或本床前一禮訖。說欲了出者，乃至七佛戒經有緣，總須說也。』問：『如此說有何據？』『今准當宗。外部斷事之時，羯磨雖竟，所為之事未訖不與欲輒者，以惱僧故，亦結情過迦提也。』或有解云：恣、說戒了，別有法事，是以傳欲了知，若不說欲，妨礙後法。此非解也。已上諸問答雖繁，蓋是今時行事急處，章記不曾見說講者，又不論量，或至此時，莫知趣向。既迷教旨，豈究是非？」（三一六頁下）

二、明失法〔一〕

謂受欲已，遇緣便失〔二〕。不簡病人之所及以僧中，今統明失法〔三〕。四分有二十七種〔四〕。

受他欲已，自言「我是十三難人、三舉、二滅」，十八種人〔五〕。由自陳故，非是僧用〔六〕。若不自言，相中同順，如足數中〔七〕。五分云：自說罪人，不名持欲〔八〕。反上即成。十誦：取欲、清淨人〔九〕，始取

時〔一○〕，若取竟〔一一〕，自言「白衣」「沙彌」「非比丘」乃至「十三難」，皆名清淨、欲不成，不到僧所。

又有七種〔一二〕：若命過〔一三〕，若餘處行〔一四〕，若罷道〔一五〕，若入外道眾〔一六〕，若入別部眾〔一七〕，若至戒場上〔一八〕，若明相出。

言「餘處行」者，謂出大界外餘道行〔一九〕也。昔解云〔二○〕：受欲已，在寺內餘房行者失欲。此非解也。自恣明文，無「餘處行〔二一〕」，改為「若出界外」也。

「明相出」者，謂後夜受欲〔二二〕，羯磨在明，故失欲也。問：「此律宿欲〔二三〕不成者，若明相未了，羯磨已竟，而說戒、自恣未竟，得經明不〔二四〕？」答：「不成。故僧祇中〔二五〕：若七萬〔二六〕、八萬人自恣，恐明相出者，應減眾界外自恣。四分中，若明相欲出，開略說戒。故知宿欲不被所為事也〔二七〕。」

四分又有三種：謂神足在空〔二八〕、隱沒〔二九〕、離見聞處〔三○〕。

問：「為俱離失、互離失耶？」答：「俱離，失也；互則不定〔三一〕。故文中，若眾大聲小，不聞說戒，令作轉輪高座，立上說之〔三二〕。此則見而不聞也〔三三〕。又如多人說戒，何由併得，見作法者面？此則聞而不見〔三四〕也。離此二人，則名失欲〔三五〕。必互離有失，據隔障等之緣〔三六〕。前言『離見聞失〔三七〕』者，通望比座，展轉離〔三八〕也。如五分解，謂同覆障相離，雖說不成〔三九〕。」

僧祇五種，謂隔障等，如足數中說〔四○〕。五分：斷事時，若在屋中隨幾過出，若在露地，去僧一尋等，並失〔四一〕。若房小不受僧〔四二〕者，聽在前後簷下、庭中坐，雖不聞羯磨聲，得成。又有七人：尼等四人、狂等三人，皆不成欲〔四三〕。僧祇多種〔四四〕：一、在界外與欲；二、持欲出界；三、與欲已，自身出界；四、與欲已，自至僧中默然還出；五、持欲至僧，因難驚起，無一人住者，名「壞眾失」，有人住，則不失。餘同當宗。十誦：與別住人失欲，即覆等三人〔四五〕。

上來諸列，皆不成欲，說亦不成〔四六〕。知而故為，反自受罪〔四七〕。文云〔四八〕：皆不成與欲，當更與餘者欲〔四九〕。

【校釋】

〔一〕失法　簡正卷五：「寶云：謂受他欲已，在心識之上，雖非心非色，有得得連持，今遇強緣，便被非得來替。（三一六頁下）故俱舍云：得謂獲成就，非得

此相違。」（三一七頁上）【案】「失法」文分為二：初，「謂受」下；二、「上來」下。

〔二〕**受欲已，遇緣便失**　資持卷上一下：「律明失有三處：一、房內；二、中道；三、僧所。文中，初，示失相。」（一九五頁中）簡正卷五：「約處總標也。羯磨疏云：初中明失，即有三處，謂受已、中道，及至僧中。（上是疏文。）玄云：鈔開中道，疏無病人之所。鏡水大德云：疏文三處並足。文云：受已即發足處，便是病人所也。卻是鈔開中道，今將疏家中道，來添鈔文，令三處周足。（上且定失欲處。）次，略解者，謂受欲已者，即簡未受得，不可言失。遇緣便失者，雖領受得在心，若有送意，不遇別緣，亦不失。反上成失也。」（三一七頁上）【案】「謂下」分二：初，「四分有」下；二、「僧祇五」下。

〔三〕**不簡病人之所及以僧中，今統明失法**　資持卷上一下：「『不』下，顯通三處，今不別分，故云統明也。」（一九五頁中）鈔批卷六：「謂受欲處，是病人所也。欲明至僧中，及道中，及病人邊，亦有失義也。」（三八六頁上）簡正卷五：「謂發足處，約他房院門域，為分齊也。又，文中且舉病人為出法，但有緣傳欲，未出彼門，總是發足處也。中道者，離病人所，未入堂門限已前，總是中道也。僧中者，謂講、食堂內也。又，須約鳴鐘了，已有四人僧集，先在彼坐，方號僧中。若全未有人，或三、二人等，未可呼為僧中。若露地，約尋內也。已上覆、露二處，既有四人等已上並集。既到僧所，不可更出，即失欲法，更有諸緣。雖在堂內，亦同失也。（上正解也。）若准會釋記云：雖有四人已上，白（【案】『白』疑『百』。）千人集，須約和僧了，即號僧中。若未和僧，但名中道。今難云：若取和僧了，名為僧中者，下離見聞四句失欲，（三一七頁上）豈非和僧前耶！又，如向下僧中有外道眾等亦失，豈可和僧後！更有外道之徒，此解不應理也。云今統明失法者，寶云：對此卻計會四分、他宗失欲人數也。統，田（【案】「田」疑「由」。）通也，通辨失法之人。未審有於多少，四分二十七人，并義加一人；僧祇十人；五人（【案】『人』疑『分』。）八人；十誦三人。卻計三（【案】『三』疑『四』。）十九人，失欲也。」（三一七頁下）

〔四〕**四分有二十七種**　資持卷上一下：「本宗標數，準下列相並業疏，合云二十八。若據律文，即無『隱沒』。今詳祖意，準不足數，合須具之。但是文略，或是此間律本寫脫，必無他意。」（一九五頁中）鈔批卷六：「若羯磨文中，有二十八人，今且計會諸部，令下文易見。四分二十八人者，十三難、三舉、二

滅，為十八也，十九在空、二十隱沒、二十一離見聞、二十二命過、二十三出
界、二十四罷道、二十五入外道眾、二十六別部眾、二十七至戒場上、二十八
明相出。賓頌曰：命過餘行罷，入外道別部，戒場明相出，難舉滅神聞。此上
有二十七人也。祇有十人：一、隔障；二、半覆露中間隔障；三、半覆露申手
不相及；四、露地申手不及；五、四儀互立；六、在界外受欲；七、持欲出界；
八、與欲已自身出界；九、與欲已自至僧中；十、因難驚起壞眾失。十誦有三
人，即行覆等三人也。五分有八人，謂尼等四人、狂等三人，并倒出眾（原
注：『眾』疑『失』。），成八也。（三八六頁上）總計諸部，有四十九人，名失
欲也。羯磨疏中，計會一如前說，都有四十九人，此是定義。礪問：『上不足
數中，二十八人，與此持欲文中二十七人，同異如何？』解言：『有二十一人，
彼此俱同，但此欲中，別有六人，彼足數文無之。彼足數中，別有七人，此欲
文無之。此無七者，謂尼等四人，別住、隱沒、所為作羯磨人等是也。頌曰：
大尼、式叉等四人，別住、隱沒并所為。如式叉及沙彌尼，此二無受欲，義不
成故，無所為之人成持欲故，故無此三是理無。別住、隱沒，此二略無。尼及
沙彌，若無持欲義，即是所以故無，同前理無。若持已捨，（謂受他欲已，捨
戒作沙彌成，轉根為尼，即是失欲。今文不述。）或可是略，以不定故，而此
欲文不彰也。言此欲文有六足數中無者，頌曰：命過餘行罷，入外道別部，第
六明相出，如次應當知。命終者，此取往來，容受已失，彼足數中，取身來在
坐，死無集義，故闕不論。餘處行人，但可失欲，不可即合，體非比丘，罷道
可知。入外道別部等二，往來故有失欲。足數不據來往，故無不足。明相出
者，失欲分齊，足數但取在坐，豈可經夜，便不足數，故所以無。此約四分一
宗辨之。』（三八六頁下）簡正卷五：「問：『鈔標二十七人，科中云二十八人，
何得相違？』答：『抄據律文失欲法中現列數者標數。科約義加『隱沒』一人，
至下釋時方出。今且依文，標舉二十七人也。此隱沒雖不在失欲中，且是不足
法中所攝，不離四分。是以科家云四分二十八人。今將此二十八人，分為三
類。初有十八人，體壞流類，三處自言失；次有七人，約處約時中，隔俗情
失；後有三人，異眾流類，運通隱離失法。寶云：若准律文，先列第二節人。
故文云：若受欲比丘往病人所，受欲已，便命過神足在空及離見聞處，不成與
欲。應與餘者欲，今抄者主取流類，多者先明，故迴互律文次第也。前後約類
以明，中則就雜以辨，後三大（【案】『大』疑『太』。）高、（三一七頁下）太
下、太旁。又，此二十七人，寶云失欲，並通三處，無不通者。若據搜玄：初

十八人，三處俱通，中七後三，通三及二不定，未為盡理。今且略知待，下隨文點出。」（三一八頁上）

〔五〕**十八種人** 資持卷上一下：「初文，二。初，約自言明失，文列十八人。所以無尼等四人者，準業疏意，比前足數，止是略無。五分明列，如後所引。」（一九五頁中）【案】「受他欲」下列示「本宗二十八」人，初，十八人體非失；二、「又有七」下七人遇緣失；三、「四分又」下三人相乖失文。

〔六〕**由自陳故，非是僧用** 簡正卷五：「辨十八人三處，自言失欲相也。此上諸人，由口自陳說，前人方知，即非僧用。」（三一八頁上）

〔七〕**若不自言，相中同順，如足數中** 資持卷上一下：「『若』下，二、約不言不失，指同足數，即前二、三兩例。」（一九五頁上）鈔批卷六：「深云：明十三難人等，若未自言，相同僧故，得持欲也，如前足數中。若未自言，得成足數也。」（三八七頁上）簡正卷五：「謂此上列人，『瞻波法』中不自言其相同順，即得定數。自言人知，即不足也。今此亦然，可以列解。」（三一八頁上）

〔八〕**自說罪人，不名持欲** 資持卷上一下：「二文並約自言，則彰前判有誠據矣。五分說罪言通，必據四重。由證體非故，反上謂不自說。」（一九五頁中）鈔批卷六：「深云：如今三階師，常稱是犯罪人，此人不得持欲，今時人汎汎常云『我是犯罪人』，例此也。立云：自說罪人者，謂告人云：我犯婬、盜之類等。」（三八七頁上）簡正卷五：「引五分證上來自失，不自言不失。」（三一八頁上）【案】資持釋文中「二文」，即五分、十誦文。

〔九〕**取欲、清淨人** 簡正卷五：「『取清淨』應說戒，『取欲』應羯磨，故云取清淨欲人也。」（三一八頁下）鈔批卷六：「立明：清淨及欲，二法俱不成，由自言是『十三難』等。若不自言，得成，不到僧所。」（三八七頁上）

〔一〇〕**始取** 資持卷上一下：「『始取』即屏處。」（一九五頁中）簡正卷五：「『始取時』等者，此文似難銷釋，今依法寶，迴文解義。欲釋此文，先分開說。初，約未說詞時，自言不成與欲；次，據受得了，自言失欲。且解初文，應讀鈔云：始取時，自言『白衣』『沙彌』『非比丘』乃至『十三人』，准皆名清淨欲不成。『始取時』者，謂初向病人處取欲也。前人並未陳詞句，此比丘便自言『我是如上等人』。此則一向不更，更對伊傳說詞句也。皆名清淨欲不成者，可迴文云：不成清淨欲也。（解初竟了。）次解第二文，應讀鈔云：若取竟，自言我是『白衣』乃至『十三准人』（【案】『准』疑『難』。），皆名不到僧所。」（三一八頁上）

〔一一〕取竟　簡正卷五：「次解第二文，應讀鈔云：若取竟，自言我是『白衣』乃至
　　『十三准人』（【案】『准』疑『難』。），皆名不到僧所。（三一八頁上）若取竟
　　者，謂初不自言，前人不知，具儀傳詞與他了，彼即自陳『我是如上等人』。
　　既非僧用，當時便失，故云不到僧所也。玄記中大意雖同，鈔文不便，更不敘
　　錄也。已上失欲，俱通三處。」（三一八頁下）鈔批卷六：「立明：清淨及欲，
　　二法俱不成，由自言是『十三難』等。若不自言，得成，不到僧所。」（三八
　　七頁上）

〔一二〕七種　鈔科卷上一：「『又』下，七人遇緣失。」（一二頁中）鈔批卷六：「即四
　　分家人也。將此足前十八人，成二十五人。」（三八七頁上）簡正卷五：「當律
　　不出教名，但言又有七人也。於中餘處行，明相出，其相難稍。」（三一八頁
　　下）【案】「又下七種」下分二：初，「又」下列相；二、「言餘」下隨釋。【案】
　　鈔文連用六個「若」字，言所失相。

〔一三〕命過　資持卷上一下：「初命過，準業疏。」（一九五頁中）鈔批卷六：「謂取
　　他欲已命終，而僧猶用前欲也。羯磨疏云：受欲者命終，約在房中及道，定知
　　失欲，名為不到。若在僧中，事須分別。有說云：未說不成，已說在僧成。復
　　有說云：說與未說，俱名欲到，如忘等例。或云不爾，忘有人持，死無識也，
　　云何成持？（上言忘者，謂至僧中，忘不說亦成也。）」（三八七頁上）簡正
　　卷五：「此約受欲人會過，非誦病人，此通三處：（玄記亦三。）謂往病人所，
　　受得欲了，未出院門，自乃命過，此是發足處失也。或受訖，出彼房限外，未
　　到堂中，於中並名中道；若命過，即是中道失也，僧中即須分別。若未說，什
　　僧命過，即是僧中失；若說了，命過不失，謂欲法已是僧持故也。」（三一八
　　頁下）

〔一四〕餘處行　鈔批卷六：「出界外也。疏云：以轉在異域，非本欲也。礪亦云：是
　　出界外也。如自恣中云『若出界』。」（三八七頁上）資持卷上一下：「若房中
　　及中道，可非欲到。若在僧中未說不成，已說在僧成。餘如彼說。」（一九五
　　頁中）

〔一五〕罷道　鈔批卷六：「羯磨疏云：受他欲已，言還俗也。尋悔本心，又將前欲，
　　入僧作法，謂不失也。但由中隔俗情，欲非俗法也。」（三八七頁下）資持卷
　　上一下：「疏釋云，受已自言還俗，尋悔亦失，由隔俗情故。」（一九五頁中）
　　簡正卷五：「古云捨戒也。今師云：思惟擬婦，俗有此心故。既隔俗情，欲法
　　失也。羯磨疏云：受欲已，言還俗，尋悔本心，亦許不失，但由中隔俗情、無

心持欲故也。（上疏文。）此通三處，皆據有還俗心說。〔玄亦逼（【案】『逼』
疑『能』。）三。〕」（三一八頁下）

〔一六〕入外道眾　資持卷上一下：「謂同寺內，外道居處。西國多有，（一九五頁中）
此土不爾。」（一九五頁下）鈔批卷六：「立明：邪見外道，在僧寺內。若持欲
過此眾中，則失也。此外道眾在寺內。若在寺外，出界已失，未假入中，方名
失欲。羯磨疏云：僧寺之內，外道居處。中國至今，此事多有。」（三八七頁
下）簡正卷五：「羯磨疏云：僧寺之內，外道居處也。（上疏。）（三一八頁下）
謂西天寺中別有外通（【案】『通』疑『道』。）止住處，謂所見解法乖故，比
丘傳欲了，若往彼中，是以失欲。玄記：但局中道，即有外道住舍，比丘入中
失欲，病所僧中不通。（不正）。今云俱通三處，只如初傳欲了，未出房時，或
有外道入來，比丘纔與，彼相喚言議即失。此豈非發足處失耶？中道可知。僧
中者，據未知僧前，初集之後，或堂中有四人等坐訖，外道偶入堂來傳欲，比
丘與彼言語，即是僧中失也。問：『為復外道成眾即失，為一人亦失？』答：
『鈔文雖云外道眾，未必成僧，但一人即失。有云須是四个外道者，非也。』
問：『雖見不與語言，失不？』答：『若但專注欲注，不與彼語言，亦不失也。』」
（三一九頁上）

〔一七〕入別部眾　資持卷上一下：「或調達邪黨，或部計異宗。」（一九五頁下）鈔批
卷六：「羯磨疏云：即調達之黨，五法為宗，或同在釋門，而見殊戒等，如五
部、十八部。故律文中，同界各說，兩別俱成。礪亦云：謂情見不同，彼為別
部，即如十誦、五分之部也。」（三八七頁下）簡正卷五：「有製記家不許將
五、十、祇等為別部，謂佛在日制教，不許入別部。此時未有餘部，不可妄述，
但取調達部為定也。然不無此理。今師意云：佛在日即據邪部門言，今白季分
宗後，所執不同，亦成別部故。疏云：律中同界，各說兩得成就，以此而明，
故知執法有別，云不相礙。今四分律中，傳欲入他宗徒，豈非失也？通三處，
可准上文說。（三一九頁上）（玄但局中道一處。）」（三一九頁下）

〔一八〕至戒場上　資持卷上一下：「疏云：疑前出界，此局內故。」（一九五頁下）鈔
批卷六：「由是異界中隔自然也。羯磨疏云：疏前出界是失，謂言在內不失，
此局內也。中分異界，與出不殊也。礪問：『既云出界失竟，何須復有入戒場
失？』解云：『前言餘處行，是出界失。今言戒場失者，亦是出界，以其戒
場，本大界內，復是作法之處。人情或謂不失，故復須入戒場失也。』」（三
八七頁下）簡正卷五：「謂入異界故也。（玄但約中道一處病所，僧中無戒

場。）今但通三處，如病人房院，都門內是戒場，從病人處取欲了，未出大門限，便入場上，是發足處也。中道可知。僧中亦約作法處，近戒場說也。」（三一九頁下）

〔一九〕**出大界外餘道行**　簡正卷五：「今師正解也。」（三一九頁下）

〔二〇〕**昔解云**　簡正卷五：「『昔解』已下，敘非也。古云：受欲了便須住往，堂頭不得更往諸院，即失欲也。相疏快（【案】『快』疑『亦』。）同此說。至今行事如此。」（三一九頁下）

〔二一〕**餘處行**　資持卷上一下：「『自』下，比決說、恣二處，列相並同，而二名互出，故不足疑。」（一九五頁下）鈔批卷六：「謂上言餘界行失欲是。說戒犍度中云『餘處行』，（三八七頁下）則無出界外之言也。至自恣犍度，亦明失欲義，即云『若出界外』，則無『餘處行』之文，故曰無餘處行也。是二文互出，致古師云『餘處行』是餘房也。羯磨疏云：說戒法中云『餘處行』，自恣文中辨緣一同，便言出界，羯磨在時故失欲也者，明出法謝故失也。」（三八八頁上）簡正卷五：「引證不別也。謂律中兩處出文：說戒法中呼為『餘處行』，自恣法中改『餘處行』為『出界外』。故知『餘處』即是『出界』，『出界』即『餘處行』。猶似『毗尼』與『律』二名不並，可以例已。古師若言兩處別者，說戒法中有『餘處行』，更合有『出界外』了，更合有『餘處行』也。（玄局中道一處。）今俱通三處，如藍寬界狹處，病人院半是法界，半是自然，受欲了未出門，便踏着自然，即是出界外。此云界外，但約作法界外，未必要須出寺門，便是界外。知之。今時多有此事，或有師僧房院，本來並是大界內。或可後新買得俗人地，通入寺內起廚屋，及作菜地之類。雖同一寺，且是作法界外。（三一九下）如此例解，中道可委。僧中亦約作法處，近他自然以說。」（三二〇頁上）

〔二二〕**後夜受欲**　資持卷上一下：「後夜者，據近顯相，遠則可知，律中結界廣故。十四日布薩，十三日往，不得受欲。」（一九五頁下）簡正卷五：「引約時遇失也。（玄但約中道。）今云通三處，謂病所纏受欲了，未出門明相便出，是發足處行。至中道明相出，約伽藍廣闊說僧中。」（三二〇頁上）

〔二三〕**宿欲**　扶桑記：「僧祇：明日當布薩，今日與欲，是名宿與欲。」（五七頁下）

〔二四〕**若明相未了，羯磨已竟，而說戒、自恣未竟，得經明不**　簡正卷五：「問意：羯磨竟，所為事未竟，得經明相不？答不得。疏云：僧祇畏明相出，減眾各作。四分恐明相出，現開略戒。若但局羯磨時節，羯磨既了，何勞開略？」（三

二〇頁上）

〔二五〕**故僧祇中**　資持卷上一下：「『故』下，引決二律開意，並防失欲。疏云：若但經白，時節可知，何勞略也。（自恣減眾，文略意同。）」（一九五頁下）

〔二六〕**七萬**　鈔批卷六：「祇文中但言若大眾六千、八千畏不竟者，應減（原注：『減』或作『咸』。）出界外自恣也。（未詳那頓錯也。）」（三八八頁上）

〔二七〕**故知宿欲不被所為事也**　資持卷上一下：「『故知』下，結成。所以然者，一、欲濟卒緣，義無長久故；二、欲是開教，開必須制故；三、前緣若在，容可再傳故。」（一九五頁下）

〔二八〕**神足在空**　簡正卷五：「母論云：空中無分齊，不可知限約故失。玄記但通三處。」（三二〇頁上）

〔二九〕**隱沒**　簡正卷五：「今師義加一人也，謂失欲法中，但有二十七人，無隱沒人。瞻波不足法中，有此一人，不足僧數。今師意云：隱沒既不足數，今受欲了隱沒，豈非失欲耶！羯磨疏云：入地也，或井窖、地室中等，俱通三處。受欲了，未出房便隱沒，此發足處也。行至中途隱沒，即中道也。」（三二〇頁上）

〔三〇〕**離見聞處**　簡正卷五：「若至僧中，更離見聞者，羯磨疏云：離見聞中，三處俱有，初在房中，若受欲已，必作送意。雖離與者，見聞不失，不作送意。（三二〇頁上）互則不失，俱離即失。（上是疏文。）此且據病人發足處說也。鏡水大德云：如往病人所，本來標心，專與他送，受得欲了，忽起作不送意，此時未失。遂離病者，所雖迴顧，眼看由見，且不聞尋常語聲，此離聞處亦未失，更進步迴顧，不見病人，即是離見處。見聞既俱，此時方失。次，約中道中。若論中道，離伴見聞，若無佛離生念處，見聞即失。（上之疏文。）玄記引疏，道理未盡，但有望伴，不說起心，致招外難。諸尋記文方委。鏡水大德云：上雖引疏文，更須細解，學人方曉。疏云：離伴見聞者，如受他欲人，行到中路，忽起不送之心亦未失；共一比丘相並行，喚此同行比丘，同伴自既作不送意，便先行不待後伴，纔離聞處亦未失。又迴願不見，名為離見，方可失也。准曰【案】『准』疑『難』。）：『有伴可爾，無伴如何？』』疏云：若無同伴，離生念處說見聞也。謂獨行之時，到於中道，作不送心，纔起心時未失。進行數步，准酌適來起不送心處，常語此處不聞，故云離聞。又，迴顧不見前來起心處，名曰離見，此時失欲也。此中道離見聞義，甚准（【案】『准』疑『難』。）敘說。時人多不明之，請思請思。若僧中約僧，所對即遠坐離見聞。」（三二〇頁下）【案】「四分」下，文分為二：初，「四分」下，通列諸相；二、

「問」下，別示。

〔三一〕**俱離，失也；互則不定** 資持卷上一下：「十誦空有互與，皆非法故。隱沒人，三處通失。故知受他欲已，不得入井窨等處。離見聞者，疏中約三處俱有：初在房受已，作不送意，互離未失，俱離方失；中道但作不送意，離生念處亦約俱離；三在僧中，如下問答。問中，古多異說，故須決之。答中，初科此師正約作羯磨人以辨俱、互。業疏云：今解皆望同坐展轉，不約作羯磨者。（疏標今解。前是古義，不疑。）文中，初二句總判。」（一九五頁下）鈔批卷六：「即并前成二十八人，謂神足、在空隱沒、離見聞等者，謂此人既持他欲來，自身別眾，欲豈得成？濟云：如京西明寺，殿頭階高，小師多跳行，兩足舉時即在空也，欲即合失。言離見聞處失者，羯磨疏云三處俱有失也。謂病人處，及中道，并僧中也。初言病人處者，謂受他病者欲已，作不送意。未離與者見聞，或互離見聞，勢分未越，故未成失；若俱離與者，見聞則失。言中道者，望伴可以例之。有伴可爾，無則如何？今解：不問有伴無伴，但作不送意，離生念處，約俱離失，互亦未失。若至僧中離見聞者，如後更明。今言離者，有四種：一、隱沒，二、倒出，三、隔障，四、遠坐。（三八八頁上）若初受欲時，及中道，據隱沒論。若至僧中，具兼四失。謂此四句中，正是約僧中辨離，明失義也。然上之四句，所以並失者，莫非持者，入別非足故也。礪云離見聞失者，願律師解云：若作送欲之意，雖離見聞處，亦不失。今言失者，謂受欲已作不送意，而以離見聞為失欲分齊。礪難云：『若爾，神足在空，亦應同彼。有心送欲，在空不失；無心送欲，在空方失。若但在空即失，不問心者，彼亦如是故？』今正解：離見聞者，謂離常所行道見聞處行也。即無事緣入餘房，及逕過諸處行是也。若俱，離失也。互則不定者，謂則有失不，故曰不定。『若爾，鈔文明互不失？』『此約不失，以明義也。羯磨疏中，有四句者，此約失以明也。疏云：一、聞而不見失，如僧祇：不問覆露，但有隔障，即失成別也；又如五分：雲霧黑闇中，先不相識人，不得受戒；又如背說戒師坐，即為別眾，既持他欲，自別豈成也。二、見而不聞失，如五分：若在屋內，倒出眾則失，及露地去僧一尋外是也。三、亦見亦聞失，如十誦：空有互與，皆非法故，即如四分神足在空亦是也。四、俱離，如僧祇中，一切覆處，（三八八頁下）不得離見聞，不成受具。上之四句，所以並失者。莫非持者，入別非足故也。』（三八九頁上）

〔三二〕**若眾大聲小，不聞說戒，令作轉輪高座，立上說之** 資持卷上一下：「『故』

下，別釋。初，準說戒，明互離不失。」（一九五頁下）簡正卷五：「令作轉輪
等者，准律說戒法三十四，有三節文。初云：眾大聲小，聽立說戒；第二節云：
由不聞，應敗（【案】『敗』疑『敷』。）高座，極令嚴潔，坐上說之；第三節
云：猶不聞，應作轉輪座，平立手及在上坐說。此謂座如人平，立手向上高上
高（【案】次『上高』疑剩。）也。律第三節，即令坐上。今鈔主意，若更不
聞，准前開立亦得。所云轉輪高座者，多解。第一古師云：是座下有輪腳，令
人推輪，其座即轉，來者自在，大眾同聞。未審令何人推輪？有講相疏人解云
令比丘推。既聽立說戒，不犯別眾，令開比丘，推於眾中，亦無別眾。今准
（【案】『准』疑『難』。）曰：『戒師立說戒，是佛曲開。推輪比丘，何文開許？
又，若推座來者，巡眾而轉，元來大眾，同聞同見，何得云而不聞？故知非
也。』講新章家云：不要令比丘推，但輪腳處繫繩從他，聽戒人次第坐地牽
之。此釋更非於前也。今南山云，轉輪者意云：坐此座上，轉於法輪，八支聖
道，能得涅槃，如世輪也。如玄譚『四果』中（【案】簡正卷一，一三七頁下。）
說廣了引，更不敘也。」（三二一頁上）【案】四分卷三六，八二二頁中。

〔三三〕**見而不聞** 簡正卷五：「大眾雖見戒師面，（三二一頁上）全不聞聲。」（三二
一頁下）

〔三四〕**聞而不見** 簡正卷五：「釋上多人集時，前後而坐，不可一一覩戒師之面，但
聞念戒聲也。」（三二一頁下）

〔三五〕**離此二人，則名失欲** 資持卷上一下：「『離此』下，即明俱離失。言二人者，
初人更須離見，後人又復離聞，則是俱離矣。」（一九五頁下）簡正卷五：「離
見聞聲二人，即俱離失也。」（三二一頁下）

〔三六〕**必互離有失，據隔障等之緣** 資持卷上一下：「『必』下，次，準隔障，明互離
失，成上互不定義。」（一九五頁下）鈔批卷六：「立云：如同覆處，中間隔障，
聞不見是失也。即如疏中四分第一句是也。今此鈔中，列二句，明互見聞者，
此就不失以明義，故言何由得見作法者面等。羯磨疏中，四句互離辨失者，約
失明義也。故今文云：據隔障等緣也。」（三八九頁上）簡正卷五：「謂前文一
向，答云俱離即失，互則不定俱失。已知互失不定，其理未委，此文辨之。故
云據隔障等緣是互失也。法寶引羯磨疏四句以辨：一、聞而不見，僧祇中有隔
障人不聞覆露；五分，雲霧中、又背戒師作法者面；二、見而不聞，例出失是；
三、亦聞亦見，空中有互與欲非法；四、不見不聞，覆處遠坐是。」（三二一
頁下）

〔三七〕**離見聞失**　資持卷上一下：「科文要見諸部人數，故從『僧祇』已下，並為他部。然細觀諸文，又似引明離見聞義。今先從義，分文為二，從『前言』至『雖說不成』，明俱離失。僧祇下，至『得成』來，明互離失。初中，上三句定所離。前言者，牒前列相顯示重解。（一九五頁下）然在事猶疑，故無標破，雙出兩義，俟後疏文。」（一九六頁上）鈔批卷六：「即指前四分有三種失文也。第三離見聞失，今指此文。」（三八九頁上）

〔三八〕**通望比坐展轉離**　簡正卷五：「謂不同適來約作法者見聞。羯磨疏云：皆望同坐展轉，但取相近，即非失也。如五分等者，引他部例前也。謂雖同一，壹以離比坐見聞不成也。（已上明四分失欲，都二十八也，據文二十七）。」（三二一頁下）

〔三九〕**同覆障相離，雖說不成**　資持卷上一下：「『如』下，引示。即下『房小』等文，彼明相接不聞，得成說戒。今取彼意，反顯相離，不成說欲。然非正文，故云五分解耳。」（一九六頁上）鈔批卷六：「立謂：同一堂內，各在一角說，不成也。引彼文來，證知同在堂中，由離見（原注：插入『見』字。）聞亦失也。」（三八九頁上）

〔四〇〕**僧祇五種，謂隔障等，如足數中說**　鈔科卷上一：「『僧』下，他部二十一人（四）：初，僧祇五人；二、五分八人；三、僧祇五人；四、十誦三人。」（一二頁上）資持卷上一下：「互離中，又二。初引僧祇。初，與欲人房、道、僧中隨與，即失，不論見聞。餘四人，兩是隔障，即聞而不見失；兩是伸手不及，即見而不聞失。（據遠為言）。」（一九六頁上）鈔批卷六：「僧祇五種，謂隔障等。如足數中說等者，謂僧祇有十人，此且略指五人，同篇下更出五人，云僧祇多種是也。此中五人，如足數中明。」（三八九頁上）簡正卷五：「五種者，玄云：一、覆處隔障；二、露地隔障；三、半覆半露，中間隔；四、半覆半露，申手不及；五、露地申手不及。（三二一頁下）並失欲也。」（三二二頁上）

　　【案】僧祇卷二三，四一六頁中。

〔四一〕**斷事時，若在屋中隨幾過出，若在露地，去僧一尋等，並失**　簡正卷五：「斷事者，羯磨之異名也。秉法斷量前事，彼『斷事戒』云：傳欲來人，未說付僧，持欲在身，理合安坐，待說付僧，今未說付，有緣卻出，名為到出。出已更受，入中又出，不論多少，隨幾過出。若在屋下，齊門限量，露地一尋外，失也。」（三二二頁上）鈔批卷六：「立謂：一度、二度出，皆失。『幾』，是不定義也。此言防巧，故問幾過。答一過失，（三八九頁上）未繁多過，此

名倒出眾也。撿五分中，有僧斷事，不與欲起去，戒犯提。若與欲去者，不犯。欲詞云：『應對一人言：長老一心念，今僧斷事，我比丘某甲，如法僧事中與欲。』（文直齊此說也。）於此戒中即明。若屋下羯磨，隨過一一皆提。若露地羯磨，去僧面一尋，提。自意云：此直明不與欲，提。講鈔者，言名為傳欲人，倒出眾失欲者，恐用錯也。」（三八九頁下）資持卷上一下：「初，明倒出失，即見而不聞。初，明覆處。『過』即是度。彼約不與欲起去，隨出隨犯，故云幾度。今準彼文，以論失欲，一出即失，故羯磨中止名倒出人耳。『若在』下，次明露處，亦即倒出。既非堂宇，故限一尋。」（一九六頁上）【案】五分先辨失相，次辨不失。五分卷八，五八頁下。幾，底本為「機」，據五分律文改。

〔四二〕**若房小不受僧** 資持卷上一下：「『若房』下，證取比座，可知。疏云：雖不了語，皆為法來，並名在薩（【案】『薩』疑『處』。）。疏有四句：一、聞而不見，（僧祇：隔障；五分：雲霧黑暗，先不相識，不成受戒；又如背說戒，師坐，成別眾，欲並不成。）二、見而不聞，（即前五分覆露倒出。）三、俱見聞失，（即前神足。）四、俱離失，（僧祇：覆處離見聞，不成受具。又，五分同覆障處，相離不成。）」（一九六頁上）簡正卷五：「引此文，證在寺內，雖在簷下、庭中，不失。故羯磨疏云：簷下、庭中，雖不了語，皆為法來，並成就也。」（三二二頁上）

〔四三〕**尼等四人、狂等三人，皆不成欲** 簡正卷五：「此上七人，四分無文，今取五分證明行事也。尼中三人，體不是僧；沙彌一人，不參眾侶當法；狂等三人，不記憶身。並非持欲之士。」（三二二頁上）

〔四四〕**僧祇多種** 資持卷上一下：「僧祇：五人出彼足數，欲法無文。由不足故，理非持欲，約義取之。餘人如上。言與欲人者，謂受他欲已，自復與欲，他欲即失，且如彼律，轉欲尚失，何況直與！義準三處，通有此失。學者詳之。（古記不數此人，乃謂足數中隔障自有五人，義加一人。然今文及羯磨並云：僧祇五人如不足數，亦不除與欲及加隔障。難可憑信。）……下句指廣，亦不全同。轉欲失，（此一不同。）宿欲失，（此同明相出。）與比丘尼、與沙彌（此二同五分。）受者還戒，（此同罷道），與者還戒。（此亦不同。）」（一九六頁上）鈔批卷六：「僧祇多種：一、在界外與欲者，羯磨疏云：此則能所俱非也；二、持欲出界者，疏云：此受者非法也，令與者成別；三、與欲已自身出界者，疏云：此與者自非，然僧法得成也；四、與欲已自至僧中者，疏云：因病人與

欲已，聞僧中有好大德來說法毗尼，自力就坐，久疲默出，以先欲故，更不重
說。此愚教失，欲本送心，今身到僧，前緣久癈，故須後說。五、因難驚起者，
羯磨疏云：若暴風雨，賊急，火起，驚散走盡，名壞眾失。立云：問：『持欲
人至僧中說竟，為僧持、為傳者持？』答：『二解。昔云傳者持。』『若爾，自
說而去者，復是誰持？』答：『自說去僧持。傳餘人者，正是傳者持。今云：
若說竟，僧持，未說傳者持也。（三八九頁下）有一人住，則不失者，此據說
竟。因難起者，有一人住則不失。若眾人盡，未說而驚起者，縱一人住亦失。』」
（三九〇頁上）簡正卷五：「問：『至僧說竟欲，是誰持？』答：『古云傳者自
持。』『若爾，自說而者，復是誰持，少道理甚？』『今云：若未說是自持，說
了是僧持。何以知之？有一人住者不失，故知僧持也。』復有解云：夫壞眾
失，堂內有四人住，卻來即不要再取欲。若一人，不得者。此釋，據義違文，
又未知僧持之理。」（三二二頁下）

〔四五〕**與別住人失欲，即覆等三人**　資持卷上一下：「十誦三人。疏云：四分覆法，
明言非數，豈合持也？（準同足數，合有正行四人也。）總前諸部，共四十九
人。對前足數，料簡差別。癡、邊、重病、啞、聾等，義無與他，故不論失。
受已，啞、聾及睡、定等人，雖不滿數，自成持欲。樹上比丘，枝委外地：在
外，則同前出界；在內，則相中乖別。二種並失。四羯磨人不失，可知。應作
四句：一、是足數非持欲，（覆藏等人，足生善故；）二、非足數是持欲，（即
睡、定人；）三、俱非，（如上多人；）四、俱是，可知。」（一九六頁中）簡
正卷五：「殘中覆竟、本日竟、六夜竟，三也。正行此法，奪三十五來，不許
智能故。」（三二二頁下）鈔批卷六：「即是懺殘人也。景云：三人不住持欲
者，以奪七五等事中不許也。」（三九〇頁上）

〔四六〕**上來諸列，皆不成欲，說亦不成**　鈔科卷上一：「『上』下，結斷。」（一二頁
上）資持卷上一下：「初三句正判。皆不成者，通收二處也。說不成者，局僧
中也。」（一九六頁中）

〔四七〕**知而故違，反自受罪**　資持卷上一下：「『知』下，示犯。罪通自、他，令僧成
別，自即違教，二並吉羅。今此文中，且從自說。」（一九六頁中）簡正卷五：
「謂受說不成，今知而故說，得妄語提，豈非自受也。已上當宗外部，都四十
九人。失欲法竟。」（三二二頁下）

〔四八〕**文云**　資持卷上一下：「下引律文，一證不成，二令再與。彼列五種欲已，云
『若不現相，不口說，皆不成』等。如文所引。疏云：前既非法，能所乖儀，

故更簡人，秉法方詣故也。」（一九六頁中）扶桑記引濟緣釋「能所乖儀」：「能與法違，所傳暗教，二並乖儀，故須別與也。」（五八頁上）【案】四分卷三六，八二一頁下。

〔四九〕皆不成與欲，當更與餘者欲　鈔批卷六：「為上諸緣不堪，所以更與餘人。」（三八九頁下～三九〇頁上）

### 三、明遇緣不說成者

文云：若受欲人，若睡，若入定，若忘，若不故作，如是者成〔一〕。若故不說，得罪〔二〕。而不知成不，理亦應成，在開緣明〔三〕也。並謂在僧中〔四〕；若在中道，並名不到〔五〕。

四分云：若病重者，應扶輿來僧中〔六〕；若慮增動，僧就病者所，圍繞作法〔七〕；若病者多，不能集者，僧出界外作羯磨〔八〕。以更無方便，得別眾故〔九〕。

若受欲已，欲至僧中，道逢諸難，便從界外來至僧所，與欲、清淨得成〔一〇〕。必界內有難〔一一〕，不往僧所，僧又不知，羯磨成不？文云：有比丘，無想，作法不成〔一二〕。

問：「與欲已，事訖不來，犯別眾不〔一三〕？」答：「不犯。以情和到僧，而不將欲緣為羯磨事〔一四〕。文云：若事休，應往；不往，如法治〔一五〕。不云『法不成就〔一六〕』。」

「若爾〔一七〕，受日出界，而事休法謝〔一八〕者？」答：「受日文中牒事，故前緣廢、法謝；此受欲法不牒事，故緣謝、欲成〔一九〕。」

### 【校釋】

〔一〕若不故作，如是者成　鈔批卷六：「從此已下，正明遇緣不說，得成義也。」（三九〇頁上）鈔科卷上一：「初，故誤成否。」（一二頁中）資持卷上一下：「遇緣中，三科。前明故誤，後明逢難，並約受者。中明重病，即與欲人。初中，上明誤心成法。」（一九六頁中）簡正卷五：「文有三意：初，開成；二、若故不說，得罪；三、結示處所。初文，准說戒揵度中，先出不成與欲，當更與餘者欲。若至中道，若至僧中，亦如是受清淨欲。若睡，若入定，若忘，若不故作，如是成與清淨欲。」（三三二頁下）【案】「遇緣」文分為二：初，「文云」下，遇緣不說；二、「問」下，事訖。初又分三。

〔二〕若故不說，得罪　資持卷上一下：「『若故』下，明故心獲罪。然文但制罪，不云成否，故以理決之。」（一九六頁中）簡正卷五：「羯磨疏云：四分睡忘無罪

者，先作傳意，不覺想轉，故開文云：不故作也。若故不說，得吉。」（三三三頁上）

〔三〕**在開緣明**　鈔批卷六：「在開緣明者，謂如上，若睡忘、若故不說等皆成者，在說戒犍度中開成。以律文中辨成，故曰在開緣明之。」（三九〇頁上）簡正卷五：「且是開緣中，明理合得成。羯磨疏云：既達僧中，理是開限，文中故不說。（三二二頁下）但獲小罪，義應得成，在開緣中故。」（三三三頁上）資持卷上一下：「在開緣者，列定忘後故。」（一九六頁中）

〔四〕**並謂在僧中**　資持卷上一下：「『並』下，總示成處。」（一九六頁中）簡正卷五：「並謂者，明在僧中。若睡、定，若中道等，則名不到。」（三三三頁上）

〔五〕**若在中道，並名不到**　鈔批卷六：「謂本意擬說至於僧中不說，故開成法。若於路中，作意不擬說者，於路已失，皆名不到僧也。」（三九〇頁上）

〔六〕**若病重者，應扶輿來僧中**　資持卷上一下：「次第三開，如業疏解。初，扶來者，表和達僧也。」（一九六頁中）簡正卷五：「云『四』至『故』者，文有三節。初，快（【案】『快』疑『扶』。次同。）來；二、僧就病所；三、病多出界。初，快來者，鈔引律云：若病重者，應快將舉來。羯磨疏云：表和達僧也。」（三二三頁上）【案】四分卷三六，八二一頁下。

〔七〕**若慮增動，僧就病者所，圍繞作法**　資持卷上一下：「僧就者，僧以法濟也。」（一九六頁中）簡正卷五：「等疏（【案】『等』疑『業』。）云：以法濟也。謂前雖令快舉（【案】『快舉』疑『扶輿』。）來入僧中，或因此增劇致死，僧猶有過。僧遂往詣病人之處，圍遶作法貴品，極濟於波也。」（三二三頁上）

〔八〕**若病者多，不能集者，僧出界外作羯磨**　資持卷上一下：「出界者，病多僧少，相連不及故。」（一九六頁中）簡正卷五：「羯磨疏云：濟緣既爽，時不可乖，故聽出作。戒疏又云：僧出界外，以事攝也。欲使僧別兩行，互相資成也。（上疏文。）准此意，云前文將法往濟一人，可爾；或十處五處，病人既多，僧眾又少，相連不及，不可就此處病人，不就彼病所，故云濟緣既爽。半月既到，申延不得，必須說戒，故云時不可乖。僧但出界外作法，是律開許。」（三二三頁上）

〔九〕**以更無方便，得別眾故**　資持卷上一下：「『以』下二句，釋成三種，顯示和同，攝僧極教，故云更無等。」（一九六頁中）簡正卷五：「大德云：文中語似難會。云既有上來二緣，在界作法，不免別眾。今只有出界外作法，免茲別眾，除此之外，別更無方便，避得別眾之失也。外難曰：『適來文中，約重病

者，准前文中重病人，即用四略之法。若更重，即不足不別。（三二三頁上）
今制令出界，何故相違？』答：『理實此中是重病攝。夫重病者，多種昇降，
須分三品：一、能動身現相，或口中略說云為我與欲等；二、口不能言，身不
能動，而心中分曉；三者，心亦不能覺知，但有未捨執持，此即極重。若准疏
中，四句料簡中，明病人不足不別，即據極重病者論量。若此文出界避之，即
約第二品人以說，謂此人身口既不能動，即取欲之人，焉能辨得他同別之相？
故須出界作也。何以知耶？故疏云：良以病有多種，前說者輕，堪相對語，今
者是重，不說為別。（上疏文。）』『若爾，既不能只說現相，何得更有別眾？』
答：『羯磨疏云：氣力虛微，故不能說，神道不昧，是別眾故。（上疏文。）若
准此判，前四句中重病人，非二攝者，直是極重將死之位。唯有煥息，即非二
攝。若前來雖云重病人之神通，不昧心中，了了分明，但氣力虛說。若此之
徒，由有別眾，故須出界也。』』（三二三頁下）

〔一○〕**與欲，清淨得成** 鈔科卷上一：「『若』下，逢難出界。」（一二頁中）資持卷
上一下：「正明傳欲，前明出界，即失欲法。此由難緣，故開暫出。」（一九六
頁中）簡正卷五：「玄云：謂律中，路有惡獸，不得至僧，（三二三頁下）便從
外來。羯磨疏云：此作非心隔，但為事遮也。法寶問云：『此中出界外，與前
來餘處行何別？』答：『前來餘處行，謂無緣輒出界，失欲；此中有難緣曲開，
從界外來，不失欲也。」（三二四頁上）

〔一一〕**有比丘無想，作法不成** 鈔批卷六：「以實有故，所以不成。若實無比丘，而
作有想者，作法得成，僧得小罪也。」（三九○頁上）簡正卷五：「謂實有故。
所以不成此別眾，故不開也。」（三二四頁上）

〔一二〕**必界內有難** 資持卷上一下：「『必』下，次明遇難不往。恐謂出界開成，輒例
同故。下引文決。須知別眾制急，雖難不開。」（一九六頁中）

〔一三〕**與欲已事訖，不來，犯別眾不** 鈔科卷上一：「『問』下，事訖不來。」（一二
頁上）資持卷上一下：「有執成別，故問通之。」（一九六頁中）簡正卷五：「此
問意者道，傳欲本為私己有緣，正勾當之時是有緣，不來不犯。今既事了，堂
頭說戒未終不來，莫不別眾不？」（三二四頁上）

〔一四〕**以情和到僧，而不將欲緣為羯磨事** 資持卷上一下：「『以』下，申所以。上句
示欲意，下二句，顯非所為。反顯若以欲緣為羯磨事，則容有別。疏云：欲本
不稱，（謂不牒緣，意在下答。）僧為又別。（一九六頁中）（正同此意。）但
知通意，故兩無違。義須應往，故結小犯。」（一九六頁下）簡正卷五：「謂傳

欲羯磨詞中，但云如法僧事與欲，且不牒房內正緣入法。今緣雖謝，不來無過。」（三二四頁上）

〔一五〕不往，如法治　資持卷上一下：「如法治者，吉羅異名。」（一九六頁下）鈔批卷六：「此正明事訖須往僧中。若不去者，即犯吉羅，要須令懺此罪。言如法治，謂如吉羅法治也。」（三九〇頁上）

〔一六〕法不成就　簡正卷五：「羯磨疏云：以心應僧，相非乖背。如狂比丘，得法在體，病止法存，不住無別。」（三二四頁上）

〔一七〕若爾　簡正卷五：「若傳欲事體法謝，不來赴集，不成別眾。」（三二四頁下）

〔一八〕受日出界而事休法謝　簡正卷五：「下遂舉受心事來難。只如夏中為三寶，受日出界，事了法謝，不歸本界，亦不合破夏。何故下文，不歸破夏？」（三二四頁上）資持卷上一下：「事休是同，而法謝、不謝有別，故引相並答。」（一九六頁下）

〔一九〕此受欲法不牒事，故緣謝欲成　簡正卷五：「謂欲不牒房中之緣，應堂頭法事。私緣雖謝，（三二四頁上）僧中欲法已成，不來不犯。受日，元牒己身，所為之事入羯磨法。所為既謝，必須反來，在外不歸。是以破夏，有法無法既別，不可例同。」（三二四頁上～下）鈔批卷六：「不得身來，理須說欲，事訖合往，不得端然緣謝。其欲雖成，不免違教之罪。故上文云『若事休應往，如不往者，（三九〇頁上）須依吉羅法治』，即其義也。」（三九〇頁下）

## 通辨羯磨〔一〕篇第五

明了論疏翻為「業〔二〕」也；所作是「業」，亦翻為「所作」〔三〕。百論云「事〔四〕」也。若約義求，翻為「辦事〔五〕」，謂施造遂法，必有成濟之功〔六〕焉。

僧為秉御之人〔七〕，所統其唯羯磨〔八〕，方能拔群迷之重累〔九〕，出界分之深根〔一〇〕。德實無涯，威難與大〔一一〕。

而世尊栖光既久〔一二〕，遺法被世，可得而聞。但為陶染俗風，情流鄙薄〔一三〕。言成瓦礫〔一四〕，妄參真淨之文〔一五〕；行乃塵庸，虛露在三之數〔一六〕。致使教無成辦之功，事有納非之目〔一七〕。並由人法無宗轄〔一八〕，得失混同歸焉〔一九〕。故律云〔二〇〕：若作羯磨，不如白法作白，不如羯磨法作羯磨。如是漸漸令戒毀壞，以滅正法。當隨順文句，勿令增減，違法毘尼〔二一〕；當如是學〔二二〕。雖復僧通真偽，於緣得成

前事〔二三〕，羯磨亦漏是非，而乖違號為非法〔二四〕。

今欲克覈浮言，發揚聖教〔二五〕，統辨進否〔二六〕，總識科分〔二七〕。後有事條，案文準式〔二八〕。

【篇旨】

簡正卷六：「已上四篇，明能秉之僧既彰，所秉之法未練，然於羯磨，非相難分，剛骨混然，緣本相濫。若不細辨，何得委知？故製此篇，以呈無或心。」（三二四頁下）鈔批卷七：「凡施法事，必具四緣：一、人，二、法，三、事，四、處。始自標宗，終於與欲，並明集之方便。簡德如非，此並法家由漸，總攝在人。人既和具，將堪秉法，法之綱要，莫先羯磨，故此一篇，正屬於法。問：『羯磨所托，依界而生。界是教法所依，義須先顯，何以居後？』答云：『准界是所依，理合居前，但緣界不自成，結藉羯磨，故將羯磨居先，法（原注：『法』疑『結』。）界後列，意可知也。』」（三九一頁上）

【校釋】

〔一〕**通辨羯磨**　資持卷上一下：「律中，羯磨大有三位，別開八品，隨事細歷，則有一百八十四種。今此篇中，總明緣法是非成敗，望下諸篇，隨事各別，故云通辨。羯磨，梵言，或云『劍暮』，音之訛轉。」（一九六頁下）鈔批卷七：「羯磨雖多，要分為八，始從心念，終乎白四，各有成濟之功，故律通標一號。言成濟者，且眾法心念，能濟其說、恣之事；對首濟持衣之事。約法階降，大小不同，直論有三，分則有八，此篇具明，故曰通辨。又言，通辨者，對首所執，故言通也。古人唯約僧秉者，名為羯磨。今言通約一人，心念已上，至于八種，皆名羯磨，故云通。故疏云：事法兼通、大小齊降者，欲明教下所被，無非成業為功謂之通，故曰通辨也。言羯磨者，疏云：羯磨，天（【案】『天』後疑脫『竺』字。）音，人翻為『業』，（三九一頁上）諸部亦稱『釰暮』者，蓋取聲之不同也。羯磨，梵音，此翻業者，業謂成濟前務，必有達遂之功也。今所以不題業者，然以業義通於道俗，謂作此法，非局在僧，故存梵言。簡異通者，知羯磨事非俗行故，但唐、梵翻譯，詳覈未通，師徒傳授，習俗難改。乍聞為業，絕聽驚心。今依舊名，且云羯磨。自古至今，有翻為辦事者，非無此義。但用功能往翻，然能事乃多，要唯有二：初，謂生善事，如衣食受淨人法結解等；二者，滅惡事，如懺罪、治擯、滅諍、設諫等。並隨前事而得成濟，故曰辦事也。」（三九一頁下）簡正卷六：「『通辨』二字，亦是旁破古非。古人云：單白、白四，即名羯磨；對首、心念，別人所秉，（三二四頁下）不

名羯磨。今云：始從心念，終乎白四，俱名羯磨。此中總收一百八十四法如非
之相，故云通辨也。『羯磨』二字，翻譯解判，如下自述。或有本中有『相』
字，即相狀也。」（三二五頁上）【案】本篇文分為二：初，「僧為」下；二、
「就中」下。

〔二〕業　資持卷上一下：「了疏兩翻，大體無異。前則名『作』為『業』。」（一九
六頁下）鈔批卷七：「真諦所解也。彼疏翻為『業』，云相應覺處也。」（三九
一頁下）

〔三〕所作是「業」，亦翻為「所作」　資持卷上一下：「後直指作，無復異名，業謂
行。心鼓動身口，假緣構造，則有勝功，能遂前事。疏云：業謂成濟前務，必
有達遂之功是也。」（一九六頁下）鈔批卷七：「約羯磨所被前事為業，遂即為
業也。」（三九一頁下）簡正卷六：「即約羯磨所辨（【案】『辨』疑『辦』。）
前事，故名為業，亦可義翻為所『作』，反解上來業也。猶似盡（【案】「盡」
疑「畫」。次同。）人，以盡為業，則以筆墨五彩填治，方可成就於本業。今
此亦然。須得人僧界等，離非就如，所作成就，方可成於僧家所作之業，故將
所作，解其業用。問：『既云羯磨翻為業者，此何不言業篇耶？』答：『業字有
濫，故存梵名。謂世間作業，不出四種：一、士，二、農，三、工，四、商。
謂有官官者曰士，耕犂鋤褥者曰農，巧藝者曰工，典販者曰商。已上四種，皆
云為業。今標業名，即濫上諸云俗業。鏡水：亦可恐生俗疑，將謂沙門由有業
也。即濫他三途惡業，故存梵語，亦生善也。』」（三二五頁上）

〔四〕事　鈔批卷七：「所依是事，即生善滅惡。明此羯磨，能辦前事，必有果遂之
功，故云事也。」（三九一頁下）資持卷上一下：「百論云：事亦業之異名，無
非造作，即體為目。」（一九六頁下）簡正卷六：「此論中，一向呼為事也。」
（三二五頁上）

〔五〕辦事　資持卷上一下：「此從昔義，疏中不取。彼云：自古至今，翻為辦事者，
非無此義，但用功能往翻。」（一九六頁下）簡正卷六：「此由是古人解也。何
以得知？故羯磨疏云：（三二五頁上）自古至今，翻為辨（【案】『辨』疑『辦』。）
事。」（三二五頁下）【案】「辦」，底本為「辨」，依資持、正源記及義改。

〔六〕施造遂法，必有成濟之功　資持卷上一下：「疏出彼解，謂成辦生善滅惡之事。
問：『此與百論何異？』答：『彼論直召能造，不從所辦。』問：『疏家所以不
取者？』答：『凡立名定體，從用則疏。如燈能照暗，燈不名照，水能滅火，
水不名滅。但分體用，名亦無在，所以疏家旁通舊解。』」（一九六頁下）簡正

卷六：「今師承上語勢，下遂解云『施造遂法，必有成濟之功焉』，謂此羯磨疏能辨（【案】『辨』疑『辦』。）生善滅惡之事，施設造作，必有成就達濟之功能也。」（三二五頁下）

〔七〕**僧為秉御之人**　資持卷上一下：「初句示能秉人，即前三篇；次句明所秉法，即是此篇。」（一九六頁下）鈔批卷七：「立謂：堅持禁戒，故名僧。僧無破戒不清淨者，由清淨和合故，則是能秉之人。法不自興，弘由人也。以僧為能秉，法是所秉也。御者，應師云：乘馬曰御。御，亦治也。如羯磨疏云：然佛法兩位，通贍道俗，唯斯僧寶，獨據出家，明功上隣極聖，顯德下濟群生。（三九一頁下）但由僧海宏曠，行位殊倫，或內外以分途，或凡聖而啟路，或約寶通於緇素，或就儀辨於持毀。至於事務符會，要以情見相投，同和則上善可登，同忍則下惡可滅，非假聲教，何以通之？是以如來體斯弘理，故制御僧方法，隨有別住，普使同遵，但得具緣，無非成遂。」（三九二頁上）簡正卷六：「此句屬人也。觀其文勢，亦似結前意也。秉法制御也。」（三二六頁下）

〔八〕**所統其唯羯磨**　簡正卷六：「屬法也，似生起下文之意。統，由通也。其准二字，偏局之譚。」（三二五頁下）資持卷上一下：「『統』即是總，僧位所立。止存秉御，無他所為，故曰『其唯』。」（一九六頁下）鈔批卷七：「立謂：統是攝義，明羯磨統攝諸法。僧既是能秉之人，羯磨是所秉之法，亦云：羯磨是攝僧之大要，羯磨是僧之作業。若作持之行，羯磨攝盡；止持之行，戒本攝盡。礪云：夫羯磨者，眾軌之宏綱，隨事之要術。自非曩尋教旨，究曉如非，寧能對事秉宗，得無虧缺？冀諸行者，同務斯趣。故律云：如此比丘，利益多人，令正法久住。若也不達前法，秉行眾軌者，恐平地顛墜，損及自他。故律下文：遮法遮毗尼，令多人不得利益，作諸苦業，以滅正法。」（三九二頁上）

〔九〕**方能拔群迷之重累**　資持卷上一下：「『方』下二句，顯功。亦即所被事，即後諸篇。僧獨無能，假法彰勝，故曰方能。群迷重累，謂三不善業，……業縛自心，縛之彌固，故云重累，惑生業苦。」（一九六頁下）鈔批卷七：「立明：群是眾義，迷是昏倒，累是擔累、罪累。欲明犯戒僧尼，生報地獄，名為重累。若洗心悔過，僧以白四之法，拔其重罪，豁然清滅，故曰也。此句是滅惡，亦云拔苦。下句是生善，亦云與樂。羯磨疏云：『羯磨』有翻為辦事，（三九二頁上）事雖眾多，要唯有二。初謂生善，如衣食受淨人法結解，並隨行善而得生也。言滅惡者，如懺罪、治擯、滅諍、設諫，名通善惡，理在除愆，皆由羯磨

而得清蕩。又，生善之極，勿過受體，由作法和，便發戒業，道同太虛，共佛齊位也。滅惡之大，勿過懺重。若不洗過，生報便墮。由此羯磨拔之，能令九百二十一億六十千歲阿鼻苦報歘然清淨，豈非滅惡耶！」（三九二頁上）簡正卷六：「方，由則也。拔者，濟拔也。群述（【案】「述」疑「迷」。次同。），即一切有情之類也，皆（【案】『皆』疑『離』。）善作惡，名為述也。重累者，『重』字，玄記平呼，謂業道上更加違制之罪累，故云重累；法寶上聲呼，謂初篇四重無間之愆，此羯磨法能拔。故羯磨疏云：滅惡之大，勿過懺重。若不洗過，生報便招，由茲羯磨拔濟也。（二解俱正。）」（三二五頁下）

〔一○〕**出界分之深根**　資持卷上一下：「界分深根，即五住煩惱。……界分，即三有依報。此明超凡趣聖，功由羯磨矣。又有解云：上句滅惡，下句生善。非無此義。即如疏云：生善之大，勿過受體；（一九六頁下）滅惡之大，勿過懺重等。」（一九七頁上）鈔批卷七：「此句名生善，亦云與樂也。欲明無始沉淪於三界，不能出離。今日值佛出世，樹立此法。制十僧清淨，授以戒品，能專護持，遠趣佛果，是出界分也。言深根者，無量久遠，種三界有漏之業，是深根也。又云：一切作持之法，皆名羯磨；且舉如持衣、說淨等法，皆稱羯磨。以作此法故，遠通佛道，近報聲聞，並是出界分深根之義也。」（三九二頁下）簡正卷六：「界者，三界。分者，分齊。欲色無色，煩惱輕重，多少不同，名為界分。皆由三毒為本，□曰深根。今出家之人，受戒之後，依戒修行，翻三毒成三善，離於界繫，皆由羯磨之力，故云出界。（云云。）」（三二五頁下）

〔一一〕**德實無涯，威難與大**　資持卷上一下：「『德』下二句，正歎。上句歎體成濟之廣，下句歎用諸法中最。」（一九七頁上）鈔批卷七：「約能生善滅惡。如上二句，功益威力，無能過此也。說文云：岸高邊曰崖。尚書作涯（『宜伊』反），涯，涘也。無涯，際也。宣云：然『涯』一字，世濫者多，或『山』下安『厓』，則山邊險處；若『水』邊安『厓』，則水邊畔際。今喻邊界，不可兼山。此中用意，（三九二頁下）欲明羯磨功德，既廣無邊畔也。有人云：威難與大者，明羯磨有大威勢。有犯罪者，治出眾外，不與共住，如前騰岳波雲之喻相似。」（三九三頁上）簡正卷七：「謂羯磨有出生死之德。寔，由實也。此德遍於法界，故曰無涯。一者，困（【案】「困」疑「因」。）時無涯等，虛空遍法界，情非二境，皆發得戒，四智菩薩，（三二五頁下）法身成就，一一之相，與虛空等。二、果時無涯，量同太虛，共佛齊位也。威難與大者，如國王之威，最大放赦，能除現世之愆，無間之業，佛不能救。羯磨懺除，能令九百二十

一億六十千歲阿鼻地獄苦報，欲然清淨。如是威故，難與大也。」（三二六頁上）

〔一二〕**世尊栖光既久** 資持卷上一下：「如來滅度，常光隨息，故曰棲光。」（一九七頁上）鈔批卷七：「既，由已也。栖，是止義，亦是宿義、處義，如鳥宿於林曰栖。欲明如來示滅双林，義如栖宿，顏容不可見也。故涅槃云：於双林間入大寂定，眾不見故。唯有三藏教法，遠流末裔，故言遺法被世。使諸比丘依此修學，故曰可得而聞，然佛身終不可得見也。濟云：栖，猶息也，謂佛息卻光顏也。」（三九三頁上）

〔一三〕**為陶染俗風，情流鄙薄** 資持卷上一下：「『但』下，次明因人訛替。初六句敘人非：上二句明無志，次二句明無言，下二句明無行。無此三者，未足稱僧，況為師首！輒秉聖法，寧無愧乎！陶，化也。俗風，謂世事。由心染世，故情鄙薄。鄙，謂下、劣。薄即輕浮。」（一九七頁上）簡正卷六：「上二句標身心非，下兩句辨行失。『但為』二字，偏局之詞。陶者，患也、染習也。俗風者，名利五塵之景也。情流鄙薄者，情，壞（【案】『壞』疑『懷』。）也；流，浪也。鄙，薔〔『所力』交（【案】『交』疑『反』）〕，受也。薄，淡也。謂身喜陶染名利，俗風懷情之中，於佛法多愛淡薄也。」（三二六頁上）鈔批卷七：「應師云：（『徒刀』反），詩云：上帝陶陶然。陶者，變也。慈云：陶者，窯也。（音『遙』。）只是養育之義，如世窯師，假湌烟火，而能養育諸器物。今湌受惡法六塵五欲，生長鄙情，喻之養育也。立云：陶師器皿，用火為食，得成器皿。今惡比丘，用俗塵為食，能成身器也。義同慈述。若准上變義以解者，明大聖雖隱，教法尚存，但末代僧尼，染世風俗，情變動也。能稟教人，心既變異，所學之教，故訛替也。言情流鄙薄者，謂情既染於俗風，恒流鄙陋，可薄之處也。廣疋云：鄙者，羞恥也，亦云鄙陋也。」（三九三頁上）

〔一四〕**言成瓦礫** 鈔批卷七：「謂既常染俗風，言亦鄙賤，常說虛妄之言，賤如瓦礫也。又，發言都無軌則，故云瓦礫。」（三九三頁下）資持卷上一下：「礫謂礫石。言喻瓦石，不足貴也。」（一九七頁上）簡正卷六：「碎石曰礫。發言無准，不生貴重教法之心，喻同瓦礫。」（三二六頁上）

〔一五〕**妄參真淨之文** 簡正卷六：「作白如白日真，不容七非石（【案】『石』疑『曰』。）淨。今以瓦礫之言，妄秉真淨之教也。」（三二六頁上）資持卷上一下：「真淨文即羯磨。參即是雜。或約參預秉御，或可增減文句。」（一九七頁上）鈔批卷七：「參，由同也、雜也。慈云：言不稱教，妄云與真教之文相應；口云我

是大乘，多說無相之理、色空不二、婬欲是道。故曰妄參也。深云：如上等人，妄秉聖教，不識如非，何堪參涉羯磨之文也。」（三九三頁下）

〔一六〕**行乃塵庸，虛霑在三之數**　鈔批卷七：「立云：塵是六塵五欲之境，行染此塵故曰也。庸是常也。庸庸之流，謬稱三寶之位。有云：在三者，一君、二父、三師。今此之人，濫在師數也。內無戒德，名虛霑也。私云：書言何名在三之教？謂君、父、師也。」（三九三頁下）簡正卷六：「古記云：君、父、師為三也。（三二六頁上）玄云：和上、戒師、教授師，為三也。已上二說，初釋太疎，次解太局，今依法寶，約三寶為三。」（三二六頁下）資持卷上一下：「在三者，謂君、父、師，是人倫之大本。君則義重，父則恩重，師即君父之間。弘明集云：君親之義在三之訓是也。」（一九七頁上）【案】此處分五：第一言人非，第二言無志，第三說無言，第四說法非，第五說事非。意為末世人、志、言、法、事等均染塵務，離法甚遠。

〔一七〕**致使教無成辦之功，事有納非之目**　資持卷上一下：「『致』下一句，明法非。『事』下，明事非。納，入也。」（一九七頁上）鈔批卷七：「立云：既本非僧體，即非能秉之人，致使教被前事，事法不成，則教無功也。復是人非，不稱其法，事則不成，故曰事有納非。又云：教由人弘。人既如上之惡，致使教無威力也。」（三九三頁下）簡正卷六：「上既云行乃塵庸，虛沾在三寶之中，占他一僧寶之數也。致使羯磨之教，無辦事之功，此事自然不成，故在納非之科目。」（三二六頁下）

〔一八〕**並由人法無宗轄**　資持卷上一下：「『並』下，推過還結三非。」（一九七頁上）鈔批卷七：「慈云：約體曰宗，約用曰轄。人以四僧清淨體，能辦事為宗。以秉聖教，成僧之法為轄。若體非足數，後陶染俗風，行雜塵庸，是人無宗之尊也，不堪應羯磨之用。如不識如非，是人無轄也。言法無宗轄者，約羯磨之體，（三九三頁下）能出生眾行。眾行所依，藉此為主曰宗。宗，亦主也。猶如車輪所依，故轄有助軸之功，轄失軸則有損。故文云：失轄折軸憂，即其義也。失轄喻犯僧殘，折軸喻犯四重。今若事如依教，所秉羯磨，無有錯脫，作法成就，名法有轄。若緣事既非，不如白法作白，顛倒錯脫，羯磨無施用之功，是無轄也。應師云：轄謂端鐵也。說文云：轄，由鍵也。謂軸頭鍵者，是車之所要也。」（三九四頁上）簡正卷六：「人不學戒律，是人無宗。不依三行，於束身口七支，是人無轄。不依羯磨綱骨，是法無宗。顛倒增減，文句秉之，是法轄人之與法。」（三二六頁下）

〔一九〕**得失混同歸焉** 鈔批卷七：「立云：得則是如，失則曰非。如非成壞未分，是混同之義明矣。言『歸焉』者，謂得亦歸一處，失亦歸一處。得失同攬將歸，不能分別，盡將為是也。」（三九四頁上）簡正卷六：「得失不分，事之成不，混同一致，故同歸焉。」（三二六頁下）資持卷上一下：「雖行眾事，莫知得失，故曰混同。」（一九七頁上）

〔二〇〕**律云** 簡正卷六：「文有二：初證非，二勸學。初文，四分五十七云，時佛告諸比丘：『汝等諦聽，若比丘說相似文句、違法毗尼，此比丘令多人不得利益，作諸苦業，以滅正法。若比丘隨順文句，勿令增減違法毗丘（原注：『丘』字疑剩。）尼，當如是學。』諸比丘聞，歡喜受持。（上律文。）多見人破句讀文，失於義味，今重標舉。鈔云：若作羯磨，（此都舉起，）不如白法作白，（一句。）不如羯磨法作羯磨。」（三二六頁下）【案】四分卷五七，九九〇頁中；卷四四，八八七頁上。「故」下四分引文，至「當如是學」處，資持分三，簡正分為二：前二句證非法事，最後一句勸學正文。

〔二一〕**當隨順文句，勿令增減，違法毗尼** 資持卷上一下：「『當』下，勸順教。初二句正勸，次句制罪。」（一九七頁上）鈔批卷七：「『當隨順文句，令增減，違法毗尼』等者，此是一句。」（三九四頁上）簡正卷六：「違法毗尼者，有人云：須知此段具二毗尼，作白不如白、作羯磨不如羯磨。此違毗尼，漸漸令戒毀壞，以滅正法，此是違法毗尼也。」（三二六頁下）

〔二二〕**當如是學** 資持卷上一下：「下句制學。」（一九七頁上）鈔批卷七：「『當如是學』者，別向下讀，謂勿令增減。莫增減，即是不違法毗尼也。勿令增減，勿令違法毗尼也。」（三九四頁上）簡正卷六：「結勸也。」（三二六頁下）

〔二三〕**雖復僧通真偽，於緣得成前事** 鈔科卷上一：「『雖』下，約人對顯。」（一二頁下）資持卷上一下：「人法相並，欲明人猶通偽，法不容非。初二句明人。得成前事者，如足數中，三、四兩門。」（一九七頁上）鈔批卷七：「立云：清淨持戒曰真，十三難、三舉、二滅曰偽。雖淨穢二別，若無自言，得足僧數，而成前事。假此未自言，無三根之緣，堪足僧數，故曰於緣得成前事也。」（三九四頁下）簡正卷六：「『前足數法中，僧通真偽。真者，本分成法。偽者，體非但約相淨，不知亦得成法。今法莫不例人，通於真偽已不？』鈔答云『雖復等』是也。亦，由似也。似□一字，便是非法，不論知與不知，冥然被事不就。鏡水大德云：不但脫□一字，即成濫非，或呼喚不真，亦名非法也。如剛骨中，初句『聽』字，本合去聲呼，是此舉耳勅聽，即耳識家所得。次句『聽』

字，理合乎（原注：『乎』疑『平』。）呼，謂聽許所作之事，即意識所得。今若呼召乖違，亦成非法。」（三二七頁上）

〔二四〕**羯磨亦漏是非，而乖違號為非法**　資持卷上一下：「下二句顯法。上句比同，故云『亦』也。下句示異。漏，落也。」（一九七頁上）鈔批卷七：「羯磨法則不爾，但使落非，不問知與不知，皆是非法。漏者，落也。難曰：（三九四頁上）『穢僧，眾知不名足，不知便是足。亦可羯磨錯脫，有知方（【案】『方』疑『名』。次同。）不成，不知應得成；若使羯磨知與不知皆不成，亦可僧則言與不言俱不足，在僧不言得稱足，羯磨不知何不成？』答：『僧本據自言，自言方不足。羯磨據錯脫，冥然自落非。言亦漏是非者，濟云：是漢兒語體也，如言『亦到來』即去是也。又解：對上真偽，故有是非之言。是非義齊，故言『亦』也。然是非真偽雖據，成與不成則異，故曰乖違號非法也。又釋：而乖違別號為非法者，謂羯磨若落非，則是乖其准式，縱無人知，終是非法，故曰號為非法。不同前僧，僧則通真偽，羯磨唯真不通偽。」（三九四頁下）

〔二五〕**今欲克翦浮言，發揚聖教**　鈔科卷上一：「『今』下，示篇意。」（一二頁中）資持卷上一下：「上二句明刊定是非。剠，削也。浮言即目凡語。以古來集法及世中秉唱，並容加減，故須刊正。疏云：削彼繁蕪、增其遺漏是也。既雜浮言，隱覆聖教，故今剪削還復、顯揚故也。」（一九七頁上）鈔批卷七：「立云：上來所明，言成瓦礫，妄參真文之人言既離理，故言今欲剪之，取其真教也。又，浮言者，如物輕浮，則浮遊於水上，茲賤類也。若珍瓓貴寶，必沈在下，不妄顯現也。今衒述言聲，或同時眾，非浮何謂也。」（三九四頁下）簡正卷六：「玄云：今欲剠定剛骨之教，剪截增減浮言。法寶云不爾。謂古人每於一番羯磨，皆辨七非，是浮言也。發揚聖教者，謂今師隨順文句，如白作白，即是發揚聖教。」（三二七頁上）【案】即上文所及如瓦礫之言、妄參真文之人所說。「克」，弘一校曰：「克，依記作剠」。

〔二六〕**統辨進否**　資持卷上一下：「次二句，正示篇意。上句述文，下句開機。題云『通辨』，義見於此。進否，謂如非成敗。」（一九七頁上）簡正卷六：「統，由通也。通辨一百八十四番羯磨，由漸總具十門，故云統辨。具十為進，不具十為不。」（三二七頁上）資持卷上一下：「進否，謂如非成敗。」（一九七頁上）

〔二七〕**總識科分**　資持卷上一下：「科分，謂緣法條流。」（一九七頁上）簡正卷六：

「約四現前說也：謂法、事、人、界。將一人法字，收一切法；將一事字，攝一切事；將一今人字，攝一切人；將一今界字，攝一切界。故云總識科分也。」（三二七頁上）資持卷上一下：「科分，謂緣法條流。」（一九七頁上）

〔二八〕後有事條，案文准式　資持卷上一下：「後二句，勸臨事依承。」（一九七頁上）簡正卷六：「玄云：若約法下，豎則三、橫則八。就緣約相，一百八十四，並名為法，人界事倒。然如是事條，則是後有及七非，并一一牒羯磨而解，皆按律文，故云『准式』。（已上記文。）鏡水大德不許此解，謂本來立篇，意卻向律文。上說全不相當，今云：後有事條者，南山既刪剪古人浮濫之言，尅定律文真淨剛骨，先列十緣，次明四現前，并曲解羯磨。後作三法科，簡記已後，或有所被，事條起來，但按此一篇鈔文，以為大途準繩法式，須恬抄文釋義，不開他律文之事，舉例由如受戒篇。總意云：至機依准，相似可以。」（三二七頁下）

就中分為二：初明作法具緣；後明立法通局，并曲解羯磨〔一〕。

【校釋】

〔一〕曲解羯磨　簡正卷六：「謂分外義也。就一百八十四種，總呼為『法』。其心念、對首，文相易顯，不更說。然僧法羯磨，剛骨緣本難明，是以分外更說，令人知委，故云曲解。」（三四五頁下）

初中

統明羯磨，必有由漸，且分十門〔一〕。

一、法不孤起，必有所為〔二〕：謂稱量前事〔三〕，則有三種，即人、法、事也〔四〕。「人」謂受戒、懺悔等〔五〕，「法」謂說戒、自恣等〔六〕，「事」謂地、衣等〔七〕。或具或單、乍離乍合〔八〕，必先早陳，是非須定〔九〕。

二、約「處」以明：謂自然界中，唯結界一法〔一〇〕。餘之羯磨，並「作法界」〔一一〕。故僧祇云：非羯磨地，不得行僧事。

三、集僧方法：謂敷座、打相，量僧多少，觀時制度等〔一二〕。

四、僧集差別：須知用僧進止〔一三〕，簡德優劣〔一四〕。

五、和合之相：眾中上座，略和眾情，告僧云〔一五〕：「諸大德僧等，莫怪此集。今有某事，須僧同秉，各願齊心，共成遂也。」須知默然、訶舉之相，如前說〔一六〕。

六、簡眾〔一七〕：云「未受具出」，即隨次出〔一八〕，如沙彌別法中。餘有住者，須明足數，不足之相，如前說〔一九〕。

七、與欲應和：須究緣之是非〔二〇〕、成不之相〔二一〕。廣如前列。

八、正陳本意〔二二〕：謂作乞辭等〔二三〕。於中有四：一、順情為己，多須前乞〔二四〕，如受戒、捨懺等；二、違心立治，及無心領者，則無乞辭〔二五〕，應作舉〔二六〕、憶念〔二七〕、證正〔二八〕、知法〔二九〕；三、僧創立法，必託界生，則豎標唱相〔三〇〕；四、僧所常行，謂說戒等，則行籌告令〔三一〕。

九、問其事宗：云「僧今和合，何所作為〔三二〕」，謂上座及秉法者言之。

十、答：言作「某羯磨〔三三〕」。謂必雙牒事、法，告僧令知〔三四〕。不得單題，如云「布薩說戒」也。

上來十門，總被一切作羯磨者〔三五〕。若隨事明，或具九緣〔三六〕，如結界無「與欲」也。又如受日、差遣、無有乞辭等，並例準知。廣如別法〔三七〕。

【校釋】

〔一〕統明羯磨，必有由漸，且分十門　簡正卷六：「謂於具緣門中，故云『初中統明羯磨』。『由漸』者，通明一百八十四法，想有由漸。有人除心念、對首外說通明者，非也。」（三二七頁下）資持卷上一下：「統明者，以此十緣，該眾別故。言由漸者，藉緣構造，非頓施故。」（一九七頁上）

〔二〕法不孤起，必有所為　簡正卷六：「古來無此緣，何以得知？故羯磨疏云諸家皆略。此緣律制稱量，豈專壇立？法不孤起，成必在緣，故前標舉，思擇是非，故云構（原注：『構』鈔作『稱』。）量前事。如秤稱雜物，斗量五穀之類，斯皆是審定之義。今此亦然也。」（三二七頁下）

〔三〕稱量前事　資持卷上一下：「此明凡欲行法，（一九七頁上）不許輒加，先須評議事緣可否，故在初明。」（一九七頁中）

〔四〕則有三種，即人、法、事也　資持卷上一下：「『則』下，列相然。人、法、事三名，通能所。若準業疏，二俱稱量。如舉一事，須假人成。用何羯磨？為是何事？（事復有三，即如鈔列。）復在何界？今此止明事中三耳，慎勿相濫。」（一九七頁中）簡正卷六：「問：『所為之事，未審有幾種耶？』鈔文答云事則有三種，即人、法、事也。」（三二八頁上）

〔五〕「人」謂受戒、懺悔等　鈔批卷七：「謂稱量受戒人，衣鉢、師僧具淨不，身無重難輕遮不。若捨懺，則稱重所犯輕重財体合捨不、用僧多少等，方始集僧。然望所受法，即是聖教，應是法收。但法起依人，從人能受為名也。」（三九四頁下）簡正卷六：「羯磨疏云：然雖所受法，應是法収，但此法起時依人故，從能受者立號法。」（三二八頁上）

〔六〕「法」謂說戒、自恣等　鈔批卷七：「『立明：須稱量日時有難無難，廣略眾具華籌等。但以說、恣，非淨不預，理在為人，但僧別通行，遵崇教方，故專在法也。」（三九五頁上）

〔七〕「事」謂地、衣等　鈔批卷七：「如結界淨地，須問標相遠近等。衣者，深云：是攝衣界，但約非情，依處加法，應由人興。然和告所唱，唯是法也。合此兩緣，所指則同，皆為界限，故唯各事也。」（三九五頁上）簡正卷六：「羯磨疏云：地即結界淨地等，衣即受功德衣。結攝衣界，雖人、法、事三種不同，皆是稱量前事。」（三二八頁上）資持卷上一下：「地約結界，衣謂攝衣。」（一九七頁中）

〔八〕或具或單、乍離乍合　資持卷上一下：「『具單』者，此約一事，容有相兼，準疏分七，三單如鈔。三複有三：一、人法，（差比丘問法、差受、自恣等；）二、人事，（離衣杖囊，差人行籌之類；）三、法事，（滅諍、說戒、修道、自恣之類。）具足一句，（滅諍行籌，白云如是語者捉籌，唯此具三。）言離合者，此約一法被緣多少，如懺六聚，異篇離懺，同篇多罪，離合皆得。又如受日受戒，並開多人，可以類說。」（一九七頁中）鈔批卷七：「只指上人、法、事三種也。或時直受戒，不說、恣等，是單；或時盡作三事，謂結界、懺罪、說、恣等，一坐之中，盡秉者是具。故曰也。交絡得七句：三單、三双、一合。言乍離乍合者，如人犍度中，行僧殘罪，同篇有犯十罪，各各乞行覆名離。一時乞行六夜出罪名合。前合後離亦爾。以不定故，故言乍也。又如受戒，三人同番羯磨是合，人人別秉是離。」（三九五頁上）簡正卷六：「諸記解判，取意不同，繁而不緣，今依搜玄正解。『或』者，不定之譚，謂人、法、事三。一序皆作，名或具；三中但作一，名單。乍者，忽也。若准羯磨疏，云時離時合。准就懺罪中解，同篇合懺名時合，別懺名時離。且具中乍離者，三中各作一也。乍合者，三中各作多也。單中乍離者，一中只作一。乍合者，一中自作多。如結界是事，於此事中，結多種界。」（三二八頁上）

〔九〕必先早陳，是非須定　資持卷上一下：「『必』下，正示稱量。」（一九七頁中）

簡正卷六：「須陳情要，思擇審定故也。准此，今時凡有一種事緣起來，先須早送賤疏，不得臨時忩連。一者，屬於輕忩教法；二、又臨事多述。今師時立一緣，意在於此也。」（三二八頁上）

〔一○〕**自然界中，唯結界一法** 資持卷上一下：「唯明眾法，兩界各攝，互不相通。若論別法，兩界通作，說欲一法，唯局法地。」（一九七頁中）簡正卷六：「據理合有七種結界，皆於自然處起。何故文中但言一法耶？寶云：界雖有七，莫非俱是一類自然地上結作之者，故云一法。所言七法者，人法二同、法食二同、食同法別、戒場三小界，成七也。此七總是一種流類也。」（三二八頁下）鈔批卷七：「謂雖明結界一法，總有七法不同，大界有三，小界又三，并戒場是七。故知七个白二俱得自然地而秉也。」（三九五頁上）

〔一一〕**餘之羯磨，並「作法界」** 簡正卷六：「除此七外曰餘。並須作法界上秉宣，自然弱故不合。」（三二八頁下）

〔一二〕**敷座、打相、量僧多少、觀時制度等** 鈔批卷七：「廣如集僧通局中七種作法。」（三九五頁上）資持卷上一下：「列示兩事。下制觀量者，即敷座多少、打相短長。」（一九七頁中）簡正卷六：「謂鋪陳床蓐。打相即作鳴鍾等。量僧多少、觀時制度，明打頒不定之徒。」（三二八頁下）

〔一三〕**須知用僧進止** 資持卷上一下：「差別之言，須通人處，文但明人。人分四位，隨事用舍，故云進止。」（一九七頁中）簡正卷六：「如眾法說戒，四人為進，三人為止，乃至出罪，二十人為進，十人為止。」（三二八頁下）鈔批卷七：「謂觀前事，若說戒須四人，自恣須五，受戒須十，出罪二十人僧也。淨戒是優，汙戒是劣，人雖五百，一一人中，簡之不足也。且如教尼，須簡取具十德，具二十夏。具德須進，不具德須退，曰止。又如前篇，明足不足，足者須進，不足者須止。」（三九五頁下）

〔一四〕**簡德優劣** 資持卷上一下：「選取堪能秉御、證正已外，隨喜多少從之，故云優劣。然須更知處之差別，作法三種，自然六相，各攝分齊，並如前篇。」（一九七頁中）簡正卷六：「如教授尼，具十德為優，多此為劣；如差懺謝，白衣具八德是優，多此為劣；自恣及舉罪，須具五德為優，不具為劣等。」（三二八頁下）鈔批卷七：「足者優，不足為之劣。又如遮不至白衣家，羯磨差人懺謝，須具八德等。餘可例知。濟云：若說、恣、懺罪，必須體淨，名德優。若受戒等法，此並生善之門，但使相淨，堪生物善，不廢壞而三根未露。或犯二篇已下，縱三根露，但能生善，皆成僧用，名之為劣。」（三九五頁下）

〔一五〕**眾中上座，略和眾情，告僧云** 資持卷上一下：「約上座勸勉。」（一九七頁中）簡正卷六：「此是告約之詞。然其上座，但依位坐，如此陳告，有人行事。或因說戒，前別有受日等事，（三二八頁下）便從本位起立陳詞者，不知教相也。」（三二九頁上）

〔一六〕**須知默然、訶舉之相，如前說** 資持卷上一下：「『須』下，約三業從順。『如前』，即別眾中。」（一九七頁中）鈔批卷七：「立云：此是上座約勅大眾之辭，汝可須知如此事等。如法僧事，須知忍默。若作非法事，即須呵舉。若無善伴，亦須嘿忍。又云，羯磨若成須嘿，不成須呵。言如前說者，有云如前別眾文中，應來不來，三業不集，非和合也。翻非成如是，名和合。嘿然者，舉舍利弗事也。呵者，取（原注：『取』字原本不明。）現前得。呵者，呵也。（三九五頁下）舉者，如約六群往說戒處立，恐僧舉也。並是別眾，非和合相。」（三九五頁下）簡正卷六：「此眾中上座和僧了，眾僧嘿然，即作前事。若有呵舉，即不得作。此是別眾，現前得呵人，呵人非所攝。如前別眾法附中明明（【案】次『明』疑剩。）。」（三二九頁上）

〔一七〕**簡眾** 資持卷上一下：「初，簡小眾。尼三同遣。（今人行法，俗士擁住，謂未受具，止遣沙彌、白衣無妨。律崩法壞，於茲甚矣！）」（一九七頁中）

〔一八〕**未受具出，即隨次出** 簡正卷六：「文亦二意。初，約沙彌聞鐘，一時隨僧集秉法，人遣時依次出。若念戒至『明人能護戒』（【案】『明人能護戒』為四分戒本中一句。），即依前集來也。」（三二九頁上）鈔批卷七：「立云：夫言說戒時，沙彌若說五德十數已，上座須告言：若聞三下聲，可須集來也。」（三九六頁上）

〔一九〕**餘有住者，須明足數，不足之相，如前說** 簡正卷六：「『餘有』已下，約大僧說。」（三二九頁上）鈔批卷七：「立云：此是對眾簡德也。前第四門簡德優劣，則是屏處簡之，與此不同也。」（三九六頁上）

〔二〇〕**須究緣之是非** 資持卷上一下：「須究者，語屬能秉緣是非者，推能與也。」（一九七頁中）簡正卷六：「謂窮究前緣三寶等正緣為是，非法破戒等緣為非也。」（三二九頁上）

〔二一〕**成不之相** 資持卷上一下：「勘所受也。」（一九七頁中）簡正卷六：「遇緣不說得成。有准（【案】『准』疑『難』。）不往僧所、不論僧中知與不知，並皆不得為不。並如第四篇說也。」（三二九頁上）

〔二二〕**正陳本意** 簡正卷六：「陳本意者，謂元其所為之事也。」（三二九頁上）

〔二三〕**作乞辭等** 簡正卷六：「作乞詞者，是本意也。如今受戒有其乞詞等者，等取餘三，皆本意也。」（三二九頁上）

〔二四〕**順情為己，多須前乞** 資持卷上一下：「初雖是順情，未必齊乞，故云多須。如受日差人等，並不加乞。」（一九七頁中）

〔二五〕**違心立治，及無心領者，則無乞辭** 鈔批卷七：「如三擯、四羯磨，並是違心立治也。如治調達，豈有肯來乞也？言及無心領者，即與狂痴羯磨是也。」（三九六頁上）資持卷上一下：「謂七羯磨。無心領者，疏列十三，七治如上。（上七亦列無心領中，合離之耳。）八、罪處所；九、顛狂；十、學家；十一、覆缽；十二、不禮；十二（【案】『二』疑『三』。）、擯沙彌。（又，無情有六，亦名無心領，即屬下科，謂大界、戒場、小界、攝衣、淨地、戒堂。）」（一九七頁中）簡正卷六：「如呵責揵度中，與呵責等羯磨，違前心故，則無乞詞。」（三二九頁下）

〔二六〕**作舉** 簡正卷六：「僧中德人言『某甲比丘犯罪』。」（三二九頁上）鈔批卷七：「『舉』謂僧中德人舉告僧言『某比丘犯罪』。」（三九六頁上）資持卷上一下：「『作舉』謂僧中德人舉罪告僧。」（一九七頁下）

〔二七〕**憶念** 簡正卷六：「謂『某處某時，共某人作某罪』等，令他追憶往事，故名憶念。」（三二九頁上）資持卷上一下：「『憶念』謂指定時處，令伏首自言。」（一九七頁下）

〔二八〕**證正** 簡正卷六：「證知者，要須知法智人，證正其罪，證據前人，令彼心中不緣別犯。狂等無心，不能領法，（三二九頁上）舉至僧中，為作證正。」（三二九頁下）鈔批卷七：「證知法者，凡欲以事陳告，審得其情，要須知法智人，證正其罪，然後加法。濟云：證正知法者，即調達破僧，說五邪法已，佛令僧作羯磨。差舍利弗往報白衣，證正調達，知其所作非法、非毗尼、非佛所教，故曰證正知。作此羯磨，故云法也。」（三九六頁上）資持卷上一下：「『證正』謂能秉勘實。」（一九七頁下）

〔二九〕**知法** 資持卷上一下：「『知法』即所犯伏罪，『法』即是罪。僧網云：證正其罪，得伏方與是也。」（一九七頁下）

〔三〇〕**僧創立法，必託界生，則豎標唱相** 資持卷上一下：「豎標者，不應在八。疏云：若行事時豎標。第三，由豎標訖，然後集僧，今此相從，唱相列之。」（一九七頁下）簡正卷六：「即結界唱相，即是陳意。」（三二九頁上）

〔三一〕**僧所常行，謂說戒等，則行籌告令** 簡正卷六：「半月誦戒秉白，即是陳意。

已上四種，初乞、二舉、三豎標、曰（【案】『曰』疑『四』。）告令，並陳本意也。就四中，前二為別，後二為僧。」（三二九頁上）

〔三二〕**僧今和合，何所作為**　簡正卷六：「羯磨疏云：大眾詳集，言必有由。和告之情，義須顯也。」（三二九頁下）

〔三三〕**某羯磨**　資持卷上一下：「『某』即別事，『羯磨』是法。」（一九七頁下）

〔三四〕**謂必雙牒事、法，告僧令知**　資持卷上一下：「『謂』下，遮濫。然復須知總別兩答。言總答者，如受戒三單、白一、白四。差教授時，總云受戒羯磨。餘之三法，並不須問。捨墮、自恣，類此可知。言別答者，四法別提，如云差教授師單白、羯磨等。」（一九七頁下）簡正卷六：「然布薩誡、說戒，唯是羯磨所被事也。羯磨是法磨，須答云說戒羯磨。然答有通別，玄記對此引羯磨疏云：或一事多得法為別，如受戒等三白一羯磨各問答；或多事一答為通，如捨墮也；或多事別若為別，如犯多墮各懺者；或是一事一答為通，如受戒也。約人眾多，約法有四，清足一答，終盡夜分，並得成就。或累事總答，如一席上欲作多法，應即答云稱衣羯磨、攝食羯磨，雖一時答，後歷別作，理亦無妨。自餘行事，一答作一，可以准知。」（三二九頁下）鈔批卷七：「說、恣是事，羯磨是法。」（三九六頁上）

〔三五〕**上來十門，總被一切，作羯磨者**　資持卷上一下：「結指中。上三句示通。」（一九七頁下）簡正卷六：「指上所列十緣總通也，通被一切羯磨。所言一切者，玄云：約僧法一百三十四法，即具此十緣，為一切也。若依江西，通收對首、心念，都一百八十四法以說。今取此解為正。」（三二九頁下）

〔三六〕**若隨事明，或具九緣**　簡正卷六：「如結界無與欲，受日差造無乞詞，但俱九也。如是例准可知。」（三三〇頁上）資持卷上一下：「『若』下，揀別。結界無第七，受差無第八。此存古解。疏中則標『有人言』。又云：結淨地不唱相，故云『等』也。疏云：今解並須具之，結界無欲，立緣顯之，受差無乞，豈不須告？結淨不唱，此不尋文。律云：應唱房名，其事極顯等。又云：對首、心念，亦須具十。如『受衣法』：一、五大上色，義加不成；二、事通兩界；三、口召對人；四、約界明集，有則對首，無則心念；五、前對相可；六、癡鈍非數；七、取欲非法；八、執衣言議；九、敕前審諦；十、答問可者。又如眾法、心念，且舉說戒：一、商度時節；二、審諸界相；三、作法攝擊；四、約處無人；五、觀其和別；六、自量是非；七、獨集非欲；八、具理籌水；九、激動說緣；十、如緣作業。此且略引，廣在彼文。」（一九七頁下）

〔三七〕**廣如別法**　資持卷上一下：「應是隨機羯磨。」（一九七頁下）簡正卷六：「指羯磨疏云：一百八十四法，皆須具十。適來文中或具九緣，猶半依古義也。今依天台所稟。若依今師，總具十者，如結界，雖無欲詞，或至此時秉法者，亦須問云：結解不許傳欲，僧盡標盡界集，不將此替之，亦成十也。又，受日雖無乞詞，上座或因說戒，前待戒師索欲了，且約勒令住，遂告彼云：某甲請日，何不起來？此亦當（去聲）乞詞，豈非成十？餘例准也。外難：『僧法羯磨，具十不疑，只如心念、對首，如何得具？』答：『亦得具十。今且舉發露，一、法一（【案】「一」疑剩。）座上發露，諸罪事可不；二、須知處所，通一切處；三、須知法則，觀時進不；四、須集僧，唯一人作；五、須知和合，身口意和；六、須知簡眾，不對餘眾我自足；七、須知悕須發露之事；八、陳本意；九、心問；十、答。發露既爾，餘並類同。乃至對首，何為不具？並如疏中，故云廣如別法。不同玄記，指羯磨疏。彼以五門料簡：一、相攝；二、有無；三、先後；四、成壞；五、廢立。不應道理，知之。』」（三三〇頁上）鈔批卷七：「立云：此明下結界文中自明，不得說欲，安居文中自明受日，無有乞辭，故知若具九緣處，至當處文自明，故曰也。亦可指羯磨疏中云，就此十緣，通簡有五：一、相攝；二、有無；三、先後；四、成壞；五、廢立。初、相攝者，謂將律中僧法事界以來，攝此十緣也。第三、四、五、六、七等五緣，並攝在僧；九、十兩緣，並攝在法。初、八二緣，通攝歸事；第二一緣，則攝在處。問：『如第四緣，僧集約界，文盛談處，豈是僧收？』答：『界為法托，如第二緣。今此第四約界，明僧集之遠近。能集在僧，不唯界也。』二、有無者。有人言：結界無欲，故削第七，受日差人無乞，結淨不唱其相，故削第八。今解不然，並須具之。結界無欲，立緣顯之，受差無乞，豈不須告！告即第八陳情事也。結淨不唱，此不尋文。律云：應唱房名，其事極顯，若不先陳，何由結法？故須具十，乃鏡是非，豈唯眾法須此十緣，對首、心念非十不得？但指對首一法，以歷十緣。如受衣法，五大上色，義加不成，即初緣也；事通兩界，即第二緣；口召對人，即第三緣；約界明集，有則對首，無則心念，即第四緣；前對相可，即第五緣；（三九六頁下）痴鈍非數，即第六緣；取欲非法，即第七緣；執衣言議，即第八緣；勒前審諦，即第九緣；答問可者，即第十緣也。三、明前後者。法事分二，諸律先和後欲，由取答緣以應欲務也。四分先欲後和，文如戒序。後德衣法中，由說欲時，但言如法，知（原注：『知』疑『如』。）何不通，必和居先。義亦無妨，不由前後，即說成敗。二、事前後

者,如結界豎標,須在第三。如標唱相,還復第八。如是例舉,可以情求也。

四、成敗者。第二、四、五、六、七等(原注:本文無『等』字。)五緣,事現方成。或有闕名壞,何以然耶?二界分相,為法不同,少有差違,不成羯磨。餘之四緣,通是別眾,或是非數,不成人用。其第三緣,則有不定。若分衣食,要打犍槌,但打不集,隨集無犯,此是約相以通法也。若作羯磨者,律中雖令作相,不來更相撿按。故知初雖約相,終須身集,不以鳴槌,便免別眾,故不作相,有得成也。問答兩緣,正是和舉,不問失法,理亦通成。其第一緣,通評四法,最須加碼,餘九方陳。其第八緣,通有成敗,布薩眾具,有闕法成,但是作法軌儀,其實在說行淨違教輕罪。若結界(原注:本文無『界』字。)標相,少缺不成,由羯磨所牒,准標結相故也。(三九七頁上)第五、廢立者。謂古師立緣,互有出沒。如并部願律師,依德衣法,以立六緣:一、僧集;二、和合;三、簡人;四、取欲;五、問緣;六、答意。至於界托,全不顯之,致令依文在自然之地,輒行受戒。斯一迷謬,至今不革。若如相部律師,通收為七,或云六五:一者,假界;二、能秉僧;三、簡異眾;四、與欲清淨;五、因本起;六、問答緣;七、正作法。此則合緣同本,根條混亂,問答分人,題相各別,義不容一。又云:差人具六,無因本也;結界具五,以無欲故。今云:若不列欲,何以知結界無欲,故不可略。此上十緣,乃異諸師,非敢苟異,理自不可同也。」(三九七頁下)

二、明立法通局者〔一〕

於中分二:初,明相攝分齊〔二〕;二、別舉成壞〔三〕。

就初,總明一切羯磨,必須具四法〔四〕:一、法,二、事,三、人,四、界。

第一,明法

有三種〔五〕:一、心念法,二、對首法,三、眾僧法。且列三位。

言三名〔六〕者。

心念法者:事是微小〔七〕;或界無人〔八〕,雖是眾法及以對首,亦聽獨秉,令自行成,無犯戒事〔九〕。發心念境,口自傳情〔一○〕,非謂不言而辨前事〔一一〕。毘尼母云〔一二〕:必須口言;若說不明了,作法不成。

言對首者:謂非心念之緣,及界無僧,並令對首〔一三〕。此通二三人,或至四人〔一四〕,如下說也。謂各共面對,同秉法也〔一五〕。

言眾法者:四人已上,秉於羯磨〔一六〕。此是僧之所秉,故云「眾法」。

上略明相。今曲枝分，則有八種〔一七〕。

初就心念，有三：一、但心念法；二、對首心念；三、眾法心念。

言但心念者，唯得自說，有人亦成〔一八〕。數列三種〔一九〕：謂懺輕吉羅、說戒座上發露及六念也。二、對首心念，謂本是對首之法，由界無人，佛開心念〔二○〕。且列七種〔二一〕：四分中有安居；十誦有說淨、受藥、受七日；五分有受持三衣，及捨三衣；善見受持鉢〔二二〕也。三、眾法心念〔二三〕，謂本是僧秉，亦界無人，故開心念。四分：說戒、自恣；外部：受僧得施〔二四〕，及亡人衣〔二五〕。

二、對首法中，有二：一、但對首法，二、眾法對首。

初中，以是別法，不開僧用，界雖成眾，亦自得成〔二六〕。總依諸部〔二七〕，有二十九〔二八〕：受三衣及捨、受鉢及捨、受尼師壇及捨、受百一供身具及捨、捨請、捨戒、受依止法、衣說淨、鉢說淨、藥說淨、受藥、受七日、安居、與欲、懺波逸提、懺輕偷蘭、懺提舍尼、懺重吉羅、發露他重罪及自發露六聚、僧殘中白捨行法〔二九〕、白行行法〔三○〕、白僧殘諸行法〔三一〕、白入聚落、尼白入僧寺、尼請教授、作餘食法。且論略爾〔三二〕。二、眾法對首，同前眾法心念中〔三三〕。

次明眾法，有三〔三四〕：

一者單白〔三五〕，事或輕小〔三六〕，或常所行〔三七〕，或是嚴制〔三八〕。一說告僧，便成法事〔三九〕。

二者白二，由事參涉，義須通和〔四○〕，一白牒事告知一羯磨量處可不，便辨前務。通「白」及「羯磨」，故云「白二」。

三者白四，受戒、懺重、治舉、訶諫。事通大小〔四一〕，情容乖舛〔四二〕，自非一白告知三法量可，焉能辨得？以三羯磨通前單白，故云「白四」〔四三〕。

若就緣約相，都合一百三十四羯磨〔四四〕。略言如此，更張猶有〔四五〕：單白有三十九，白二有五十七，白四有三十八。若通前二，則百八十四法〔四六〕。問：「耳聞『百一羯磨』，今列不同者〔四七〕？」答：「此乃總標，非定如數〔四八〕。亦可引用十誦，彼則定有百一〔四九〕。」

上明攝法分齊，即須明非相〔五○〕。但鈔意為始學人〔五一〕，本令文顯而易見，故不事義章、一一分對進不〔五二〕。必欲通明，須看義鈔〔五三〕。

今直論是非〔五四〕，謂上三法〔五五〕，離則八種〔五六〕，具明別相〔五七〕。

若一事差互，不應八條，並入非中，不成羯磨〔五八〕。若欲通知，細尋此門，上下橫括，庶無差貳〔五九〕。

問：「別人之法，何名羯磨〔六〇〕？」答：「四分『三語』中及『白衣說法』中，言『是羯磨』〔六一〕。十誦：對首、心念分衣，佛言『是名羯磨』〔六二〕。」

二、就事明〔六三〕者

謂羯磨所被之事〔六四〕。更不重明，即辨非者〔六五〕。所被事中，通情、非情〔六六〕。並令前境是實，片無錯涉，皆成法事〔六七〕。若一緣有差，悉並不成〔六八〕。

何者是也〔六九〕？如人法中〔七〇〕：不覆藏者，與覆藏羯磨，不善，非法，不成。此謂無事有法。如瞻波中〔七一〕：應與作訶責，乃作擯出。此謂有樂有病，施不相當，佛判不成〔七二〕。故知事者，必須據實，方稱聖教〔七三〕。且約一事〔七四〕，餘者例之。如實犯罪，自言不犯，實不犯，自言犯等，並名非法〔七五〕。若實言實，方為相稱〔七六〕。而彼自言還臣所為之事〔七七〕，若汎臣餘罪，不為自言〔七八〕。非情事中，二房羯磨，妨難不成〔七九〕。離衣、杖等，必須兩具〔八〇〕。

此並律之誠文，臨事無忘失〔八一〕矣。

三、對人明者，亦有三人〔八二〕

初，辨僧者。僧中有四，如前所說〔八三〕。唯秉羯磨，界中有人，並須盡集〔八四〕；若不來者，便成別眾，如足數中〔八五〕。但得御於眾法已外〔八六〕，對首、心念法之與事，決定不得〔八七〕。

二三人中，具立二法〔八八〕。若作眾法對首，兩界無僧，盡集作之〔八九〕。若數滿四，則不成就，更須改法〔九〇〕。若作對首之法，兩人各作，不相妨礙〔九一〕。必有邊人，有須問者〔九二〕：若三十捨懺，須問邊人〔九三〕，九十單墮，但對即得〔九四〕。亦有通須問者〔九五〕：謂同覆處、露地尋內，故須問之。必在外、有障，亦不在通問〔九六〕。若持衣、說淨，不論通別〔九七〕。若是心念，一向非分〔九八〕。必有其事，隨緣作之〔九九〕。

一人心念，獨在界中〔一〇〇〕。若作眾法心念、對首心念，並界無人〔一〇一〕，方成此法。若有一人，名非法別眾〔一〇二〕。若據所秉，如前法中〔一〇三〕。若作但心念法，不論同別〔一〇四〕。

四、約界〔一〇五〕者

四種自然〔一○六〕。羯磨法中〔一○七〕，唯作結界一法，是僧執御。已外對首、心念二法〔一○八〕，及一、二、三人，眾中雜法〔一○九〕，四人自恣，並得秉之〔一一○〕。俱須盡集。二者，作法攝僧界者，亦通二人〔一一一〕，法通三種〔一一二〕。

就法界中，分為五位〔一一三〕：一、難事受戒小界〔一一四〕；二、因難事自恣〔一一五〕；三、數人說戒〔一一六〕。此三小界，因難曲開，但作一法，後必閑豫，不開作之〔一一七〕。故文中結已即解，非久住法也。四者戒場，本為數集惱僧，故開結之。唯除說戒〔一一八〕、自恣〔一一九〕、乞鉢、捨懺〔一二○〕、亡人衣法〔一二一〕、受日〔一二二〕、解界〔一二三〕、結衣界〔一二四〕，并解結淨地〔一二五〕、受功德衣等〔一二六〕。五者大界〔一二七〕，就中並有通塞，隨相可知〔一二八〕。

【校釋】

〔一〕明立法通局　資持卷上一下：「法、事、人、處，四種是通。隨一一中，各有別相。如後可見。」（一九七頁下）鈔批卷七：「深云：眾法及對首，約無人時，通心念作者，曰通。若但心念，不通上二，曰局。」（三九七頁下）簡正卷六：「總論四種通局也：（三三○頁上）謂法、事、界、人也。初，約法者，寶云：如眾法無人時，許對首心念，名通，有人時不得，名局。二、約事者，寶云：如呵責，須作呵責，是通，不許互作，名局；（此情事也。）二房、無妨難二處是通者，有不聽名局；（此非情事。）人病衣重，許離是通，互缺不聽是局。（此情非令事也。）玄云：人病衣重必兩具，情非情為通，自餘不得合明即事局。（不云。）三、約界者，寶云：作法界，秉得心念、對首僧法，是通；於上重結大界及戒場不得，是局；自然界，唯作心念、對首及結大界戒場是通，自餘不得是局。玄記云：作法界通秉三法是界通，自然唯秉對首、心念是界局。（准此，但各據一面，以釋不正。）四、約人者，四人辨一切羯磨是通，就事用人不同，都有七種差別是局也。」（三三○頁下）

〔二〕相攝分齊　資持卷上一下：「每一位中，各有條例，不容相濫，且如法中，三種八種，差互不成，（一九七頁下）餘三亦爾。」（一九八頁上）鈔批卷七：「深云：相攝，對上『通』字。分齊者，對上『局』字也。濟云：言相攝分濟者，一、舉法則攝八種羯磨；二、舉事則攝情非情等一切羯磨所被事也；三、舉人則攝一切僧，僧有七種差別，始從一人，終至二十人僧也；四、舉界則攝一切作法自然，自然有空聚不同，作法亦有大小差別也。」（三九七頁下）簡正卷

—451—

六：「謂將適來法、事、人、界四名，通収一切，故云相捧（原注：「捧」疑「攝」。【案】下同。）分齊。解釋中，更分為二：先說相捧，次說分齊。初，就法上說者。夫言法有多種，豎則有三：心念、對首、眾法，橫則有八：但心念、眾法心念、（【案】此處疑脫『對首心念』。）但對首、眾法對首，單白、白二、白四。就緣約相，一百八十四法至多，今總捧歸一今『法』字之下，故云相捧也。分齊者，心念非對首，對首非眾法，（三三○頁下）但心念非對首，心念非眾法，心念但對首非眾法，對首非單白（云云），非白二、非白四。就緣約相，一百八十四，一一互不相通，故云分齊也。二、就事者。凡有事多種，豎則有三：情、非情、情非合事，橫則有八：但心念事、對首心念事、眾法心念事、但對首事、眾法對首事、單白事、白二事、白四事。就緣約相，一百八十四事至多，今總捧歸一个『事』字之下，故云相捧也。分齊者，各不相通，為分齊也。三、約人者。人有多種，豎則有二：一別、二僧；橫則有三：一、一人僧，二、眾多人僧，三、僧僧。就事別明，則有七種，始從一人終至二十，總捧歸一个人字之下，故名相攝分齊者，一人非二人、二人非三人等，乃至二十人各不相通，號為分齊。四、就界者。界有多種，豎則有二：一、自然，二、作法；橫則有七，自然中有四：聚落、蘭若、道行、水界，作法中有三：人（【案】『人』疑『一』。）、大界，戒場，三、小界。就緣約相，則有十三，作法有七戒：一、場，二、人法二同，三、法食二同，四、法同食別，五、受戒小界，六、說戒小界，七、自恣小界；自然有六：一、可分別聚落，二、不可分別，三、無難蘭若，四、有難，五、道行，六、水界。（三三一頁上）今據總攝，歸一个『界』字之下，故名相攝也。分齊者，各不相通，如前例解。」（三三一頁下）

〔三〕別舉成壞　簡正卷六：「謂法不孤起，終須四緣，隨義明非，不過七種成壞。」（三三一頁下）鈔批卷七：「法不孤起，終須四緣，隨義明非，不過七種。七種之義，廣如下釋。既有二門分別，今即是初。」（三九八頁上）

〔四〕總明一切羯磨　鈔批卷七：「一、法者，即心念、對首、眾法也；二、事者，即羯磨所被之事，如受戒、懺罪等；三、人者，即一人僧乃至二十人僧也；四、界者，即作法、自然也。今且略標，下則一一牒釋。」（三九八頁上）

〔五〕有三種　簡正卷六：「若展開則多，今大約分三位，故云『且』也。」（三三一頁下）

〔六〕三名　簡正卷六：「謂心念、對首、眾法。」（三三一頁下）

〔七〕**事是微小** 簡正卷六:「釋但心念也,謂六念懺輕吉是也。」(三三一頁下)鈔批卷七:「謂六念及悔輕吉,是微小事也。」(三九八頁上)資持卷上一下:「即本位也。眾法、對首,兼開法也。」(一九八頁上)

〔八〕**或界無人** 鈔批卷七:「即如受衣是對首法,說恣是眾法。由界無人,開其心念也。」(三九八頁上)簡正卷六:「相從通解眾法及對首二種心念也。如說、恣,本是眾法,今無僧唯獨己,亦須心(【案】『心』後疑脫『念』字。)。如持衣說淨,本是對首,今無人可對,亦開心念也。」(三三一頁下)

〔九〕**令自行成,無犯戒事** 鈔批卷七:「且如比丘有衣須得說者,犯於捨墮,則是犯戒;由界無人,開以心念說淨,令其不得罪,是無犯戒事也。如受衣說淨,名為自行成也。上來辨心念義竟,下明對首之法。」(三九八頁上)簡正卷六:「謂令比丘,自己之行成就,免有違教,諸罪如生,故云無犯戒事也。」(三三一頁下)資持卷上一下:「行成無犯,出開意也。」(一九八頁上)

〔一〇〕**發心念境,口自傳情** 資持卷上一下:「『發』下,釋名。初正釋境,即所為事。發心是意,傳情即口必兼身儀。三種備足,方成羯磨。」(一九八頁上)簡正卷六:「『發心』等者,且先難起。『上來既云心念,應是內心生念,不在口言。今時或有口陳,莫不違於教不?』可引鈔答。(云云。)竟(原注:『竟』疑『意』。)云:發在內心,明記前境,仍須口自傳於內情,令耳聽聞。非謂全不法言,但意生念,名心念也。」(三三一頁下)

〔一一〕**非謂不言而辨前事** 資持卷上一下:「『非』下,遮濫。恐有迷名,不加口說,引證明委,成否可知。據論,作業非三不成,但由獨秉,多不專誠,故偏從意,以立名耳。然心念多途,如衣食房舍,隨時作念,律中所制,常爾一心,此同觀行,不必口言也。」(一九八頁上)

〔一二〕**毗尼母云** 簡正卷六:「說不分明,尚乃作法不成,(三三一頁下)豈況一向不說!」(三三二頁上)母經卷二,八〇八頁上。

〔一三〕**謂非心念之緣,及界無僧,並令對首** 資持卷上一下:「非心念者,示本法也。無僧對首,明開法也。」(一九八頁上)簡正卷六:「解對首也。謂非心念之緣者,不是心念微小之事緣,得二人相對作法,即釋但對首義也。及界無僧,並令對首者,謂相從釋眾法對首也。如說、恣,本是僧法,今只有二人,亦須作法,即成眾法對首。」(三三二頁上)鈔批卷七:「謂非心念之緣,及界無僧,並令對首等者,即但對首也。言及界無僧者,即明眾法對首也。」(三九八頁上)

〔一四〕**此通二三人，或至四人**　資持卷上一下：「『此』下，明人數。三人者，但對唯悔中品蘭，以制小眾，故眾法對首，通三可知。四人唯自恣及懺捨墮，至後還衣，復歸眾法。」（一九八頁上）鈔批卷七：「此即是眾法對首也。如二人、三人，俱開秉之。言或至四人者，謂自恣時，若有四人，對首不得秉眾法，（三九八頁上）一人為五德、三非僧故。若是說戒，四人得成。又如懺捨墮，四人但秉眾多人法也。」（三九八頁下）簡正卷六：「二人無眾法對首，三人是眾法展轉對首。或至四人，或者小定也。諸多法事，四人即成僧。若自恣，由是展轉，對首一人五德、三人非僧。如下說者，明『人』中說也。或有指自恣篇中說。」（三三二頁上）

〔一五〕**謂各共面對，同秉法也**　資持卷上一下：「『謂』下，示名義。面對者，『面』即是頭，故云對首。」（一九八頁上）簡正卷六：「釋對首之得名也。先難云：何名對首？可引文釋也。兩人名（原注：原注：『名』疑『各』。）各同作一法名者，要須對面表，背（原注：『背』疑『皆』。）不成故也。若據古來解，云『二人合掌相對，故云對首』。若爾，應合作『手足』之字也。」（三三二頁上）

〔一六〕**四人已上，秉於羯磨**　資持卷上一下：「上明法位，所秉有三，不參別法。所以然者，上得通下，下不兼上，是以對首通一，眾法兼二。」（一九八頁上）

〔一七〕**今曲枝分，則有八種**　鈔科卷上一：「初結前標後。」（一三頁中）資持卷上一下：「『曲』謂委悉，『枝』即從本開張。疏分九品，下為略點。」（一九八頁上）簡正卷六：「上句結前，下句生後。謂心念有三，對首有二，眾法有三，可解。若准羯磨疏，於對首法中，更開小眾，即云人謂懺蘭等。」（三三二頁上）

〔一八〕**言但心念者，唯得自說，有人亦成**　資持卷上一下：「『但』猶獨也。若據本法，止名心念，由通後二，加『但』簡之。」（一九八頁上）

〔一九〕**數列三種**　簡正卷六：「舉事列數名目也。羯磨疏云：（三三二頁上）事既恒須，數則勞擾，故開獨秉，不假他成。（上疏文。）因有人問：『五觀既是心念法，得入此別人羯磨數不？』准南贊座主云：亦得入心念羯磨攝。大德云：非也。夫羯磨須自耳聞，如六念者等，說不明了，由成非法。今五觀但是一期觀行方法，如利根人喫食，口口作念，着衣，着着作念，豈要口中陳詞、耳聽開等？此但呼為心念觀行之法，實非羯磨之數。」（三三二頁下）

〔二〇〕**謂本是對首之法，由界無人，佛開心念**　資持卷上一下：「初敘本制開，兼釋名義。對首本制，心念後開，本末雙標，法無混濫。下皆同此。」（一九八頁

上）簡正卷六：「先問四（【案】『四』疑『云』。）『既稱心念，何得復言對首？』抄云：『謂本是對首也。故羯磨疏云：本唯對首，未開心念，從本為名，故云對首心念。』」（三三二頁下）

〔二一〕且列七種　資持卷上一下：「『且』下，列相。並須時要順教，攝持可入開限。」（一九八頁上）

〔二二〕善見受持鉢　資持卷上一下：「善見，受鉢準應兼捨。」（一九八頁上）

〔二三〕眾法心念　簡正卷六：「亦應問起：『既稱心念，何復言眾法？』抄云：『謂本是已下釋也。』羯磨疏云：『雖是僧秉，通濟別人，恐濫餘法，還須依宗，故云眾法心念。」」（三三二頁下）

〔二四〕外部，受僧得施　簡正卷六：「十誦二十八云，有一比丘，春白□一處住，多得現前僧分，應分物作是念：『得僧可分物。我今一人非僧，是衣物，應云何受？』佛言：『有此因緣，應心生口言，是衣物僧所得應分，今屬我、我護、我受用。如是作念，是名羯磨。餘比丘來，不得與。若不如是說，不應受。苦（【案】『苦』疑『若』。）受，得吉。（三三二頁下）應共餘比丘分。』若二比丘作展轉分，乃至三、四人亦爾。」（三三三頁上）資持卷上一下：「『外部』即十誦。」（一九八頁上）【案】十誦卷二八，二○四頁～二○五頁。分別記佛言二人、三人、四人僧共住事。

〔二五〕及亡人衣　簡正卷六：「僧祇第三云：有受寄比丘隨道行，見異比丘從前程來，便問云：『汝何處來？』彼云：『某處來。』彼又問：『識某比丘不？』彼云：『識。』又問：『平安不？』彼云：『已死。』此衣物屬現前者。若受寄比丘知法，當作念言：『何為與是比丘，遂哩（【案】『哩』僧祇為『默』。）捨異比丘去。』離見聞處，即心念受。受已，是比丘作念故得。越毗尼即有四，并前十四種也。」（三三三頁上）【案】僧祇卷三，二四九頁。

〔二六〕界雖成眾，亦自得成　簡正卷六：「『界』謂作法、自然，皆無別處。故羯磨疏云：事局中下，不勞僧眾，苦情（【案】『苦情』疑『若請』。）引證，便成作業。」（三三三頁上）

〔二七〕總依諸部　資持卷上一下：「『總』下，列法相。依諸部者，言通本、異。前受捨等，並出異宗，其餘多是本部。文中雜列，今束為五：內外資緣法共十二，（前八受捨，及三淨並受藥；）悔犯法六，（從『波逸提』下，四懺及二露；）白告法六；（從『僧殘』下，四白及尼二白；）制法有二，（依止、安居；）雜開有五，（捨請、捨戒、七日、與欲、餘食。）」（一九八頁上）

〔二八〕**有二十九** 資持卷上一下：「已上共三十一法，而云二十九者，後二屬尼故。所以列者，對僧作故。在數外者，局尼眾故。」（一九八頁上）簡正卷六：「總依諸部有二十九者，受三（十），捨三（祇），缽受捨（十），坐具受捨（准見，於不合淨施安加受之。）百一受捨（十），捨請、捨戒、依止、盍、藥、衣說淨（四分），受藥（義加），受七日（十），安居乃至自發露（歪【圖】四分），捨行、白行（十），白僧殘諸行（五），白入聚（落），尼白入僧寺（祇），尼教授作殘食法（四）。問：『鈔標二十九，據列數有三十、三十一，或有二十八，何不定耶？』答：『玄云：各有意致。若二十八者，謂約二部同相者說，便除尼白入僧等寺、尼請教授餘食法，故二十八。若二十九者，除尼白入僧寺及教授。若三十者，（三三三頁上）即合白僧殘諸行法，及白行行法為一，故三十也。若三十一者，更加二尼，名為溢位，二眾通論，成三十一。上標二十九，且據僧言。下列三十一者，約尼合辨。』問：『白僧殘諸行法，與白行行法何別？』答：『相同時別也。餘不繁述。更有記中，和會前來二十九、三十一者，謂除安加坐具受捨，即二十九，并此即三十一。恐少道理。』」（三三三頁下）

〔二九〕**僧殘中白捨行法** 扶桑記：「資行云：受他請，與人授戒，對首捨此行，名白捨僧殘。」（六二頁上）【案】「白」，扶桑記一為「自」。

〔三〇〕**白行行法** 扶桑記：「彼緣竟還白行，名白行行法。」（六二頁上）

〔三一〕**白僧殘諸行法** 扶桑記：「資行曰：蒙覆藏羯磨已，欲行時云：我某甲從今日行，白大德僧，我行覆藏。又見清淨比丘白之。又布薩時白接連也。」（六二頁上）

〔三二〕**且論略爾** 資持卷上一下：「示不盡，故此須料簡，與疏相違。一、列數不同。彼云二十八，即合白僧殘法入白行法中，以同是白行故。（據行覆藏，有多種白法，總以白行收之。尋懺篇可見。）二、分品異。彼明九品，即摘中蘭獨為中上，以定須小眾，三人問邊故。三、離合異。此中三十、九十同在，但對彼離三十為眾法對首，眾法對中指同心念，但出四法。隨機羯磨更加捨墮，則有五種。眾法中，單白為二。」（一九八頁中）

〔三三〕**眾法對首，同前眾法心念中** 簡正卷六：「羯磨疏云：本是僧秉，別人非分，道在兼濟，故通於對，有則對多，無則對少，眾法對首，合有此一。今鈔此處無，至後明二三人中須向邊人，是斯義也。已上三十五，加捨墮三十六，通前心念十四，成五十也。」（三三三頁下）資持卷上一下：「眾法對中，指同心

念，但出四法隨機羯磨，更加捨墮，則有五種。」（一九八頁中）鈔批卷七：「謂同前四種法也。故上文云：『謂本是僧秉，亦界無人，故開心念。』心念是何，即說戒、自恣，僧得施及亡人衣等是也。」（三九八頁下）

〔三四〕眾法，有三　資持卷上一下：「初列三句，以明省要，總括三十九法。」（一九八頁中）簡正卷六：「羯磨疏云：就眾法中，離成三相者。若據和白處，齊前事得，遂義則不分，但以僧情，難一事分大小，隨務裁法，故開三品。」（三三三頁下）

〔三五〕單白　資持卷上一下：「單白為二：初，示法，二、顯名。下二分文同此。初列三句，以明省要，總括三十九法。」（一九八頁中）

〔三六〕事或輕小　簡正卷六：「單白中，事輕小者，如捨墮，諸白出功德衣，及行鉢等。」（三三三頁下）鈔批卷七：「如懺、捨墮，單白和僧也。如欲出家者，單白與剃髮。又如單白捨功德衣也。」（三九八頁下）資持卷上一下：「事輕小，有十，（二十七捨墮、受懺、行鉢、剃髮、十戒、具戒。前三受德衣、捨德衣、非時和。）」（一九八頁中）扶桑記引業疏釋「行鉢」：「『一鉢支身，足堪助道；乃廣乞求，妨業招譏。好者奪留，惡者轉換，若不白告，無由行知。』記云：『此行鉢白，即取所乞下鉢，從上座行，易取惡者，與之令持。五德行時，須白告眾；得惡鉢已，復作白二，制令受護。』」（六二頁下）

〔三七〕或常所行　簡正卷六：「說、恣是也。」（三三三頁下）鈔批卷七：「即說戒也，及自恣、單白也。據此說戒等事，實是大事，但以常行故，不須懃懃，直作單白也。」（三九八頁下）資持卷上一下：「常行有十一。（說戒有四：常和、滅諍、一增、二增；自恣有五：常和、難事略、延日、一增、二增；僧懺悔、僧發露）。」（一九八頁中）扶桑記：「延日即修道增自恣。」（六三頁上）

〔三八〕嚴制　簡正卷六：「嚴制者，如蘭陀身口二綺惱僧，用舊持新等。白僧嚴制，違犯提也。又，斷事遣不誦戒毗尼者出，總是嚴制也。」（三三三頁下）資持卷上一下：「嚴制有十八。（餘語、觸惱；滅諍中五：簡智人，遣不誦戒、不學律人，遣捨正義，草覆地；五百結集中六白；七百結集中五白。行籌白，不入數，示不盡故）」（一九八頁中）扶桑記引業疏釋「草覆地」：「兩朋交諍，互是瑕疵，窮勘根源，煩情叵歇；事須猗靡，不說事非，素無重愆，……二眾各攬歸負，面地相愧，猶如草覆，各陳此白，（各上座互白懺。）罪諍俱銷。記：『如草掩泥，從喻為目。』」（六三頁下）

〔三九〕一說告僧，便成法事　簡正卷六：「事既非重，不勞再告，只要一白也。」（三

三四頁上）鈔批卷七：「約作餘語，及以觸惱羯磨也。以闡陀比丘身、口二綺也。謂調戲耶綺，躁擾亂僧，語嘿亦常法，儀失度故，立制白斷，改名『餘語』；『觸惱』亦然。立云：身綺者，眾僧若坐，彼即立；眾僧若立，彼即坐等。口綺者，由數求（原注：『求』疑『來』。）惱僧，僧作法諫。彼言：『為共誰說，為論何事等？』僧問：『汝何處來？』答云：『過去來。』問：『何處去？』答：『未來去。』佛令制單白斷。斷已，更作犯提。未制白前作者，但吉。景云：如五百問中，眾僧立制單白，不許入市也。」（三九八頁下）

〔四〇〕**由事參涉，義須通和** 鈔批卷七：「立云：謂事參雜涉，濫於大小也。有小，故名參涉。若受日白二，為別人作是小，結解諸界白二，為僧故作是也。深云：單白是小事，若至白二，以涉入於大事，故須來也。」（三九九頁上）簡正卷六：「參，雜也；涉，謂開涉。謂參雜單白開涉。羯磨疏云：若非常務，情和稍難，如受日差遣，處分結界，故須一白牒事陳情。一羯磨量，其可不等。」（三三四頁上）

〔四一〕**事通大小** 資持卷上一下：「大如受具、懺殘等，小即諫習、近住等。」（一九八頁中）鈔批卷七：「立謂：受戒是大，懺重是小。呵、諫等亦通大小：如諫破僧及伴助是大，諫習近住是小。治舉亦有大小：三舉是大，四擯是小。濟云：受戒、懺重、三舉是大，四擯是小。今詳鈔中，且一相而判，略云大小。若准礪疏，三種羯磨，細分有九：謂單白、白二、白四，各分三品。初『單白』者，如說、恣常行，和情則易，名為下品；形、法二同，別人利益，和情稍難，判為中品；餘語、觸惱，以由惱僧，情過是重，情和極難，判為上品。『白二』三品者，結、解諸界，眾所要務，情和最易，曰下品也；受日差遣，事兼為眾，或專私己，情和稍難，曰中品；離衣六年，處分之類，事專私己，情和最難，曰上也。『白四』三品者，如憶念毗尼，謂清人被謗，即查婆也；僧作憶念，證其不犯，以眾同知查婆是淨，情和則易，曰下；痴毗尼以狂時作故，聖開不犯，從狂止來，更不復作，（三九九頁上）今被他舉，僧作法此，證其不犯，以由前雖是狂，覩但外相，誰辨狂之虛實，故今情和稍難，曰中也；罪處所者，以其前引後違，或前引重後引輕，言辭不定，事最難悉，和情極難，名為上品也。」（三九九頁下）

〔四二〕**情容乖舛** 鈔批卷七：「如滅擯、諸諫、治舉等，是違情也。立治之法，是乖殊（【案】『殊』疑『舛』。）也。若受戒、懺罪、乞法，是順情也。欲明白四之法，非全違情，故言容。容者，不定義也。濟云：約能秉法僧，或情見不同，

故曰乖舛。如有言：自種華果、教種等，或通供養，此是好事，何勞治擯等？
或有言：此是污家，須治。由此言見不同，故言乖舛也。」（三九九頁下）

〔四三〕**若就緣約相，都合一百三十四羯磨**　資持卷上一下：「初正結眾法，約法止三，
隨事多別，故云就緣。『若』下，兼結別法。應知三位八品，從法而論，百八
十四，（一九八頁中）隨事彰數。準此，別法應有五十。然前止有四十七，心
念四，對首三十三，兼尼二法，則四十九。疑此且舉全數，來學尋之。」（一
九八頁下）

〔四四〕**故云白四**　鈔批卷七：「礪云：此並事有三品，故法折半。如邊地開五人受戒
者，以中、邊折半故，如受日三等，羯磨對事為三之類。言中、邊折半者，謂
中國用十人，此邊方用中國之一半，故但五人也。受日三等者，亦是折半。十
五日是一月家之半，七日是半月家之半。羯磨對事為三者，謂亦是折半，白二
是白四家之半，單白是白二家之半。此皆約事輕降，故法隨減也。」（三九九
頁下）簡正卷六：「恒記：約一羯磨，所被事中，自含大小，如受戒一事，十
三難是大事，障戒不生，十六遮是小，則不障戒事。既含大小，故須一白告
僧，三法良可，故白四也。此解甚非，不勞斥破。」（三三四頁上）

〔四五〕**略言如此，更張猶有**　簡正卷六：「玄引羯磨疏云：僧法羯磨，略有一百三十
四者，總舉也，非謂捧（【案】『捧』疑『攝』。）盡也。更張由（【案】『由』
鈔作『猶』。）有者，羯磨疏云：有人細尋，更加十法，又出僧尼，互不同法。
及同事者，歷數為二百六十一。若隨相顯法，亙同事境，不可收盡也。或有
云：分兩衣、分結闍尼、蒲闍尼等羯磨，未敢仰也。」（三三四頁上）

〔四六〕**若通前二，則百八十四法**　簡正卷六：「心念、對首二也。三種心念，都有十
四，二種對首，并加小眾，懺隨一有三十六，（三三四頁上）都五十，并前一
百三十四，豈非一百八十四法！」（三三四頁下）鈔批卷七：「前二即對首并心
念也。明前但心念中有三，對首心念有七，（三九九頁下）眾法心念有四，眾
法對首又四，合成十八也。其但對首，復三十二，并十八是五十。將此五十，
配眾法一百三十四，應是一百八十四法也。其但對首文中，唯列三十一法。今
則除尼白入僧寺，并尼請教授，唯二十九法在。更將白食前、食後詣他家，及
受波利迦羅衣（此云雜碎衣，亦曰助身衣。）及捨，即是三。并前二十九，是
三十二也。」（四〇〇頁上）

〔四七〕**耳聞百一羯磨，今列不同者**　資持卷上一下：「耳聞者，此由世傳，頗乖前數，
故舉以為問。」（一九八頁下）簡正卷六：「謂大約常聞有百一羯磨，何以得

知？准伽論云，<u>波離</u>問佛有幾種羯磨，佛言有百一。又問：『有幾單白、幾白二、幾白四？』佛答云：『單白有二十四，白二有三十，白四有三十七，都計百一。適來列數僧法，便有一百三十四。何得明違？」（三三四頁下）伽論卷一，佛答：「二十四白羯磨，四十七白二羯磨，三十白四羯磨。」（五六九頁上）

〔四八〕**此乃總標，非定如數**　資持卷上一下：初，順問釋。謂百是總數，隨事皆一羯磨被之。例如百一供身之義，故云總標等也。」（一九八頁下）<u>鈔批</u>卷七：「此答意云：常聞百一羯磨者，非唯數有百一也，還如百一供身物，可即唯有百一也？然百是數之極名耳。故羯磨疏云：如常所傳，百是數之總名，隨事皆一羯磨，故言百一羯磨也。其<u>十誦</u>中有百一羯磨，故言亦可引用<u>十誦</u>也。故伽論怜（【案】『怜』疑『中』。）有百一，謂：單白，有二十四；白二，四十七；白四，三十也。」（四〇〇頁上）<u>簡正</u>卷六：「謂今古相傳云百一羯磨者，此是大剛之數，未必但有百一。舉例如百一供身具，豈可便有一百一个耶？亦是總名之數也。」（三三四頁下）

〔四九〕**亦可引用十誦，彼則定有百一**　資持卷上一下：「『亦『下，違問釋。見今藏中有題<u>大沙門百一羯磨</u>，即出<u>十誦</u>。疏云：若據伽論，恰列百一，故彼列名單白二十四，白二四十七，白四三十。古人誦他異部，自略本宗。（<u>伽論</u>即宗<u>十誦</u>。）」（一九八頁下）<u>簡正</u>卷六：「亦可引用<u>十誦</u>，彼則定有百一者，進退重釋也。若依他宗，即如前來<u>波離</u>問佛，佛一一答之，則揹定於數，實有百一變顯。當宗僧往且有一百二十四，更若展張，由更有在，亦未必一定於此等。」（三三四頁下）

〔五〇〕**上明攝法分齊，即須明非相**　<u>簡正</u>卷六：「上明攝法分齊者，觀文勢似結前也。即須明非相者，理合於此，依解文中，廣辨七非之相。」（三三四頁下）<u>資持</u>卷上一下：「初科，上二句示須意者，上明分齊。準用皆如，必有差違，成否莫辨。義當於此，委示非相。」（一九八頁下）

〔五一〕**但鈔意為始學人**　資持卷上一下：「『但』下，明略意。」（一九八頁下）簡正卷六：「今抄何不見敘述？下句釋。云鈔意為始學人等，今師為接初學之機，本圖文顯，披尋易會故。」（三三四頁下）

〔五二〕**不事義章、一一分對進不**　簡正卷六：「不事義章，一一分判，對辨進不。若欲通要委明，已後別撰義抄，於彼中細說。（三三四頁下）如今<u>義抄</u>，雖無羯磨疏替處，彼文廣敘進不之相。今略引少許明之，且舉白四一法。」（三

三五頁上）資持卷上一下：「『進』不，即成、不成。」（一九八頁下）【案】意為不以義章注釋之事為旨，而僅僅簡論是非，名相概念也不一一加以分判、考辨。

〔五三〕**必欲通明，須看義鈔** 資持卷上一下：「『必』下，指廣。彼文亦亡，事、義兩鈔，撰述來意，序中略明。請詳此文，方知不謬。問：『此既略之，何以下文委列七非？』答：『此指律中文七非耳。羯磨委列，疏中略舉，猶張四門。古來解釋，科約滋廣，今符鈔意，亦所不引，直爾列名：一、非法非毘尼羯磨；二、非法別眾羯磨；三、非法和合羯磨；四、如法別眾羯磨；五、法相似別眾羯磨；六、法相似和合羯磨；七、訶不止羯磨。」（一九八頁下）簡正卷六：「對事唯有情，對人須成僧，對界須作法。就作法中，三小界唯受戒。小界是白四，餘二不通，如是事、人、界三，一一分對，是即為進，非即名不。若欲如是通知，請披尋義抄中。云曉今鈔慮煩新學，且略不明。」（三三五頁上）

〔五四〕**今直論是非** 鈔科卷上一：「『今』下，略示非相。」（一二頁上）簡正卷六：「謂不依羯磨疏，內將法對事、人、界，一一分對，故曰直論是非也。」（三三五頁上）

〔五五〕**謂上三法** 簡正卷六：「心念、對首、眾法也。」（三三五頁上）資持卷上一下：「『謂』下三句，明是。」（一九八頁下）

〔五六〕**離則八種** 簡正卷六：「即但心念，乃至白四也。」（三三五頁上）

〔五七〕**具明別相** 簡正卷六：「具是一別，一別明於相狀竟。」（三三五頁上）資持卷上一下：「『別相』即法所攝事。」（一九八頁下）

〔五八〕**若一事差互，不應八條，並入非中，不成羯磨** 簡正卷六：「如但心念法，只要自說戒，非是對首心念，乃至白二、非白四等。若交互而作，於八條之內，隨一條交雜，即是非法，被事不成。今文中言不應八條，約總相說也。」（三三五頁上）資持卷上一下：「『若』下四句，明非。如但心念，止齊三事。若加餘事，即是非攝，乃至白四唯被三十八事。若加說、恣、差、結等事，即名非法。如是八位，例之可知。此謂約法加事，交互彰非，欲使初學略識其相。」（一九八頁下）

〔五九〕**若欲通知，細尋此門，上下橫括，庶無差貳** 資持卷上一下：「『若欲』下，指義七非。言通知者，上文但明法非，未顯下三，皆有非故。此門者，總指相攝一科。『上』下，即前後四位。各有非相，隨位總收，故云橫括，即如下科，

單複為句，其相可見。庶，望也。貳，異也。」（一九九頁上）鈔批卷七：「謂
將此一門，冠下諸篇而用之。如受戒、說恣等，文中更重明，直須望此一門成
壞，得識其相也。言庶無差貳者，庶，由望也。立云：差貳者，只為差，故成
貳；向若不差，只是一也。應師云：貳之言二也。爾定云：貳，疑也。言有二
心，皆疑惑也。」（四〇〇頁上）簡正卷六：「此門者，捧（【案】『捧』疑『攝』。）
法分齊一門也。門中列一百八十四羯磨法也。『上』下者，法寂在初為上，次
事、次人、次界為下。橫括者，將事、人、界三，橫列搜羅也。今且舉心念法
中。六念一法說者，（三三五頁上）法在初，為上次列人界，界於下橫列搜之，
即將事橫搜，通於三種。於三種中，日月衣鉢，是非情事。夏數受緣，是情、
非情合事。念身康羸，唯是情事，將人橫搜。羅云：唯是一人獨康，便名心念，
將界橫搜，作法自然，並無別眾。此一疏既爾，餘皆例然也。庶無差貳者，玉
篇云：庶，頭也。切韻中訓冀也。差者，差別。貳者，爾雅云：疑也。」（三
三五頁下）

〔六〇〕**別人之法，何名羯磨**　資持卷上一下：「古執羯磨名局眾法，故須決之。」（一
九九頁上）簡正卷六：「問意云：前一百八十四法，通呼為羯磨者，若百三十
四僧法可爾，且心念、對首，何故亦名羯磨耶？」（三三五下）

〔六一〕**四分「三語」中及『白衣說法』中，言是羯磨**　資持卷上一下：「本宗二文。
初，出受法，已興（【案】「興」疑「與」。）白四，即斷三語。舍利弗問云：
『三語受戒，是善作羯磨否？』佛言：『是善作羯磨。自制已後，不名受具足。』
『及』下，即說戒中。彼因六群說戒日與諸白衣言語問訊、作羯磨（即五戒三
歸）、說戒（即五戒相）、說法。佛言：『此是上座應作。』以三語五戒，兩並
對人，且證對首。」（一九九頁上）鈔批卷七：「謂未制羯磨之前，三語受戒，
即三歸是也。初則三歸受戒，後為無和上、闍梨故，無人教授，則犯戒。種種
非法：著衣不齊整、乞食不如法、處處受不淨食、於大食小食上高聲大喚、如
婆羅門聚會法。所以佛令立和上、闍梨，羯磨受戒。前三歸者，既見羯磨受者
法式既多，疑我前受不得。白佛。佛言：『前三語受，是名善作如法羯磨，即
是受戒也。』言『及白衣說法中』至『言是羯磨』等者，謂說戒犍度中，為俗
人受三歸五戒等，皆名羯磨也。欲明羯磨既名辨事，事亦何簡大小？如心念之
法，亦辨眾法等，名為眾法心念者是也。」（四〇〇頁下）簡正卷六：「准受戒
犍度中，佛初成道八年前，三歸度人，舍利弗問佛：『三歸是羯磨不？』佛答：
『是受，是善作羯磨也。』白衣說法者，准說戒犍者度（【案】『者』字疑剩。）

中，為俗人說法，受五、八戒。波離問佛。佛言：『是名善受，是名羯磨。』」
（三三五下）【案】四分卷三五，八一六頁上、八一九頁上。

〔六二〕**對首、心念分衣，佛言是名羯磨** 資持卷上一下：「引十誦雙證二法。彼明疑
問，佛為決之。羯磨下續云：後來比丘不與分。」（一九九頁上）【案】十誦卷
二八，二〇一頁下。

〔六三〕**就事明** 資持卷上一下：「明事有三：一、情事；二、非情事；三、二合事。
百八十四，此三攝盡。」（一九九頁上）簡正卷六：「上既辨羯磨之法，法不孤
起，必有所為之事，客有濫非，故此明之，識知紕謬。」（三三五頁下）

〔六四〕**謂羯磨所被之事** 鈔批卷七：「謂羯磨所被之事也。如前總列一百八十四法，
應須更列一百八十四事。」（四〇〇頁下）簡正卷六：「此且簡定所明也。謂前
辨法科中，心念、對首僧法，都列一百八十四。且法不孤起，必有所被之事，
事亦合有一百八十四，適來並含在法中了。」（三三六頁上）

〔六五〕**更不重明，即辨非者** 鈔批卷七：「由前標法竟，不更重明所被事也，直顯非
也。又云：羯磨是法，法必銜事，事必銜法。此文但明法，不更出事相也。下
諸篇中，自顯其事，如說、恣、懺事等。問：『今言更不重明者，（四〇〇頁下）
此文意似前已明事竟？』答：『即前十門中，初稱量前事門，及第八陳本意門。
已辨事訖。』」（四〇一頁上）資持卷上一下：「由前八法，各出別相，故云不
重。」（一九九頁上）簡正卷六：「此更不重舉明之也。即辨非者，此句正明非
相也。」（三三六頁上）【案】本句義為：雖然就事以明羯磨，但前文已經說過
之事，此處並不重說，而只是對其加以檢辨。

〔六六〕**所被事中，通情、非情** 鈔科卷上一：「『所』下，正辨非相。」（一三頁上）
簡正卷六：「如受懺是情，結、說界等是非情。」（三三六頁上）鈔批卷七：「如
捨懺、治擯、受戒是『情』，結、解諸界是『非情』也。」（四〇一頁上）

〔六七〕**並令前境是實，片無錯涉，皆成法事** 資持卷上一下：「『並』下，明是非。以
人、法及界，各局自分。」（一九九頁上）簡正卷六：「約前所被之事境，一一
如法也。片無錯涉者：片，似也；錯涉，即交互也。已上事、法，既如法，皆
得成遂。」（三三六頁上）

〔六八〕**若一緣有差，悉並不成** 簡正卷六：「即隨前境，謬濫錯涉，事之與法，皆不
就也。」（三三六頁上）鈔批卷七：「然今文中，自解緣有差之義也。」（四〇
一頁上）資持卷上一下：「事涉多種，非相不一，故云一緣等。且如受戒、遮
難、衣資、發心、陳乞。又如治舉，窮勘三根，作舉憶念，如是求之。」（一

九九頁上）

〔六九〕**何者是也** 鈔批卷七：「從『何者』已下，即是解緣差義也。濟云：且如情事中，為他受戒，於身無遮難，衣鉢已有，是前境實也。非情事中，即如結界，標相分齊，如教而立，亦是前境實，故曰並合前境是實。若反此者，即名一緣有差也。」（四〇一頁上）簡正卷六：「適來既云一緣有差，悉不成就，未妄如何名為一緣有差？」（三三六頁上）資持卷上一下：「『也』合作『耶』。」（一九九頁上）

〔七〇〕**如人法中** 資持卷上一下：「初科，引文有二。初，引人法者，彼因比丘犯二僧殘、二俱覆藏，憶一罪、不憶一罪。僧與二罪覆藏法。憶者甚善，不憶則非。為知法客比丘所訶，文如鈔引。彼又云：僧作突吉羅懺。」（一九九頁上）簡正卷六：「玄云：此人犍度中客呵文也。彼云：『汝曹善聽，若比丘犯二僧殘、二俱覆藏，雖作覆心，未經明相，憶一罪、不憶一罪，彼比丘俱從僧乞覆藏羯磨。僧遂與彼二罪覆藏。彼行覆時，為客三藏。』問知已，呵言：『汝憶者與覆善，不憶者不成，應與摩那埵。眾僧不善教，無事與法，得吉。即無病設藥，非也。』（有約二比丘犯殘，一比丘憶，一比丘不憶，以解者未詳也。）」（三三六頁上）鈔批卷七：「如犯僧殘竟有懺，何須與覆藏法也。」（四〇一頁上）【案】四分卷四五，八九九頁下。

〔七一〕**瞻波中** 資持卷上一下：「彼明波離問佛，今引問詞。佛言：此不如法。故下云佛判也。」（一九九頁上）簡正卷六：「准瞻波犍度，（三三六頁上）波離白佛：應作呵責，乃作殯出，如是展轉，乃至如草覆地，是如法不？佛言不應爾，即成三百六非也。謂將十八法各為頭，歷之各得十七句。所云十八句者：一、呵責；二、僧上；三、殯出；四、遮不至白衣家；五、不見舉；六、不懺舉；七、惡邪不捨舉；八、覆藏；九、六夜；十、本日治；十一、出罪；十二、現前毗尼；十三、憶念毗（原注：『毗』下疑脫『尼』字；）十四、不癡毗尼；十五、自然治；十六、多不見相；十七、不見罪相；十八、如草覆地。今將第一呵責為頭，歷諸句一遍，即成十七。如是互為頭，各得十七，都成三百六句，總是非相。」（三三六頁下）【案】四分卷四四，八八八頁中。

〔七二〕**此謂有藥有病，施不相當，佛判不成** 資持卷上一下：「『此』下，判非。」（一九九頁上）鈔批卷七：「彼瞻波中舉三、舉四擯等，約三舉人，有二十一非，七句番成如二十一非，正是施不相當。言二十一非者，不見、不懺、不捨為三，不見不懺為四，不懺不捨為五，不捨不見為六，合三為一，成七。三遍數

出，即是二十一非。翻非成如者，有罪翻前二，不見翻後兩。（云云。）」（四
〇一頁上）

〔七三〕**故知事者，必須據實，方稱聖教** 鈔科卷上一：「『故』下，結意示相。」（一
三頁下）資持卷上一下：「初，結前標示。一事即治罰。自餘受懺等事，並可
準之。」（一九九頁上）

〔七四〕**且約一事** 簡正卷六：「抄文且舉呵責一事為首，已外乃至七毗尼例言也。」
（三三六頁下）

〔七五〕**如實犯罪，自言不犯，實不犯，自言犯等，並名非法** 資持卷上一下：「『如』
下，二、舉事正明，先出非相。」（一九九頁上）簡正卷六：「此依滅諍揵度實
犯，自言不犯，約六聚作四十二句。一句為頭得六，且第一云：實犯夷自言犯
殘（一）、實犯夷自言犯蘭（二）、實犯夷自言犯提（三）、實犯夷自言犯提舍
尼（四）、實犯夷自言犯惡作（五）、實犯夷自言犯惡說（六）。第二，將『實
犯殘』為頭遍歷（亦六句）；第三，『實犯蘭』為頭（亦六句）；第四，將『實
犯提』為頭（亦六句）；第五，將『提舍』為頭（亦六句）；第六，將『惡作』
為頭（亦六句）；第七，將『惡說』為頭（亦六句）。總成四十二句非也。實不
犯自言犯者，約七聚，互作四十九句：且第一云實犯寔不犯波羅夷自言我犯夷（一）、
實犯夷自言犯殘（二）、實犯夷自言犯蘭（三）、實犯夷自言犯提（四）、實犯
夷自言犯提舍尼（五）、實犯夷自言犯惡作（六）、實犯夷自言犯惡說（七）。
第二，『不犯實』為頭殘自言我犯夷（亦七句）；第三，『實不犯蘭』為頭（亦
七句）；第四，『實不犯提』為頭（亦七句）；第五，『實不犯提舍尼』為頭（亦
七句）；第六，『實不犯惡作』為頭（亦七句）；第七，『實不犯惡說』為頭（亦
七句）。總成四十九句非也。若據律文，先作三十九句，後作四十二句，今順
鈔，不依律次第，先列四十二，次列四十九句也。並名非法者，總結也。」（三
三七頁上）

〔七六〕**若實言實，方為相稱** 資持卷上一下：「『若』下，明如法。」（一九九頁上）
簡正卷六：「若實言實方為相稱者明，明如法也。此中含兩如法，反前兩非法
四十二，四十九句也。」（三三七頁上）

〔七七〕**而彼自言還臣所為之事** 資持卷上一下：「『而』下，於如中復簡。『臣』謂伏
首。以罪有種相不同，種中造作各異。如摩觸犯殘，首言實犯，然非本時之
事，與舉相違，不合加法。（世傳：結界須解妨疑立。義云：縱非曾結，且徒
施一法。請觀此文，聖法被事，可慮謬耶。）」（一九九頁上）簡正卷六：「臣

者，伏也。所為（平呼），即所作事也。所作是夷，還伏犯夷等。」（三三七頁上）扶桑記引資行釋「然非本時」：「不答本舉罪時事，答餘時事，異所對故。」（六七頁上）

〔七八〕若汎臣餘罪，不為自言　簡正卷六：「汎者，浮漫不真之貌。實犯夷，便云殘等，不名自言也。只要略消文，玄記甚廣引律，慮繁不述。」（三三七頁上）

〔七九〕非情事中，二房羯磨，妨難不成　鈔科卷上一：「『非』下，非情事。」（一三頁下）鈔批卷七：「上既言所被事中，通情、非情，此下則解非情也。有主房、無主房，要無妨無難，作處分羯磨得成。若互有、若俱有，雖與處分羯磨，皆不得成也。」（四〇一頁上～下）簡正卷六：「有主、無主房，要無妨，准作處分羯磨得成。若互有、俱有，雖與處分羯磨，皆不成也。」（三三七頁上）資持卷上一下：「且舉處分，說、恣結解等，（一九九頁上）例須勘覈。」（一九九頁中）

〔八〇〕離衣杖等，必須兩具　資持卷上一下：「離衣枝（【案】『枝』疑『杖』。）等，即二合事。離衣緣病，不堪持行。杖因老病，用扶羸頓。離衣須人病衣重，乞杖則老而兼病，有一不成，故云兩具。結誥可知。」（一九九頁中）鈔批卷七：「立明：有病、衣重，名為兩具，作法得成。雖有病、衣輕，無病、衣重，加法不成。杖者，即老病開杖絡囊，要須身病又老，故名具。非謂直爾投杖，即須乞須（原注：『須』疑『法』。）。明了論中極有明文。有人解云：平常投（原注：『投』疑『捉』。下同。）杖，即須乞法，此大妄也。此是濟解。南山意云：老病之流，故聽投杖，今人無病，不假快羸，常策長杖，作大物相，此令長慢，正乖法式，亦不許投。及如三階家，鉢絡即是絡囊，亦犯此條。據佛教中，鉢唯手捧。」（四〇一頁下）簡正卷六：「離衣枝（【案】『枝』疑『杖』。）必兩具者，人是情，衣杖是非情。要人病、衣重，作法得成，名兩具。衣輕、有病，衣重、無病，加法不得。又，人老病，開杖為兩具，若雖老不病，或雖病不老，亦不成。」（三三七頁下）扶桑記：「戰國策云：甲兵頓。注：頓言勞弊。」（六七頁上）

〔八一〕此並律之誠文，臨事無忘失　簡正卷六：「結勸也。上之所述，總是律本誠實之文。臨行事之時，不得暗晴昧葬鹵也。」（三三七頁下）

〔八二〕對人明者，亦有三人　資持卷上一下：「明人有七，一至二十，四僧三別。」（一九九頁中）簡正卷六：「上文所辨事法皆如，然須假人秉法辨事人。若有闕，事法無成，故次辨之，共成濟也。一（【案】『一』疑『亦』。）有三人者，

僧為二，三人為兩，後一人為三。」（三三七頁下）鈔批卷七：「下有三人者，即是僧、眾多人、一人也。」（四〇一頁下）

〔八三〕僧中有四，如前所說　資持卷上一下：「初示位，即指集僧。」（一九九頁中）鈔批卷七：「僧中有四，如前所說者，集僧篇中具明四種用僧分齊義竟。四種者，即四人僧、五人、十人、二十人僧也，故知僧中有四。今此更不重明，直列三人、一人法等也。」（四〇一頁下）

〔八四〕唯秉羯磨，界中有人，並須盡集　資持卷上一下：「『唯』下，明當局。」（一九九頁中）

〔八五〕若不來者，便成別眾，如足數中　簡正卷六：「文言界中不但作法俱收自然，隨二界限約內，有人總集，或一人不來，即名別眾。如是（【案】『是』疑『足』。）數說者，第三簡眾篇後，『別眾法』附科中說也。」（三三七頁下）

〔八六〕但得御於眾法已外　資持卷上一下：「『但』下，簡非分。」（一九九頁中）簡正卷六：「『但』字，偏局義也。御者，秉御也，眾僧法也。」（三三七頁下）

〔八七〕對首、心念法之與事，決定不得　鈔批卷七：「立謂：上四種之僧，但得秉於僧法，不得作但對首、但心念法之與事。若將前四僧秉此二法，一向非也。有云：法謂說、恣等，事謂結界、淨地等。事中還有法，攝法以從事，故得事名；或攝事以從法，故得法名。」（四〇一頁下）簡正卷六：「除此外對心念不假曰人。今若四人作六念及持衣等，卻成非法，故云決定不得。」（三三七頁下）

〔八八〕二三人中，具立二法　資持卷上一下：「初，明當法。上二句總標。」（一九九頁中）鈔批卷七：「立謂：二人僧、三人僧，但得秉但對首，并眾法對首；二人秉但對首，三人秉眾法對首，故曰也。」（四〇二頁上）簡正卷六：「眾法對首、（三三七頁下）但對首二也。」（三三八頁上）

〔八九〕若作眾法對首，兩界無僧，盡集作之　資持卷上一下：「明開法。」（一九九頁中）簡正卷六：「釋上眾法對首也。本是眾法，只為無僧，對首而作。今若自然、作法二界有僧，不召他來，一向私□二人共作，即不得有別眾也。若二界並無僧，即聽對首文。言兩界無盡集者，據總相說也。或在自然集僧，若無僧即對首；或在作法，且盡法界召集，若無，即開對首。客有不定，人多述意也。」（三三八頁上）

〔九〇〕若數滿四，則不成就，更須改法　資持卷上一下：「且約多分，自恣則成。」（一九九頁中）鈔批卷七：「即作法、自然，要須盡集，方無別眾。若二界有

人，則是根本眾法所攝，不得對首秉也。」（四〇二頁上）簡正卷六：「謂本是眾法，如說戒等。今既成僧，即僧法釋然。自恣雖滿四，亦成展轉對首，未成僧法。五人已上，方得白若自恣也。」（三三八頁上）

〔九一〕**若作對首之法，兩人各作，不相妨礙**　資持卷上一下：「『若作』下，次，示本位。」（一九九頁中）簡正卷六：「解但對首也。兩人各作不相礙者，謂兩比丘，各自面對而作，不集界內眾僧，無別眾過，不障法事。」（三三八頁上）

〔九二〕**必有邊人，有須問者**　資持卷上一下：「『必』下，料簡問邊。」（一九九頁中）簡正卷六：「約問邊以科簡也。」（三三八頁上）

〔九三〕**若三十捨懺，須問邊人**　鈔批卷七：「據懺主受他請時，須問邊人，非是正懺罪時也。」（四〇二頁上）簡正卷六：「羯磨疏云：捨墮至四，法通僧別。捨財還衣，僧中作法，正悔本罪，須問邊三，故須問也。」（三三八頁上）

〔九四〕**九十單墮，但對即得**　簡正卷六：「疏云：罪非僧除，故不問也。」（三三八頁上）資持卷上一下：「明懺提須問，但約必與，不必以分三十、九十，此猶循昔。若準疏意，捨墮落前眾法對中。九十單對，不必須問，中蘭定問，兩人不成。」（一九九頁中）

〔九五〕**亦有通須問者**　鈔批卷七：「此是五分律明其九十單墮。若在覆處，須問邊人，及露處一尋內亦爾。上明九十單墮不用問者，一往判耳。今則明其懺三十、九十，但須問邊，故曰通須。有人云：亦有通須者，謂通問、不同（原注：『同』疑『問』。）也，只是有通用問、有不通問。若覆處即用問，故曰通須問；若露處尋外，即不用問，故曰不在通問也。」（四〇二頁上）簡正卷六：「古記云：三十、九十，一時料簡總問邊人，故着『通』字。（不正。）玄記云：重釋三十。約邊有人須問，即顯無人不要問。此文重於有人中約處相通須問，（三三八頁上）必若成別不須問。（上記文。）鏡水大德破云：此懺捨墮之法，本是眾法，今只為僧數不足，方開對首。今若有邊人，在覆處障外，露地尋外。既在界中，不集他來，自是別眾，何問與不問？今准法寶，重明九十，謂適來且一往而言，九十單墮，但對即得，是不要問。今或可邊人，在露地尋內、覆處障內，亦須問之，故云亦有通須問者。」（三三八頁上～下）

〔九六〕**必在外有障，亦不在通問**　簡正卷六：「必在外，謂露地尋外也。有障者，覆處有隔也。此二處邊人，即不在問也。（此解妙盡其原。）」（三三八頁下）

〔九七〕**若持衣、說淨，不論通別**　資持卷上一下：「『若持』下，簡餘法不須。」（一九九頁中）鈔批卷七：「謂不須問邊人。此則全不通，何須言之？故曰不論通

別。又解：若持衣、說淨，不論通別者，立明：持衣等，一向不須問邊，界中無有，制令盡問，故曰不論通，亦無別摘，五三合問，故曰不論別也。」（四〇二頁上）

〔九八〕若是心念，一向非分　資持卷上一下：「『若是』下，簡非分。」（一九九頁中）鈔批卷七：「謂心念法，但自秉之，一向不須問他也。有云：心念之法，若將對首秉者，非其分也。」（四〇二頁上）簡正卷六：「此簡一向問。不論障內外及尋內外也。」（三三八頁下）

〔九九〕必有其事，隨緣作之　資持卷上一下：「『必』下，勸依。」（一九九頁中）鈔批卷七：「謂心念之法，如六念悔輕吉等，得緣即作，不須問於邊人也。」（四〇二頁下）簡正卷六：「隨心念，念事緣作之。」（三三八頁下）

〔一〇〇〕一人心念，獨在界中　簡正卷六：「此謂但心念也。」（三三八頁下）

〔一〇一〕若作眾法心念、對首心念，並界無人　簡正卷六：「謂此二根本：一是眾法，一是對首。今只獨自，故開心念說戒，便成眾法心念。今既獨已開心念持衣等，即是對首、心念，並須自然、作法二界，內更無人，方成此情法。」（三三八頁下）

〔一〇二〕若有一人，名非法別眾　資持卷上一下：「『若』下，別釋。初，明開法。」（一九九頁中）簡正卷六：「界內成僧，今便心念說戒，不集他來，成別。或界內更有一人，不召他來，對首亦獨自作，成別眾故。」（三三八頁下）

〔一〇三〕若據所秉，如前法中　鈔批卷七：「濟云：指前大門有四：一法，二事，三人，四界。今卻前第一門法之文，故曰法中也。立明：如前相攝分齊文中明也。立解是。」（四〇二頁下）簡正卷六：「眾法有四，對首有七，如前法中列之。」（三三九頁上）資持卷上一下：「即上立法通局中開，有齊限，不可濫涉。」（一九九頁中）扶桑記：「齊限：眾念有四法開，對首心念有七法開。」（六七頁下）

〔一〇四〕若作但心念法，不論同別　資持卷上一下：「『若作』下，示本法。」（一九九頁中）鈔批卷七：「謂作此法，無有別眾之過也。」（四〇二頁下）簡正卷六：「但得自作故，不論覆處、露地。尋內曰同，覆處、障外露地，尋外為別者，並不同如此論量也。」（三三九頁上）

〔一〇五〕約界　簡正卷六：「上來人、法、事三雖備，要由界生，故次明之，以程（【案】『程』疑『現』。）非相。」（三三頁上）資持卷上一下：「明界有八：自然為一、三小、三太（【案】『太』疑『大』。）及戒場也。」（一九九頁中）

〔一〇六〕**四種自然**　資持卷上一下：「明眾法唯局。」（一九九頁中）鈔批卷七：「即蘭若、聚落、道行、水界。此四界上，若約眾法，唯得結界。」（四〇二頁下）

〔一〇七〕**羯磨法中**　簡正卷六：「謂於此四中，約羯磨一百三十四番之中，唯得秉結界、白二法，是僧家執御也。」（三三九頁上）

〔一〇八〕**已外對首、心念二法**　資持卷上一下：「『已』下，明別法並通。」（一九九頁中）簡正卷六：「『已外』等者，『但對首』并『但心念』為二法也。」（三三九頁上）

〔一〇九〕**眾中雜法**　資持卷上一下：「雜法，如打槌白告，不係對、念所攝者。」（一九九頁中）鈔批卷七：「立云：分亡人物、說、恣等，名雜法。雖是眾法，今若無人，唯得對首、心念秉之，亦得自然地上作也。」（四〇二頁下）簡正卷六：「古今解者，取意皆非。今依玄記云：此法本來合是眾僧秉，故曰眾中也。事通心念、對首，眾多人及眾秉之，名為雜法。改其其（【案】次『其』疑剩。）餘法不通，非雜法也，只如說、恣、受、僧得施及亡人衣。羯磨疏中更加捨懺，始從一人，或至二、三，故知不謬。開一人心念，開二人對首，開眾多人展轉對首。四人自恣，未是僧法，皆須盡集。」（三三九頁上）

〔一一〇〕**四人自恣，並得秉之**　鈔批卷七：「立明：界有四人，欲作自恣，猶是對首而作，故得在自然界也。」（四〇二頁下）

〔一一一〕**作法攝僧界者，亦通二人**　資持卷上一下：「二人總前七位，三法統收八品。」（一九九頁中）簡正卷六：「自然地弱，秉法未盡，必須作法僧界，故次明之。」（三三九頁上）簡正卷六：「僧為一，別為二。」（三三九頁上）

〔一一二〕**法通三種**　鈔批卷七：「即心念、對首、眾法也。」（四〇二頁下）

〔一一三〕**就法界中，分為五位**　鈔科卷上一：「『就』下，別明作法。」（一四頁中）資持卷上一下：「上對自然，總明眾別，人法俱通。此就法界，唯論眾法通塞之相。」（一九九頁中）簡正卷六：「向此作法界中，分為五個階位，又於五中，略分三別：一、小界，二、戒場，三、大界。」（三三九頁下）

〔一一四〕**難事受戒小界**　簡正卷六：「惡比丘作別眾留難也。緣起總如結界篇敘，此未可述之。」（三三九頁下）資持卷上一下：「不同意人欲訶法也。」（一九九頁中）

〔一一五〕**因難事自恣**　簡正卷六：「因難自恣亦爾。」（三三九頁下）

〔一一六〕**數人說戒** 簡正卷六：「謂數知現集之人數。如下文云『爾許比丘集』等。」（三三九頁下）資持卷上一下：「亦彰難事不容多故。」（一九九頁中）鈔批卷七：「文中言齊爾許比丘坐處結之，故曰數人也。」（四〇二頁下）【案】數，音「署」，動詞。

〔一一七〕**此三小界，因難曲開，但作一法，後必閑豫，不開作之** 簡正卷六：「『此小』已下，釋上開結之義也。但作一法者，一席法也。一者但為現在，不通未來，二但據暫時，不通久遠，故云一席也。後必閑豫，謂非難緣之時，不許之。云已下證上一席，非久固也。」（三三九頁下）資持卷上一下：「『此』下，明通塞。各專一法，當分名通，餘法則塞。受戒小界，始終四法，說、恣各一。亦有通者，疏云：非無舉罪，即有白懺。若望下二，一向名塞，閑豫謂難靜無緣。文令即解，明知不通。」（一九九頁中）鈔批卷六：「濟云：謂三小界結時，文各不同，唯得各作一法，不得互用。如說戒小界，則更不得於上作自恣等法，唯得各作一法，即須解卻，故曰但作一法。」（四〇二頁下）

〔一一八〕**唯除說戒** 資持卷上一下：「戒場，準疏，古解除十五法，乞鉢、捨懺含四，淨地兼解，德衣略捨，故言『等』也。又，疏：前文形法二同，不通場上。（又德衣有差人，亡物有賞勞，共除十九。）（一九九頁中）除者是塞，餘則名通。說、恣、亡衣，此三有難，微通場上，所以除者。說戒普集，制本大界，自恣受日，德衣須安居處；乞鉢、亡衣，物歸僧庫。解界，須本結處，衣食必依僧住，形法令界通知。」（一九九頁下）簡正卷六：「未（【案】『未』疑『來』。）戒場，本為非時集說戒。既是時集，何得開之？玄云：必有難緣，亦開於上說戒。」（三三九頁下）

〔一一九〕**自恣** 簡正卷六：「自恣本是安居處，戒場不許人住。既非安居之處，何得於中自恣？玄云：有難准上開之。」（三三九頁下）

〔一二〇〕**乞鉢、捨懺** 鈔批卷七：「寊云：此乞鉢、行懺，罸令用舊持新，奪其好者，將入僧廚，留一惡者（【案】『惡者』即粗劣之『鉢』。），僧中展轉。取最惡者，與之令持。既奪入廚，場上無廚，不許於場作法。」（四〇三頁上）

〔一二一〕**亡人衣法** 簡正卷六：「六人輕物，利通十方，大界同集。（三三九頁下）今許於楊，今避容自分，豈非是盜！」（三四〇頁上）鈔批卷七：「謂亡人輕物，利通十方，不許於場而獨分也。」（四〇三頁上）

〔一二二〕**受日** 簡正卷六：「受日本約安居處。戒場既不許安居，故不可於上受日持。」

（三四〇頁上）鈔批卷七：「不許僧住，則不於中作夏，何得於上受日也？」
（四〇三頁下）

〔一二三〕**解界** 簡正卷六：「本於大界體內解之。今戒場隔尺八，自然不可遙解除。」
（三四〇頁上）鈔批卷七：「結、解俱不許遙，何得於場解大界也？」（四〇
三頁下）

〔一二四〕**結衣界** 簡正卷六：「本為捧衣屬人，故須結之。戒場本不是僧居，如何妄
結衣界？又，解衣界，依大界起，今戒場隔尺八，自然故不合也。」（三四
〇頁上）鈔批卷七：「攝令人衣同處故，結不失衣界，場非僧住之處，何得
於中攝衣？又復衣界，稱（原注：『稱』疑『依』。）大界起故。（解則義同。）」
（四〇三頁下）

〔一二五〕**解結淨地** 簡正卷六：「淨地本防宿煮。場既無僧，有何宿煮，何得輒結？
又，淨地依大界起，上既不許結之，有何解法？」（三四〇頁上）

〔一二六〕**受功德衣等** 簡正卷六：「本為夏勞，受衣場非坐夏之處，又非守衣之所，
故須除也。」（三四〇頁上）鈔批卷七：「本為夏勞開受，場非坐夏之處故
也。（述曰：）此中略辨，其理未盡。准礪疏中，更有處分、癡狂、四月、
覆鉢、八德、不禮、學家，亦局大界造房。處分，表眾同知，別向場作，大
眾寧委？故祇中尚不許異界客僧來此處分，故定局本住處也。痴狂，為障說
戒，或來不來，故與羯磨。然場不許說、恣，何得於上與狂法也？四月者，
試外道也。隨順眾僧，表信已具，須與受戒，場中非僧住處，寧得於中作
法，四月共住耶？覆鉢者，制眾不往場中作法，眾不知故也。八德者，若八
德人，報覆鉢家，此語俗士，制僧勿往，差人報彼，欲使改謝。若於場作，
僧既不知，後往不息。不禮者，為僧作也。於場作，尼眾不知，恐後見此僧，
猶加敬也。學家者，作法不往，須眾同知，場中別制，眾去寧絕。」（四〇
三頁下）

〔一二七〕**大界** 簡正卷六：「謂前來已釋了故。前文云：亦通二人，法通三種。此不
異前，不可更說。（此正義。）有人疑云：鈔但標不釋，莫是念恣卻一段釋
文不？又有人引下科簡一段之釋大界者，俱未曉鈔意也。」（三四〇頁上）

〔一二八〕**就中並有通塞，隨相可知** 簡正卷六：「『就中』二字，就前作法界中，開則
為五、合則為三是也。通塞者，如三種小界但作，得受戒，說、恣為通；已
外不得，是塞；戒場但許受懺是通，適來到出十種之法不得是塞；大界一切
法事總作得是通，重結大界及戒場、三小界不得是塞。隨相可知者，（三四

○頁上）隨前所列之相不難，故可知也。」（三四○頁下）鈔批卷七：「景云：
說戒、自恣、乞鉢、捨懺、亡人衣，無難不得在戒場，要在大界作，故言塞，
有難則通；若受日、解界，一向不得在戒場上，是塞。此是通論。若如先依
蘭若安居，後結界者，隨二界受日，此不定。餘二定也。有云：說、恣、乞
鉢、捨懺等，要大界作，名塞也；餘通二界，曰通也。立云：就中並有通塞。
如說、恣，有難，得在場曰通；無難，局大界曰塞。又云：如是乞鉢、捨懺，
下有八法，要本大界名塞，此是大界家塞也；若其餘不列者，事通戒場與大
界秉之，此名通也。故知，局大界作者曰塞，通二處作曰通。有云：如結界
羯磨，亦有於自然地上秉，亦有於作法地上秉，即衣食界是也，此曰通；若
其餘羯磨，要作法地秉曰塞。此解好。上言乞鉢、捨懺，是一事也，非謂衣
財之捨懺，須知。」（四○三頁下）資持卷上一下：「戒堂三小戒場等，結解
大界，不行故塞，餘則皆通，故云並有等。」（一九九頁下）

二、別舉羯磨，明其成壞〔一〕

法不孤起，終須四緣〔二〕。隨義明非，不過七種〔三〕。先就「但心念
法」，以解七非。乃至白四，類七可解。

初，明七非〔四〕者

一者人非，謂以此法，對人而作〔五〕。二者法非，口不言了，法不稱
教〔六〕。三者事非，謂重吉羅用責心悔〔七〕，六念等事，一一非法妄牒而
誦〔八〕，不成，有罪。四者人法非，不妨事如〔九〕。五者人事非，不妨法
如〔一〇〕。六者事法非，不妨人是〔一一〕。七、具三非〔一二〕，並同上。餘
則例之〔一三〕。

二、對首心念〔一四〕

亦具七非，數同於上，隨事對法，各有別相〔一五〕。且舉安居一法，
餘則例之〔一六〕。一者人非，謂界中有人，別眾而作，自不依他等〔一七〕。
二者法非，口說錯脫，文非明了等〔一八〕。三者事非，時非夏限，處有難
緣，不依佛制〔一九〕。四非已下，類前可知〔二〇〕。

三、眾法心念

如說戒等，亦具七非：一者人非，界內別眾，自犯六聚〔二一〕。二
者法非，不陳三說，或有漏忘〔二二〕。三者事非，眾具有闕，時非正法
〔二三〕。四非已下，如前例之。

四、但對首〔二四〕

如持衣法：一者人非，所對之人，犯戒非法，有訶者訶〔二五〕。二者法非，陳受非正〔二六〕，或訶不止〔二七〕。三者事非，五大色〔二八〕衣，及以上染〔二九〕，財是不淨之例〔三〇〕。四非至七，如前例知。

五、眾法對首〔三一〕

如自恣等：一者人非，四人秉法，第五受欲〔三二〕；或非淨戒，知而同法〔三三〕。二者法非，互不相陳，說不明了等〔三四〕。三者事非，時非夏末〔三五〕，眾難不具〔三六〕等。四非已下，亦如前例。

六者單白〔三七〕。

如捨墮法。餘例取解，而各不同〔三八〕。一者人非，界內別眾，人非清淨〔三九〕等。二者法非，輕重同法，持犯不分，妄陳言說〔四〇〕。三者事非，財非合捨〔四一〕、有過不陳〔四二〕、界非作法〔四三〕、衣物不集〔四四〕、妄輒託人〔四五〕之類。四人法非，已下可解。

七、白二中

如結界法〔四六〕：一者人非，不盡標，盡相而集〔四七〕；界內別眾，得訶人訶〔四八〕。二者法非，唱相不明〔四九〕，作法闇託〔五〇〕，又訶不止〔五一〕等。三者事非，標、相及體，三種分齊，混然一亂〔五二〕，不知彼此〔五三〕；二界錯涉〔五四〕，重結、交互〔五五〕，遙唱、遙結之類，並不成就〔五六〕。餘非例知〔五七〕。

八者白四。

如受戒法等：一者人非，受者遮難〔五八〕，界中不集〔五九〕；僧數有缺，人雖五百，一一人中，五十餘法，簡之不中，通非正數〔六〇〕。二者法非，受前進止，八種調理〔六一〕，及論正受，執文無差〔六二〕等。三者事非，界相不明，衣鉢非己之類〔六三〕。餘非例前。

餘之正法，乃至「心念」〔六四〕，當法自成，不相通練〔六五〕。別眾一法，多或通之〔六六〕。廣張非相，如義鈔也〔六七〕。

【校釋】

〔一〕別舉羯磨，明其成壞　簡正卷六：「寶云：前來約法、事、人、界四種，歷別已明。今於此中，重對法上橫八，以辨成壞之相。『是』即名成，『非』即名壞也。」（三四〇頁下）鈔批卷七：「『如』即是成，『非』即名壞。壞相雖多，不過有七，律中准約單白、白二、白四，明其七非。對首、心念，未見其解。今鈔家義立，通有七非。心念既得名羯磨，何獨不辨其非？但律缺耳。即序中云

『文斷而以義連』，即斯事也。今以將人、法、事三種，作三單三雙一合，為七辨非也。」（四〇四頁上）【案】「成壞」文分三：初，「法不」下；二、「初明」下，列八；三、「餘之」下。

〔二〕**法不孤起，終須四緣**　鈔批卷七：「即上十緣束為四也，即人、法、事、界。此四，上已明是也，此已下明非也。」（四〇四頁上）簡正卷六：「謂上心念、對首眾，法不孤然，自起終須四緣者，謂法、事、人、界四也。既有所秉法，必有所被事，須假能秉人。又，憑作法、自然之界，闕一不可也。」（三四〇頁下）

〔三〕**隨義明非，不過七種**　資持卷上一下：「對文七非，故云隨義。以作業辦事，成在四緣。還即就緣，歷句簡練，隨一一事，單複括之，推覓非違，欲逃無路。問：『前敘四緣，後列句中不言界者？』答：『合在事故。所以爾者，二意求之：一、欲傚文非，皆七數故；或可別法無非，通兩界故。眾法則有，局法地故，由不該遍，合少從多故。』」（一九九頁下）簡正卷六：「謂約人、法、事三，綺互成七，即三單、三雙、一，合為七也。此中七非，從律文中來，今若要通明，須先辨律文云。羯磨疏引『瞻波法』七非之義，分為四門：一、列數，二、釋名，三、辨體，四、總別。今於此四中，下二如疏明之。且列數、釋名字者。先列數：一、非法非毗尼羯磨；二、非法別處；三、非法和合；四、如法別眾；五、法相似別眾；六、法相似和合；七、呵不止非。（列敷竟。）次釋名，云非法、非毗尼羯磨者，疏解曰：作無軌，則不稱教理，名為非法；不能生善滅惡，名非毗尼。被事云時，亦得名羯磨。此一中具三非：人、法、事總非也。一、人，舉一人，乃至僧舉僧，是人非；一白、眾多白，一羯磨、眾多羯磨，是法非；（三四〇頁下）有病無藥、無病施不相當，是事非也。二、非法別眾者，謂本為此事作白，乃為彼事作羯磨，此約作法差互，名非法也。同一界住，應未者不來、應與欲不與欲，來現前得呵人，呵是別眾也，此具二非，人、法俱也。三、非法和合者，非法義如前釋。和合者，應來者來，應與欲者與欲，未現前人不呵。此但有非法非一種也。四、如法別眾者：應作單白，今作單白；本作白二，今作白二；本作白四，今作白別眾者；應來人不來，應與欲人不與欲，此但有人非一種。五、法相似別眾者，先作羯磨後作白，即約作法時顛倒，故名相似。別眾，如前說。此具人非、法非二種也。六、法相似和合者，相似如前解。和合應來者，來等亦如前，此但有法非一也。七、呵不止者，應呵者，心同故呵。」（三四一頁上）扶桑記引資行釋「合

少從多」：「作法界不徧該眾別法，故合作法界少分事，從事多徧，故云合少從多。」（六八頁上）

〔四〕七非　簡正卷六：「謂以此法對人作者，謂輕吉羅罪，只要責心自滅，今對首悔，成人非捧（【案】『捧』疑『攝』。）也。」（三四一頁下）

〔五〕以此法，對人而作　鈔批卷七：「本合獨秉但心念，今對人作，即是人非。」（四○四頁上）

〔六〕口不明了，法不稱教　鈔批卷七：「心念之法，要須口說，令自耳聞。今說不分明，是作法不稱其教也。」（四○四頁上）簡正卷六：「要假口說，令自耳聞，今不如是法，不稱教者，前後錯亂顛倒等，類是法非也。」（三四一頁下）

〔七〕重吉羅用責心悔　簡正卷六：「解事非也。寶云：重吉本體是對首家事，不是但心念事。今將對首事作心念事，秉責心治他重罪事不得，是事非也。」（三四一頁下）

〔八〕六念等事，一一非法妄牒而誦　簡正卷六：「如初念大月為小月，白月為黑月，一日為二日，乃至第六念，無病云有病等，並是妄牒，一一皆得違教之吉也。」（三四一頁下）鈔批卷七：「其六念中，有背請、別眾食、衣鉢具缺、受時年夏，此屬事也。每日牒誦，事須稱實，應其教法。今則妄牒，黑月云白，衣缺云具，妄陳言說，故曰事非。」（四○四頁上）

〔九〕人法非，不妨事如　資持卷上一下：「如對人說，詞句差脫而悔輕吉。」（一九九頁下）簡正卷六：「人法非，不妨事如者，重吉；對首，輕吉，責心是事如也。」（三四一頁下）

〔一○〕人事非，不妨法如　資持卷上一下：「如對人六念六事，虛濫詞句無差等。」（一九九頁下）簡正卷六：「口說了明，是法如也。」（三四一頁下）

〔一一〕事法非，不妨人是　資持卷上一下：「如悔重吉，口不言了，而是獨作。」（一九九頁下）簡正卷六：「謂自作、心念等是。」（三四一頁下）

〔一二〕具三非　資持卷上一下：「對首無言，發露非罪。」（一九九頁下）

〔一三〕餘則例之　簡正卷六：「此上且約輕吉，六念以明，自餘說戒、發露等例解。」（三四二頁上）

〔一四〕對首心念　簡正卷六：「指前但心念七非之數也。」（三四二頁上）

〔一五〕亦具七非，數同於上，隨事對法，各有別相　鈔批卷七：「謂指前文約法而明，辨對首、心念，有其七種，即安居、說淨、受藥、受七日、受三衣，及捨、受鉢等，故曰數同於上。隨此事來，則有法相對，故曰隨事對法，各有別相也。」

（四〇四頁上）簡正卷六：「隨事對法，謂前約法辨，對首、心念中有七種，即安居、持衣、說淨等事，作對首、心念之法，故云隨事對法。各有別相者，謂此於七中，一一各具非法也。」（三四二頁上）扶桑記：「上記云：別相者，法所攝事。」（六七頁上）

〔一六〕且舉安居一法，餘則例之　簡正卷六：「對首、心念都有七，不可總舉來辨非，今抽取安居一法，具明七非之相。餘六，例此可解。」（三四二頁上）

〔一七〕界中有人，別眾而作，自不依他等　資持卷上一下：「上二句明別他；下句即損己，謂不依第五律師也。」（一九九頁下）簡正卷六：「謂本是但對首法，只為無人，方開心念。今既有清淨比丘，不召他來，一向自作，是別眾捧（【案】『捧』疑『攝』。）也。自不依他者，謂夏中，不依第五律師犯提，亦人非也。」（三四二頁上）鈔批卷七：「界中有人，不依對首而作，故曰人非。又解：夏中安居，不依持律者也。濟云：謂不對人而作，非是依第五律師也。」（四〇四頁上）

〔一八〕口說錯脫，文非明了等　簡正卷六：「謂陳詞時，錯悞脫漏之類也。」（三四二頁上）

〔一九〕時非夏限，處有難緣，不依佛制　資持卷上一下：「非夏限者，越三種安居故。有難緣者，不避命梵故。不依佛者，結上二事故。」（一九九頁下）簡正卷六：「四月十六日，是夏初一日。今十五日，由屬眷分，結夏不成。處有難緣等者，謂虎、狼、師子、惡獸令難，或有黃門、婬女等梵難，佛制不許在此安居。今既故違，即不依佛制也。」（三四二頁上）鈔批卷七：「即四月十六日，方是夏分。今乃四月十五安居，故名非。言難者，師子、虎、狼也。」（四〇四頁下）

〔二〇〕四非已下，類前可知　資持卷上一下：「『四』下，略三複一具，此中從法，且列八七。若從事者，百八十四，一一具七，句數則多。」（一九九頁下）簡正卷六：「鈔指略也。即三雙一合，類取前文。」（三四二頁上）

〔二一〕界內別眾，自犯六聚　資持卷上一下：「亦約自他兩明，以臨說戒，必須行淨故。」（一九九頁下）簡正卷六：「說戒根本是眾法，無人之時，方開心念。今既有人，獨自如作，是別眾捧（【案】『捧』疑『攝』。）。自犯六聚者，諸有犯不得說戒，今自有犯，即不合說。」（三四二頁下）鈔批卷七：「明此說戒本是眾法，為無人故，方開心念。今界有人，心念獨作，故落人非。又，說戒之來，本被淨者，今犯六聚，不應說戒，即律文中，犯不合聞，犯不合說。」（四〇四頁下）

〔二二〕**不陳三說，或有漏忘**　簡正卷六：「謂心念、說戒，雖不秉單白，理合口陳三說，云：『今僧十五日說戒，我某甲清淨。』三說。今不陳此，或有漏忘者；雖陳詞，而脫漏說『戒』『清淨』等字。」（三四二頁下）鈔批卷七：「立明：心念、說戒，文云『我某甲比丘清淨』，還須三說，今若一說，目是法非。」（四〇四頁下）

〔二三〕**眾具有闕，時非正法**　資持卷上一下：「一人獨秉，眾具須備。時非者，越三日故。」（一九九頁下）簡正卷六：「眾具有闕者，解事非也。舍羅燈火等是眾具，今闕此故。非正法者，未至半月，或雖是半月，晨起不待客等。」（三四二頁下）鈔批卷七：「謂先須洒掃，次辦華籌香水等，鳴鐘待客。若無來者，方開心念。今不依此，故曰事非。言時非正法者，立云：平旦而作，名非正法，由不待客比丘。又解：約日時之非，謂十四、十五、十六日名時，異此時，非也。」（四〇四頁下）

〔二四〕**但對首**　簡正卷六：「唯對二人作也。其例盖多，今舉一事，如持衣等是也。」（三四二頁下）

〔二五〕**所對之人，犯戒非法，有訶者訶**　簡正卷六：「前對首者破戒，不足我別法之數也。或雖是清淨戒，一坐一立，相中有乖，故云非法。有呵者，呵謂心乖，故呵。呵成別眾，是『人非』捧（【案】『捧』疑『攝』。）。」（三四二頁下）資持卷上一下：「犯戒者，境穢不足。有訶者，行淨別眾也。」（一九九頁下）鈔批卷七：「羯磨疏：『問曰：呵不止非，與得呵人呵，有何別耶？』答：『約人明呵，情不同故，成別眾也。約法不止，異同詳秉，故入法非。又解：德人吐辭，義須依住，住則是別，法不可非，（謂聞呵即住，但是別眾，故言別；但是人非，無有法非，故言法不可非。）（四〇四頁下）不住乖法，人法俱非，（謂先呵之人，望不合呵，此屬人非；今聞呵不止，又是法非，故曰人法俱非也。）疏又云：得呵人呵者，能敗法人，是別眾也；聞呵即止，雖止亦非，即即（原注：『即』字疑剩。）人非也。若不止者，自是法非。但以法假人弘，有呵須住，自言我是，聞呵故去。去是法隨，住是非。不忍而說，義非獨建，故是法敗也。故礪云：汎論呵者，含有二義：一謂情乖故呵，呵成別眾；二情同故呵，呵成呵不止。（意謂上是人非，下是法非。）又云：凡呵羯磨者，自呵或語傍人，此亦成呵，故五分云：若同界比丘乃至使比座聞，是為成呵。准此文者，雖不對秉法人呵，直共比座，評論成否，亦是呵限，即落非也。此皆約正誦羯磨時也。」（四〇五頁上）

〔二六〕非正　資持卷上一下：「容差互也。」（一九九頁下）簡正卷六：「謂十五條，
　　　三長一短。今云兩長一短，陳說詞句，不當此衣，故云非正。」（三四二頁
　　　下）

〔二七〕呵不止　資持卷上一下：「縱令如教，但使他訶，不止亦非。」（一九九頁下）
　　　簡正卷六：「謂前人見錯，遂發言呵，呵而不止，成法非也。上來有呵者，呵
　　　即約心乖，故呵是人，非今呵不止，即法非捧（【案】『捧』疑『攝』。）。」（三
　　　四二頁下）

〔二八〕五大色　簡正卷六：「青、黃、赤、白、黑，是五大色也。」（三四三頁上）

〔二九〕上染　簡正卷六：「真緋、正紫、碧綠等，是上染也。」（三四三頁上）資持卷
　　　上一下：「上染謂五間及錦綺等。」（一九九頁下）

〔三〇〕財是不淨之例　鈔批卷七：「即五邪、販、博所得，故知販、博、邪命得財作
　　　衣，加法不成也。」（四〇五頁上）資持卷上一下：「邪命得也。體量裁製，文
　　　中略也。」（一九九頁下）

〔三一〕眾法對首　簡正卷六：「根本是僧秉法。今無僧故開對，其例蓋多，且舉自恣
　　　一種。」（三四三頁上）

〔三二〕四人秉法，第五受欲　簡正卷六：「謂界有五人，合成眾法，今一人與欲四人，
　　　作展轉對首。」（三四三頁上）資持卷上一下：「上明別眾。（一九九頁下）以
　　　界滿五，不開對首。又對首法，不開受欲，必須集至，還依本位，方名如法。」
　　　（二〇〇頁上）鈔批卷七：「謂界內五人，應須盡集，一人說欲，餘四對首、
　　　自恣，故名人非也。」（四〇五頁上）

〔三三〕或非淨戒，知而同法　資持卷上一下：「『或非』下，次簡非數。」（二〇〇頁
　　　上）簡正卷六：「前是破戒人，明白知委，即不合與同法。若不知，即無過。」
　　　（三四三頁上）

〔三四〕互不相陳，說不明了等　鈔批卷七：「知他有犯，不舉發也。言說不明了者，
　　　此謂正自恣時，說文詞不分明也。」（四〇五頁上）簡正卷六：「對首、自恣理
　　　合，更互陳詞。如四人作法，一人別說云三（【案】『三』疑剩。）：『大德一心
　　　念，今日眾僧自恣，我某甲清淨。』三說。今不如互陳，說不明了者，或雖陳
　　　詞，詞句不了。律云：不得竊語自恣等。」（三四三頁上）

〔三五〕時非夏末　鈔批卷七：「時非夏末等者，謂佛令安居竟自恣，今夏末竟而作，
　　　是事非也。」（四〇五頁上）資持卷上一下：「時非者，亦三日外。」（二〇〇
　　　頁上）

〔三六〕**眾難不具**　簡正卷六：「若有惡比丘來，即知彼十四日來，十三日自恣，十五日來，十四日自恣。雖非夏末，即許，反上不許。」（三四三頁上）鈔批卷七：「謂僧眾若有難事，開增自恣。今有（原注：「有」疑「無」。）難而作，屬事非也。」（四〇五頁上）資持卷上一下：「非時得作，有難方開，本律增減。五百問一月是也。」（二〇〇頁上）

〔三七〕**單白**　簡正卷六：「單白所被，乃有多種。今文中且舉捨墮一法辨非，餘例准也。」（三四三頁上）

〔三八〕**而各不同**　簡正卷六：「謂約前所被不同。（三四三頁上）若論其非不異。」（三四三頁下）

〔三九〕**界內別眾，人非清淨等**　簡正卷六：「謂或在大界中有人不集戒場上，即不爾。非清淨者，懺主必須根本，俗人已來不犯五戒，乃至出家後，不犯重禁，方受彼懺。今反上，成人非也。」（三四三頁下）鈔批卷七：「此明懺墮，要對淨戒，以犯戒故，不得受他解罪，名人非也。」（四〇五頁下）

〔四〇〕**輕重同法，持犯不分，妄陳言說**　資持卷上一下：「上句明根本、從生，異篇合懺。次句，明犯與不犯，未窮情實。妄陳者，括上兩過。」（二〇〇頁上）鈔批卷七：「謂如應量衣，應作提懺；不應量衣，須作吉懺。今總作提懺者，名為輕重同法也。又解：根本提重，覆吉是輕。又，可根本覆吉是重，從生是輕。又，經說嘿妄是重，從生是輕。今則同時而懺，不陳名相，直合而悔，故言輕重同法。持犯不分等者，立明：曾經說淨，是持非犯；未經說淨，是犯非持。今既混亂，俱將盡捨，故云不分。亦可約犯捨之衣，著用得吉。今未著用，妄言犯吉。若經說戒，嘿妄有犯。今未經說戒，妄言有犯是也。亦可如離大衣，隨離者順牒，今但言離三衣是也。言妄陳言說者，謂衣不犯捨，今言犯捨，是妄陳說也。」（四〇五頁下）簡正卷六：「如懺長衣，應量結提是重；不應量者，准論結吉是輕。今同捨合懺也。持犯不分者，釋上輕重義也。應量過限結提，據律文是犯。減量雖過限，多論結吉，律並不犯，卻得成持。今若相合懺之，則不分持犯二別也。妄陳言說者，犯長云離衣等例。」（三四三頁下）【案】持，底本為「時」，依大正藏本改為「持」。

〔四一〕**財非合捨**　資持卷上一下：「初，明非長。如毛綿、帽袜、小白缽器等。」（二〇〇頁上）鈔批卷七：「立謂：應屬法非。今望財體是淨，不合捨故，今則名為事非也。如羯磨疏云：衣財散落，染淨未分，通將入捨，以是事非。又如畜貿二寶，但合還主，今捨與僧，是名不合捨也。文（【案】『文』疑『又』。），

乞蠶衣，但令斬壞，不合捨之與人，今將捨者，故稱不合也。」（四○五頁下）
簡正卷六：「法寶又解：非，由不也。如蚕綿，但自斬壞，不合捨也。」（三四
三頁下）扶桑記：「資行：唐土帽子，不足尺六八寸以上，不須說淨。當時帽
子，尺六寸以上，故須說淨。」

〔四二〕**有過不陳**　資持卷上一下：「明隱犯，僧不委知。」（二○○頁上）鈔批卷七：
「謂提吉兩慳，不陳多少。」（四○五頁下）簡正卷六：「隨犯長離衣，敗（原
注：『敗』疑『販』。）賣，取非親尼衣，過限之類，理合一一陳之，今並不
說。」（三四三頁下）

〔四三〕**界非作法**　資持卷上一下：「明地弱，不勝羯磨。」（二○○頁上）鈔批卷七：
「謂在自然，輒秉羯磨也。」（四○六頁上）簡正卷六：「然此捨墮，理通
二界。今且據單白所被，必是僧法成就，須是法界自然不合也。」（三四三
頁下）

〔四四〕**衣物不集**　鈔批卷七：「十衣犯長，但捨七八，故曰不集。」（四○六頁上）簡
正卷六：「謂臨作法時，收捨院中，衣物不盡，不一時聚集，列於僧中。」（三
四三頁下）

〔四五〕**妄輒託人**　資持卷上一下：「明濫託，言寄誰處。」（二○○頁上）鈔批卷七：
「言我此犯長衣，遙心捨與某比丘竟，心元不斷也。立云：捨懺之時，衣物不
盡，還來見本所忘之物，方言我將施人，由本無心，所捨之衣還為所忘者染
也。」（四○六頁上）簡正卷六：「或捨衣了，歸房中，忽見本物，恐有相染，
便云此捨與某甲等，亦不得也。下文云已作屬己前生，後乃恐染而捨，此非淨
施，佛判不成等。」（三四三頁下）

〔四六〕**結界法**　簡正卷六：「謂有諸多白二，鈔約結界一法辨也。」（三四四頁上）

〔四七〕**不盡標，盡相而集**　資持卷上一下：「上二句明身別。……事中三：初，迷三
相；二、昧兩界；三、遙唱結。」（二○○頁上）簡正卷六：「『謂自然界小，
作法標遠，故須盡標集也。『相』謂者（【案】『者』疑剩。）作法標狹，自然
相遠，故盡相集。」（三四四頁上）鈔批卷七：「景云：『標』謂欲結界分齊，
『相』謂自然界分。此即標寬、自然界狹，須盡標集。若盡自然而集，即犯別
眾。此舉標寬相狹為言。若標狹相寬，盡標集也。舉院相圍，即院為標也，此
相謂自然相也。若准古師，但盡相集，何須盡標？由未加法，無別眾罪。鈔主
從急，故制盡標。據了論，三由旬齊內須集，意可知也。私云：了論文別，鈔
家錯准。下當廣破。」（四○六頁上）

〔四八〕**界內別眾，得訶人訶**　資持卷上一下：「下句口別。」（二〇〇頁上）簡正卷六：「『界內別眾者，四處六相，自然界內，有人不來。得呵人呵人（【案】『人』字疑剩。）者，心乖故呵也。」（三四四頁上）鈔批卷七：「得呵人呵者，簡餘被治。七羯磨人等，名為非得呵人也。礪云：此中呵者，情乖故呵，呵成別眾。後文『呵不止』者，情同故呵。由秉者非謂言我是，聞呵不止，即屬法非，名為呵不止非。」（四〇六頁上）

〔四九〕**唱相不明**　簡正卷六：「謂唱相比丘心中不明，得彼標相分齊，或唱不着等。」（三四四頁上）

〔五〇〕**作法闇託**　簡正卷六：「唱相既不明了，雖秉法結結（【案】次『結』疑剩。），冥然不就，亦無善法生起。由彼不明，無所托附，故云暗托。（玄云『如暗中托物』者，非也。）呵不止者，謂知法人恐法不成，心同故呵。彼不止住，是法非也。」（三四四頁上）鈔批卷七：「立明：唱相既不明了，致令作法之時無所依准，不知畔齊，如闇中托物也。又云：不識標之處所，妄指山谷，濫委林樹也。」（四〇六頁上）

〔五一〕**訶不止**　簡正卷六：「謂知法人恐法不成，心同故呵。彼不止住，是法非也。」（三四四頁上）

〔五二〕**標、相及體，三種分齊，混然一亂**　鈔批卷七：「立云：墻壁、樹、石等是標；相者，所唱者是也。若從內唱，標在相外；若從外唱，標在相內。言體者，即所結之地也。羯磨疏云：唱者之所據曰標，羯磨之所牒曰相，作法之地曰體。今不識此三種，名混亂也。」（四〇六頁下）簡正卷六：「唱相之所據名曰標，羯摩所牒處曰相，作法之地處曰躰。今不識此之三分齊故，是混亂也。」（三四四頁上）

〔五三〕**不知彼此**　簡正卷六：「不知大界內相為此，戒塲外相為彼，中間不留自然之地，故云不知彼此也。」（三四四頁上）鈔批卷六：「以標望相，標則是此，相即是彼；以相望標，相即是此，標則是彼。」（四〇六頁下）

〔五四〕**不知彼此，二界錯涉**　簡正卷六：「既無自然隔之二界，自成錯涉也。」（三四四頁上）鈔批卷六：「立謂：大界、戒塲相交涉，中間不分自然空地，故曰也。亦可約二个別住作亦得。」（四〇六頁下）

〔五五〕**重結、交互**　簡正卷六：「前人已結，後人不知，更於上再結，故成重結。兩界相銜，名為交互。」（三四四頁上）

〔五六〕**遙唱、遙結之類，並不成就**　鈔批卷七：「明有人於戒塲上結塲竟，即於中遙

結大界，是不成也。又有人先立三種標竟，於大界內坐，先遙結戒場，亦非法不成也。」（四〇六頁下）簡正卷六：「在戒場上坐遙唱，大界內外相秉法結也。下句都結上非，故云並不成就。」（三四四頁上）

〔五七〕餘非例知　簡正卷六：「三雙一合，例解也。」（三三四頁下）

〔五八〕受者遮難　資持卷上一下：「初句是『所為非』。」（二〇〇頁上）簡正卷六：「有解云：沙彌為受者，身上有輕遮重難，故受不得。今難云：若約沙彌有難等，卻屬事非所標也。今依玄記，約教授師，不明教相，不識遮難等相，不解分別，非令他帶此而受，不獲戒躰。此非無從教授師身上起，即人非捧（【案】『捧』疑『攝』。）也。故下文云：若問而不解，終為非問等。」（三四四頁下）

〔五九〕界中不集　資持卷上一下：「『界』下即『能秉非』。上句明別眾。」（二〇〇頁上）簡正卷六：「且據大界內受時說。僧數有缺者，中不滿十，邊不滿五。」（三四四頁下）

〔六〇〕僧數有缺，人雖五百，一一人中，五十餘法，簡之不中，通非正數　資持卷上一下：「『僧』下，顯非數。言五百者，趣舉至多，顯非易得。五十法者，據足數中，六十餘人。然第四門，十一人猶足生善，故減言之。」（二〇〇頁上）鈔批卷七：「景云：此是縱詞，謂聊舉五百耳。言一一人中，五十餘法者，立明：如足數文所明也。通諸部簡人，合有六十三人，今言五十餘者，有十三人，是義立也。自意云：足數文中，列懺僧殘四人，謂行覆藏人本日治，六夜出罪，并十誦三人，將為不足數，故有六十三人，（四〇六頁下）此是通家不足數義。若約受戒，四分中開停僧殘行法，應他受戒，是生善緣，開濟前務。此文既明受戒除七，即有五十餘種。（此解好。）」（四〇七頁上）簡正卷六：「僧數有缺者，中不滿十，邊不滿五。人雖五百者，此且縱詞，聊舉五百。五十法簡之不中者，謂前足數篇諸門中，料簡六十餘人，今除第四門中，少分不足。且頭前之兩門所列人數五十有餘也。通非正數者，謂上諸人，總不足正僧數也。」（三四四頁下）

〔六一〕受前進止，八種調理　資持卷上一下：「八種者，即受法中，十種方便除『少分法』及『教發戒緣』。隨機羯磨亦立八耳。（一、請師，二、安置，三、白差，四、出問，五、召入，六、乞戒，七、戒師白，八、對僧問。）上即緣非。『及』下，正示法非。」（二〇〇頁上）鈔批卷七：「立明：受戒篇中，前有八門條牒，及至受時，當第九門。頌曰：『請置差往喚，乞白撿羯磨，至受戒當見。』今

明於八門中，雖復調理次第，及至受時，即白讀羯磨，故曰執文無差也。又解：八種調理，及與正受，俱不知法也。」（四〇七頁上）簡正卷六：「謂受前具八法：一、請師；二、安置受人立處；三、差教授師；四、出眾問；五、召入眾；六、乞戒；七、戒師白和；八、戒師問難。此八並屬『受』前，故云受前進止等。（云云。）」（三四四頁下）扶桑記：「少分法謂曾受十戒也。」（六九頁上）

〔六二〕及論正受，執文無差　資持卷上一下：「『及』下，正示法非。」（二〇〇頁上）鈔批卷七：「今明於八門中。雖復調理次第，及至受時，即白讀羯磨，故曰執文無差也。又解：八種調理，及與正受，俱不知法也。」（四〇七頁上）簡正卷六：「及論正受，謂受中有二人，先且教彼緣立心，（三四四頁下）次秉受法正躰，此二不開前八之事也。執文無差者，依文謹誦某甲之詞，曾不加改也。」（三四五頁上）

〔六三〕界相不明，衣鉢非己之類　資持卷上一下：「三位眾法，並出界非，以局處故。」（二〇〇頁上）簡正卷六：「界相與前白二科中解同。衣鉢非己者，假借別人云者。類是流預，但是事非也，總在此収也。」（三四五頁上）

〔六四〕餘之正法，乃至「心念」　鈔科卷上一：「『餘』下，結示指略。」（一四頁中）資持卷上一下：「初正結。離此八條入非之者，故云餘正法也。」（二〇〇頁上）簡正卷六：「通結指歸也。餘，外也。除適來單白、白二、白四云外，故着『餘』字也。正法，即羯磨之法也。乃至心念者，越卻中間『對首』。」（三四五頁上）鈔批卷七：「立明：束民（原注：『民』疑『即』。）為三，離分即八，皆是約界人數多少，得秉何法。隨人多少，各相成不相通也。又云：如白四法，不練餘心念、對首等法。又如但心念，亦不通練餘對首、心念法也。又如本是對首之法，豈得將為眾法也！本唯有三，約緣故分八相耳。」（四〇七頁上）

〔六五〕當法自成，不相通練　資持卷上一下：「『當』下，明法事並塞。」（二〇〇頁上）簡正卷六：「謂橫前開八位，就緣約相，一百八十四人、法、事等，各各自別，故云當法自成。交互不可，即不明通練。」（三四五頁上）

〔六六〕別眾一法，多或通之　資持卷上一下：「『別』下，明人別。多通唯除『二但』，自餘皆有。」（二〇〇頁上）鈔批卷七：「謂但心念、但對首，則無別眾。其餘眾法對首、眾法心念，若界有人，便成別眾，若界無人，則無別眾。有無不定，故言或通之也。『或』是不定詞也。欲明上之八法，約界無人，離成此八。界

若有人，唯歸三法。若界有人更為八者，容有別眾之過，故曰也。」（四〇七頁上）簡正卷六：「『多』謂多分，『或』題不定。謂於八位之中，除但心念一位，餘七位，若界有人，便是別眾廣張也。」（三四五頁上）

〔六七〕廣張非相，如義鈔也　資持卷上一下：「『廣』下，顯略，彼文亦亡。」（二〇〇頁上）簡正卷六：「律文七非之相，文義交羅。羯磨疏引彼廣陳，抄為接機，故略不說。前來八位，隨義明非，且依見論云：文與律，意旨不別。〔去記（【案】『去』疑『玄』。）對此別七非數，令移在前門首說了。〕」（三四五頁上）

次，釋羯磨正文〔一〕

令知綱要〔二〕，識解通塞〔三〕。若不具明，見增減一字，謂為法非〔四〕。然其非相，唯在一字〔五〕；然須知處所〔六〕，不得雷同〔七〕。

或依文謹誦，曾不改張有無〔八〕；或第二、第三，亦隨略說〔九〕；或無文稱事〔一〇〕、有文無事〔一一〕、俱有俱無〔一二〕，未能增減〔一三〕。致使旁人加改，重增昏亂〔一四〕。或復闇誦不入心府〔一五〕，臨事致有乖違，於即對眾之中，執文高唱〔一六〕。如斯等事，呈露久聞〔一七〕。豈不以愚癡不學〔一八〕，自受伊責〔一九〕。亦有轉弄精神〔二〇〕，觀事乃同於法〔二一〕，而人、事兩緣，冥逾夢海〔二二〕。量時取法，全是師心〔二三〕。照教，教稱不成〔二四〕；結罪，罪當深罰〔二五〕。是以同法之儔，幸宜極誡〔二六〕！若作羯磨人，要須上座〔二七〕。故律云〔二八〕：應作羯磨者，若上座、次座。若上座不能，當出言「語持律者作」〔二九〕。已外不合〔三〇〕。

今正釋文。

且就說戒單白，及受戒羯磨〔三一〕。具解二文，餘則例解。

就單白說戒中，分五〔三二〕：一、「大德僧聽〔三三〕」者，告眾敕聽〔三四〕，令動發耳識，應僧同法〔三五〕。二、「今僧白月十五日布薩說戒〔三六〕」者，正宣情事〔三七〕，白眾委知。三、「若僧時到，僧忍聽」〔三八〕，正明僧若和集，諦心審聽，量其可否。「僧時到」者，謂心和身集，事順法應也〔三九〕；「忍聽」者，勸令情和聽可，勿事乖違〔四〇〕。四、「布薩說戒」者，重牒第二根本白意，決判成就，忍可所為也〔四一〕。五、「白如是〔四二〕」者，事既和辨，白結告知〔四三〕。

次，就羯磨法中明者〔四四〕

且約受戒白四內〔四五〕。上已明「白」，恐新學未悟，略復述之，各有其志〔四六〕也。白中，還五〔四七〕：一、「大德僧聽〔四八〕」，同上舉耳勸

聽。二、「是沙彌某甲從和尚某甲受戒〔四九〕」，乃至「三衣鉢具〔五〇〕」，「和尚某甲」者，此同上牒其緣兆〔五一〕，正宣情事〔五二〕，令眾量宜〔五三〕。三、「若僧時到，僧忍聽〔五四〕」，同上〔五五〕心事既和，願僧同忍。四、「僧今授某甲具戒，和尚某甲〔五六〕」者，正明忍可所為，決判根本〔五七〕。五、「白如是〔五八〕」者，表眾令知〔五九〕。此之白文〔六〇〕，與前單白文義略同〔六一〕，依之可解。

次解羯磨。就中分二〔六二〕：初，正決根本〔六三〕；二、「僧已忍」下，結成上文〔六四〕。

前中，有三〔六五〕：初，「大德僧聽」者，告眾重聽。事既非小〔六六〕，諦緣聲相，決判之緣〔六七〕。二、「此某甲」乃至「誰諸長老忍」〔六八〕，正辨牒緣，及以根本〔六九〕，謂僧今與某甲受戒等，量其可不〔七〇〕。三、「僧今與某甲受具戒」乃至「誰不忍者說」〔七一〕，單牒根本，決判成就〔七二〕。「第二、第三，亦如是〔七三〕」者，一則事不成辦，多則法有濫非〔七四〕，軌刻令定，限至於此〔七五〕。二、結勸。云：「僧已忍『與某甲受具』」下，至「如是持」〔七六〕，此直付囑結歸，不關羯磨正體〔七七〕。

【校釋】

〔一〕釋羯磨正文　資持卷上一下：「曲解羯磨，前通眾別，別法可解，故此一章，唯明眾法。」（二〇〇頁上）簡正卷六：「鏡水大德云：『前分科處云由（【案】『由』疑『曲』。）解羯摩，今此但云次釋正文，二言何異？』答：『但製作變通語勢，更無別理。』大德又云：『雖爾，亦須對此略消前科。（三四五頁上）所言曲解羯磨者，謂分外義也。就一百八十四種，總呼為法，其心念、對首，文相易顯，不更說。然僧法羯磨，剛骨緣本難明，是以分外更說，令人知委，故云曲解。（消前科了。）今云次釋者，次謂次第，釋謂解釋。正文者，即單白、白四云文。於此文中，一一調理白數等。』」（三四五頁下）

〔二〕令知綱要　資持卷上一下：「綱要者，即初釋文，是羯磨大體。（不必強分綱緣。）」（二〇〇頁上）簡正卷六：「古說云『綱即是要』，不正也。玄云：羯磨骨名綱，其間牒緣本所名要。只如單白中，初、三故五，十四今字為綱，二、四兩句，緣本為要；羯磨三十一字是綱，三中間為要。『大德僧聽』下、『誰諸長老忍』前為一；中間『誰請長老忍，後者嘿然』已前為二；中間『僧已忍』後、『竟』字前，為第三中間也。謂法無緣本，即是無用。雖有緣本，若無躰骨之相，被事不成，故知一十四字、三十一字，實為緣本云（原注：『云』疑

『之』。）綱。中間緣本雖殊，乃是綱家之要。有人云：『綱』與『骨』有別者，不然。綱即是骨，頭緣本邊即綱，約法躰中名骨，二名不異也。」（三四五頁下）

〔三〕**識解通塞**　簡正卷六：「了別無疑曰識，洞明義理曰解。一百三十四白綱骨，今今總同是通；百三十四中間事緣，各各有異是塞。單白既爾，羯磨准知。」（三四五頁下）資持卷上一下：「通塞者，即後料簡，示文義差別。（不必局指一科。）」（二〇〇頁上）

〔四〕**若不具明，見增減一字，謂為法非**　資持卷上一下：「『若』下，示妄謂。」（二〇〇頁上）鈔批卷七：「立明：鈔意云，我若不具明通塞，恐餘人見增減一字，疑其非法。然成敗實由一字，但不可膠柱其心，須知處所。若羯磨正體，不得加減；若所牒緣牒事，增減無失。」（四〇七頁下）簡正卷六：「若不具明者，具足曉明也。謂若不具足曉明躰骨緣本，答異見增減一字，不問緣中，將為便成非法也。」（三四五頁下）

〔五〕**然其非相，唯在一字**　資持卷上一下：「『然』下，明非處。上二句是縱，下二句是奪。」（二〇〇頁上）簡正卷六：「然，是也。謂是非相，不必全句脫漏，便號落非。但一字參差，即名非法。」（三四六頁上）

〔六〕**然須知處所**　簡正卷六：「此可『然』字作『縱奪』意解也。謂上縱云成非，唯在一字。今若奪之，即此一字，須着處所。居躰骨中，一向不許，於緣本中，不傷理處，即得傷大理處。一字不開故，須知所處也。」（三四六頁上）

〔七〕**不得雷同**　簡正卷六：「寶云：似雷之聲，天下同聞，是一例義，今不得同，此須究其原。」（三四六頁上）資持卷上一下：「言知處者，綱定不成，緣通成否，未可一概，故云不得等。（禮云：無雷同。注云：雷之發聲，物無不同時應者。）」（二〇〇頁上）鈔批卷七：「借以外事也。如天雷時，百鳥同驚，萬雉咸雊，故曰雷同。今用此言者，欲明見他增減一字，須知處所，不得雷同，謂言俱不得加減也。」（四〇七頁下）

〔八〕**或依文謹誦，曾不改張有無**　鈔科卷上一：「『或』下，斥非。」（一四頁中～下）鈔批卷七：「且舉受日羯磨文中，有佛法僧事，受過七日法，忽有看病緣，即須改張。除文中佛法僧事之無，增看病之有，未解如此改動，故曰『曾不』也。言『張』者，如琴弦若惡，須更別張，今借此言用也。書云：罕或更張是也。」（四〇七頁下）簡正卷六：「此且通相以辨，不能改張，成非也。律本羯磨中有其事，今日不具，不能改『有』而令『無』也。律文羯磨中無，今日且

有此事，不能改；彼云無，而令有之。」（三四六頁上）【案】「或依文」下分二：初「或依」下，次，「是以同法」下。初又分三：本句下為初；二、「或復」下；三、「亦有」下。

〔九〕**或第二、第三，亦隨略說**　資持卷上一下：「『或』下，別顯。初，斥連誦結略。諸白四法，（二〇〇頁上）翻譯省文，故安此語，不當誦之。」（二〇〇頁中）鈔批卷七：「此是出法家語，今依文誦，可怪之極，老師多犯。」（四〇七頁下）簡正卷六：「謂約不解結略非也。律明白四羯磨，翻譯人廣出一番了，乃於下結云：第二、第三亦如是說，但從頭更秉兩遍即得。若更列其文句，慮在繁詞。今此一類，古人行事之時，秉一番說，亦隨律文之語云第二、三等。」（三四六頁上）

〔一〇〕**或無文稱事**　資持卷上一下：「『或』下，二、斥專執詞句。初句，如律覆藏法，但云某甲犯僧殘、覆藏，僧今與某甲隨覆藏日羯磨，然前犯有差別，覆日或多少。若依律誦，則不稱前事。（懺篇云：依鈔作法，得成。若準律文，依古羯磨，即須改張，不可謹誦是也。）」（二〇〇頁中）鈔批卷七：「景云：如受日羯磨，無乞辭，輒內乞詞者是也。慈云：如看病、賞勞，無六物，將餘物賞者，無文但有其事；又如蚕綿，不合入捨，今將入捨，無文有事。今若妄牒入法，皆非也。此中數句，皆是欲釋羯磨，且商略諸迷之背也。」（四〇七頁下）簡正卷六：「羯磨無文稱今日事。如受日羯磨，律文但牒三寶之緣，為出法方軌。今日受日，自為看病等，別緣即合。除卻三寶，着今看病等緣，亦一向依於律文，即成非也。」（三四六頁下）扶桑記：「依業疏序，古家有四師：僧鎧、曇諦二師，（六九頁上）在曹魏時。慧光，元魏。法顯，隋朝。今文懺篇記云：古羯磨即曇諦出者也。」（六九頁下）

〔一一〕**有文無事**　資持卷上一下：「如賞勞法，備牒六物，物缺須改，今亦依誦。（下注云：隨有言之是也。）」（二〇〇頁中）鈔批卷七：「立明：如分亡人物中，有賞勞三衣六物之文，今闕衣物，名為無事。或可約看病者無德，亦名無事。今依律牒衣賞名之，皆非法也。又如結淨地，律有結文，而無唱相事，以羯磨牒唱相事，亦不應法也。（此有藥無病，亦不稱法。）」（四〇八頁上）簡正卷六：「羯磨有文，今日無事。如賞勞看病人。律文具有三衣六物之詞，今日亡者，身貧只有二衣之類，亦依文直成，更不除改也。」（三四六頁下）

〔一二〕**俱有俱無**　資持卷上一下：「如受日法，牒佛、法、僧緣，連書半月、一月，文事雖備，不合俱牒。（下云不得雙誦半月是也。）俱無，如結有場大界法，

律無文事，不復增加。（下云須加內外相內是也。）亦可如呵責法，文據鬥諍，必有餘犯，不能隨改。（下云及論當時，未必如文。）」（二〇〇頁中）鈔批卷七：「謂有病衣重，開離大衣，名俱有也。無病衣輕，無文開離，是俱無文。又云：如亡人有三衣六物，看者具德，名為有事。律文俱牒合與，名為有文。其事與文兼備，故曰俱有。（此是有藥有病，故稱法也。）若六物既無，看病缺德，名為無事，律不許賞，名為無文。今輒加法者，一向不成也。」（四〇八頁上）簡正卷六：「俱有者，律文有鬥諍相，言事為呵責事，有鬥淨（【案】『淨』疑『諍』。）人，智慧盧那為呵責人，是俱有。今日因戲哢為呵責事，道法慧達即是其人，便令依今日之事人。古德亦依律文，牒當時之事。俱無者，律文無聖制不學為呵責之事，亦無不學教人為呵責之人，故曰俱無。今日忽有不學之人及未學之事，合與呵責，古德亦不解加益。故鈔下文云：然此治法，不必大罪，但聖所制學，愚暗自纏，皆合此罰。」（三四六頁下）【案】參見僧網篇。

〔一三〕未能增減　簡正卷六：「律文無，未能增，律有有（原注：「有有」疑「文有」。），未能減。減則反釋上來俱有，增反解上句俱無。如是有無，並不增減也。」（三四六頁下）

〔一四〕致使旁人加改，重增昏亂　資持卷上一下：「『致』下，明知法者呵，莫知所措。」（二〇〇頁中）鈔批卷七：「立云：此上不識聖教之人，見他作羯磨，或時有增減，自心轉疑惑、昏亂也。（此解惡。）深云：傍人加改者，謂秉法人既不識增減之意，傍人即教，使此秉法之人轉加昏亂也。」（四〇八頁上）簡正卷六：「『致使』二字，躡上而生因由。前來不明，及乎臨被事時，被解法之士譏呵，令加減文句，遂乃更增昏朦、謬亂也。已上三段各釋竟。若依搜玄科，第一段為標，後二段為釋。將後二段，共釋前文，（三四六頁下）恐不然也。今觀文勢，三段並是釋文。但總別稱異，鈔中各着『或』字隔之。不可妄（原注：『妄』疑『妄』。）為科節，失意甚。」（三四七頁上）

〔一五〕或復闇誦不入心府　鈔科卷上一：「『或』下，斥白讀。」（一四頁下）鈔批卷七：「府，由舍也，謂不入心舍耳。」（四〇八頁上）簡正卷六：「受領名心，納藏為府。心為納物之義。」（三四七頁上）

〔一六〕於即對眾之中，執文高唱　鈔批卷七：「即白讀羯磨也。」（四〇八頁上）扶桑記：「『於』字恐是多寫，或是倒寫，合作『即於』也。」（六九頁下）

〔一七〕呈露久聞　鈔批卷七：「呈，由示也。露者，顯也。謂我曾見聞此白讀之人，

故云也。」（四〇八頁上）

〔一八〕豈不以愚癡不學　資持卷上一下：「『豈』下，彰過。」（二〇〇頁中）簡正卷六：「謂受戒來不學故，得上犯吉羅。事全根本，不識羯磨合誦，今但白讀，更增無知提。」（三四七頁上）

〔一九〕自受伊責　簡正卷六：「伊者，是也。云『自受』是不學、無知之罪責也。」（三四七頁上）資持卷上一下：「『伊』即訓『是』，『責』即是『罪』。不學，無知、非法，罪外加之。」（二〇〇頁中）

〔二〇〕亦有轉弄精神　鈔科卷上一：「『亦』下，斥師心。」（一四頁下）簡正卷六：「愚教詐為明了，故云轉（去呼）哢（【案】『哢』疑『弄』。）精神。」（三四七頁上）資持卷上一下：「初句示人。『轉弄』謂非智強智。雖非愚塞，復是狂簡。」（二〇〇頁中）扶桑記引朱熹注論語：「狂簡，志大而略於事也。」（六九頁下）

〔二一〕觀事乃同於法　資持卷上一下：「『觀』下，示彼行事。初句明乍觀似是。」（二〇〇頁中）鈔批卷七：「且如受戒一事，謂三衣等師僧如法，身無遮難是事，白四聖教是法。人問云：『若个是事、若个是法？』乃答言：『身無遮難，衣鉢師僧如法，是法；白四羯磨是事。一對反之，故曰觀事同法也。』又解：『羯磨五句中，第一、第三、第五句是法，第二、第四句，即衣鉢等名是事。今則不了此事法，見法言事，見事言法，故曰觀事同法也。』（此解好。）」（四〇八頁上～下）簡正卷六：「『法』則羯磨綱骨，初三後五，不得加減。今此類見。緣本中，事繁處刪除一字，不損大理處，詐現明閑之貌，便呵云不成等，故云觀事乃同法也。」（三四七頁上）

〔二二〕而人、事兩緣，冥逾夢海　資持卷上一下：「『而』下，示再考還非。初明人事兩非，謂人迷足別，事昧虛實，夢中觀海，而況逾之？」（二〇〇頁中）鈔批卷七：「人是能秉法僧，事謂所被之事。如前七非中，人非事非，俱不識也。逾是越義，亦是過義，明其冥漢（原注：『漢』疑『漠』。），不識人事兩義，過於夢中見物。又如遠望海中，不知其深淺際畔也。」（四〇八頁下）簡正卷六：「人謂能秉，法僧事即所為之事。今於此二，冥然不知，過於夢海。夢謂夜夢，所見不實，海即眇漠，不惻波瀾，皆是不真、不惻之義。上一類愚教，亦言於羯磨法，及中間緣，更後過於夢海也。玄記云：日中觀海，尚自不知淺深，況夜間夢見，寧知邊際等？（非也。）」（三四七頁上）

〔二三〕量時取法，全是師心　資持卷上一下：「『量』下，明法非。雖不守文句而自

裁，過甚。」（二〇〇頁中）簡正卷六：「忽欲行不能持得增伽梨，去量此時，宜乃作離衣羯磨，都不論人病衣重等。如此取法，全出自己之心。」（三四七頁上）【案】本句義為：有人全憑自己私心好惡，濫用佛開可略自恣、說戒之制。

〔二四〕照教，教稱不成　資持卷上一下：「『照』下，總結上非，違教結罪。」（二〇〇頁中）簡正卷六：「將此無病衣輕之事，照於律教，教稱不成。要須人病衣重，始得。」（三四七頁下）

〔二五〕結罪，罪當深罸　鈔批卷七：「不以愚痴得脫，隨作犯根本，更增無知不學罪，故曰深罸也。」（四〇八頁下）簡正卷六：「如是取法，不應教法，得吉羅愆。作法既不成，又得離衣之墮。已上二罪，且是根本。上復加不學、無知，故云深罸也。」（三四七頁下）

〔二六〕是以同法之儔，幸宜極誡　鈔科卷上一：「『是』下，結詰簡人。」（一四頁下）資持卷上一下：「初二句正勸，加事不成，自他兩損，過非輕細，故令極誡。必須親學，方免諸過。」（二〇〇頁中）簡正卷六：「二人曰伴，四人曰儔。」（三四七頁下）

〔二七〕若作羯磨人，要須上座　資持卷上一下：「『若』下，明選人。上座者，如五分說。即上『無人』，雖居眾首，必取解法。高臘無知，何足算也！」（二〇〇頁中）簡正卷六：「證上須是明閑之人。」（三四七頁下）

〔二八〕律云　資持卷上一下：「律列四人，上座次座，約位簡人，誦律不誦，約法簡人。文闕第四。」（二〇〇頁中）【案】十誦卷四一，二九九頁中。

〔二九〕持律者作　資持卷上一下：「即是第三。疏云：非謂誦文，必兼識義。四不誦者，疏云：雖不連文累紙，而曉達成否。又云：四分總列，並據有能。應預未閑，亦開學悔。」（二〇〇頁中）

〔三〇〕已外不合　資持卷上一下：「『已』下，遮濫。」（二〇〇頁中）簡正卷六：「若闇教不明律部之人不得，故云已外不合也。」（三四七頁下）

〔三一〕且就說戒單白，及受戒羯磨　簡正卷六：「謂單白有三十九，白四有三十八，今辨綱要句釋，不可一一別論。就單白中，且承說戒一番來辨，餘三十八例此。又，白四中，且舉受戒一番，具辨餘三十七例然也。」（三四七頁下）資持卷上一下：「所以唯約受說者，由此二法，世中數用故；又，人常誦，亦易解故。」（二〇〇頁中）

〔三二〕就單白說戒中，分五　資持卷上一下：「初、後、中間三句，相傳為綱者，總

該諸務，楷式軌定故。（二〇〇頁中）二、四兩句，名緣本者，即法所被事，隨機不同，如說戒云『白月十五日』即是緣也，布薩說戒即本事也。又受戒云『某甲從和尚』乃至『三衣鉢具』等，並名緣也。今從僧乞戒，即本事也。第二，則緣本雙陳，第四，則單牒根本，縱有兼緣，翻傳失治。如是分對，隨文可解。」（二〇〇頁下）扶桑記：「羯磨有第四雙緣本，是譯者失治。業疏……第四句中，單牒根本，略去前緣；縱有雙者，結翻非淨。」（七〇頁上）

〔三三〕**大德僧聽** 簡正卷六：「綱骨也。戒疏云：出家四果，乃是真僧，無學道高，故云大也。今出家人，雖未證聖果，修行也應證得，且因中說果，亦得稱大。或可約三寶中，僧田極大等。德者，戒疏云：有所得也。以得善居身、修戒習慧等。僧者，戒疏云：唐言『和合』，謂人、法二和：身、口、意，屬於人；和戒見利，（三四七頁下）是法和也。聽者，戒疏云：專心靜察，聽我所陳也。」（三四八頁上）

〔三四〕**告眾敕聽** 簡正卷六：「鈔云：解釋也。聲塵外舉，耳識內發。應僧三業和同，名同法也。」（三四八頁上）

〔三五〕**令動發耳識，應僧同法** 資持卷上一下：「動耳識者，恐緣他事，無心同秉故。『聽』字去呼。」（二〇〇頁下）簡正卷六：「聲塵外舉，耳識內發，應僧三業和同，名同法也。」（三四八頁上）

〔三六〕**今僧白月十五日布薩說戒** 簡正卷六：「緣本雙牒也。戒疏云：今十五日，是其時緣，眾僧說戒，是其宗本。」（三四八頁上）資持卷上一下：「布薩說戒，華、梵雙標，言成重複。刪定戒本改前云『眾僧說戒』，則人法兩舉，後云『和合說戒』，則忍可已彰。然眾亦即僧，為成句故。」（二〇〇頁下）鈔批卷七：「立明：今僧白月十五日是情，布薩說戒是事。」（四〇八頁下）

〔三七〕**情事** 資持卷上一下：「即能秉心蘊所白事，不須和會情、非情等。」（二〇〇頁下）鈔批卷七：「立明：今僧白月十五日是情，布薩說戒是事。」（四〇八頁下）

〔三八〕**若僧時到，僧忍聽** 資持卷上一下：「初，牒句通釋。『若』者，未定之詞，兩期以問。」（二〇〇頁下）簡正卷六：「綱骨也。戒疏云：『若』者，不定之譚。到，由至也。一、人到，大沙門入；二、時到，十五日布薩至也。（上懸引疏解。）鈔文自釋云：心和了集事，須法應心和，謂忍許堂頭法事身集，即自赴堂。既無別眾，名為事順戒見。又，同即是應法，僧忍聽者，抄文標舉也。勸令情利（原注：『利』疑『和』。）聽可，勿事乖舛違背，即是釋上忍聽義也。」

（三四八頁上）

〔三九〕**心和身集，事順法應也** 資持卷上一下：「初釋時到。上句人如，下句事法兩如。界在事中，四緣現前，作業時至。（此謂時宜之『時』，業疏同此。戒疏則分為二：一者，人到，清淨大沙門入；二者，時到，十五日布薩時至。彼局一事，此通一切。然僧和緣會，大意不乖。）」（二〇〇頁下）鈔批卷七：「字林云：應，應者，當也。謂事法相稱，曰應也。今明所作說戒之事，順於聖教。眾既清淨，和合無諍，人如事如。在緣既具，秉羯磨法則成。法能被事，法有成濟之功，事無納非之目，故曰事順法應也。」（四〇九頁上）

〔四〇〕**勸令情和聽可，勿事乖違** 資持卷上一下：「『聽』字，平呼。疏云：今約心和，勸聽可也；前約身和，勸聽聞也。兩聲別召，事義亦乖，不解兩緣，名非數也。」（二〇〇頁下）

〔四一〕**「重牒第二根本白意** 資持卷上一下：「前是告情，故須兩示，此彰忍可，無勞雙牒。」（二〇〇頁下）簡正卷六：「略緣牒本也。略卻白月等時緣，單牒說戒之宗本。鈔文解云『重牒第二根本』乃至『忍可所為』，即忍許，即可所為之事也。」（三四八頁上）

〔四二〕**白如是** 簡正卷六：「綱骨也。」（三四八頁上）

〔四三〕**事既和辨，白結告知** 資持卷上一下：「指上所白，故云白結。令知業就，故云告知。」（二〇〇頁下）

〔四四〕**就羯磨法中明者** 簡正卷六：「就者，向也。羯磨中明者，謂明其綱要也。」（三四八頁上）【案】受戒羯磨文，疊無德律部雜羯磨，一〇四二頁下。

〔四五〕**且約受戒白四內** 資持卷上一下：「『內』字似剩，又恐字誤，強釋亦通，但恐無理。」（二〇〇頁下）簡正卷六：「『且』謂未盡也。白四羯磨眾多，今舉受戒盛行之法，此受法在白四，三十八番之數內也。有人科『內』字在下句者，未為雅當也。難曰：『前來眾法中有三，謂單白、白二、白四。今解釋綱要之理，何不見明其白二耶？』法寶云：但廣解白四羯磨，以辨是非。就白四中，除卻兩審，便成白二。」（三四八頁下）

〔四六〕**上已明「白」，恐新學未悟，略復述之，各有其志** 資持卷上一下：「『上』下，示重明『白』意。恐疑繁費，故預遮之。前是正釋，頗稱久成，此被未悟，為利新學，前後志別，故云各也。」（二〇〇頁下）鈔批卷七：「謂意志也。謂上雖明單白，解釋已竟，但是明說戒單白，今則是白四家單白。由二文不同，故重引解。准理不用更明，然恐後學生迷也。又言各有其志者，單白、白二，兩

意不同，故言各有其志也。」（四〇九頁上）簡正卷六：「上已明『白』者，今
詳文勢，似結前文，兼是指略，謂受戒白四，即一番白、三番羯磨，其單白已
如前來舉說戒辨了，故云上已明『白』也。『向適來既已明於單白，今此與彼
不殊，鈔中何得再說？』可引文答，云恐新學未悟，略復述之。意云：『若頭
綱骨，句數不別，即不在重言。今抄為接初機，猶疑後人未能契會，略復述
之。復，由重也。各有其志也，進退更解也。志者，意也，謂此雖更論，其意
各別。前文單白，意為眾僧說戒，今此單白，意為沙彌受戒體骨。白法雖同，
所為意旨全別。』」（三四八頁下）

〔四七〕白中，還五　簡正卷六：「還與說戒單白，據句有五也。」（三四八頁下）

〔四八〕大德僧聽　簡正卷六：「『大德僧聽』者，綱骨也。」（三四八頁下）

〔四九〕沙彌某甲從和尚某甲受戒　簡正卷六：「『此某甲從和尚某甲者，鏡水大德但
喚作『親緣』。有云：緣中，緣亦通求受具足戒。大德云：此是緣中本，此某
甲今從僧乞受具足戒，某甲為和尚，某甲自說清淨無諸難事，年滿二十。」（三
四九頁上）

〔五〇〕三衣缽具　簡正卷六：「『三衣缽具者，緣、本雙牒也。大德云：已名眾僧字，
具足戒和尚名是本；難事、季二十、衣缽等字，是疏緣。（上是定緣本句也）。」
（三四九頁上）

〔五一〕緣兆　資持卷上一下：「謂牒緣告眾情事始形，即成業之兆。」（二〇〇頁下）
鈔批卷七：「應師云：兆，猶機也。事先現也，亦曰形兆。有云：如萬物初欲
萌曰兆，運運生長。欲明單白之時，猶未得戒，但是發戒之萌兆也，謂有兆朕
耳。今羯磨受戒，一發已後，能生萬善，運運增長，至於佛果，如上萌兆，漸
向生長也。立云：兆，還是緣也。如世卜筮於吉凶，則事出於封兆。明今受戒，
要假其緣，（四〇九頁上）即衣鉢師僧也。今欲知其得不，驗緣乃知得戒不得
戒也。得與不得，出自緣兆，緣具則得，不具不得也。又解：兆者，表示也，
意明今集僧作法告僧，今（原注：『今』疑『令』。）聽欲作何事。舉此緣來，
表示擬作受戒之事，如龜菁（音『尸』）之封兆，表吉凶之事也。」（四〇九頁
下）簡正卷六：「鈔云：此同上牒其緣兆等。兆者，表也。既牒衣鉢，全具遮
難，並無等緣，即是得戒之先表也。」（三四九頁上）

〔五二〕正宣情事　鈔批卷七：「立云：從此某甲和上某甲乃至今從眾僧乞受具足戒，
是情也；從自說清淨、無諸難事、年滿二十、衣鉢具者，是事，故曰宣情事。」
（四〇九頁上）簡正卷六：「正是宣說情懷中所為之事故。」（三四九頁上）

〔五三〕令眾量宜　簡正卷六：「謂合僧眾僉量，宜應與戒等。」（三四九頁上）

〔五四〕若僧時到僧忍聽　簡正卷六：「綱骨也。」（三四九頁上）

〔五五〕同上　簡正卷六：「與前說戒、單白是同忍，可所為之類。」（三四九頁上）

〔五六〕僧今授某甲具戒，和尚某甲　簡正卷六：「略除前緣，單標根本。」（三四九頁上）

〔五七〕忍可所為，決判根本　簡正卷六：「即受戒，是所為根本也。」（三四九頁上）

〔五八〕白如是　簡正卷六：「綱骨也。」（三四九頁上）

〔五九〕表眾令知　簡正卷六：「與前白結告歸不別也。」（三四九頁上）

〔六〇〕此之白文　資持卷上一下：「『此之』下，指同顯略。」（二〇〇頁下）簡正卷六：「此之白文者，指受戒也」（三四九頁上）

〔六一〕與前單白文義略同　簡正卷六：「前單白者，說戒也。文義略同者，白中五句，三句骨為綱，兩句事緣為要。是文同初勑『令聽』，乃至第五表眾『令知』，解義不異，是義同；彼為說戒，此為受戒，其事不全相似，（三四九頁上）故號略同。」（三四九頁下）

〔六二〕就中分二　簡正卷六：「就受戒羯磨中，約體、用，大段分二也。」（三四九頁下）

〔六三〕正決根本　簡正卷六：「明正體一十七字，綱骨。」（三四九頁下）資持卷上一下：「三番羯磨，是法正體。審眾量可，故云正決。僧法所加，本為受具，故云根本。」（二〇〇頁下）

〔六四〕結成上文　資持卷上一下：「下云結成，明彰體外。」（二〇〇頁下）簡正卷六：「結成上文一十四字綱骨也。」（三四九頁下）

〔六五〕前中，有三　簡正卷六：「就正決根本，名前中就被事邊事邊（【案】次『事邊』疑剩。），大略分為三，若就句，亦合分五段也。」（三四九頁下）資持卷上一下：「若約綱緣，還分五句，今此隨義，（二〇〇頁下）止分三段：初句唯綱；後二，綱緣合論。」（二〇一頁上）

〔六六〕事既非小　簡正卷六：「受戒之事，不並常途，此是聖道根本，四輩良善禍曰，豈是小也？」（三四九頁下）資持卷上一下：「生善中最，故云非小。」（二〇一頁上）

〔六七〕諦緣聲相，決判之緣　簡正卷六：「令眾審實，聽此陳苦（【案】『苦』疑『言』。）決判之緣也。」（三四九頁下）資持卷上一下：「和決因聞，故指為緣。」（二〇一頁上）

〔六八〕「此某甲」，乃至「誰諸長老忍」　簡正卷六：「大德云：但呼為親緣。亦有云：緣中之本也。求受具足戒，此某甲今從僧乞受具足戒。某甲為和上，某甲自說清淨，無諸難事，季滿二十，三衣鉢具。僧今授某甲具足戒，某甲為和上。大德云：此是緣本，雙牒上句，是疎緣。從『僧今授』下，是本。有云：上句是緣中句緣，『僧今』下，是緣中本。然不乖其理，大意不失即得。（三四九頁下）誰諸長老忍者，此體骨句也。若東塔疏，『忍』字屬下句。緣本中捧（【案】『捧』疑『攝』。），只有三十字綱骨。又准淮南、順正記，將下句『僧』字，勤（【案】『勤』疑『勘』。）向上句為綱骨，應云『誰請長老忍僧』，即有三十二字綱骨也。大德云，俱不應理。」（三五〇頁上）資持卷上一下：「第二段，分二，前緣後綱。緣中文略，但標『乃至』。具云『此某甲從和尚某甲求受具足戒，此某甲今從僧乞受具足戒，某甲為和尚，某甲自說清淨無諸難事、年滿二十、三衣鉢具；（此並緣也。）僧今授某甲具足戒，某甲為和尚，（本也。）』綱中長老之言，乃召別人。疏云：事達在僧，成否在別。又云：或有文云『大德忍』者，終問別人，隨時稱謂。上是牒文。『正』下略釋。上二句別點緣、本，下二句通釋綱、緣，顯示文意。」（二〇一頁上）扶桑記引祖庭事苑：「漢書注云：凡一物知其名曰識，其所宜皆曰稱謂也。」（七一頁下）

〔六九〕正辨牒緣，及以根本　鈔批卷七：「謂從『此某甲從和上某甲』乃至『年滿二十三衣具』來，此是牒緣也；從『僧今與某甲受具足戒，某甲為和上』，此是牒根本。故曰『正辨緣』及『根本』也。從『謂』字已下，是釋成根本意也。」（四〇九頁下）

〔七〇〕量其可不　簡正卷六：「令僧審量可為受、不可為受，故云可不。」（三五〇頁上）

〔七一〕「僧今與某甲受具戒」乃至「誰不忍者說」　簡正卷六：「此是本也者。嘿然，誰不忍者說，此綱骨白也。」（三五〇頁上）資持卷上一下：「第三段，為二。初示根本，『受』合云『授』。仍除『今』字，具下加足，乃至中略『某甲為和尚』。綱中略上『者默然』三字。」（二〇一頁上）

〔七二〕單牒根本，決判成就　簡正卷六：「謂此但云僧今與某受戒之本，更不述衣鉢、遮准（【案】『准』疑『難』。）等云（【案】『云』疑『之』。）緣，故云單牒等也。」（三五〇頁上）鈔批卷七：「謂但言『僧與某甲具足戒』，不更言『此某甲今從某甲』乃至『三衣鉢』等，故言單牒根本，不更牒緣也。」（四〇九頁下）

〔七三〕第二、第三，亦如是　簡正卷六：「外難曰：『此中三番并白，號為白四，被他受戒等事者，何不更增為其五，何不更減至一耶？』可引抄答云『一則事不成辨（【案】『辨』疑『辦』。），多則法有濫非等』。」（三五〇頁上）

〔七四〕一則事不成辦，多則法有濫非　資持卷上一下：「上二句明得，中、下二句示制意。」（二〇一頁上）簡正卷六：「意云：若一番被他前事，未得成濟；若至五、六、七、八，又濫他，十誦無准云非。」（三五〇頁上）

〔七五〕軌刻令定，限至於此　簡正卷六：「正立不多不少之理也。猶如印信，恆須一定，軌則尅定，不可參差。殷重之心，故立三法，以與軌尅也。」（三五〇頁下）

〔七六〕「僧已忍」「與某甲受具」下至「如是持」　資持卷上一下：「結文中亦分綱本。『僧已忍……竟』，『僧忍默然故，是事如是持』，此為綱也。兩句在上、下，『竟』字當中間，與『某受戒某甲為和尚』還結前本也。」（二〇一頁上）簡正卷六：「『僧已忍』者，骨也。『與某甲受具足戒』，『某甲為和上』，亦是略緣，單牒根本也。『竟……僧忍哩然故』至『持』字，骨也。從『僧已忍』下，都計十四字，是綱骨。亦有將『竟』字成戒安（【案】『戒安』疑『安戒』。）字下，應云『與甲（原注：『甲』上疑脫『某』字。）受具足戒竟』，任情並得，不傷大理。今時不識法者，多有呵止，卻成自己之非也。」（三五〇頁下）

〔七七〕不關羯磨正體　簡正卷六：「問：『適來十七個字，是羯磨綱骨，何得言不關正體耶？』大德云：『此且對前三番以言，謂第三至『說』字時，沙彌納體成辨。既非歸結，文中得戒，豈非不關正體！非為結歸十四字，不屬羯磨中攝，或有對此舉判印喻，及闇與物等喻。可知。』」（三五〇頁下）

就中加三法料簡：一、增減，二、通塞，三、是非。

初中〔一〕。

若事輕小，無有緣起，則無乞辭，又不牒事〔二〕，則白中五句，除第二句，但四句成白〔三〕。乃至白二，類例除之，餘則一準〔四〕。

二、明通塞〔五〕者。

單白文中，第一、第三、第五文義，通一百三十四法，更無增減〔六〕。第二、第四句，由各隨事故，稱緣而牒〔七〕。文隨事顯，故限局〔八〕也；義存告眾，決判成就，故通一切〔九〕。就羯磨中，「大德僧聽」「誰諸長老忍……不忍者說」「僧已忍」下，文義俱通白二、白四〔一〇〕。中間牒緣、牒事，隨機不同〔一一〕。文局義通，類之可解〔一二〕。

若鏡此義，得緣便作，不須看文〔一三〕。不了前緣，誦文亦失〔一四〕。

三、是非〔一五〕者。

白中文義，俱通三句〔一六〕。羯磨之中，文義通者，頭尾一言，不可增略〔一七〕。必須通誦，缺剩不成。

餘之，文局義通〔一八〕，但令順事合宜，片無乖降〔一九〕。增繁減略〔二〇〕，詁訓不同〔二一〕，而文義不失，並成正法〔二二〕。類準諸部羯磨不同，及論義意，亦無有少〔二三〕；至如翻譯梵、漢，音義全乖〔二四〕；詁訓所傳，非無兩得〔二五〕。故例成也〔二六〕。

問：「世中時有白讀羯磨，作法成不〔二七〕？」答：「不成是定〔二八〕。雖無明決，可以義求〔二九〕。然羯磨、戒本，作法相似〔三〇〕。戒本必令誦之，羯磨豈得白讀〔三一〕！故四分、僧祇：半月無人誦戒，應差向他處誦竟，還本處說之。不得重說〔三二〕。乃至一人說一篇竟，更一人說。若不能誦者，但說法、誦經而已〔三三〕。準而言之，若得讀者，執文即得，何須如此，止不讀之。

「又，俗中呪術之法，讀文被事，皆不成就〔三四〕。但以法貴專審，令背文誦持，心口專正，加事便易〔三五〕。必臨文數字，出口越散〔三六〕。故佛法中呪術，誦者加物遂成，未聞讀呪而能被事〔三七〕。羯磨聖教，佛制誦持，況於呪術，律序自顯〔三八〕。必不誦者，終身附人〔三九〕。

「余親問中國三藏、京輦翻經諸師〔四〇〕。云：從佛滅度來，無有此法〔四一〕。」

問：「僧尼更互，得作幾法〔四二〕？」答：「律中、十誦：尼為僧作不禮、不共語、不敬畏問訊〔四三〕。此三羯磨，不須現前自言〔四四〕。僧為尼，亦得三法，謂受戒、摩那埵、出罪〔四五〕。餘不互通〔四六〕。」

問：「得對尼等四眾，及以白衣，作法否〔四七〕？」答：「不得〔四八〕也。律令至不見不聞處，方作羯磨〔四九〕，除所為作羯磨人〔五〇〕。摩得伽、十誦云〔五一〕：白衣前說戒成者，除為瓶沙王〔五二〕等；除王眷屬、民、將，獨為王說，令心淨故〔五三〕。」

問：「羯磨所被幾人〔五四〕？」答：「不同〔五五〕也。若諫喻、和諍，得加多少〔五六〕。至於治舉、乞為，不得至四〔五七〕；名非法也。四分：難事，得二三人一時受戒〔五八〕。五分：通諸羯磨，不得加四〔五九〕。毘尼母云：諸比丘集作非法事，若有三四五伴，可得諫之〔六〇〕；獨一不須

諫〔六一〕也。何以故？大眾力大，或能擯出；自得苦惱，故應默然不言。四分中『十五種默〔六二〕』，大同於此。廣如眾網中〔六三〕。」

問：「羯磨竟時，其文何所〔六四〕？」答：「解者多途〔六五〕。今一法以定〔六六〕，謂第三說已，云『僧已忍』與『某事』竟，此時羯磨竟。不同前解，第三說已，名為『竟』也〔六七〕。故律云：忍者默然，不忍者說。今即說其不忍之意，便成訶破〔六八〕。必其忍默，三說已，無訶亦成〔六九〕。任意兩得〔七〇〕。餘廣如義鈔〔七一〕。」

四分律刪繁補闕行事鈔卷上之一
四分律行事鈔卷一通辨羯磨篇第五

## 【校釋】

〔一〕初中　簡正卷六：「『初中』二字，是增減料簡也。寶云：但約單白以說。若白中，有第二句即是增，除此一句曰減。增乃對減得名，非謂新添詞句也。」（三五一頁上）

〔二〕若事輕小，無有緣起，則無乞辭，又不牒事　鈔批卷七：「總舉。白四事大，皆有緣起，故有第二句。就輕小中，無緣起乞辭，則無第二句。無緣起者，如差人等，但有四句；有緣起者，如諸結界，須比丘唱相。如說戒則行籌唱告，皆是緣起，則具五句。又，無乞辭者，但有四句；若有乞辭，如受戒、懺罪等，則具五句也。則白中五句，除第二句者，即如受日羯磨文是也。若有第二句內乞辭者，即如受戒羯磨文是也。」（四〇九頁下）簡正卷六：「如『滅諍法』，簡集智人單白。（三五〇頁下）第三句，僧今集智慧者，謂平斷事。白如是，闕第二句也。有緣起者，如說戒日，月即是緣，行籌告令，即是事緣。今牒時緣，及說戒事本，攝僧大教，事非輕小，故白中五句也。」（三五一頁上）

〔三〕白中五句，除第二句，但四句成白　資持卷上一下：「據律，單白及白二中，白或止有四句，闕第二句者，則名為減。然本無增，望彼五句，相待為言。若是羯磨及白四中白，定無增減，故非所論。文中先出所以，不出三意。若是事重，如諸說、恣、還衣、亡物之類。若有緣起，如諸結界，須比丘唱相緣起，（謂羯磨前緣，非謂本制緣。）若有乞詞，如諸受、懺，（謂捨墮單白，非受戒及餘懺也。）不牒事者，如上結界受懺，並以前緣，牒入羯磨。若上三種，必具五句。若但四句，成者反此三意。兼不牒入，如文所列。即說戒堂及滅諍結集中，諸白並諸差人白二等是也。（二〇一頁上）然又須知，唯略第二至第四句，緣本雙牒，必無有缺。尋之可知。」（二〇一頁中）

〔四〕**乃至白二，類例除之，餘則一準**　簡正卷六：「越卻『單白』有五句者，故云『乃至』。白二類例。單白中，若事微小，無有緣起乞詞，亦四句成白，如受日，一切差人白二是也。事非輕小，若有緣起，及與乞詞，白中五句。如結界，眾同之本，事非輕小，唱相是緣起，白亦五句也。餘則一准者，玄記呼白四為『餘』，謂上所論者，准單白、白二白，餘未論是白四也。白四之中，事雖通大小，盡有緣起及乞詞，一定五句無改，故云一准也。（此解猶局。）若依法寶解云：有三個『一准』：一、於無緣起單白之外有緣起者，皆五句成，如說戒等；二、白二中，若有緣起等，白中皆五句成，如結界等白；三、一切白四，皆事非輕小，須依本五句成白，即未（【案】『未』疑『末』。）第三『一准』也。此解甚為雅當。」（三五一頁上）資持卷上一下：「『餘』下，明增，例皆五句。然律文亦有翻傳脫漏之者，如結法、同食、別界及結淨地，既有緣起，而列四句，如疏所判。漏誦遺筆，想無所疑。」（二〇一頁中）

〔五〕**明通塞**　簡正卷六：「綱骨十四字，三十一字為通，緣本之事白（【案】「白」疑「曰」。）塞也。」（三五一頁上）【案】「通塞」文分二：初，單白；二、羯磨。簡言之，「通」即白文中文字相同，「塞」即文字不同。

〔六〕**第一、第三、第五文義，通一百三十四法，更無增減**　資持卷上一下：「單白分二，綱則俱通，緣有通局。」（二〇一頁中）簡正卷六：「第一是初句『大德僧聽』四字也，第三即『若僧時到』等七字也，第五即後五『白如是』三字也，文義通一百三十四。更無增減者，釋上通義也，謂上一十四字體骨，一切單白並同，更不可加減。若不軌尅一定，即被事不得也。」（三五一頁上～下）

〔七〕**第二、第四句，由各隨事故，稱緣而牒**　簡正卷六：「謂『大德僧聽』後、『若僧時到』之前，此約句是第二，緣、本雙牒也。從『若僧時到』之後、『白如是』之前，此約白是第四，略緣、牒本也。由各隨事等者，釋上塞義也。謂隨結說之事，一一不同。稱緣而牒者，稱可前緣，而牒入此二、四中間之內。」（三五一頁下）

〔八〕**文隨事顯，故限局**　鈔批卷七：「立明：以牒緣之文，隨前事而顯。如作說戒，牒其說戒，不得云自恣，名文局也。」（四一〇頁上）簡正卷六：「如說戒云『今白月十五日』是緣，是本受戒，即云此其申『從某甲受具戒』，『衣鉢具足』乃至『僧今授某甲具戒』等，緣、本雙牒。如是例通一切羯磨，緣、本俱然也。第四句中，略除緣單牒本，不得緣本雙牒。何以得知？所被之事，而顯

一一不同，是限局也。」（三五一頁下）

〔九〕義存告眾，決判成就，故通一切　資持卷上一下：「『義』下，次顯義通。」（二
○一頁中）鈔批卷七：「義則通是告僧，故曰義存告眾。言決判成就，故通一
切者，謂此第二、第四兩句，文雖局，事義則通一切單白也。由一切白中，皆
有牒事告眾也。」（四一○頁上）簡正卷六：「文雖是局，告眾之義，次斷成
就，道理不殊，故通一切單白也。」（三五一頁下）

〔一○〕文義俱通白二、白四　資持卷上一下：「初明俱通，舉文不備，臨說加之。」
（二○一頁中）簡正卷六：「辨羯磨通塞義也。『僧已忍』，兼取付囑，結歸三
十一字，文義通白二、白四兩種羯磨也。」（三五一頁下）扶桑記引資行釋「舉
文不備」：「羯磨正體十七字，結文十四字。此等綱骨，文不備舉，故臨時說，
悉可加之。」（七一頁下）

〔一一〕中間牒緣、牒事，隨機不同　資持卷上一下：「『中』下，示通局。指類白中。」
（二○一頁中）簡正卷六：「中間有三『大德僧聽』，後『誰諸長老忍』前為第
一句，中間『長老忍』後者（【案】『者』疑『至』。）『哩（原注：『哩』疑『嘿』。
下同。）然』前為二，（三五一頁下）中間『說』字後結歸。前為第三，中間
牒緣、牒事。隨機不同者，謂隨前所被，機要不同。」（三五二頁上）鈔批卷
七：「且如白二結界，則有緣有事，文云『此住處比丘，稱四方大界相』，此曰
牒緣也；從『僧今於此四方相內結大界』，此曰牒事也。又言：牒緣、牒事，
隨機不同者，羯磨疏云：試為舉之。如結界云舊住比丘，謂牒緣也；牒方相
者，謂事本也。說戒白云『今僧十五日』，亦是緣也，布薩、說戒，亦事本也。
受戒白云『某甲從和上』乃至『三衣鉢具』，並是緣也。『今從僧乞受戒』，即
事本也。如是例通。一切羯磨，緣、本皆同。至第四句中，單牒根本，略卻前
緣，不得雙牒。所以知者，故『結界文』第四句云『於此相內結大界』，豈非
單牒本所為事也？」（四一○頁上）

〔一二〕文局義通，類之可解　鈔批卷七：「『說戒』第四句云『和合說戒』，亦是本也。
『受戒』第四句云『僧與某甲受具』，亦是本也。本義是同，故曰義通也。上
約白中如此，就後羯磨中亦然。故疏云：羯磨法中，亦有單複不同，謂『誰諸
長老忍』前，緣、本雙牒；『長老忍』已後，單牒根本，勸僧和忍。今約文作，
如結界，此住處比丘為緣，僧今結界為本。『誰諸長老忍，僧今結界』下，直
明結相竟。下牒於舊住，此略緣也。餘白二准知。受戒亦爾：『誰諸長老忍』
前，還誦白中第二句，緣本雙牒；『長老忍』後單牒本云『僧今與某甲戒者嘿

然，不忍者說』，餘白四例然。據此模軌，豈有浮亂！」（四一〇頁下）簡正卷六：「隨緣牒事，各別是文局。又，雖是局，告眾量宜，決判成就義通。白二，五十七；白四，三十八。都九十五番，故曰義通。可類前單白，通局不殊，故云可解也。（搜玄於此，更別疏辨諸羯磨緣本，恐太繁也。）外難：『羯磨文中，前後並云僧聽、僧忍，中間何故但云長老？長老二字，屬於別人，何以有斯僧別差異？』玄云：『事遂在僧成，不在別別，須語哩，僧准六和，假用彰名，還從別舉，故云長老忍也。』」（三五二頁上）

〔一三〕若鏡此義，得緣便作，不須看文　簡正卷六：「鏡，由明也。明得此綱骨之義，得前所被，被緣作羯磨，不須更者（【案】『者』疑『看』。）羯磨之文。」（三五二頁上）

〔一四〕不了前緣，誦文亦失　資持卷上一下：「功成由解，不必泥文，故云不了等。」（二〇一頁中）鈔批卷七：「只為不辨前事，所以即失也。」（四〇一頁下）簡正卷六：「若於此法暗述，謹誦在心，臨機亦失也。」（三五二頁上）

〔一五〕是非　簡正卷六：「依而無失，得成四（【案】『四』疑『曰』）是，反此名非。」（三五二頁上）

〔一六〕白中文義，俱通三句　資持卷上一下：「初，綱中。增減一向屬非。『白中』三句，總一十四字；羯磨正體，一十七字；結文一十四字。此並楷定，縱無增減，而音聲淆混，言相不明，亦歸非攝。」（二〇一頁中）簡正卷六：「今解之，應云白中三句，文義俱通。『大德僧聽』為初句，『若僧時到』為三句及第五句，『如是』為三句。一百三十四，總皆不別。」（三五二頁上）【案】簡正釋文中的「不成」即鈔文「缺剩不成」句。「白中」下分二，初明綱，次明緣。

〔一七〕羯磨之中，文義通者，頭尾一言，不可增略　鈔批卷七：「立云：舉一例諸。羯磨正文，骨有四句，在文可尋。景云：此舉頭、尾也。『誰不忍者說』之中間，豈得增略？舉頭、尾，以兼中間也。此解不然。濟云：此非約單白上明之，真（原注：『真』疑『直』。下同。）是約後羯磨中明之。羯磨中唯有四句耳：兩句是法，兩句是牒事。從『僧已忍』下，非羯磨正體，直是結勸辭也。今云頭尾一言者，頭謂『大德僧聽』，尾謂『誰諸長老忍』。（此解未詳。）有言：『大德僧聽』是頭，『誰不忍者說』是其尾也。」（四一〇頁下）簡正卷六：「是文通告眾勒聽，乃至白告等，是義通羯磨之中。文通者，『大德僧聽，誰諸長老者，哩然不忍者說』乃至『持』字已來，文義通九十五翻，頭、尾一言不可增減（原注：『滅』鈔作『略』。）者，（三五二頁上）玄云：單白中，『大』字

為頭，『是』字為末；羯磨『大』字為頭，『持』字為末。或云：一句之中，自
有頭尾，如白中『大』字為頭，『聽』字為末，乃至羯磨例知。兩解俱得。一
言者，玄云：一言也。單白十四字中，不得更增為十五字，不得減更為十三字
等。必須通誦，缺、剩即不成。剩即是增，缺便是減，被前事不得成就也。此
解為正。或依乾素闍梨，釋一句為一言。如儒書云：詩篇三百，一言蔽之，曰
思無邪也。謂毛詩有三百篇，故云詩篇三百。一言蔽之者，蔽者，當（去聲）
也。一言者，思無邪，即是一言，謂顯於正意，云君子所思皆正。既言思無邪，
三字為一言，今可配白。如是一句，亦一言也。大德云：三字一句任配，或四
字、五字為句，如何無又錯解他。俗書云義，彼云思無邪。雖是三字為一句，
然但為顯於『正』之一字，豈非還以一字為一言？又，如令（【案】『令』疑
『今』。）時製詩，或云五言、七言，亦是五字、七字。不可五言，便有五句、
七句耶。故知非解。今時恐有依承之者，故此述之。」（三五二頁下）

〔一八〕**餘之，文局義通**　資持卷上一下：「初明理順。以言雖通許，理不可乖，往往
世愚，輒便加減。」（二〇一頁中）簡正卷六：「餘者，外也。除單白羯磨十四
字、三十一字綱骨之外曰餘。文局義通者，隨機不定是文局。（三五二頁下）
文雖是局，正宣情事，量宜等義不別是義通。」（三五三頁上）

〔一九〕**但令順事合宜，片無乖降**　簡正卷六：「但令順事合宜者，如受戒身無遮難，
衣鉢具全，此皆名為事，此事順於戒法，故云順事也。自有求戒之意，僧與
戒之心，即是合宜。片無乖降者，片，少也。乖，違；降，謂差降。上既一
一如法，更無少許乖違差降，即事成辦也。且舉受戒，餘並例知。」（三五三
頁上）

〔二〇〕**增繁減略**　資持卷上一下：「『增』下，明開許。初句開增減。疏云：如結大界，
即列二同，戒場、小界，攝僧義一，豈得二別？何不列也。準此，增著亦得。
如五分結場增文，同一布薩等，（此明戒場三小得增。）減卻二同亦得，如諸
界等，（此明大界得減。）」（二〇一頁中）簡正卷六：「增即繁，減即略。如言
『求受具足戒』，即是增繁；若言『具戒』，雖不著『足』字，便成減略。又如，
『眾僧』亦增繁，或單言『僧』即減略。」（三五三頁上）

〔二一〕**詁訓不同**　資持卷上一下：「次句，開易語。詁訓，謂言異義同。如云『某甲
作和尚』『從僧求戒』『眾誦戒』之類。」（二〇一頁中）鈔批卷七：「應師云：
詁訓者，古文作『詁』，今作『故』，同用，『姑護』反，音故。說文云：詁訓
者，古言也。訓，由導也，又羈也。欲明古來翻譯，音旨不同，致令繁略不

定，如或云『大戒』，或云『具戒』等，文義不失。」（四一一頁上）簡正卷六：
「解上『繁』『略』字也。詁則文略，訓則文繁。如爾雅上卷，有詁、訓二章，
各釋一个『眾』字。詁章中云：師者，眾也。文詞即略。訓章中云：蒐蒐，眾
也。文詞重疊即繁，故知將訓釋繁，將話（【案】『話』疑『詁』。）釋略。即
上羯磨中云『眾僧具足戒』。文詞多，名增繁，但云『僧具戒』，言詞少，是減
略。」（三五三頁上）扶桑記：「通釋云：『如舊云盜戒，新云不與取戒；或舊
云兩舌，新云離間語；或五陰、五蘊，畜生、傍生，有情、眾生等。』」（七二
頁上）

〔二二〕**文義不失，並成正法** 資持卷上一下：「『而』下二句，結上二開。」（二〇一
頁中）簡正卷六：「或繁或略，雖有加減，多少不同，且不失羯磨中正理，並
成正法。正法即羯磨也。」（三五三頁上）

〔二三〕**類準諸部，羯磨不同，及論義意，亦無有少** 資持卷上一下：「『類』下，引例
有三。初，引部別證。五分白及羯磨，一概四句，並無第四。十誦受戒法云『年
歲已滿，衣缽具足』等。又，外部羯磨綱中尚有增減：五分『長老忍』下無
『者』字，結詞『僧已』下無『忍』字；十誦（【案】可見十誦羯磨比丘要用）
第四句牒本已，云『忍者是長老默然』，又『說』字上有『便』字，共加五字。」
（二〇一頁中）簡正卷六：「欲釋文，先難曰：『何以得知增繁減略、詁訓不
同，總成正法？』可引鈔答云『類准諸部』等。（云云。）謂類例准於諸部羯
磨，牒事繁略。如五分結界，白中無第四牒本，（三五三頁上）但有第三緣本
雙牒。又羯磨中，又闕第二中間，尚乃被事得成。今此單白，第（原注：『第』
疑『中』。）間緣本雙陳，第二中間略緣牒本，羯磨二中間並皆周足，或『減』
一字，又非骨中，不傷文義，於理何失？故云及論義意，亦無有少也。」（三
五三頁下）

〔二四〕**至如翻譯梵、漢，音義全乖** 資持卷上一下：「『至』下，二、引翻譯證。疏云：
翻『三衣』為臥具、敷具，略得其相，失其本體等。（如減六年羯磨。）」（二
〇一頁中）簡正卷六：「梵是天竺之言，漢是此土之語。音義乖者，如云梵語
『布薩』，亦云『褒洒陀』，漢翻為『說戒』，此是音乖。布薩懺已起罪，說戒
防未起非。已、未二義全異，復是義乖今時。若取梵語，單白文中，乃云『今
十四日眾僧布薩』，或云『褒洒陀』。若取漢言，即云『眾僧說戒』。至第四單
牒本亦爾。如此梵、漢，音義全乖，秉法尚許得成。鈔躡上句云：詁訓所傳，
非無兩得，故例成也。意云：我今羯磨文中，或減或增。准上二例，不無兩得，

故例成耳。（搜玄解上二段二例之文，頗至繁廣，今不備錄也。）」（三五三頁下）

〔二五〕**詁訓所傳，非無兩得**　資持卷上一下：「詁訓證。字訓義同，故云兩得。」（二○一頁中）鈔批卷七：「如云『大戒』『具足戒』，皆得。且如『和上』一義，隋朝彥琮譯取梵音『烏波弟耶』，唐三藏即云『漚波馱耶』，舊云『和上』，皆是梵音，輕重不等。此正翻或為『親教』，或云『依學』，以漢類梵，彼此皆成，故言『非無兩得』。雖語有別，取義兩得也。」（四一一頁上）

〔二六〕**故例成也**　資持卷上一下：「『故』下一句，結上三例。」（二○一頁中）

〔二七〕**世中時有白讀羯磨，作法成不**　資持卷上一下：「『白讀』謂對眾公白而讀，明非暗誦也。如前所斥，（二○一頁中）恐生異計，故此決破。」（二○一頁下）簡正卷六：「謂律文雖有一百三十四番僧法羯磨，文圓義足，然對機行事之時，不知為要，通謂為復執文讀之。然三藏教中，並無說處，此即是文義俱闕也。古人行事，見教文義俱無，遂執文讀之，以被前務。今或有此類，未審被事，得成以不？」（三五三頁下）

〔二八〕**不成是定**　簡正卷六：「令（【案】『令』疑『今』。）師且直答執文白讀，決定不得，云不成是定也。問：『夫判不成前事者，須有教文，說處違教，故作住（【案】『住』疑『正』。）評不成。今三藏之內，文義全無，鈔主約何論量，乃云不成是定？』可引鈔答，云『雖無明決，可以義求』等。」（三五四頁上）
【案】初答分三：初明定；二、「然羯」下；三、「余親」下。

〔二九〕**雖無明決，可以義求**　資持卷上一下：「『雖』下，申理。無明決者，非正教所斷。以義求者，生下所明。」（二○一頁下）

〔三○〕**羯磨、戒本，作法相似**　鈔批卷七：「律云『若不誦戒羯磨，盡形不離依止』，故曰相似，豈不合誦耶？」（四一一頁上）簡正卷六：「正釋上來義求之理也。謂律中若不誦戒羯磨，盡形不離依止，以俱是作持之法，豈合不誦耶？此且制誦相似也。又，說戒及與作羯磨時，皆須鳴鐘集僧，簡眾與欲，問答和合之類。此作法時又相似，故云作法相似。」（三五四頁上）資持卷上一下：「相似者，告眾義同故。」（二○一頁下）【案】「然」下引二例：初戒本例，二、呪術例。

〔三一〕**戒本必令誦之，羯磨豈得白讀**　簡正卷六：「下白正破云：戒本必令誦之，羯磨豈得白讀誦當宗及外部戒文？總不許讀，必制令誦可例，羯磨亦須誦也。問：『如何得知當宗、外部戒文？』『制誦可行，鈔文為證故。四分、僧祇，半

月無人誦戒等。」（三五四頁上）

〔三二〕**不得重說**　資持卷上一下：「此明多人共往學誦，故不令重。」（二〇一頁下）
簡正卷六：「戒疏云：正法軌摸，理有常准，重誦例說，則聽者浮昧，故不許
也。（已上疏文。）問：『或有重誦者如何？』答：『違於制約，自成非法。
戒文既爾，羯磨例同，亦不得重秉。若再秉即成重秉，非也。有人云：今時
不許重秉，羯磨三十篇中總不見有說處者，未詳教相中事意也。』」（三五四
頁上）

〔三三〕**說法誦、經而已**　簡正卷六：「問：『本制半月誦戒，今既無能說人即止，何煩
說法誦經？』答：『戒疏云：以三學資人，戒為教本，故前制之。必無能誦，
方聽說法、誦經而已。（上疏。）准此，已下今師據文重斥前來白讀羯磨之非
也。』意云：若許讀戒，人皆識別文字，但展卷次第讀之即成，何須作如是諸
多方法？良由不許讀之。戒文既爾，羯磨俱是作持家法，制誦相似，作時和集
復同，何得白讀？此即相顯之意。」（三五四頁下）

〔三四〕**俗中咒術之法，讀文被事，皆不成就**　簡正卷六：「謂俗中符籙、世間法術，
簡佛往持咒也。讀文不成就者，如俗法加持，口中誦之，手中捻決，便能除邪
之類也。」（三五四頁下）

〔三五〕**但以法貴專審，令背文誦持，心口專正，加事便易**　簡正卷六：「釋上不讀之
義也。但以世間之法，貴在心中與正審定，存想不亂，加持前事，易得誠驗。」
（三五四頁下）

〔三六〕**必臨文數字，出口越散**　簡正卷六：「若執文讀心，則不能與一，多生散亂，
被事不得。上且舉俗也。」（三五四頁下）資持卷上一下：「越謂言乖，散謂心
亂。反上專、正也。」（二〇一頁下）

〔三七〕**故佛法中咒術，誦者加物遂成，未聞讀咒而能被事**　資持卷上一下：「『故』
下，明道咒。」（二〇一頁下）簡正卷六：「如今時課五部真言，此皆是佛法咒
術也。持此咒時，動經億非（原注：『非』疑『兆』。）之數，方有靈異。若但
一期念得，尚乃無切，未聞讀咒而能被得前事。」（三五五頁上）

〔三八〕**羯磨聖教，佛制誦持，況於咒術，律序自顯**　資持卷上一下：「『羯磨』下，合
例。況，比也。律序顯者，彼云：神仙五通人，造設於咒術，如來立禁戒，半
月半月說。（上喻下法。）」（二〇一頁下）鈔批卷七：「此語倒也。應云：咒術
尚令誦持，何況於羯磨！（此解非。）自意云：況於咒術者，此謂訓況也。謂
律序中，將戒以比，況於咒術也。故律序云：為一切人故，降伏諸魔鬼，神仙

五通人，造設於呪術。為彼慚愧者，攝諸不慚愧，如來立禁戒，半月半月說，已說戒利益，稽首禮諸佛。欲明佛制教，況於呪術，呪術被事，未聞白讀，羯磨被事，豈不須誦？」（四一一頁上～下）簡正卷六：「謂呪術是易，易既讀之不成，（三五四頁下）羯磨是難，難必不就。……呪術是神仙所造，尚令誦之。羯磨是佛親宣，豈得白讀？」（三五五頁上）

〔三九〕**必不誦者，終身附人**　資持卷上一下：「『必』下，顯制。律云：五夏不誦戒羯磨，盡形不得離依止。故云終身。」（二〇一頁中）簡正卷六：「受持法中，云五歲不誦戒，羯磨如法治，先誦後忘，學必根鈍誦不得，盡形不得離依止也。」（三五五頁上）

〔四〇〕**余親問中國三藏、京輦翻經諸師**　資持卷上一下：「祖師嘗預譯場，所傳得實，可以為據。」（二〇一頁下）簡正卷六：「中者，五天之別稱。國者，聚落之通名。以法簡人，故彰三藏。京是天子所都之處，輦是帝王所乘之寶車（音居）。如僧會登吳主之車，道安昇秦主之輦，傳教之人不少，故曰翻經諸師。」（三五五頁上）扶桑記：「發真鈔云：中國者，方志以佛所生國加毗羅城，應是某甲中，居四重鐵圍之內。故經云：三千日月、萬千天地之中央，佛之威神，不生邊地。據此為中也。」（七二頁下）

〔四一〕**無有此法**　簡正卷六：「白佛滅後已來，未曾見此白讀羯磨之法也。」（三五五頁上）

〔四二〕**僧尼更互得作幾法**　鈔科卷上一：「問二眾互作。」（一五頁上）資持卷上一下：「以僧尼位別，不容參濫，故須簡示。」（二〇一頁下）簡正卷六：「謂僧為尼作義法，尼為僧作法，如何俱是羯磨之文？是以此中須委。」（三五五頁上）

〔四三〕**尼為僧作不禮不共語不敬畏問訊**　資持卷上一下：「初明尼為僧作。文中三法，由僧非法，尼無奉敬，恐違敬教，得法方開。」（二〇一頁下）鈔批卷七：「律中即四分律也。與十誦合明，故云律中、十誦也。礪云：四分：尼為僧作，不禮羯磨。事起迦留陀夷罵打比丘尼，或唾，或水灑，說麤語陵辱，云汝多婬欲事。（云云。）諸尼舉過，白諸比丘，比丘為白佛。佛令尼作白二羯磨，不禮此迦留陀夷比丘。後若隨須，尼須為解。四分唯有此一法耳。十誦，尼得與僧作四羯磨：不禮、不共語、不供養、不問訊。前一與四分同，故今鈔唯顯四法也。濟云：迦留陀夷初惱亂尼，佛教尼莫禮，猶得共語、敬畏問訊。迦留陀夷既見尼不禮，又即嗔罵，佛令不須共語，猶見時相敬；又，復生嗔罵，佛即令

尼見時不須共敬等。」（四一一頁下）簡正卷六：「羯磨疏云：四分但有此一。若准十誦，尼為僧作不禮、不共語、不恭敬三種也。即十誦有三，四分但一，總是白四法也。」（三五五頁上）

〔四四〕**此三羯磨，不須現前自言** 資持卷上一下：「然下無屈上，止得遙加，故云不須等。」（二〇一頁下）鈔批卷七：「約尼為僧作此四法，只得遙作，不須喚僧來也。作此法竟，無違八敬之法也。」（四一一頁下）簡正卷六：「謂但遙作，不假對比丘前，亦不須取彼自言等也。」（三五五頁上）

〔四五〕**僧為尼，亦得三法，謂受戒、摩那埵、出罪** 資持卷上一下：「明僧為尼作，三並現前。四分更有捨教授法，亦同遙被。」（二〇一頁下）簡正卷六：「十誦四十云：時有比丘，為尼作羯磨，尼不喜，白佛。佛言：比丘不應為尼作羯磨，除受戒、摩耶（【案】『耶』疑『那』。）埵、出罪也。」（三五五頁下）

〔四六〕**餘不互通** 鈔批卷七：「如上來三法，僧為尼得作此法，尼不得與僧作，故曰不互通也。」（四一一頁下）簡正卷六：「羯磨疏云：三番白四，自外不行，其教損自恣，非無互差互往，然是各行眾法。彼此二部，無對面作，不同前三，兩部通秉。」（三五五頁下）

〔四七〕**得對尼等四眾，及以白衣，作法否** 鈔科卷上一：「問得對餘眾。」（一五頁上）資持卷上一下：「據前簡眾，已顯不通，猶恐濫行，故此重示。」（二〇一頁下）簡正卷六：「問意云：如今時作法，得對尼、式叉、沙彌、沙彌尼及俗男女作不？下直答云不得也。」（三五五頁下）

〔四八〕**不得** 資持卷上一下：「初明通制。上句直判白衣無法，三眾未具，尼是別類，並不許聞。疏云：尼同僧法，應預同聞莫非。女類無知，多生慢習，制令耳目不矚，則重法尊人也。」（二〇一頁下）

〔四九〕**律令至不見不聞處，方作羯磨** 資持卷上一下：「若沙彌將受尼來自恣，止開眼見。」（二〇一頁下）簡正卷六：「外難曰：『白衣前不得作，以秘勝故，非彼聞之，又彼愚劣，不堪持戒；下三眾前不得見，恐我賊住難，受具不得。且大尼已受大戒了，何故不聽？』答：『律文初緣亦許，復為六群犯罪，即告六群尼言：若見僧舉我，汝為我遮。後因說戒時，僧舉六群罪，尼遂遮諸比丘。比丘白佛，佛制不許在尼前作。若對作結罪，是不應吉也。』」（三五五頁下）

〔五〇〕**除所為作羯磨人** 資持卷上一下：「除所為者，沙彌受具，及尼中三法，已外不合。」（二〇一頁下）鈔批卷七：「謂雖不得對尼及對俗人說戒羯磨。（四一

一頁下）若為尼出罪，及為俗人受戒，得對前秉也。立云：此中有通塞，不得
一向而斷。若如尼欲學其法，得聞僧家作法；若為求解，則不許見聞也。下三
眾一向不合見聞也。」（四二二頁上）簡正卷六：「本法受戒，及出罪尼也，外
一向不合。因說除所為人，今時受戒行事時秉法者。」（三五五頁下）

〔五一〕摩得伽、十誦云　資持卷上一下：「『摩』下，明別開。」（二〇一頁下）

〔五二〕除為瓶沙王　資持卷上一下：「瓶沙，具云『頻婆娑羅』，此云『顏色端正』。
疑比丘半月一集，所圖何事，故獨開之。決疑歸信，故云心淨。」（二〇一頁
下）簡正卷六：「前且一往依例而說，不得對白衣。今此後開上有許者，十、
伽云：比丘半月，常集一處，王心中疑作何事，不許俗耳。佛令開於王前說
戒。」（三五六頁上）

〔五三〕獨為王說，令心淨故　鈔批卷七：「立云：為王疑比丘半月常集，不知作何事，
所以開令王聞，使心淨信故。」（四二二頁上）簡正卷六：「除疑，即是心淨。
如梁帝撰出要律儀，（三五六頁上）亦是開王看讀戒律，可以例也。」（三五六
頁下）資持卷上一下：「決疑歸信，故云心淨」（二〇一頁下）

〔五四〕羯磨所被幾人　鈔科卷上一：「問所被多少。」（一五頁上）資持卷上一下：「相
有差別，故問簡之。」（二〇一頁下）簡正卷六：「問意云：如白二、白四，或
受日受戒、治罰等，一羯磨中，被得多少人。」（三五六頁下）

〔五五〕不同　簡正卷六：「謂臨時約前所為之事，多少亦不定，故四（【案】『四』疑
『曰』。）不同。」（三五六頁下）

〔五六〕若諫喻和諫，得加多少　簡正卷六：「正釋上不同之義也。如提婆達多不領徒
眾者，五百人破僧，僧秉一法，諫之並得。又如一群僧諍，或百人、五十人等，
四人秉法，諫之亦得，故云得加多少也。」（三五六頁下）資持卷上一下：「『若』
下，別示。上二句明通，由是勸喻，不慮乖別故。」（二〇一頁下）

〔五七〕至於治舉、乞為，不得至四　簡正卷六：「治訶（【案】『訶』疑『謂』。）呵責
等四，『舉』謂三舉等三，『乞』謂乞受、持乞、懺罪，『為』者，受日差違。
不得至四，極至三人，少及一、二也。若至於四者，『治舉』即成僧舉僧，『乞
為』便成僧秉僧故。問：『諸餘為大戒比丘秉法，若至四人，纔秉法時，即是
僧秉僧不疑。且如與沙彌受戒，既未是大僧，約何義邊，亦言僧秉僧邪？』鏡
水大德云：初秉法時未成僧，直至第三番羯磨，至『說』字時，四分沙彌已成
僧體。至『僧已忍』下一十四字，結歸之時，即正是僧秉僧也。』更難：『只
恐不成僧。今既納體成僧，何以不許？』答：『以違制故秉，結歸不成也。今

但相承云：恐有僧秉僧之過，總未知其中義理，及與分齊。』」（三五六頁下）
資持卷上一下：「『至』下，顯局。治舉違惱，或致破僧。僧不舉僧，律文明制。
治舉可爾，乞為受懺，並是順情。何以同禁，不得至四？學者尋之。」（二〇
一頁下）【案】本句義為：不得至四。若至四，即名非法。

〔五八〕難事，得二、三人一時受戒　簡正卷六：「無難，一人為一。引（【案】『引』
疑『此』。）有難，方開二、三人。」（三五七頁上）【案】「難事」即王難、刀
兵、賊盜、虎狼等事，不是一般的困難之事。

〔五九〕通諸羯磨，不得加四　資持卷上一下：「『五分』下，彰部別。和諫亦制，故云
通也。」（二〇二頁上）簡正卷六：「彼通一切羯磨，總不得至四，無四分開
文。」（三五七頁上）

〔六〇〕諸比丘集作非法事，若有三四五伴，可得諫之　資持卷上一下：「母論及下四
分，並證治舉。文中『四五伴』可諫，不慮擯治，則知不得加眾明矣。」（二
〇二頁上）簡正卷六：「有四五伴可諫者，表自部成僧，彼治罸不得。」（三五
七頁上）

〔六一〕獨一不須諫　簡正卷六：「自己成卻遭變害，豈非苦惱？應作『哩然』。雖心中
不忍，口且不說等。」（三五七頁上）

〔六二〕十五種默　鈔批卷七：「如律雜揵度中，舍利弗見羯磨，心不忍嘿，有『三五』
十五種。『初五』，不和合五種非法嘿然：一、若見如法羯磨嘿；二、得同意
嘿；三、若見小罪羯磨；四、別住嘿；五、戒場上嘿。『二五』種，如法嘿：
一、見他非法嘿，（言不監物；）二、見無好伴；三、重罪羯磨；四、同住；
五、在同住地。前十種有是有非。『三五』，和合五種：一、若如法羯磨，嘿然
住之；二、若與欲；三、從可信聞；四、若先在中；五、嘿然而坐也。」（四
一二頁上）【案】四分五十三卷雜揵中，九六〇頁上。

〔六三〕廣如眾網中　簡正卷六：「彼云：見眾集作非法，應呵。若無善伴，說欲了去。
又不得者，應語兩邊。人云：引（【案】『引』疑『此』。）非法□□開六十三
步內，或有大山，或土鹽等。山外鹽外，雖是六十三步，既有隔，用集否？又，
六十三步內，有道行界，用集彼否？又，六十三步內，有水界要集否？看有山
及大墻等，淮南云不要集，是隔礙故；大德云須集，一則同是陸地，二又在分
齊內，不集成別。若道行界，亦須集，以聚落界，強攝彼故。若水界，在六十
三步內，至水即止，各不相攝，無強弱理。已外蘭若、道界、水界，並互不相
攝。此皆據羯磨疏辨之。或兩邊不是善人，但哩（【案】『哩』疑『嘿』。）然

與護心相應，如失火燒舍之例。」（三五七頁下）

〔六四〕**羯磨竟時，其文何所**　鈔科卷上一：「問作法成處。」（一五頁上）資持卷上一下：「欲明分齊，知法成處故。」（二〇二頁上）簡正卷六：「意云：羯磨辨得前事成遂之時，其文至何處所，是竟時節？」（三五七頁下）

〔六五〕**解者多途**　資持卷上一下：「初句指繁，凡有三解：一、盡結文，二、至『說』字，三、至『竟』字。」（二〇二頁上）簡正卷六：「羯磨疏引智論有三解：一師云，至『說』字時，為竟處所也；心論云：一剎那頃，作及無作，是根本業□。二師云：至『竟』字，是得戒處所也。三師云：直至『持』字，方為究竟。此三解中，第三師解，大成過分，不取。初云『說』字者，今師破云：比前二度，似是住處，引後通前，則未為竟。（三五七頁下）至『不忍說』，尋有人呵，便不成就也。」（三五八頁上）

〔六六〕**今一法以定**　資持卷上一下：「『今』下，判定。即第三解。」（二〇二頁上）簡正卷六：「今以一法為定者，同第二解也。鈔自釋云：謂第三說已。」（三五八頁上）

〔六七〕**不同前解，第三說已，名為「竟」也**　資持卷上一下：「標今異古。『故』下，引文質非。」（二〇二頁上）簡正卷六：「不取初師義也。」（三五八頁上）鈔批卷七：「謂不同古人解，故云前解也。古師云：至『誰不忍者說』，此是竟時也。今不同之。既云『不忍者說』，若說云何？故知約結歸之文是竟也。謂『僧已忍』下，方是竟處，必無人呵。」（四一二頁上）

〔六八〕**今即說其不忍之意，便成訶破**　簡正卷六：「既令他說，彼忽說其不忍之事，如何得成便是破也？法寶云：初師反救云：若未至『說』字，法本未成；若至『說』字，其法已成，呵終不破。令（【案】「令」疑「今」。）師破云：名其忍哩，不忍便說，尋聲即說，安有法成？寶云：謂約呵聲與『說』字聲同時，即被呵破了。法寶云：此之集法，謂約聚落相大，僧坊相小，即成標狹界寬，依界集。不論僧坊相成與不成，皆須依聚落集，以強稱約弱故。或此聚落中有水穿從內過者，無橋但齊水集；若有橋，即通集之；或水上有僧，亦不須集。水異陸地，二界別故。若有道行，界集，彼以聚落攝彼界也。」（三五八頁上）

〔六九〕**必其忍默，三說已，無訶亦成**　資持卷上一下：「『必』下，旁存舊解，故云兩得。然不訶可爾，訶則非成。若從『竟』字，則無此妨。」（二〇二頁上）簡正卷六：「『必其忍哩』下，今師或依初解，即約『無呵』至『說』字時，不妨

成就,是得戒處。」(三五八頁上)鈔批卷七:「亦可同古師解,故言任意兩得
也。」(四一二頁上)

〔七〇〕**任意兩得**　簡正卷六:「鏡水大德云:有聲尋至『說』字時呵者,理必不成,
即取『竟』字,方為的當。若『說』字聲絕,而彼方呵,或一向無呵,即『說』
字時,法亦成就。一切臨時,兩句雙取,故云任意兩得。」(三五八頁上)鈔
批卷七:「亦可同古師解,故言任意兩得也。」(四一二頁上)

〔七一〕**廣如義鈔**　簡正卷六:「明其三師解判,互有是非,微難道理等。(三五八頁
上)如適來所引羯磨疏等抄,慮繁不錄,故指廣文,如彼說也。玄記約三性料
簡者,不當文意。」(三五八頁下)資持卷上一下:「下指義鈔,即上卷『發戒
時節』中,彼亦取『竟』字,文亦非廣,尋對可見。」(二〇二頁上)